LA PHILOSOPHIE
DE
MALEBRANCHE

PAR

LÉON OLLÉ-LAPRUNE
Professeur de philosophie au lycée de Versailles.

OUVRAGE COURONNÉ PAR L'ACADÉMIE DES SCIENCES MORALES ET POLITIQUES

TOME SECOND.

PARIS
LIBRAIRIE PHILOSOPHIQUE DE LADRANGE
RUE SAINT-ANDRÉ-DES-ARTS, 41.

1870

LA PHILOSOPHIE

DE

MALEBRANCHE

Saint-Cloud. — Imprimerie de Mme Ve BELIN.

DEUXIÈME PARTIE

HISTOIRE DE LA PHILOSOPHIE DE MALEBRANCHE

Nous avons entendu Malebranche lui-même. Écoutons maintenant ses adversaires et ses partisans, ses critiques et ses disciples. Étudier d'une part les objections que sa philosophie a suscitées et les attaques qu'elle a essuyées au temps où elle a paru, la considérer d'autre part dans ceux qui l'ont adoptée ou qui se sont rattachés à elle jusque dans le xviiie siècle, c'est achever de la connaître, et se préparer à la juger. Cette histoire sera l'objet de notre seconde partie. Je dis histoire : non que nous nous proposions de raconter en détail les luttes qu'a soutenues Malebranche, ou d'exposer longuement les doctrines de ses sectateurs ; c'est l'histoire de ses idées que nous prétendons faire ; c'est sa philosophie que nous voulons suivre d'un regard attentif pour voir ce qu'elle devient sous les coups de ceux qui l'attaquent ou dans les mains de ceux qui l'embrassent.

CHAPITRE PREMIER.

LES CRITIQUES DE MALEBRANCHE.

Si les objections et les réfutations avaient amené Malebranche à modifier ses théories, il faudrait les étudier dans l'ordre où elles se sont présentées ; mais comme jamais notre philosophe n'a apporté de changement notable dans sa métaphysique, l'ordre chronologique a peu d'intérêt : le bouleverser à plaisir serait puéril, s'y asservir est inutile. Nous suivrons donc d'abord l'ordre logique des théories elles-mêmes, et, les voyant soumises à un examen sévère et souvent passionné, nous tâcherons de bien démêler ce qui succombe sous ces vives attaques et ce qui y résiste : là est pour nous le véritable intérêt de ces polémiques, et le profit sérieux que nous espérons en tirer. Après cela, nous aurons affaire à d'autres critiques, non pas hostiles, mais inspirées par divers sentiments : l'une prodigue d'éloges pour le génie de l'auteur et la beauté du système, indifférente pour la vérité, habile à faire ressortir les points faibles et les difficultés, pour en tirer parti contre la raison[1]; l'autre respectueusement pressante, émue des ruines qu'elle fait, demandant à l'auteur même les moyens de les réparer, et persistant toujours à trouver que rien ne les répare[2]; la troisième, large, élevée, sereine, très-bienveillante et très-conciliante, notant avec finesse les défauts, corrigeant heureusement les imperfections, recueillant avec amour le solide et le bon[3]; toutes les trois singulièrement pénétrantes et singulièrement instructives. Sortie enfin, avec des succès divers, de ces diverses épreuves, la philosophie de Malebranche se montrera de mieux en mieux, ce me semble, avec ses mérites et ses défauts : si notre long commerce avec un auteur si séduisant nous a parfois aveuglé, ces illusions se dissiperont; les périls que nous avons pressentis se révéleront nettement; nous verrons d'une vue plus lucide et plus ferme où est la vérité, où est l'erreur, et ainsi se préparera peu à peu et de lui-même notre jugement définitif.

1. A ces traits on reconnaît Bayle.
2. C'est des objections de Dortous de Mairan que je parle ici.
3. Je veux parler de Leibnitz.

I.

Arnauld et la critique de la théorie des idées.

Le plus rude adversaire que les théories de Malebranche aient rencontré, c'est Arnauld. Il semble que le vieux théologien n'aurait pas dû combattre une philosophie si étroitement liée à la religion et si profondément pénétrée de l'esprit chrétien. Et d'ailleurs, voyez : que de rapports entre ces deux hommes dont les disputes ont duré tant d'années! Arnauld était partisan de Descartes : Malebranche se déclare ouvertement disciple du grand philosophe. Parmi les docteurs, celui qu'Arnauld préférait à tous était saint Augustin : Malebranche partage cette prédilection. Enfin Arnauld était janséniste, et à ce titre il faisait bien petite la part de la créature et supprimait presque la liberté : Malebranche prétend établir que la seule cause efficace est Dieu, ce qui ôte aux choses créées toute activité et rend logiquement la liberté impossible. En morale, Arnauld condamnait impitoyablement tout ce qui n'a pas avec Jésus-Christ un rapport direct : Malebranche n'a guère moins de sévérité, et si l'on sent dans son exposition je ne sais quoi de délicat et même d'aimable, qu'Arnauld n'a point, cela tient à la beauté de son esprit et à un certain don naturel de rendre les choses sensibles et touchantes, mais cela n'ôte rien à la rigueur de la doctrine. Comme Arnauld, Malebranche est un juge sévère et un contempteur des choses humaines. Comme Arnauld, il estime qu'il n'y a rien de bon en ce monde, hors la foi et la grâce ; et, s'il fait avec Arnauld une exception en faveur de la science, c'est parce qu'elle peut servir la religion. Tout semblait donc fait pour rapprocher deux hommes dont les doctrines paraissent avoir entre elles tant de rapports. Mais ces ressemblances cachent des différences très-profondes. Malebranche, soumis à l'Église et pénétré de l'esprit chrétien, est néanmoins avant tout un métaphysicien ; il veut éclaircir la foi, il veut avoir la science de ce qu'il croit. Arnauld, esprit net, ferme, solide, mais plus étroit et plus sec, traite de chimères les entreprises du philosophe, l'appelle avec dédain un méditatif qui néglige les faits pour les vérités immuables et éternelles, et l'accuse de chercher l'intelligence des mystères de la grâce dans ses propres pensées, plutôt que dans les lumières des saints. Cette philosophie nouvelle, subtile, engageante et hardie, effraie ou plutôt irrite le fidèle défenseur de la tradition théologique[1]. Il veut bien

---

1. On sait qu'Arnauld est l'auteur du traité de la *Perpétuité de la foi*, et que dans ses controverses avec les protestants, il a sans cesse opposé à leurs nouveautés la tradition : sectateur lui-même des nou-

qu'on philosophe, mais avec plus de retenue. Dans Descartes, il trouve quelques principes clairs et simples, puis un bel enchaînement de vérités scientifiques : cela lui va; il y a là de la force, de la rigueur, et les questions morales et religieuses étant soigneusement écartées, tout empiètement sur le domaine de la théologie est impossible : ainsi l'esprit scientifique d'Arnauld est satisfait, et les susceptibilités de sa foi sont ménagées. Dans Malebranche, c'est tout autre chose. Au lieu de la prudente réserve du maître, le dessein avoué de philosopher sur les choses de la foi; au lieu de ces quelques principes très-nets, une métaphysique pénétrante, subtile, outrée. Arnauld ne reconnaît plus là l'esprit de Descartes. Il se plaint aussi de trouver saint Augustin singulièrement altéré dans cette philosophie où le nom du grand Docteur revient si souvent et où son autorité est tant de fois invoquée. On se cherche toujours un peu soi-même dans ses auteurs favoris, et l'on y goûte surtout les idées et les qualités qui ont du rapport avec celles qu'on a soi-même. Arnauld ne voit guère et n'aime dans saint Augustin que le défenseur de la foi. Il lui demande des décisions théologiques, il admire la rectitude et la fermeté de son esprit. Il remarque

veautés de Jansénius, il a prétendu à tort, mais avec conviction, que sa théologie n'était en cela même que celle des Pères et en particulier de saint Augustin.

bien moins la philosophie platonicienne répandue dans ses écrits et les aspirations mystiques qui s'échappent à chaque instant de cette âme ardente. Quand il retrouve dans Malebranche ce platonisme avec un esprit moins juste, et un sens théologique moins sûr, il se plaint, et il prétend opposer à l'infidèle et téméraire disciple le vrai saint Augustin, comme tout à l'heure il lui opposait le vrai Descartes. Comment Arnauld pourrait-il apprécier équitablement le génie de Malebranche? Ces deux esprits ne peuvent se convenir ni même se bien comprendre. Arnauld a-t-il jamais tressailli en contemplant le monde intelligible? Il aime la vérité, mais il l'aime pratique et vivante, il l'aime mêlée à l'expérience, en tant que règle des esprits et de la conduite, il l'aime dans les faits ou dans les dogmes. Il ne la contemple guère en elle-même. C'est un esprit positif, que l'idéal ne touche que médiocrement. Quand il voit Malebranche s'attarder dans le pays des idées, il s'indigne de ces rêveries contraires à l'esprit de la science qui repousse les chimères, contraires à l'esprit chrétien qui condamne la perte du temps. Et Malebranche, à son tour, s'étonne de trouver dans une grande intelligence si peu de goût pour ce qu'il y a, à ses yeux, de plus solide, de plus relevé, de meilleur, et il se sent pris de pitié pour ces philosophes qui ne savent ou ne veulent point méditer, et qui, mesurant Dieu sur eux-mêmes, renversent par leurs principes l'idée de la Providence dont ils se déclarent les défenseurs.

Avec une pareille incompatibilité d'humeur, Arnauld et Malebranche devaient entrer en lutte le jour où, sur la question la plus chère au théologien de Port-Royal, le hardi métaphysicien de l'Oratoire serait surpris en défaut. Jusque-là Arnauld avait bien pu admirer la *Recherche de la vérité*, louer l'auteur de son dessein, saluer en lui un auxiliaire, pressentir un ami. C'est ainsi que dans un écrit fort remarquable, destiné à défendre contre de violentes attaques la philosophie de Descartes [1], il le cite plusieurs fois, admet, comme lui, qu'il n'y a entre l'âme et le corps qu'une exacte correspondance et non une réelle réciprocité d'action, enfin adopte, à ce qu'il semble, la théorie des causes occasionnelles. Mais dès qu'il connut le *nouveau système de la grâce*, il prit l'alarme, regarda de plus près cette philosophie désormais suspecte, et la trouva presque partout en désaccord avec ses principes, ses opinions, ses goûts. Remontant enfin jusqu'à la théorie des idées elles-mêmes, il crut y apercevoir la première origine d'une si complète dissidence, et il se persuada que pour attaquer Malebranche sur quelque point que ce fût, il fallait commencer par la critique de cette théorie fonda-

---

[1]. *Réponse* au doyen de Vitré. (OEuvres d'Arnauld, t. XXXVIII.)

mentale. Il composa donc tout d'abord le *Livre des vraies et des fausses idées*. Malebranche se plaignit amèrement de ce qui lui semblait une tactique indigne, et défendit vaillamment les principes de sa philosophie. Je dis vaillamment, je devrais dire avec un suprême dédain : car il ne les crut jamais sérieusement attaqués. « Vous jugez bien, écrivait-il à un ami, vous jugez bien par la lecture du livre des vraies et des fausses idées, que je n'ai pas eu bien de la peine à faire une réponse. Car enfin je n'ai pas vu un seul endroit dans ce livre qui m'ait obligé de penser pour chercher à répondre, tant il il est faible[1]. »

La lutte était engagée, elle se continua avec acharnement : lutte monotone et souvent fastidieuse, malgré les grandes qualités des deux adversaires[2]. Sans doute la mystique obstination de Malebranche attaché à ces idées qu'il a puisées dans les leçons du Maître intérieur[3], les regrets que lui cause tant de temps perdu à combattre, l'expression si vive

---

1. *Correspondance inédite*, publiée par M. Blampignon, à la suite de son *Étude sur Malebranche*, p. 12.
2. Pour les faits historiques, il faut consulter l'*Étude sur Malebranche* de M. l'abbé Blampignon, et l'*Hist. de la philos. cartés.* de M. Bouillier (3ᵉ édit., t. II, ch. ix, x et xi). On trouvera à la page 176 de ce dernier ouvrage la liste complète des écrits qu'Arnauld et Malebranche publièrent l'un contre l'autre. Malebranche a lui-même recueilli toutes ses *Réponses à Arnauld* en 4 volumes, Paris, 1709.
3. En voici deux exemples : « Que M. Arnauld déclare que je me perds dans mes *nouvelles pensées*. Nouvelles ou non, je les crois solides, je les crois chrétiennes, je les crois seules dignes de la sagesse

de son aversion pour les disputes, un mélange singulier de charité et d'amour-propre[1], tout cela n'est point sans intérêt, et Arnauld à son tour est beau parfois dans ses colères[2]. Sans doute aussi ils ont l'un et l'autre bien de l'esprit. Arnauld excelle dans l'emploi des comparaisons familières propres à mettre en relief sa pensée : s'il ne les développait pas si complaisamment, ce serait parfait, tant l'invention est piquante[3]. Malebranche, d'ordinaire plus vif et plus court dans ses répliques, trouve à son tour des fictions ingénieuses, des traits d'un

---

et de la bonté de Dieu, etc. » *Rép. au liv. des vraies et des fausses idées*, ch. vi, 17. — « Je serai pleinement satisfait pourvu que les *méditatifs*, ces personnes si odieuses et si méprisables (allusion aux dédains d'Arnauld), demeurent contents. Je me croirai victorieux de ceux qui s'imagineront m'avoir vaincu. Et pourvu que je ne combatte que sous la conduite de la raison, selon les lois de la charité, et sans le secours des passions, quoique pulvérisé aux yeux du monde, je chanterai à Dieu dans le plus secret de moi-même les victoires que j'aurai véritablement remportées. » *Lettres contre la défense de M. Arnauld*, I, p. 6.

1. On se souvient de ce que nous avons dit du caractère de Malebranche dans notre premier volume, chap. I, surtout p. 28-30.

2. Citons par exemple la préface des *Réflex. philos. et théol. sur le syst. de la nat. et de la grâce*.

3. Voyez notamment : dans *les vraies et les fausses idées*, ch. xv (la parabole du peintre désireux de connaître le vrai visage de saint Augustin : en vain aurait-il un grand bloc de marbre, une grosse masse de fort belle cire, une toile pour peindre et des couleurs : comment, en travaillant ce marbre ou cette cire, pourrait-il y découvrir ou y reconnaître jamais le visage de saint Augustin, pour le tracer sur sa toile? On comprend l'application de cette parabole à l'étendue intelligible); dans la *Défense*, lettre I, 3ᵉ considération (conversation entre un duc, fort curieux des nouvelles découvertes dans les sciences, un docteur de Sorbonne, bon théologien et sachant bien la philosophie de Descartes, et un jeune abbé, grand disciple de l'auteur de la *Recherche de la vérité* : rien de plus ingénieux et de

à-propos merveilleux[1] ; et vraiment si c'était aux rieurs à décider de la question, je ne sais trop de quel côté ils se rangeraient. Mais toutes ces ressources d'esprit dépensées ou plutôt prodiguées des deux côtés n'empêchent pas la lutte d'être fatigante pour le spectateur et de produire une impression pénible. Les écrits se succèdent rapidement : ce ne sont que dissertations et réflexions, objections et éclaircissements, lettres, réponses et répliques aux réponses. L'analyse de tant d'écrits serait sans profit. Les redites sont nombreuses. Malebranche recommence sans cesse l'exposition de son système sans y apporter de changements dignes d'être notés ; Arnauld répète toujours à peu près les mêmes arguments, et ne peut qu'en varier la forme. Des récriminations, des plaintes, des soupçons peu charitables, des paroles dures ou aigres reviennent presque à chaque instant, et l'on souffre de voir dans ces querelles philosophiques entre deux grands esprits tant de petites passions. Laissons donc de côté les détails de la lutte, et appliquons-nous seulement à voir ce que devient la philosophie de Malebranche après le rude assaut qu'Arnauld lui fait subir. Commençant par la critique de la *Théorie*

---

plus piquant); dans les *Réflexions philosophiques et théologiques sur le système de la nature et de la grâce*, I, ch. IX et XVIII (comparaisons que nous rapporterons plus loin, § III du présent chapitre).

1. Voyez, par exemple, la *Réponse au livre des vraies et des fausses idées*, ch. IV, 2 ; ch. XVII ; ch. XX.

des idées [1], résumons-la nettement pour l'apprécier avec justesse et en tirer une utile instruction.

Arnauld se plaît à opposer Malebranche à lui-même, et il signale dans la nouvelle *philosophie des idées* un grand nombre de contradictions. Je ne doute pas qu'il soit de bonne foi : mais vraiment il veut avoir trop raison, et dans son empressement à profiter de la moindre inexactitude dans les expressions, je n'hésite pas à dire qu'il fait à son adversaire de mauvaises chicanes. Ainsi, à l'entendre, Malebranche après avoir vu avec tout le monde dans les idées de pures modifications de l'esprit au premier livre de la *Recherche*, aurait commencé seulement dans le troisième livre à en faire les objets mêmes de la connaissance [2]. Nous avons déjà justifié Malebranche en exposant sa théorie [3]; nous avons montré que s'il avait parlé au premier livre le langage de tout le monde, il n'avait cependant pas employé une seule expression qui ne pût s'accorder avec sa doctrine, et nous avons cité une phrase caractéristique où, dès ce premier livre, les perceptions sont nettement opposées aux idées. Arnauld, selon nous, se hâte donc un peu trop de

---

1. Voir le *Livre des vraies et des fausses idées*, 1683, la *Réponse* de Malebranche à ce livre; la *Défense d'Arnauld contre la Réponse de Malebranche*, 1684 ; et trois lettres de Malebranche contre la *Défense d'Arnauld*.
2. *Des vraies et des fausses idées*, ch. III.
3. Voir, dans notre premier volume, le chapitre III, p. 159.

triompher d'une apparente contradiction. Est-il plus juste quand il reproche à Malebranche de varier sur les choses que nous voyons en Dieu [1]? Nous voyons en Dieu toutes choses, voilà ce qui est proclamé avec beaucoup de magnificence et de fracas; puis il arrive que ce qui se voit en Dieu se réduit à fort peu de chose, et alors à quoi bon cette belle formule qui faisait tant d'effet? Il semble bien que Malebranche se contredise. Et cependant ici encore il suffit d'un peu de réflexion pour dissiper tout malentendu. On voit toutes choses en Dieu, oui, toutes choses, mais celles-là seulement qui se voient : or, il y en a qui se sentent ou qui ne sont connues que par conjecture. C'est mal raisonner que de les opposer à Malebranche. Il prétend que tout ce qui est vu par l'esprit, c'est-à-dire vraiment connu, clairement connu, se voit en Dieu : c'est ce qu'il veut dire et c'est ce qu'il dit. Je sais bien que les vérités éternelles elles-mêmes semblent n'être pas vues en Dieu si l'on prend à la lettre un passage du troisième livre de la *Recherche :* mais Malebranche n'ajoute-t-il pas aussitôt que ce qu'on voit, ce sont les idées de ces vérités? Et alors pourquoi lui chercher querelle? Je sais encore que tantôt il déclare que les rapports intelligibles des choses ou des idées entre elles ne sont rien de réel, et tantôt il affirme le contraire : mais n'est-ce point que dans le pre-

---

1. *Des vraies et des fausses idées*, ch. xii.

mier cas il considère ces rapports en eux-mêmes, et alors il les regarde comme de pures abstractions, tandis que dans le second cas il les dit réels, d'abord parce qu'il veut bien marquer qu'ils sont vrais, que ce ne sont pas des chimères ni des fictions, et surtout parce qu'il les considère en Dieu où ils subsistent? Enfin je sais qu'en parlant de la connaissance de Dieu il avance tour à tour et que nous connaissons Dieu sans idée et que nous avons l'idée de Dieu : mais, dans son système, dire que nous connaissons Dieu sans idée, c'est dire que Dieu n'a pas besoin d'un archétype étranger à lui qui le représente, qu'une telle représentation serait impossible, et qu'ainsi Dieu est à lui-même sa propre idée et son propre archétype; soutenir au contraire que nous avons l'idée de Dieu, c'est affirmer que nous savons clairement que Dieu est et qu'il est l'Être parfait, l'Être infini, l'Être incompréhensible, etc. Voilà donc encore cette dernière contradiction dissipée[1]. Ce n'est pas tout. Selon Arnauld, Malebranche prétend tantôt que nous voyons Dieu en voyant les créatures en Dieu, et tantôt que nous voyons, non pas Dieu, mais seulement les créatures[2]. Pure chicane! Affaire de mots! Dans le système de Malebranche, quoi que nous voyions, c'est Dieu que nous voyons, Dieu même, Dieu seul : mais nous le voyons

---

1. Voir la *Rép. au livre des vraies et des fausses idées*, ch. xiv.
2. *Des vraies et des fausses idées*, ch. xvii.

en tant que sa substance est représentative des êtres créés et participable par eux ; en ce sens donc ce n'est pas lui que nous voyons, mais ce qui en lui a des rapports avec les créatures[1].

Je devais venger Malebranche de ces injustes attaques d'un critique trop désireux de le surprendre en contradiction avec lui-même. Une fois ces fantômes écartés, j'avouerai qu'Arnauld saisit avec une admirable sagacité tous les points faibles du système et excelle à les mettre en lumière soit par une argumentation vigoureuse et subtile, soit par d'ingénieuses saillies. Il nous montre Malebranche faisant la guerre aux êtres représentatifs tels qu'on les admettait dans l'école, puis les adoptant à son tour parce que de vieux préjugés le dominent à son insu ; ces préjugés il les signale avec une parfaite netteté : c'est l'assimilation fausse de la connaissance ou vue de l'esprit à la vision corporelle : de là cette fausse persuasion que les objets ne peuvent être connus s'ils ne sont présents, et que ce qu'on voit ce ne sont pas les choses, mais leurs images[2]. C'est plaisir que de suivre Arnauld dans cette lutte contre les êtres représentatifs. Reid même n'a rien dit de plus sensé et de plus vif. Sans doute on voudrait qu'Arnauld n'oubliât point que pour Malebranche les êtres représentatifs ne sont

---

1. *Réponse*, ch. XIX.
2. *Des vraies et des fausses idées*, ch. IV-XI.

pas, comme il le répète, de vaines entités, puisque Malebranche ne leur accorde que provisoirement une sorte de réalité et s'achemine par eux jusqu'à Dieu même, qui est le seul être représentatif véritable[1]. Mais, à part cet oubli et cette injustice, tout est excellent dans la discussion : la prétendue nécessité d'un intermédiaire entre l'esprit et l'objet dans la connaissance des corps est renversée. En vain dit-on qu'on ne conçoit pas comment l'esprit peut connaître des choses matérielles. Ces fantastiques suppositions éclaircissent-elles le mystère ? N'embrouillent-elles pas tout, comme il arrive toujours quand on veut expliquer l'inexplicable[2] ? En vain objecte-t-on encore que la matière n'est pas assez parfaite pour être vue immédiatement par notre âme. « Quand il s'agit seulement d'être connu, que peut faire à cela l'imperfection des objets matériels ? Si la connaissance suppose quelque perfection, c'est dans ce qui connaît, non dans ce qui est connu. Les corps les plus grossiers sont connaissables par cela seul qu'ils sont. Être connu n'est qu'une simple dénomination dans l'objet connu, et il suffit pour cela de n'être pas un pur néant; car il n'y a que le néant qui soit incapable d'être connu, et être connaissable est une propriété inséparable de l'être. De sorte que c'est l'imagination du monde la plus

---

1. Arnauld le reconnaît au commencement du chapitre xii.
2. *Des vraies et des fausses idées*, ch. xi. Voir aussi ch. i.

mal fondée de vouloir qu'un corps, comme corps, ne soit pas un objet proportionné à l'âme pour ce qui est d'en être connu[1]. » Mais Arnauld ne s'en tient pas là. Il examine de près le moyen que Malebranche imagine pour expliquer la connaissance des corps, et il en fait ressortir toutes les difficultés. Il montre l'étendue intelligible se substituant aux idées particulières des choses que Malebranche semblait d'abord admettre[2], et nous avons nous-même signalé ce singulier progrès de la pensée de notre philosophe et le conflit inaperçu mais réel entre deux tendances contraires qui la partagent. Arnauld oppose l'une à l'autre ces deux théories des idées que Malebranche prétend identifier. Il a ici tous les avantages. Et quand il poursuit de ses arguments et de ses sarcasmes cette étendue intelligible « si inintelligible, » quand il la montre impuissante à expliquer la connaissance des corps[3]; quand, allant plus loin encore, il pousse la théorie dans ses dernières conséquences et nous fait voir le panthéisme comme l'abîme où elle aboutit[4], nous applaudissons de bon cœur à cette revanche du sens commun contre l'esprit de système et la chimère. Bien qu'il y ait, même dans cette obscure théorie de

---

1. *Des vraies et des fausses idées*, ch. x.
2. *Ibid.*, ch. xiii et xiv.
3. *Ibid.*, ch. xv.
4. *Ibid.*, ch. xiv; *Réponse de Malebranche*, ch. xvi; *Défense d'Arnauld*, part. v, ex. 6.

l'étendue intelligible, beaucoup plus de profondeur que n'en suppose Arnauld, nous ne sommes pas fâchés d'en voir étalées toutes les impossibilités et toutes les conséquences fâcheuses. Oui, il est très-vrai que l'esprit a beau tailler dans l'étendue intelligible infinie ou la borner comme il lui plaît, cela ne lui sert de rien pour connaître les choses réelles. Il est très-vrai aussi que, si les corps sont les participations de l'étendue intelligible, il n'y a plus de moyen de distinguer l'étendue matérielle et créée de l'étendue idéale et incréée, et qu'ainsi cette étendue, modèle intelligible des corps, semble en même temps constituer tout leur être : ce qui amène à confondre Dieu et le monde[1]. Nous avons nous-même indiqué ces conséquences de la théorie de Malebranche.

Ainsi, tandis que notre philosophe explique d'une manière étrange la connaissance des corps, Arnauld, devançant Reid, pose des principes simples et solides qui suffisent à chasser toutes les chimères.

1. Selon Malebranche, l'étendue est en Dieu, non-seulement *idéalement* ou *objectivement*, en ce sens que Dieu la connaît, mais encore *éminemment*, en ce sens que Dieu en est le modèle, la source, le principe, possédant une perfection à laquelle les corps ou choses étendues ne répondent que très-imparfaitement. Cela ne signifie pas que l'étendue soit en Dieu *formellement*, c'est-à-dire que Dieu soit lui-même étendu à la façon des corps, et que ces corps soient des *parties* de sa substance. Seulement, dans un système où l'idée de force est entièrement absente, comment distinguer nettement l'étendue créée et corporelle de l'étendue intelligible infinie? Arnauld va donc un peu vite en concluant tout d'abord que la théorie de Malebranche se confond avec le spinozisme; mais il voit juste quand il affirme qu'elle y mène.

Entre l'esprit et l'objet, point d'intermédiaire d'aucune sorte; point de présence locale des choses dans l'intelligence, mais une présence tout objective qui est la connaissance même; point d'idée distinguée de l'esprit connaissant, mais des perceptions, modifications de l'esprit, et des idées qui ne sont rien autre chose que ces perceptions mêmes, avec cette seule différence que le mot de perception marque plus directement l'âme même en tant qu'elle aperçoit l'objet et que le mot idée marque plus directement la chose aperçue en tant qu'elle est objectivement dans l'esprit. On ne peut rien dire de mieux. C'est bien là le vrai sens des mots. Et puis, toute hypothèse étant écartée, toute image trompeuse rejetée, tout essai ambitieux d'explication abandonné, voilà d'un côté les corps réellement existants et connaissables, et de l'autre côté l'esprit avec les facultés qu'il tient de Dieu, l'esprit capable de penser, d'apercevoir, de connaître (ce qui est tout un) : il aperçoit donc ces corps, il les connaît, et dès lors ces corps sont en lui objectivement, et il en a l'idée, et cette présence des objets dans l'esprit ou présence objective, purement spirituelle, n'est point différente de la perception que l'esprit a de l'objet, et ainsi n'a garde de précéder la connaissance qu'il en a, puisque c'est par cela même qu'il les connaît, qu'ils lui sont présents [1].

---

[1]. *Des vraies et des fausses idées*, ch. v, viii et xx.

Ces déclarations nettes et précises sont bien remarquables, et Reid a eu raison de signaler lui-même Arnauld comme son devancier. N'est-ce pas la même peur des rêveries métaphysiques et la même sagesse? N'est-ce pas la philosophie du sens commun qu'Arnauld oppose aux systèmes et aux hypothèses? Ne constate-t-il pas les mêmes causes d'égarement, l'ambition démesurée de tout expliquer et les préjugés de l'imagination? Ne veut-il pas s'en tenir aux faits bien analysés et aux facultés bien constatées sans essayer d'aller plus avant? Enfin, n'envisage-t-il pas de la même manière la perception et l'idée? N'est-ce pas la même théorie de la connaissance que nous trouvons ébauchée ici et là poursuivie et achevée? Cette façon nette et ferme de résoudre une question alors si embrouillée fait le plus grand honneur à Arnauld, et c'est en considérant cette partie de son œuvre que nous comprenons la satisfaction exprimée avec modestie dans les lignes suivantes à la fin du livre *Des vraies et des fausses idées :* « Si j'ai bien réussi, je ne prétends point en tirer de gloire ; car je ne saurais dire comment tout cela m'est venu dans l'esprit, ne m'étant jamais formé jusqu'alors aucun sentiment sur cette matière ; de sorte que si l'on trouve que j'y ai donné quelque jour, j'avouerai sans peine qu'il faut qu'il y ait eu plus de bonheur que d'adresse. »

Un autre point sur lequel Arnauld l'emporte sur

Malebranche, c'est la question de la connaissance de l'âme [1]. Il s'étonne que Malebranche ne veuille pas que nous ayons une idée de l'âme, montre que c'est de sa part une inconséquence, et relève plusieurs de ces passages où il a fait preuve lui-même d'une connaissance très-claire de l'âme. Un peu moins longue, cette discussion serait excellente. Arnauld a bien raison de soutenir que si par idée claire il faut entendre une idée adéquate à l'objet, nous n'avons point d'idée claire des corps, quoi qu'en puisse dire Malebranche; et il a bien raison aussi d'affirmer que si nous n'avons pas de l'âme une idée adéquate, nous la connaissons cependant d'une manière suffisante et plus clairement que le corps même. Si l'âme ne se connaît pas, si elle n'entend pas qu'elle est, elle ne peut rien connaître : « Quoi que ce soit que je connaisse, je connais que je le connais, par une certaine réflexion virtuelle qui accompagne toutes mes pensées. » Otez cette conscience que l'être pensant a de lui-même, ou remplacez-la par un sentiment obscur et confus : vous ruinez par la base la philosophie tout entière.

Nous avons dit ce qu'il y a de fort et de vrai dans la critique d'Arnauld. D'où vient donc qu'après l'avoir lu, on n'est pas satisfait, et que dès qu'on revient à Malebranche, on subit encore le charme

---

[1]. *Des vraies et des fausses idées*, ch. xxii-xxiv; *Réponse de Malebranche*, ch. xxiii.

de la *philosophie des idées* ? On a beau donner gain de cause à Arnauld sur tous les points indiqués plus haut : dès que Malebranche a fait entendre son éternelle objection : « L'homme sera donc à lui-même sa propre lumière ! » on se sent, malgré soi, ému et ébranlé. Tout à l'heure on se rangeait du côté d'Arnauld comme du parti du bon sens ; et maintenant on se demande si ce n'est pas Malebranche qui a le mieux compris la vraie nature de la raison.

Est-il donc vrai, comme le prétend Malebranche, que l'explication de la connaissance telle qu'Arnauld la donne, aboutit à placer dans l'esprit de l'homme l'origine même de la vérité, et ainsi à mettre la raison humaine à la place de la raison divine ? Ce qui est certain, c'est qu'Arnauld n'a jamais bien saisi le caractère des vérités éternelles, nécessaires et absolues. Or, ce sont ses hésitations sur ce point si grave qui font la faiblesse de ses théories et causent au lecteur une sorte de trouble. Parce qu'il ne veut pas, et à bon droit, qu'on imagine des idées qui, distinguées de l'esprit, seraient quelque chose, il incline à ne chercher à nos conceptions générales aucun fondement en dehors de nous. Il explique par un travail d'abstraction qu'il se plaît à décrire, la formation de ces notions sans objet réel, qui sont présentes dans tous nos jugements ; il en retrouve les éléments dans les choses singulières, individuelles, concrètes, et voilà tout[1]. Mais si rien ne correspond en Dieu à ces conceptions générales que nous formons, ne faut-il pas ou qu'elles soient de pures fictions arbitraires et sans valeur, ou que notre esprit contienne en soi la raison des choses? Si les vérités éternelles, nécessaires, absolues ne sont enfin que des ouvrages de l'esprit humain, ou elles ne sont plus rien que des fantômes sans consistance, ou l'esprit humain qui les renferme est lui-même éternel, absolu, nécessaire, c'est-à-dire Dieu. Malebranche a donc raison de prétendre que les explications d'Arnauld aboutissent à cette conséquence dernière que l'homme est sa propre lumière à lui-même. « Quelle impiété, s'écrie-t-il, de soutenir que notre âme est représentative de l'idée de l'étendue intelligible qui est nécessaire, éternelle, infinie, et qui ne peut se trouver qu'en Dieu[2]! » Dire en effet que l'âme est représentative du nécessaire, de l'éternel, de l'infini, c'est dire, dans le système de Malebranche, qu'elle en est le modèle et la source. Arnauld n'entre pas bien dans la pensée de son adversaire pour le réfuter. Il montre à merveille que l'âme n'a pas besoin d'intermédiaire pour connaître les choses; mais il ne montre pas que les vérités nécessaires et absolues conçues par notre esprit supposent en dehors de

---

1. *Des vraies et des fausses idées*, ch. vi ; ch. xi, à la fin.
2. *Réponses à Arnauld*, t. IV, p. 137.

notre esprit une réalité qui les fonde. Il réussit sans peine à établir qu'elles ne sont pas des êtres substantiels; mais il ne saisit pas bien le rapport qu'elles ont avec Dieu ; il ne comprend pas qu'elles sont éternelles en Dieu, qui les pense éternellement. Ainsi, il tend sans le vouloir à diviniser l'esprit de l'homme quand il conserve leurs caractères vrais à ces essences où il ne voit cependant que de pures conceptions humaines ; ou ce sont les vérités éternelles elles-mêmes qu'il renverse, quand il leur conteste ces caractères de nécessité et d'éternité qui leur sont propres. Je sais bien que, dans le cours de la dispute, il cite de très-beaux passages de saint Augustin et de saint Thomas, qui établissent que les idées des choses ou les essences sont contenues dans l'intelligence souveraine du Créateur[1]. Mais il semble ne citer ces textes que pour reprocher à Malebranche des contradictions ; et quand il s'agit de classer nos différentes sortes de connaissances et d'en indiquer l'origine objective, ces textes dont il faudrait alors tirer parti sont complétement négli-

1. *Des vraies et des fausses idées*, notamment ch. XIII et XIV. Voir, au contraire, l'usage que Malebranche fait, dans la *Réponse* (notamment ch. VII, IX et XXI), d'une suite de beaux textes de saint Augustin éloquemment commentés : voilà « l'autorité qui, principalement, lui a donné l'envie de pousser la *nouvelle philosophie des idées* (ch. IX, 15); » c'est « saint Augustin qui l'a trompé; que M. Arnauld s'en prenne à lui (*ibid.*); » oui, « nous convenons, saint Augustin et moi, que l'on voit en Dieu les vérités éternelles (ch. XXI, 9). » Malebranche triomphe; et quoiqu'il prête à tort ses propres exagérations à saint Augustin, le fond de sa pensée est ici vraiment solide : dans ces chapitres la victoire lui reste.

gés et oubliés[1]. Quel pauvre classement que celui qu'essaie Arnauld et comme l'origine des idées ou connaissances de l'esprit humain est mal indiquée[2]! Il veut que nous *tenions de Dieu* (ce sont ses expressions) l'idée de l'infini, et aussi les idées des sons, des couleurs, les perceptions de la faim et de la soif, et puis les perceptions des objets fort simples et des plus simples rapports qui nous font apercevoir si facilement la vérité des premiers principes. Que veut-il dire par ces mots : *Nous tenons de Dieu?* Il ne l'explique pas nettement. Malebranche dit : « L'esprit a une idée très-distincte de Dieu, qu'il ne peut avoir que par l'union qu'il a avec lui. » Arnauld, qui cite ce passage en l'approuvant, a bien soin d'introduire entre parenthèses ces mots : *c'est-à-dire qu'il ne peut tenir que de Dieu, comme je l'entends.* Mais comment l'entend-il? Veut-il dire seulement que dans la connaissance humaine il y a des données, et puis un travail de l'esprit qui opère sur ces données? Les idées que nous tenons directement de Dieu, sont-ce ces données premières soit des sens, soit de la conscience, soit de la raison? C'est probable : et alors s'opposent à ces idées que nous te-

---

1. *Des vraies et des fausses idées*, ch. xxvii, 4.
2. Arnauld avoue lui-même « qu'il n'a pas assez de lumières pour pouvoir déterminer quelles sont les perceptions que nous tenons nécessairement de Dieu, et quelles sont celles que notre âme peut se donner à elle-même. » Il n'en veut dire qu'un mot, « proposant seulement ce qui lui paraît le plus vraisemblable, sans rien déterminer absolument. » Ch. xxvii, 4.

nons de Dieu celles que nous faisons, les idées abstraites, par exemple, résultat d'une opération plus ou moins compliquée de notre esprit. Mais, s'il en est ainsi, pourquoi ce langage? Pourquoi remonter directement à Dieu pour expliquer les données des sens aussi bien que l'idée de l'infini et les premiers principes? Pourquoi mêler des choses qui se ressemblent si peu et compromettre cette connaissance des corps que tout à l'heure on avait si bien expliquée, quand on combattait les êtres représentatifs? Pourquoi laisser croire que Dieu la produit directement en nous, et détruire par là ce qu'on vient d'établir? Examinées de près, ces théories d'Arnauld n'offrent donc point de consistance. Et ce qui rend sa pensée incertaine, c'est qu'il sent bien d'une part que la connaissance humaine ne peut pas s'expliquer sans une certaine présence de Dieu dans l'esprit, d'autre part que la connaissance suppose dans le sujet connaissant une certaine activité; et sentant ces deux choses qui sont très-vraies, il ne se décide à affirmer entièrement ni l'une ni l'autre. Il nous dira, par exemple, que la pensée de l'être universel qui enferme toute l'idée de l'être peut être prise avec la pensée que l'âme a de soi-même comme l'essence même de l'âme, comme son fond qui ne change pas, comme quelque chose qui est en elle parce que sa nature est de penser. Mais il s'empresse d'avertir que c'est là un doute qu'il propose, et il se garde bien d'approfondir cette vue si remarquable[1]. Quand il parle de nouveau de cette idée de l'être infini, il ne veut pas, nous l'avons vu, qu'on dise que nous l'avons parce que nous sommes intimement unis à Dieu, il veut qu'on dise que nous la tenons de Dieu, et il se contente de cette expression indécise et vague. D'un autre côté, quand il s'agit de l'activité de l'âme dans la pensée, ce sont les mêmes réserves prudentes, c'est la même timidité : il montre très-bien que Malebranche s'abuse en prétendant qu'on ne peut donner à l'âme la puissance de se modifier sans lui attribuer le pouvoir créateur; il fait justice de ces craintes chimériques, mais il n'ose pas lui-même affirmer cette activité de l'âme, et en donnant d'excellentes raisons contre les causes occasionnelles, il ne les combat que mollement[2]. Néanmoins c'est un assez cu-

---

[1]. *Des vraies et des fausses idées*, ch. II.
[2]. *Des vraies et des fausses idées*, ch. XXVII. Arnauld a surtout en vue de mettre Malebranche en contradiction avec lui-même. « Pourquoi l'âme serait-elle plutôt purement passive au regard de ses perceptions qu'au regard de ses inclinations ? Ce ne peut pas être en qualité de créature, comme s'il était impossible qu'une créature eût aucune action, et qu'il fallût absolument que Dieu fit tout, la créature n'y contribuant rien que passivement; car, si cela était, notre âme n'étant pas moins créature au regard de ses inclinations qu'au regard de ses perceptions, il faudrait donc qu'elle n'eût aucun pouvoir de se déterminer, ce que cet auteur déclare être contraire à la foi et à la raison, et au sentiment intérieur que nous avons de nous-mêmes. » Arnauld critique aussi très-justement la comparaison de l'âme avec la matière, qui est au commencement de la *Recherche de la vérité*, et il dit que « avouer que l'âme est active au regard de l'une de ses facul-

rieux spectacle que de voir l'adversaire de la vision en Dieu avouer que la pensée de l'être universel (expression de Malebranche) est peut-être le fond de toutes nos pensées, et le janséniste acharné insinuer que l'âme pourrait bien être une cause réellement active.

Affirmons hautement ce qu'Arnauld soupçonne, et toutes les incohérences de sa doctrine hésitante disparaîtront. Il restera vrai, malgré Malebranche, que l'idée n'est rien qui soit distingué de l'esprit, et que pour connaître, l'âme n'a pas besoin d'intermédiaire ; mais il sera établi aussi : 1° que les vérités éternelles ont leur fondement ailleurs que dans notre esprit, ailleurs que dans les choses sensibles, en Dieu même ; 2° que la conception de ces vérités par nous est bien un acte de notre esprit, mais que cet acte ne s'accomplirait pas si Dieu même n'était présent en nous obscurément et n'agissait en nous,

---

tés, qui est la volonté, c'est avouer qu'elle est active absolument et par sa nature (car c'est un être simple) ; et qu'ainsi c'est sans raison qu'on la compare avec un être simple tel qu'est la matière, qui est purement passif par sa nature. » Mais, malgré ces remarques et ces critiques, Arnauld déclare qu'il ne prétend pas combattre l'opinion de Malebranche sur les idées prises pour des perceptions, d'une manière aussi *convaincante* qu'il croit avoir *détruit* son opinion sur la nature des idées prises pour des êtres représentatifs. Ainsi Arnauld croit avoir détruit la théorie de la vision en Dieu ; mais, pour la passivité de l'entendement, il se contente de faire voir qu'on ne saurait la prouver par aucune bonne raison, et il regarde l'activité de l'esprit comme bien plus vraisemblable, sans oser l'établir entièrement. Sa sincérité lui fait honneur ; mais on regrette qu'il n'ait pas eu assez de vigueur d'esprit pour trancher la question et donner ainsi à sa réfutation la solidité et la consistance qui lui manquent.

sur nous, avec nous; 3° enfin, que les données de la connaissance nous sont fournies par les corps réellement existants qui agissent sur nous et se montrent à nous, par notre âme qui se connaît, qui entend qu'elle est et un peu ce qu'elle est, qui ne peut rien connaître qu'elle ne connaisse qu'elle connaît, enfin, par Dieu, directement et immédiatement présent en nous, qui nous fait penser comme il pense, nous fait concevoir les vérités éternelles comme il les conçoit : voilà pour les données; et sur ces données l'esprit humain, toujours soutenu par Dieu, travaille sans cesse. Arnauld a très-bien vu que la connaissance ne suppose entre l'esprit et les objets, quels qu'ils soient, aucun intermédiaire. C'est là sa force. Malebranche a très-bien vu que dans la raison il y a quelque chose de divin, parce que les vérités éternelles ne peuvent avoir qu'une origine divine et parce que la connaissance de ces vérités suppose une présence et une action directe de Dieu en nous : là aussi est sa force. Arnauld, en établissant le premier point, a toujours paru combattre le second : de là, sa faiblesse. Malebranche, en soutenant énergiquement le second, n'a jamais voulu reconnaître le premier : de là les erreurs de son système. Rétablir dans la philosophie les notions de l'activité et des corps et de l'âme, voir partout des causes secondes agissant par Dieu et avec Dieu, c'est tout concilier et tout sauver.

II.

Locke, et l'examen de la vision en Dieu.

Dans Arnauld, nous venons de surprendre des tendances empiriques : Locke attaquant Malebranche, c'est l'empirisme même aux prises avec la *philosophie des idées*[1].

Pour Locke, l'idée, c'est la connaissance même, et la connaissance vient des sens et des réflexions que nous faisons sur les opérations de l'esprit en tant qu'elles s'appliquent aux données des sens. Cette lumière que Malebranche cherche en Dieu, Locke la cherche et croit la trouver dans le sensible[2]. Il ne comprend que ce qu'il peut se figurer, et l'intelligible pur, qui n'est pas imaginable, lui paraît une chimère. Cette distinction que Malebranche établit entre l'idée et le sentiment lui semble pleine de difficultés : réduisant toute connaissance à l'expérience, il ne conçoit pas quelle

---

[1]. *Examen du sentiment du P. Malebranche, qui porte que nous voyons tout en Dieu* (an examination of P. Malbranche's opinion of seeing all things in God), publié dans les œuvres posthumes de Locke, à Londres, en 1706. On sait que Locke est mort en 1704. — On trouve cet *Examen*, traduit en français, dans les *OEuvres diverses* de Locke (Amsterdam, 1732), t. II, p. 146.

[2]. C'est ce qui est montré avec beaucoup de netteté et de force par Bordas-Demoulin dans son mémoire sur *Le Cartésianisme*, part. I, ch. II, sect. I, § 2 : *Malebranche et ses adversaires* ; et § 4 : *Locke*. Nous avons mis à profit ce remarquable chapitre.

différence il peut y avoir entre sentir et savoir[1]. Dans l'idée de l'infini, que Malebranche déclare antérieure à l'idée du fini, il ne voit que la multiplication du fini par lui-même : aussi soutient-il que l'enfant commence par avoir l'idée du carré ou du nombre, et que l'idée de l'infini, c'est-à-dire de l'indéfini, ne vient qu'après[2]. C'est toujours le même malentendu entre Malebranche et Locke. Pour Locke, il n'y a que des connaissances empiriques[3]: des images des choses, et des abstractions. Il ne sait ce que c'est que d'avoir des objets une notion. En dehors du sensible et de l'imaginable, et des abstractions que l'esprit fait là-dessus, il ne voit rien. Selon lui, nous n'avons aucune idée de la substance. Il a raison, à son point de vue, car je ne sais pas quelle image on peut se faire de la substance. Aussi voyez-le appliquer à cette notion son analyse grossière : l'idée de la substance se résout en plusieurs idées jointes ensemble, c'est une collection, c'est un amas de plusieurs idées jointes ensemble que, *par inadvertance*, nous regardons comme une idée simple[4]. C'est ainsi que Locke s'arrête aux phéno-

---

1. *Examen*, § 38, trad. franç., p. 194-208.
2. *Examen*, § 34, p. 189. — *Essai sur l'entendement humain*, liv. II, ch. XVII.
3. « M. Locke, dit Leibnitz, avait de la subtilité et de l'adresse, et quelque espèce de métaphysique artificielle qu'il savait relever ; mais il ignorait la méthode des mathématiciens. » (2ᵉ lettre à Montmort, édition Erdmann, p. 703.)
4. *Essai sur l'entendement humain*, liv. II, ch. XXIII, 1.

mènes, au dehors des choses, et qu'en prétendant
éviter les chimères, il ruine la connaissance humaine
en lui ôtant tout fondement. Il faut rappeler
l'esprit à l'expérience, mais il ne faut pas dire que
l'expérience est le fondement de la connaissance, il
faut dire qu'elle en est le point de départ. Locke
n'entend rien à cet art d'aller chercher au sein des
données expérimentales les vérités nécessaires sans
lesquelles la réalité n'est ni intelligible ni possible.
Regardez-le interrogeant la conscience : ses questions
sont superficielles. Il ne considère dans l'âme
même que ce qu'il y a en elle d'extérieur et pour
ainsi dire de sensible. Il connaît et décrit ces opérations
secondaires de l'esprit qui sont bien apparentes ;
mais le fond de l'âme, aussi bien que le fond des
choses, lui échappe. Tout jugement lui semble le résultat
d'une comparaison, parce que, à la surface,
alors que notre pensée s'exprime par des mots, nous
paraissons n'affirmer que des rapports de convenance
ou de disconvenance. Il ne sait pas discerner
ces jugements primitifs que nous portons sur les
choses et par lesquels nous affirmons sans comparaison
aucune l'existence des objets et leurs qualités.
Il ignore de la raison et son objet et son acte
propre : aux vérités éternelles il substitue, pour
éclairer l'esprit, les données des sens; aux notions
il substitue dans le fait de la pensée les opérations
discursives.

Avec cette inintelligence des véritables conditions du connaître, Locke n'était guère préparé à entendre Malebranche et à l'apprécier. Il devait aisément saisir les erreurs d'un système qui méconnaît trop la valeur de l'expérience, il devait aussi ne pas même soupçonner ce qui s'y cache de vérité[1]. C'est de lui surtout que Malebranche aurait pu dire qu'il ne l'entendait pas. Si entre ces deux philosophes la lutte eût été directe, ils n'auraient pas manqué de se reprocher sans cesse de ne pas se comprendre[2].

Locke fait la guerre aux métaphores et aux comparaisons : c'est quelquefois fort sage. Mais il arrive aussi que cette scrupuleuse sagesse n'est que l'impuissance de saisir le sens profond de grandes expressions trop légèrement blâmées[3]. Par exemple,

---

1. Il ne voit dans Malebranche qu'une ambitieuse tentative pour expliquer l'inexplicable, et de grands mots qui ne sont bons qu'à amuser l'esprit, et ne sauraient jamais l'instruire. Voyez notamment; p. 153, 155, 161, 167, 184, de l'*Examen*.

2. Dans les *Réflexions sur la prémot. phys.*, § 18, Malebranche nomme Locke en compagnie de Hobbes. « Si Dieu n'était que tout-puissant, sans sagesse, justice, bonté..., alors son souverain domaine, ou son indépendance, lui donnerait droit à tout, ou il n'agirait que comme tout-puissant. Hobbes, Locke et quelques autres auraient découvert le vrai fondement de la morale, l'autorité et la puissance donnant, sans raison, droit à faire tout ce qu'on veut quand on n'en a rien à craindre. » Et Malebranche traite ces philosophes d'*insensés*. Dans ses autres écrits, il ne parle point de Locke, mais il fait plusieurs fois allusion à la morale de Hobbes.

3. Il y a plus : Locke, trouvant dans Malebranche que « l'*étendue* de l'esprit est très-limitée, prétend que cela ne cadre pas avec ce qu'il a avancé auparavant, que l'âme n'est pas étendue. » (P. 171.) Ridicule chicane. La critique de ces mots : « Dieu est le lieu des

quand il rejette comme une chose inintelligible
cette union immédiate entre Dieu et les esprits dont
Malebranche parle tant, sa critique fait sourire[1] :
est-il donc vrai qu'il n'y a d'*union* qu'entre des sur-
faces corporelles qui se touchent? Ce mot ne peut-il
point se prendre métaphoriquement? Et Malebranche n'a-t-il pas lui-même expliqué qu'il entendait
par là l'*action* immédiate de Dieu sur les esprits?

Locke remarque fort à propos que dans la formation de la connaissance humaine il y a un travail
de l'esprit dont la théorie de la *Vision en Dieu*
tient trop peu de compte, et il insiste à juste titre
sur l'extrême différence qui existe entre l'Intelligence divine saisissant tout intuitivement et l'intelligence humaine assujettie aux détours de la réflexion[2] : mais conclure de là qu'il serait plus facile
que nous vissions avec la raison et les yeux de
l'homme qu'avec la raison et les yeux de Dieu[3], c'est
montrer qu'on n'entend rien aux principes de cette
grande philosophie qui place au-dessus de tous les
esprits créés, dans la vérité immuable et éternelle,
la règle et la lumière de toute pensée.

Locke déclare qu'il ne comprend pas comment
la variété des idées est compatible avec la simpli-

---

esprits, comme l'espace est le lieu des corps, » (§ 25, p. 167 bis), est
plus juste, mais développée avec une mesquine insistance.

1. *Examen*, § 4-7, p. 150-154.
2. *Ibid.*, p. 242-244.
3. *Ibid.*, p. 245.

cité de Dieu[1]. Il a raison, c'est incompréhensible, et Malebranche le confesse. Mais il y a, comme dit Leibnitz, des choses incompréhensibles, « dont la vérité ne laisse pas de nous être connue, et que nous avons droit d'employer pour rendre raison d'autres qui en sont dépendantes. » Nier cela, c'est renverser toute la métaphysique. Essayez donc de dire quelque chose de Dieu sans concevoir en lui une infinité de perfections se conciliant avec la simplicité de son être. Et d'ailleurs « quelque chose d'approchant a lieu dans toutes les substances simples, où il y a une variété des affections dans l'unité de la substance[2]. »

Locke critique, non sans raison, l'opinion de Malebranche sur la connaissance de l'âme, et il prétend que nous avons de l'esprit une idée aussi claire que des corps[3]. Mais ne dit-il pas que nous n'avons de la substance qu'une idée vague et obscure[4]? N'explique-t-il pas la notion d'existence et la notion d'unité, en homme qui n'a aucune conception claire et distincte du sujet qui pense[5]? Ne dit-il pas que « nous ignorons en quoi consiste la pensée, et à quelle espèce de substance l'Être tout-puissant a trouvé à propos d'accorder cette

---

1. *Examen*, § 31, p. 185.
2. Leibnitz, *Réflexions* sur l'examen que Locke fait du sentiment du P. Malebranche (Erdmann, p. 450).
3. *Examen*, § 47, p. 220.
4. *Essai sur l'entend. hum.*, liv. II, ch. xii et xxiii.
5. *Ibid.*, liv. II, ch. vii.

faculté[1] ? » Celui qui croit qu'on ne peut décider cette question « sans choquer la modestie et sans prononcer en maître, » au défaut de bonnes raisons, celui-là assurément soutient, comme Malebranche et plus que Malebranche, l'obscurité de l'âme et la juge ténébreuse et inintelligible à elle-même[2]. Mais c'est par des causes bien différentes. Car, si Malebranche déclare qu'il n'a aucune idée de l'âme, c'est que la lumière divine l'éblouit. Si Locke, au contraire, ne sait pas voir l'âme, c'est que les images des choses sensibles le rendent incapable de reconnaître ce qui se conçoit et n'est pas imaginable. « Vous trouvez, à la vérité, que vous pensez, écrit-il à Stillingfleet, je le trouve aussi ; mais je voudrais bien que quelqu'un m'apprît comment se fait l'action de penser. » Question puérile et qui est bien d'un homme asservi à l'imagination[3].

[1]. *Essai sur l'entend. hum.*, liv. IV, ch. III, 6.
[2]. Locke dit que nous connaissons notre existence avec une évidence entière qui n'a pas besoin d'être prouvée ; il ajoute que lors même qu'il entreprendrait de douter de toutes choses, ce doute même ne lui permettrait pas de douter de son existence. (*Essai*, liv. IV, ch. IX, 3.) Mais cette « intuition » n'est qu'un sentiment intérieur moins distinct ou moins vif que celui qu'admet Malebranche. Car Malebranche n'hésite pas à décider qu'entre la matière et la pensée il y a incompatibilité.
[3]. Le cardinal Gerdil a composé une *Défense du sentiment du P. Malebranche sur la nature et l'origine des idées, contre l'examen de Locke* (Turin, 1748 ; Bologne, 1787). Il attaque vigoureusement Locke qui est pour lui le représentant de l'empirisme : il examine les uns après les autres ses arguments presque toujours « faibles ou faux, » relève ses « contradictions presque continuelles, » et montre que dans cette modestie et cette sagesse tant vantées il y a beaucoup de timidité métaphysique. A cette philosophie chancelante, œuvre

Leibnitz, dans ses *Réflexions* sur cet examen de la vision en Dieu par Locke[1], dit en finissant : « La vérité est que nous voyons tout en nous et dans nos âmes, et que la connaissance que nous avons de l'âme est très-véritable et juste pourvu que nous y prenions garde ; que c'est par la connaissance que nous avons de l'âme que nous connaissons l'être, la substance, Dieu même, et que c'est par la réflexion sur nos pensées que nous connaissons l'étendue et les corps ; qu'il est vrai cependant que Dieu nous donne tout ce qu'il y a de positif en cela, et toute perfection y enveloppée, par une émanation immédiate et continuelle, en vertu de la dépendance que toutes les créatures ont de lui, et c'est par là qu'on peut donner un bon sens à cette phrase, que Dieu est l'objet de nos âmes et que nous voyons tout en lui. »

Dans les lignes que nous venons de lire, écartons ce qui tient au système de Leibnitz, ôtons particulièrement ce qui y est dit des corps que nous connaîtrions, selon Leibnitz, non pas en eux-mêmes, mais en faisant réflexion sur nos pensées. Une fois ces réserves faites, nous trouvons dans ces lignes une réponse excellente à Locke et à Malebranche :

d'un homme qui mesure à sa propre faiblesse la capacité naturelle de l'esprit humain, Gerdil oppose « le système si étroitement enchaîné et la noble assurance » de Malebranche. Cette *Défense* est fort remarquable. Nous parlerons de Gerdil, plus loin, au chapitre II de cette deuxième partie.

1. Ed. Erdmann, p. 450.

à Locke qui, par impuissance de dépasser les données sensibles, nie les vérités éternelles et la connaissance de l'âme; à Malebranche, qui, par esprit de système, veut que toute connaissance soit directement puisée en Dieu et nie que nous ayons de l'âme aucune idée.

En résumé, de l'examen qu'Arnauld et Locke font de la doctrine de Malebranche, il ressort :

1º Que les idées ne sont rien en dehors de l'esprit qui connaît;

2º Que l'hypothèse de la vision en Dieu est inacceptable: Arnauld et Locke s'accordent sur ces deux points;

3º Que ce n'est pas l'expérience qui est le vrai fondement de la connaissance humaine, comme Arnauld incline à le croire et comme l'affirme Locke, mais que ce sont les vérités éternelles, mal connues par Arnauld, altérées et niées par Locke, fermement maintenues par Malebranche;

4º Que l'âme se connaît elle-même, non pas d'une manière adéquate, mais d'une manière claire et suffisante, quoi qu'en disent, pour des raisons différentes et presque opposées, Malebranche et Locke, et ainsi qu'Arnauld le montre très-bien;

5º Qu'Arnauld a entrevu la vérité quand il dit que la pensée de l'être infini et la pensée de l'âme sont au fond de toute connaissance : mais il n'a pas su profiter de cette vue si vraie ; Malebranche a négligé dans l'explication de la connaissance l'âme même et ce qu'elle fait : mais il a compris ce que Dieu donne et opère : il s'est perdu par l'exagération de cette vérité ; Locke n'a rien saisi ni du rôle de l'âme ni de celui de Dieu : il s'est arrêté dans le sensible ;

6° Enfin, qu'entre la théorie de la vision en Dieu et celle de l'inefficace des causes secondes, il y a un lien sans cesse démontré par Malebranche, parfois aperçu par Arnauld, et que pour réfuter complétement l'hypothèse de Malebranche, il faut restituer l'activité aux corps et aux esprits.

III.

Arnauld encore, et la critique de la théorie de la Providence.

Considérons maintenant les attaques qui ont été dirigées contre la théorie de la Providence : Arnauld, nous le savons, est encore ici au premier rang[1].

Ce qu'Arnauld reproche avant tout à Malebranche, c'est son audace. M. Descartes ne craignait pas d'avouer qu'il trouvait difficile d'accorder la Providence et la liberté : aux yeux du P. Malebranche,

---

1. *Réflexions philosophiques et théologiques sur le nouveau système de la nature et de la grâce*, 1re partie, 1685 ; IIe et IIIe part., 1686.

cette sagesse si louable n'est que de la timidité[1]. Saint Augustin et tous les Pères ont déclaré avec saint Paul que les jugements de Dieu sont impénétrables : le P. Malebranche a un système qui éclaircit et explique tout[2]. Plein de confiance dans ses méditations philosophiques[3], persuadé que la Sagesse éternelle l'éclaire et lui répond, il débite « ses nouvelles pensées[4] » avec assurance; et quand on devrait, selon la règle excellente de saint Augustin, proposer les choses extraordinaires plutôt comme des questions à examiner que d'un style affirmatif et d'un air de maître, lui, dans sa témérité, les attribue à Dieu même, puisqu'il ose faire parler Dieu : en sorte que ses lecteurs éblouis sont exposés à prendre ses opinions hasardées pour les oracles de la vérité éternelle[5]. Il croit donc savoir ce que Dieu a dû faire, ce que Dieu a fait ; il décide sans hésiter de ce qui est le plus digne de l'infaillible sagesse[6]; il parle des desseins, des voies, des démarches du

---

1. *Réflex. philos. et théol.*, I, ch. xv.
2. *Ibid.*, II, avis au P. Malebranche sur la Rép. au Ier livre des Réflex.
3. *Ibid.*, I, préface.
4. *Ibid.*, II, avis au P. Malebranche. D'ailleurs cette accusation revient presque à chaque page.
5. *Ibid.*, I, avant-propos. Il s'agit des *Méditations chrétiennes*.
6. Il ne faut pas, selon Arnauld, faire notre raison juge de la sagesse divine. Car alors « chaque métaphysicien se mêlerait de réformer la conduite de Dieu sur ses méditations. Dès qu'une certaine conduite lui paraîtrait plus digne de la sagesse infinie, il affirmerait hardiment qu'il est nécessaire que ce soit celle-là que Dieu ait suivie. »

Créateur, comme s'il était admis dans ces conseils où nul homme ne saurait pénétrer [1]. « Quelle étrange présomption de prendre notre ignorance pour la règle de la conduite de Dieu en nous imaginant qu'il n'a d'autres desseins en ce qu'il fait que ceux que nous connaissons [2]! » Quelle folie de vouloir juger de l'œuvre de Dieu, de prétendre y découvrir des irrégularités et des désordres, et de venir expliquer ces défauts prétendus par une espèce de nécessité! « Ne vaudrait-il pas bien mieux dire que l'on ne sait pourquoi Dieu fait les monstres, par exemple, que de douter qu'il ne les fasse très-volontairement et très-librement, et qu'ils ne soient, comme tous ses autres ouvrages, des effets de sa sagesse aussi bien que de sa puissance [3]? » Mais voici le comble de cet orgueil insensé : le P. Malebranche prétend d'une part rendre Dieu aimable en faisant mieux comprendre aux hommes la sagesse de la conduite divine; il déclare d'autre part que Dieu a voulu se rendre aimable en donnant une fausse idée de ce qu'il est. Ainsi « Dieu et le P. Malebranche ayant le même dessein, ont pris des routes opposées pour y parvenir : Dieu laissant croire qu'il agit suivant des volontés particulières et donnant ainsi une

---

[1]. « Quel homme peut savoir le conseil de Dieu, et qui peut concevoir ce que Dieu veut? » *Sag.*, ch. ix, 13. — « Où étiez-vous, quand je jetais les fondements de la terre? Dites-le-moi, si vous avez de l'intelligence. » *Livre de Job*, ch. xxxviii, 4.

[2]. *Réflex. philos. et théol.*, I, ch. ii, 3.

[3]. *Ibid.*, I, ch. ii, 4.

grande idée de sa bonté; » le P. Malebranche montrant qu'une conduite générale est bien plus digne de Dieu, et que le meilleur moyen de l'aimer comme il faut, c'est de le connaître tel qu'il est[1].

Voilà donc à quels excès on est entraîné, selon Arnauld, quand on pense avoir, par la raison, commerce avec Dieu même. Et ces hautes prétentions n'empêchent pas le *méditatif* d'être asservi « aux préjugés de l'enfance[2]. » Lorsqu'il soutient, par exemple, « qu'il vaut mieux faire un monde avec des défauts visibles par des voies plus simples, que d'en faire un sans défaut par des voies plus composées, » il parle « comme si c'était un embarras pour Dieu d'avoir plusieurs desseins[3]. » Quand il donne à Dieu « le nom éblouissant de cause universelle, » il semble le prendre « dans une signification basse et proportionnée à la faiblesse humaine, » comme si Dieu ne pouvait sans fatigue « vouloir chaque effet en particulier positivement et directement[4]. » Il se flatte de ne consulter et de ne suivre que l'idée vaste et immense de l'Être infiniment parfait[5], et il paraît oublier que « rien n'est pénible à Dieu et que Dieu fait tout avec une facilité toute-puissante[6]. » Il se pique de s'élever bien au-

---

1. *Réflex. philos. et théol.*, I, ch. VIII.
2. *Ibid.*, I, ch. I.
3. *Ibid.*, I, ch. I.
4. *Ibid.*, I, ch. I.
5. *Ibid.*, I, ch. II.
6. *Ibid.*, I, ch. I.

dessus des jugements des sens et des opinions communes ; et « ce ne sont, dans ses écrits, que comparaisons prises des hommes, ou des pensées populaires et peu dignes d'un philosophe [1]. » Il représente Dieu comme un excellent ouvrier qui préférerait un dessein moins parfait à un autre plus parfait, parce que le premier peut s'exécuter par des voies plus simples que le dernier : comparaison fausse ; car même parmi les hommes les excellents ouvriers ont avant tout en vue la beauté de l'ouvrage, et c'est leur impuissance seule et l'insuffisance de leurs ressources qui les forcent à songer à la dépense [2]. Il est fort embarrassé à la vue de la pluie tombant dans la mer ou sur des sablons aussi bien que sur les terres ensemencées, et il trouve que c'est un *désordre* que la généralité et la simplicité des voies peuvent seules justifier : inquiétude puérile ; car enfin la pluie n'a-t-elle d'autre usage que de faire croître nos récoltes ? N'a-t-elle pas beaucoup d'autres effets que nous connaissons, et une infinité d'autres que nous ne connaissons pas [3] ? Ainsi, au nom de ces grands principes métaphysiques dont il fait tant de bruit, le philosophe ne juge bien souvent de Dieu et de son ouvrage que d'une façon purement humaine, il prête à l'Être infiniment parfait les imperfections et les faiblesses de l'homme,

---

1. *Réflex. philos. et théol.*, I, ch. II.
2. *Ibid.*, I, ch. II.
3. *Ibid.*, I, ch. II, 3.

et, se proposant de le *faire agir* vraiment en Dieu, il le fait agir moins bien que ne feraient parmi les hommes les plus sages et les meilleurs.

Aussi bien tous ces principes sont-ils fort peu clairs et fort peu nets[1]. Dieu est la cause universelle, Dieu ne peut agir que par les voies les plus simples, la conduite de Dieu doit porter les caractères de ses attributs : tout cela est équivoque. Il y a dans ces propositions je ne sais quoi de spécieux qui cause à l'esprit « une sorte d'éblouissement, » et un air de piété qui attire et qui trompe. Quand on les regarde avec quelque attention, on les trouve vagues et pleines de périls. L'auteur lui-même, qui les déclare si importantes et les croit si sûres, est si peu fixé sur leur vrai sens qu'il tombe dans de fréquentes contradictions. Proclamant comme une chose incontestable que les volontés générales sont bien plus dignes de Dieu que les volontés particulières, il attribue néanmoins à des volontés particulières la formation du monde : Dieu peut donc agir d'une manière sage et parfaite, et ne pas agir par les voies les plus simples[2]. Répétant partout que les volontés générales peuvent seules expliquer les irrégularités et les désordres, il reconnaît cependant que dans les plantes et les animaux tout a été formé par des volontés particulières[3] : que devient alors

1. *Réflex. philos. et théol.*, I, ch. I; II, ch. XXVII.
2. *Ibid.*, I, ch. IV.
3. *Médit. chrét.*, VII, 7. Dans les corps organisés, « tout est formé

cette explication seule capable de sauver la sagesse de Dieu? Enfin, posant en principe que Dieu fait tout immédiatement dans la nature corporelle, il dit pourtant que Dieu ne veut pas positivement tout ce qu'il fait : mais comment Dieu n'aurait-il pas donné positivement l'être, même à un monstre, le lui ayant donné immédiatement par lui-même[1]?

Une présomption qui risque d'être impie, des préjugés indignes d'un philosophe, des équivoques perpétuelles, de manifestes contradictions, tels sont les reproches qu'Arnauld ne cesse d'adresser à Malebranche. On devine la douleur et la colère du pieux méditatif. Était-ce bien lui qu'il fallait accuser de présomption, lui qui ne reconnaissait point d'autre Maître que le Verbe divin, éclairant l'esprit par la lumière de l'évidence ou l'instruisant par l'infaillible autorité de l'Église? Et que prétendait-il être lui-même, sinon un humble disciple de l'éternelle Sagesse consultée dans le silence des passions, et un simple moniteur, attentif à rendre les autres capables de la consulter et de la suivre comme lui? Eh quoi! est-ce donc être téméraire que de rappeler sans cesse aux hommes que c'est à

---

dans un dessein déterminé et par des volontés particulières... Tout y est formé par des volontés particulières, car les corps organisés ne peuvent être produits par les seules lois de communications des mouvements. Les lois de la nature ne peuvent que leur donner peu à peu leur accroissement ordinaire. » Arnauld cite ce passage, *Réflex. philos. et théol.*, I, ch. iv.

1. *Réflex. philos. et théol.*, I, ch. ii, 4.

la Raison, laquelle n'est pas à eux, de régner et de décider en maîtresse ! Et s'il faut renoncer à juger de la conduite et de l'ouvrage de Dieu avec cette lumière qui vient de Dieu même, quel renversement de toutes choses, et, sous le spécieux prétexte d'une humble et pieuse ignorance, quelle impiété[1] ! Quant aux préjugés, qui donc a, plus que lui, un soin constant de s'en préserver, et n'est-ce pas Arnauld au contraire qui en est trop souvent l'esclave et le défenseur ? Oui, « que M. Arnauld juge de la Providence divine sur l'idée qu'il a d'une providence humaine, cela lui est permis s'il ne peut pas s'élever plus haut. Car il vaut mieux admettre en Dieu une providence humaine que de lui ôter toute providence. Mais qu'il nous laisse suivre, conduits et soutenus par la foi, l'idée d'être infiniment parfait[2]. » Et ces équivoques et ces contradictions qu'il prétend découvrir partout dans le système et qu'il signale d'un air triomphant, c'est sa critique hostile, c'est son esprit de chicane qui les crée : un peu d'attention désintéressée les dissipe. Dire que les lois générales du mouvement ne peuvent expliquer la formation des plantes et des animaux, ce n'est

---

1. *Rép. au premier livre des Réflex.*, lettre II. « Alors on soutiendra que la beauté que nous admirons dans l'univers est une chimère de notre esprit ; car, en vertu de quoi trouverions-nous que le monde fût admirable, si nous ignorions absolument ou l'idée de la beauté ou les desseins du Créateur ?... Nous pouvons donc remarquer des défauts dans les ouvrages de Dieu, non pas dans sa conduite. »
1. *Rép. au premier livre des Réflex.*, lettre II.

pas dire que Dieu forme tous les jours par des volontés particulières les plantes et les animaux : tous les germes ont été créés en même temps que le monde; et, en conséquence des lois du mouvement, ils croissent et se développent. Prétendre que Dieu ne veut pas positivement chaque chose en particulier, ce n'est pas soutenir que certains effets échappent ou à sa prévoyance ou à sa puissance : il veut toute chose qui existe, puisqu'il la fait être ; et en ce sens-là on peut même dire qu'il la veut positivement; mais il ne la veut pas pour elle-même, isolément, indépendamment de tout le reste : il ne la veut que liée à l'ensemble des choses, et comme une suite nécessaire en un sens, mais prévue et voulue, des lois générales qu'il a établies dans sa sagesse[1]. Dieu est la vraie cause, la seule cause de tout ce qui est ; mais Dieu qui fait tout et règle tout, agit suivant des lois générales. Arnauld s'imagine que tout ce qu'on dit de la sagesse du Créateur limite sa puissance. Il ne comprend pas que les lois générales de la nature et de la grâce ne sont rien hors de Dieu : elles ne sont que sa volonté constante, sage, réglée par la raison ; et la raison, c'est Dieu même. Ainsi Malebranche repousse toutes

---

1. *Rép. à une Dissertat. de M. Arnauld contre un éclairciss. du Traité de la nature et de la grâce.* « Dieu fait tout comme cause véritable ou efficace. » Ch. VII et VIII. — « Dieu n'agit ordinairement qu'en conséquence des lois générales qu'il a lui-même établies. » Ch. IX et X.

les accusations, rétablit ses intentions méconnues, et maintient son système mal compris.

Pour nous, témoin attentif de ce débat, nous remarquons d'abord ce que nous avons déjà signalé dans la critique de la *Théorie des idées* : Arnauld veut avoir trop raison. Il tire parti des moindres défaillances et des plus pardonnables méprises de son adversaire ; il déploie, dans cette minutieuse recherche des détails répréhensibles ou suspects, une perspicacité merveilleuse ; mais cela même le rend aveugle sur bien des choses excellentes, et lui fait porter des jugements injustes. Une proposition étant énoncée, il la tourne et retourne en tout sens, puis avec cette puissance de dialectique qui lui est propre, il en fait sortir toutes les conséquences dangereuses ou décidément mauvaises qu'elle peut renfermer. Il n'y aurait peut-être qu'un mot à changer pour bien prendre la pensée de l'auteur : peu importe ; Arnauld s'attache au sens littéral. Mais dans ces matières si relevées et si délicates où il faut exprimer avec des mots humains des choses divines, est-il donc facile de trouver des propositions d'où une logique pressante et hostile ne puisse tirer quelque fâcheuse conséquence ? Et quand on parle d'un des attributs de Dieu, est-il aisé de n'en rien dire qui paraisse contredire ou du moins diminuer les autres ? Arnauld juge et condamne comme s'il était infaillible. A-t-il donc le secret des propositions parfaitement nettes et précises, et croit-il tous ses principes inattaquables et toutes ses formules sûres?

Il a raison d'accuser Malebranche de témérité; mais il se donne le tort de proscrire ou de paraître proscrire toute méditation philosophique sur les desseins et les voies de la Providence; et lui-même, après tout, quand il en appelle au bon sens et qu'il remet avec tant de soin sous les yeux de ses lecteurs la véritable notion de Dieu[1], que fait-il si ce n'est de consulter la raison souveraine et de la prendre pour juge avec cette confiance qu'il raille si fort dans les méditatifs?

Il s'inquiète à juste titre de la tendance manifeste de Malebranche à ne pas tenir compte des détails : mais il semble, lui, ne pas tenir toujours assez de compte de l'ensemble, et il ne détermine pas nettement en quoi la Providence divine est particulière, en quoi elle est générale[2].

---

1. Il y en a un bel exemple dans les *Réflex. philos. et théol.*, II, ch. II. Arnauld dit lui-même qu'il va se conformer à la règle posée par Malebranche, il va consulter l'idée de l'Être infiniment parfait, avec toute l'attention dont il est capable. C'est là qu'il explique la création par la bonté divine.

2. Arnauld dit que « Dieu agit par des *volontés* particulières selon des *lois* générales, » et que d'ailleurs Dieu n'agit pas toujours selon des lois générales. C'est bien. Mais enfin, dans le monde moral, Arnauld reconnaît-il, oui ou non, des lois générales? Par moments, il parle comme si là il n'y en avait point. Et puis quelle différence faut-il faire entre les lois générales qu'il n'admet pas volontiers, et ce dessein d'ensemble qu'il reconnaît si souvent? C'est ce qu'il importerait d'expliquer, et ce qu'il n'explique pas. J'ai donc raison de dire que toute cette théorie n'est pas suffisamment nette.

Il reproche avec raison à Malebranche de présenter les effets particuliers comme des suites *nécessaires* des lois générales; mais, s'il repousse la nécessité, il ne réussit pas toujours à exclure de la volonté divine l'apparence au moins du caprice et de l'arbitraire.

Ainsi Arnauld, habile à saisir le vice des pensées de son adversaire, les combat à outrance, en sorte qu'il rejette ou semble rejeter les vérités qui s'y mêlent; or, il ne peut les repousser entièrement sans erreur, et il ne peut les reprendre sans inconséquence. Tels sont les inconvénients d'une critique exagérée.

Mais élevons-nous au-dessus de ces détails : indiquons nettement les points qui nous paraissent victorieusement établis contre Malebranche.

1° Il ne faut pas « mettre le principal de la sagesse de Dieu à agir par les voies les plus simples, et soutenir qu'il ait dû nécessairement ou du moins infailliblement préférer un dessein moins parfait à un autre plus parfait, parce que le premier se pouvait exécuter par des voies plus simples que le dernier[1]. » Le principe de la simplicité des voies, ainsi entendu, est chimérique : il choque le bon sens, car « les voies sont pour les ouvrages, et non les ouvrages pour les voies[2]; » il limite la liberté

---

1. *Réflex. philos. et théol.*, I, ch. I.
2. *Réflex. philos. et théol.*, I, ch. VIII. — Malebranche, dans sa

du Créateur, car il fait considérer les effets particuliers comme des suites *nécessaires* des voies simples[1]; il diminue la sagesse et la bonté de Dieu, car ces suites nécessaires sont *fâcheuses* en plus d'une rencontre, et Dieu qui les prévoit n'a ni le moyen ni la volonté de les prévenir[2].

2° Dans la nature corporelle, il n'y a pas de vraie irrégularité, de vrai désordre. Un être monstrueux n'est pas une chose vraiment mauvaise : il vaut moins que l'animal régulièrement conformé, mais il vaut mieux qu'une pierre par exemple, et son existence telle quelle atteste encore d'une manière éclatante la puissance et la sagesse de Dieu. Objet de nos mépris, il passe cependant toutes nos conceptions et tout notre pouvoir. Il n'est donc pas indigne d'exister, et il peut contribuer en quelque chose à la beauté de l'univers[3].

3° « C'est une espèce d'éblouissement que de vouloir que dans le monde corporel il puisse y avoir des causes occasionnelles qui déterminent les vo-

---

Réponse à Arnauld, n'oppose plus la perfection de l'ouvrage et les voies ; il dit que Dieu s'est déterminé sur le plus grand rapport de sagesse et de fécondité qu'il trouve entre telle voie et tel ouvrage.

1. *Réflex. philos. et théol.*, I, ch. ii, 4; ch. viii; ch. xiv.
2. *Ibid.*, II, ch. xxx, et conclusion.
3. *Ibid.*, I, ch. ii, 4. — Remarquons bien qu'Arnauld invoque ici, comme Malebranche, l'idée d'un dessein général, et comment, sans cela, expliquer les monstres et toutes les choses du même genre? Seulement, aux yeux de Malebranche, l'existence des monstres est une suite de lois générales, et Dieu la subit « par une espèce de nécessité; » aux yeux d'Arnauld, cette existence a encore son prix, et Dieu la veut directement en vue de la beauté de l'ensemble à laquelle elle contribue.

lontés générales de Dieu à un effet plutôt qu'à un autre, en même temps qu'on avoue que toute la nature corporelle est purement passive, mais que Dieu fait tout en elle[1]. » Ces causes, occasionnelles au regard des effets qu'elles déterminent, ne le sont pas au regard de Dieu ; ce ne sont que les moyens employés par Dieu pour produire les effets particuliers ; ce ne sont que les voies par lesquelles Dieu exécute ses volontés. Leur attribuer le rôle que leur prête Malebranche, c'est leur donner une véritable efficace, et même plus grande que celle qu'on attribue communément aux causes-secondes.

4° Quand il s'agit des êtres intelligents et des volontés libres, la théorie des causes occasionnelles est encore plus défectueuse et plus périlleuse. L'esprit est déclaré incapable de se mouvoir : on soutient presque l'opinion condamnée par le Concile de Trente : *liberum arbitrium a Deo motum... velut inanime quoddam nihil omnino agere, mereque passive se habere*[2]. Dès lors on ne peut donner de la liberté qu'une explication « subtile. » Mais, d'un autre côté, on représente l'âme comme *déterminant*

---

1. *Réflex. philos. et théol.*, I, ch. VIII.
2. Voici le canon entier : « Si quis dixerit liberum hominis arbitrium, a Deo motum et excitatum, nihil cooperari assentiendo Deo excitanti atque vocanti, quo ad obtinendam justificationis gratiam se disponat ac præparet, neque posse dissentire si velit : sed veluti inanime quoddam nihil omnino agere, mereque passive se habere : anathema sit. »

par elle-même à un bien particulier l'impression qu'elle reçoit de Dieu vers le bien en général. La cause occasionnelle est donc une vraie cause. Dieu nous poussant vers le bien est comme l'air poussé indifféremment dans les tuyaux d'un orgue ; nos mouvements libres, ce sont les mains de l'organiste qui produisent tels ou tels sons. Où est ici la cause véritable ? N'est-elle pas celle que vous appelez occasionnelle [1] ? De quelque côté que l'on envisage les choses dans le monde moral, les deux inconvénients opposés de la théorie reparaissent toujours. Les événements humains sont présentés comme une suite nécessaire de l'ordre de la nature : ce qui est dégrader les hommes, les faire agir en bêtes, les dépouiller du libre arbitre. Mais Dieu n'agissant pas par des volontés particulières, n'a plus, à ce qu'il semble, le pouvoir de remuer les cœurs, et de plus, les événements humains étant des suites des lois générales, beaucoup de choses arrivent, ce semble, sans dessein, et Dieu, asservi aux causes occasionnelles de son action, *exécute* tout dans ce système, mais *n'ordonne* pas assez [2].

5° Les causes occasionnelles dans le monde moral étant des natures intelligentes qui ont de l'affection pour nous, et par cette affection déterminent la volonté générale de la cause universelle à

---

1. *Réflex. philos. et théol.*, I, ch. IX.
2. *Ibid.*, I, ch. XIV.

nous faire du bien, comment espérer que la persuasion de l'inefficace des causes secondes nous empêche de les aimer et nous attache plus fortement à Dieu? Les bénéfices en France sont conférés par le pape : le roi n'est que la cause occasionnelle de leur collation. Mais c'est de la faveur du roi qu'on les attend, et on recherche cette faveur, et, pour l'obtenir, on caresse les ministres du roi et les valets des ministres. C'est un paradoxe insoutenable, et une maxime opposée à toute vraie morale, que de vouloir que nous n'ayons ni gratitude ni amour pour les causes occasionnelles qui déterminent la cause générale à nous faire du bien. D'ailleurs, il n'est pas vrai que nous ne devions aimer uniquement que Dieu. Pour Dieu seul, nous devons avoir cet amour que saint Augustin appelle *dilectionem mansoriam* : oui, c'est en Dieu seul que notre amour peut se reposer et se fixer comme en son suprême objet et en sa fin bienheureuse. Mais quoi! sera-t-il défendu aux enfants d'aimer leur père comme leur ayant donné la vie, parce qu'il ne la leur a donnée que comme cause seconde et dérivée! C'est le renversement de toute la morale. Mais au moment même où cette théorie étouffe dans notre cœur tout sentiment pour les créatures, elle nous porte d'un autre côté à les aimer bien davantage, en nous les faisant considérer comme les causes occasionnelles de l'action divine : « car enfin on aime plus celui qui nous fait un bienfait *en pensant à nous*, que celui qui nous l'aurait fait sans avoir un dessein particulier de nous procurer du bien[1]. »

6° Prétendre que Dieu n'a pu avoir en créant l'univers d'autre dessein que l'Incarnation, c'est avancer une pensée *nouvelle* que la théologie n'autorise pas ; et dire, pour la justifier, que Dieu ne peut vouloir agir au dehors que pour se procurer un honneur digne de lui, c'est soutenir une autre nouveauté sans trouver, ni dans l'enseignement théologique, ni dans la raison, aucune preuve à l'appui[2].

7° Que l'on se conforme donc à la règle que Malebranche répète si souvent et observe si mal ; que l'on consulte, mais sans parti-pris, l'idée de l'Etre infiniment parfait : on trouvera que Dieu n'a pu être porté à créer que par une bonté toute gratuite, par une libérale effusion de son être sur toutes les choses qu'il a rendues capables d'y participer en leur communiquant ce qu'il lui a plu. Ce n'est donc que par l'affluence de ses biens infinis dont il était de sa grandeur et de sa bonté qu'il fît quelque part à ce qui ne pouvait avoir d'être que par la communication qu'il lui en ferait, qu'il s'est résolu à créer le monde. Il est vrai de dire

---

1. *Réflex. philos. et théol.*, I, ch. xviii. Voir aussi ch. xix et xx.
2. *Ibid.*, II, ch. i, ii, iii et iv.

que Dieu a fait toutes choses pour lui, et que la bonté divine est la fin de toutes choses, tant de Dieu que des créatures. Mais c'est en diverses manières : car, au regard de Dieu, c'est qu'il n'a agi que pour la communiquer; et au regard des créatures, c'est qu'elles tendent toutes à y participer, en tant qu'elles en sont capables. Toute créature agit pour être bonne, c'est-à-dire pour acquérir sa perfection; Dieu agit parce qu'il est bon, c'est-à-dire pour communiquer sa perfection à d'autres, n'ayant besoin d'aucune perfection, et n'étant capable d'en acquérir aucune[1].

8° Dire que l'ouvrage de Dieu doit rendre au Créateur un honneur digne de lui, c'est-à-dire infini, c'est chercher entre les choses et le souverain auteur des choses une *égalité* qui ne se peut pas trouver; c'est parler comme s'il coûtait à Dieu quelque chose de créer, et que dans cette vue il ne voulût agir que pour en tirer quelque avantage; c'est supposer enfin que cette volonté souveraine et indépendante se répand au dehors, non par plénitude et abondance, mais par une espèce d'indigence qui la déterminerait à agir dans la vue de quelque avantage qui lui en pourrait revenir. Combien y a-t-il de gens qui font des choses dont ils n'ont aucun besoin, à cause seulement qu'ils prennent plaisir à les faire, ou qu'ils sont d'une

---

1. *Réflex. philos. et théol.*, II, ch. II.

humeur bienfaisante? Pourquoi donc Dieu, qui est la bonté même, n'aurait-il pu créer le monde par une effusion de sa bonté[1]?

9° La théorie de la grâce n'est ni moins nouvelle ni moins dangereuse que les autres. Quand ce théologien téméraire « qui aime mieux chercher la science des choses divines dans ses méditations philosophiques que d'être le disciple des saints Pères[2], » prétend nous dévoiler les dispositions et les sentiments de l'âme sainte de Jésus-Christ considérée comme cause occasionnelle de la grâce, que de suppositions injurieuses au Sauveur des hommes ne fait-il pas[3]? et quelle étrange idée ne nous donne-t-il pas de la conduite divine? Il veut qu'elle porte le caractère des attributs divins : mais quoi! la bonté n'est-elle donc pas un attribut de Dieu? Il la laisse dans l'ombre[4]. Et la puissance? Il l'exalte, et puis voici qu'il en dépouille Dieu pour le rendre plus aimable. Si tant d'âmes se perdent, c'est que Dieu n'a pas pu sauver plus d'hommes qu'il n'en a sauvés[5]. En vérité, si c'est là parler dignement de Dieu, qu'est-ce donc que d'en parler indignement[6]?

Voilà ce qui me paraît solide dans la réfutation d'Arnauld. Certes ce n'est pas un médiocre mérite

---

1. *Réflex. philos. et théol.*, II, ch. III.
2. *Ibid.*, I, préface.
3. *Ibid.*, III.
4. *Ibid.*, II, ch. XXVII.
5. *Ibid.*, II, ch. XXX.
6. *Ibid.*, II, ch. III.

que d'avoir montré l'insuffisance et le vague de certaines formules métaphysiques très-séduisantes, et d'avoir su résister à la chimère par la force du bon sens appuyé sur la tradition théologique. Il y a plus : Arnauld a résisté aux entraînements de sa propre nature et de ses propres opinions. Le janséniste a trouvé pour parler de la liberté humaine, du droit des créatures à notre amour, et de la bonté de Dieu, des paroles dignes d'admiration. Il a vu que dans un système où l'esprit est déclaré incapable de se mouvoir, on ne peut conserver la liberté sans inconséquence; et appuyé sur le décret si net, si précis, si énergique du concile de Trente, il a rejeté la passivité de l'âme [1]. Il a vu que défendre aux

1. Arnauld est ici plus décidé et plus explicite que dans le *Livre des vraies et des fausses idées.* — Au moment où parurent les *Réflexions philosophiques et théologiques*, la théorie des causes occasionnelles fut combattue dans deux livres remarquables, provoqués par la polémique d'Arnauld et de Malebranche. Fontenelle, dans ses *Doutes sur le système physique des causes occasionnelles* (1686), examine la question au point de vue de la matière et du mouvement: il fait voir que ce système ne fait agir Dieu ni par des voies plus simples et plus générales, ni plus en souverain, que le système commun; que Dieu, selon Malebranche, fait le monde imparfait, pour le faire simple, au lieu de le faire d'abord parfait, puis après le plus simple possible : ce qui est peu sage; enfin que reconnaître dans les créatures corporelles une force mouvante réellement distinguée de Dieu, ce n'est pas diminuer la toute-puissance divine, pas plus que de leur attribuer une existence distincte de celle du Créateur. « Tout ce que vous me direz contre la force des créatures, je vous le rétorquerai contre leur existence. » M. de Villemandy, dans son *Traité de l'efficace des causes secondes* (Leyde, 1685), examine sans aucun esprit de dispute le système des causes occasionnelles, et admet l'activité des corps et l'activité des esprits. Il montre l'âme active dans la pensée et dans la volonté, dirigeant et appliquant ses facultés, « le tout sous la direction de Dieu et avec son concours immédiat, mais pour-

hommes d'aimer les créatures sous prétexte qu'elles sont dépourvues de toute efficace, c'est ruiner par une métaphysique suspecte et une piété mal entendue l'ordre naturel, et au nom de la saine morale il a protesté éloquemment. Enfin, il a vu que la bonté divine était négligée et compromise dans ces théories qui font Dieu si attentif à la simplicité des voies où semble consister toute la sagesse, et si soucieux de se procurer en créant un honneur digne de sa majesté infinie; et à l'aide de saint Augustin et de saint Thomas[1], il a montré dans un simple et noble langage Dieu souverainement parfait se communiquant non par besoin, mais par plénitude et abondance, et créant, parce qu'il est bon, des êtres qui participent à sa perfection comme à leur principe et y tendent comme à leur fin.

Nous applaudissons, sur tous ces points, aux efforts heureux d'Arnauld, et nous recueillons ses remarques judicieuses. Mais nous ne nous dissimu-

---

tant *avec beaucoup de liberté et quelque espèce d'indépendance.* » Il relève l'inconséquence de Malebranche qui donne aux esprits, dépourvus de toute efficace, la force d'arrêter sur un objet particulier le mouvement que Dieu leur imprime vers le bien en général. Au témoignage de Bayle (*Nouv. de la Rép. des lettres*, août 1686, art. 6), « tout cela est bien prouvé; » ce qui ne veut pas dire, ajoute le sceptique, que « les arguments soient incontestables, » et de nature à convaincre les cartésiens, « fort difficiles à contenter en fait de preuves. »

1. *Réflex. philos. et théol.*, II, ch. II. Après avoir exposé l'opinion de Malebranche sur le motif de la création, Arnauld s'écrie : « S. Thomas, dans son style simple, me paraît bien plus grand et bien plus élevé. » Et il cite de fort beaux textes (*Summa theol.* I^a, q. XIX, art. 2; q. XLIV, art. 4). Il cite aussi un beau texte de S. Augustin (*De Genesi*, I, v).

lons pas combien sa pensée demeure incomplète. Elle n'a pas, si je l'ose dire, de profondes racines dans une grande métaphysique. Le bon sens naturel, servi par les nécessités du combat, lui fait dire des choses excellentes sur la liberté, sur la morale, sur la bonté divine. Mais dès qu'il touche à la question de la grâce, il compromet singulièrement cette activité qu'il vient de supposer dans l'âme[1]. Quand il parle de la nature et de l'origine de la loi du devoir, il méconnaît l'universalité et l'immutabilité des principes moraux et ne conserve que par une inconséquence une loi naturelle et une justice naturelle[2]; enfin, quand il expose la prédestination telle qu'il l'entend, il ne tient point [de compte de la bonté divine, et si en prêtant à la Providence des duretés choquantes, il ne les explique point, comme Malebranche, par les exigences d'une sagesse scrupuleuse, il semble n'en trouver d'autre raison que la volonté souveraine et indépendante du Tout-Puissant, ce qui assurément ne donne point de la perfection et en particulier de la bonté de Dieu une idée plus relevée[3].

A vrai dire, Arnauld et Malebranche reconnaissent

1. Alors il laisse à l'âme si peu de liberté que Malebranche lui oppose ce même canon du Concile de Trente que nous citions plus haut. Voyez aussi l'usage que Malebranche fait de ce canon contre Boursier; janséniste, *Réflex. sur la prémot. phys.*, § 3.
2. *Règles du bon sens*, réplique au P. François Lamy, au t. IVe des *OEuvres complètes* d'Arnauld.
3. *Réflex. philos. et théol.*, III.

l'un et l'autre la liberté humaine, et ils la compromettent, l'un par sa théologie, l'autre par ses principes métaphysiques; ils proclament l'un et l'autre la bonté divine : mais ils la détruisent, l'un pour le plus grand honneur de la sagesse, l'autre par respect pour la puissance. Ils méritent ainsi tous les deux les mêmes reproches, mais c'est par des raisons différentes. Si nous voulons aller jusqu'au fond de leur pensée, nous les trouverons, l'un persuadé et préoccupé avant tout de la sagesse du Créateur, l'autre persuadé et préoccupé avant tout de sa toute-puissance. Malebranche place le fondement de la sagesse divine dans les vérités éternelles et dans l'ordre immuable; puis il voit que s'il y a du mal dans le monde, c'est qu'il est convenable et bon qu'il y en ait; enfin il comprend qu'une harmonie universelle relie tous les détails des choses. Cela est invincible à toutes les objections, cela est impérissable. Mais dans ces hautes considérations, il a des éblouissements et des défaillances : il ne veut plus voir dans les effets particuliers que des suites nécessaires des lois générales, et il semble alors ôter à Dieu puissance, liberté, bonté, pour ne lui laisser qu'une chimérique sagesse. C'est cette exagération qu'Arnauld saisit et signale avec une incomparable vigueur. Cette sagesse, c'est « une fatalité plus que stoïcienne[1]. »

---

1. *Réflex. philos. et théol.*

Si Dieu est nécessité par elle à créer précisément un tel ouvrage, et à le créer précisément par de telles voies, c'est la ruine de la liberté et de la toute-puissance du Créateur. Mais Arnauld, à son tour, entend-il bien cette liberté divine qu'il défend à si juste titre? ne confond-il pas ce qui est limite ou gêne avec ce qui est règle et loi? et, parce qu'il ne connaît pas bien la nature et l'origine des vérités éternelles, ne lui arrive-t-il pas, en prétendant affranchir de la fatalité la volonté divine, d'y faire régner, à la place de la souveraine raison, l'arbitraire et le caprice?

Ainsi les doctrines de Malebranche et d'Arnauld nous apparaissent comme se corrigeant mutuellement. Dieu est sage; mais sa sagesse n'exigeait point qu'il créât un tel monde, ni qu'il le créât par de telles voies. Dieu est libre, mais sa liberté se règle par sa sagesse. La Providence de Dieu est générale : car des lois, bonnes et convenables, sans être nécessaires, président au développement des êtres; et un dessein unique domine tous les détails et les relie dans une magnifique harmonie. La Providence est, en un autre sens, particulière : car Dieu a la vue positive de tous les effets particuliers, et surtout il a de chacun des esprits un soin, et, si je l'ose dire, un souci spécial. Il n'est donc pas simplement « l'auteur d'un certain ordre général d'où le reste se développe comme il peut[1]. » Il a en quelque sorte une application particulière à chaque individu; et c'est précisément cette connaissance de l'infime détail unie à la conception d'un plan universel, qui est le caractère divin de la Providence.

IV.

Fénelon, et la réfutation de l'optimisme.

Qui s'attendrait à trouver Fénelon parmi les critiques de Malebranche? Mysticisme allié aux exigences d'une raison sévère, goût pour la philosophie cartésienne, désir de la faire servir à la religion [2] :

---

1. Bossuet, *Orais. fun. de Marie-Thérèse.* L'allusion au système de Malebranche est évidente.
2. « Après vous avoir déclaré, Monsieur, combien je suis docile à l'autorité de la religion, je dois vous avouer combien je suis indocile à toute autorité de philosophie... On me cite Descartes; mais je réponds que c'est Descartes même qui m'a appris à ne croire personne sur sa parole. La philosophie n'étant que la raison, on ne peut suivre en ce genre que la raison seule. » *Lettres sur la métaphys. et la religion*, IV. D'un autre côté « nul homme, sans la grâce, n'aurait, par ses seules forces naturelles, toute la constance, toute la règle, toute la modération, toute la défiance de lui-même, qu'il lui faudrait pour la découverte des vérités mêmes qui n'ont pas besoin de la lumière supérieure de la foi; en un mot, cette philosophie naturelle, qui irait sans préjugé, sans impatience, sans orgueil, jusqu'au bout de la raison purement humaine, est un roman de philosophie. » *Ibid.* VI, 3. Mais il faut que les hommes simples et ignorants eux-mêmes soient persuadés de la religion par des raisons droites et solides, quoiqu'ils ne puissent pas expliquer avec précision et méthode ces raisons, ni réfuter les objections subtiles qui les embarrassent (*Ibid.* VI, 2). Il faut que les principaux théologiens aient une haute métaphysique (*Lettre 2e au cardinal de Noailles*, 3). Ainsi, de quelque côté qu'on envisage les choses, la raison et la foi s'accordent et se soutiennent

tout cela est commun à l'un et à l'autre. Comme Malebranche, Fénelon se plaît aux spéculations métaphysiques, et il s'y engage dans le même esprit : c'est la présence et l'action de Dieu dans le monde et surtout dans l'âme, qu'il veut montrer; il scrute donc son intelligence et son cœur, et partout il découvre Dieu, Dieu qui l'éclaire par les idées, Dieu qui meut sa volonté et opère en lui, d'une certaine façon, le vouloir même, Dieu de qui il dépend et dans le fond de son être et dans toutes ses opérations. « Je trouve Dieu de tous les côtés, s'écrie-t-il; il sort du fond de moi-même [1]. » A ses yeux, « les idées sont quelque chose d'existant et de réel, les idées sont Dieu [2]. » C'est d'elles que vient toute lumière; c'est en les consultant qu'on est sage, elles sont communes à tous les esprits, elles les éclairent, les instruisent, les redressent; et Fénelon célèbre magnifiquement cette raison souveraine et infaillible, à laquelle tout ce qui pense participe, source éternelle et incréée de la vérité, soleil des intelligences, toujours présent quoique méconnu, maître intérieur, qui sans cesse nous parle et trop souvent n'est pas écouté [3]. C'est la doctrine de Ma-

l'une l'autre, la philosophie et la religion sont alliées et se prêtent un mutuel secours. Rien n'est plus conforme à la pensée de Malebranche.
1. *Traité de l'existence de Dieu*, II, ch. II, à la fin.
2. *Traité de l'existence de Dieu*, II, ch. IV.
3. *Traité de l'existence de Dieu*, I, ch. II; II, ch. IV; ch. V, art. 5. — *Lettres sur la métaphysique et la religion*, VII, 1. — *Télémaque*, liv. IV, entretien de Mentor et d'Hazaël.

lebranche et c'est son langage[1]. Et dans l'exposition de ces hautes pensées, c'est le même art naturel de rendre agréables et touchantes les vérités abstraites, le même besoin de mêler la prière au raisonnement, la même piété animant et soutenant les méditations philosophiques. Ce sont deux esprits de même race, deux âmes de métaphysiciens, prises l'une et l'autre d'un même amour pour le monde des idées, pénétrées l'une et l'autre de christianisme. Fénelon n'a point l'originalité d'un inventeur de système ; mais en revanche, quelle étendue et quelle largeur d'intelligence, quel sens fin, quelle onction et quelle grâce ! Et avec cela, une dialectique pressante, subtile, et une connaissance de la théologie approfondie et sûre. Par toutes ces qualités c'est, je ne crains pas de le dire, un platonicien et un chrétien plus complet. Quoi qu'il en soit, je ne connais point de grands hommes qui aient eu entre eux de plus vives et de plus intimes ressemblances.

[1]. En entrant dans le détail on trouverait sur plusieurs points de doctrine de frappantes analogies. Fénelon dit comme Malebranche que Dieu est l'Être sans restriction ; qu'il est étendu, mais non à la manière des corps, qu'il est plus qu'Esprit, car il est l'Être par excellence (*Traité de l'existence de Dieu*, II, ch. v). Il exprime notre dépendance à l'égard de Dieu en termes que Malebranche même n'égale point (voir surtout *Lettres sur la métaph.* I, ch. iv, 1). Quand il parle de la joie véritable et pure que la vérité répand dans les âmes (par exemple dans le *Télémaque*, lorsqu'il peint le bonheur des âmes bienheureuses dans les Champs-Élysées), on ne peut pas ne pas se souvenir de ce que Malebranche dit si souvent de ces « joies solides et délicieuses » (surtout dans les *Médit. chrét.*), de « ce plaisir éclairé, de ce plaisir infiniment doux et paisible par lequel les saints goûtent la substance même de la Divinité. » (*Traité de l'amour de Dieu.*)

D'ailleurs Fénelon n'a pas seulement pensé comme Malebranche : il a été en quelque sorte à son école ; il a lu ses écrits, et, si bien fait pour goûter cette philosophie hardie, élevée, pieuse, il en a très-certainement subi l'influence : disciple de génie, il s'est assimilé le meilleur et le plus pur de la doctrine nouvelle, et a exprimé des pensées semblables avec un éclat et une douceur incomparables.

Voilà l'homme qui a fait de l'optimisme de Malebranche une critique si sévère, si vive, quelquefois si dure. La théologie l'a mis en garde contre une philosophie où tout, ce semble, devait le séduire. Une fois ses inquiétudes éveillées, il a su regarder de près le système, et y faire la part du vrai et du faux. Excité et soutenu par Bossuet, il a entrepris de réfuter le *Traité de la nature et de la grâce*[1].

---

1. *Réfutation du système de la nature et de la grâce* (composée sans doute vers 1685, publiée seulement en 1820). Fénelon avoue en commençant qu'il avait d'abord goûté la *Recherche de la vérité*, et qu'il avait trouvé dans l'auteur une grande connaissance des principes de la philosophie et un amour sincère pour la religion. « Mais, ajoute-t-il, quand j'ai lu le *Traité de la nature et de la grâce*, l'estime que j'avais pour lui m'a persuadé qu'il s'était engagé insensiblement à former ce système sans envisager les conséquences qu'on en peut tirer contre les fondements de la foi. Ainsi, je crois qu'il est important de les lui montrer. » — Bossuet, qui avait vu avec une vive joie Malebranche réfuté par Arnauld dans le livre *des vraies et des fausses idées*, et qui pressait le puissant réfutateur de publier sa critique *du système de la nature et de la grâce* (lettre latine à l'évêque de Castorie, M. de Néercassel, 1683), engagea aussi et aida Fénelon à composer la *Réfutation* que nous allons examiner. Malebranche n'y est pas attaqué dans ses intentions (ch. i), mais sans cesse averti des erreurs dangereuses, « monstrueuses, » où son système l'engage, et sans cesse conjuré, au nom de la raison et surtout de la foi, de renoncer à des principes féconds en conséquences absurdes et impies.

Et c'est un chef-d'œuvre de dialectique et de raison que cette réfutation. Je n'y voudrais retrancher que quelques subtilités, signalées la plupart du temps par Bossuet lui-même. Fénelon est à l'aise dans les plus ardues spéculations. Sans tomber, comme Arnauld, en d'interminables disputes, il excelle à retourner dans tous les sens un principe, et il ne clôt la discussion qu'après l'avoir épuisée; mais il ne s'y épuise pas lui-même et ne lasse pas son lecteur. Puis, dans cet écrit, il a parfois une singulière énergie : on sent que Bossuet a inspiré et revu tout cela. C'est même un des attraits de l'ouvrage que cette alliance de ces deux grands esprits si différents, et on recueille avec un intérêt tout particulier les corrections de Bossuet, les variantes introduites par lui, les amendements qu'il propose, les critiques qu'il fait.

Ce qui sépare Fénelon et Malebranche, c'est donc la question de la grâce [1]. Malebranche incline tour à tour au semi-pélagianisme et au jansénisme. Il

« Je le conjure de lire cet ouvrage avec le même esprit qui me l'a fait écrire. S'il aime et s'il recherche la vérité, comme il l'a toujours témoigné, il craindra l'erreur et non la honte de s'être trompé, il entrera en défiance d'une doctrine nouvelle qui a soulevé tous les théologiens éclairés et ceux mêmes qui sont le plus exempts de préoccupation contre lui. » (ch. XXXVI). Fénelon est certainement de ces derniers.

1. En 1709, Fénelon disait encore: « Dans ce petit ouvrage (le *Traité de la nature et de la grâce*), le P. Malebranche ne justifie l'inefficacité de la volonté de Dieu pour le salut de tous les hommes que par une impuissance qui vient de la simplicité des voies de Dieu et des bornes du cerveau de Jésus-Christ. C'est ce qui est nouveau dans l'Église, éloigné de toute théologie, et indigne de Dieu. » *Lettre au P. Lamy.*

accorde trop à la volonté humaine, lui qui cependant croit la créature entièrement impuissante ; et puis, en d'autres endroits, il admet les conséquences les plus terribles de la prédestination entendue de la façon la plus absolue [1]. Fénelon se tient entre ces deux écueils. C'est la pure doctrine catholique, dégagée de tout système, qu'il veut établir et défendre [2].

Mais il y a une question qui domine, si je ne me trompe, tout le débat, soit théologique, soit purement philosophique. Sur la nature même de la liberté, en Dieu et en l'homme, un dissentiment grave existe entre Malebranche et Fénelon.

Dieu est-il invinciblement déterminé par l'ordre? voilà la première question. Pour Fénelon elle est extrêmement délicate. Il n'est pas de ceux qui, comme Descartes, attribuent à la libre volonté de Dieu l'existence même de la vérité et du bien, et il ne veut pas non plus que la volonté divine soit tellement assujettie à l'ordre qu'elle n'ait plus de liberté. Où trouver un milieu? Il y a des vérités éternelles, nécessaires, immuables : ces vérités sont vérités au

---

1. Malebranche représente Dieu entièrement indifférent en lui-même pour le choix de ceux qui régneront avec Jésus-Christ. Il représente la volonté divine invinciblement déterminée par l'ordre à restreindre dans certaines bornes le nombre des élus. Voyez *Réfutation*, ch. XXXI.

2. Il n'entre pas dans la dispute de Malebranche avec Arnauld, dit-il dès le début (*Réfutation*, ch. I). Il le répète plus loin. « Je n'examine pas ce que M. Arnauld a pensé et écrit là-dessus, car il n'est pas question de lui, mais de la vérité. » (ch. XIV).

regard de Dieu comme au nôtre, elles sont d'une certaine façon Dieu même. Que Dieu agisse : il suivra la raison, parce qu'il ne peut pas se démentir lui-même et cesser d'être Dieu : c'est un principe incontestable. Fénelon admet tout cela [1]. Et cependant il ne croit pas que la liberté divine soit liée par la raison ni invinciblement déterminée par l'ordre. Dieu agit toujours avec sagesse, mais Dieu agit toujours librement, et comment ? parce que rien de créé ne peut être tellement bon que Dieu soit invinciblement déterminé à le choisir et à le produire. Il est si grand qu'aucune créature ne peut avoir en elle de quoi le déterminer à la préférer à une autre : elles sont toutes deux bonnes et dignes de lui, mais toutes deux infiniment au-dessous de sa perfection [2]. « Il voit les choses les plus inégales égalées en quelque façon, c'est-à-dire également rien en les comparant à sa hauteur souveraine [3]. » Il n'y a donc pas d'ob-

---

1. Il le déclare dans la *Réfutation* (spécialement au ch. VIII), et le proclame dans tous ses écrits : en voici des exemples. « Tout vient de Dieu, tout retourne à lui : autrement *l'ordre serait violé*. Si Dieu agissait sans aucune fin, il agirait d'une façon aveugle, insensée, où sa sagesse n'aurait aucune part. S'il agissait pour une fin moins haute que lui, il rabaisserait son action au-dessous de celle de tout homme vertueux qui agit pour l'Être suprême. Ce serait le comble de l'absurdité. Concluons donc, sans craindre de nous tromper, que Dieu fait tout pour lui-même. » *Lettres sur la Métaph. et la Relig.*, II, ch. I, § 1. Voir aussi § 8. Dans la *lettre* I, ch. IV, 3, il dit : « Dieu n'a pu créer les hommes avec une intelligence et une volonté, qu'afin que toute leur vie ne fût qu'admiration de sa suprême vérité, et amour de sa bonté infinie. »

2. *Réfutation*, ch. VI, VII, VIII.

3. Cette phrase est une de celles qui appartiennent à Bossuet dans la *Réfutation*. Elle est au chap. VIII.

jet déterminé qui soit effectivement le meilleur par rapport à sa perfection souveraine, « dont les choses les plus parfaites sont toujours infiniment éloignées [1]. » Dès que l'on admet ce principe, toutes les fausses opinions de Malebranche s'évanouissent. Il ne faut plus dire que Dieu, supposé qu'il crée, ne peut faire que l'ouvrage le plus parfait possible, cette suprême perfection dans la créature étant une pure chimère [2]. Il ne faut plus dire que Dieu n'aurait pas créé s'il n'avait pas trouvé le secret de diviniser son ouvrage par l'incarnation de Jésus-Christ [3] : tout degré d'être est bon, et digne de Dieu, et, n'y eût-il qu'un atome au monde, cet atome marquerait encore la perfection infinie de son auteur, et l'on ne pourrait pas dire que son existence

---

1. Encore de Bossuet au même chapitre.
2. Voir aussi *Lettres sur la métaph. et la relig.* IV, 2. « Rien n'est plus faux que ce que j'entends dire : savoir que Dieu est nécessité par l'ordre, qui est lui-même, à produire tout ce qu'il pouvait faire de plus parfait. Ce raisonnement irait à prouver que l'actuelle production de la créature est éternelle et essentielle au Créateur. » Dans toute cette lettre, Fénelon, « sans vouloir critiquer ni nommer personne, » et en « laissant librement raisonner chacun autant que la religion le permet, » pense très-certainement à Malebranche, quand il parle de ces Cartésiens « qui ont embrassé des opinions trop hardies en s'appuyant sur les principes de Descartes, » et « de plusieurs philosophes de son temps, d'ailleurs très-estimables, qui n'ont pas eu assez d'*exactitude* dans ce qu'ils ont dit sur la liberté de Dieu pour ses ouvrages extérieurs. »
3. *Réfutation*, ch. XX et XXII. — Dans un fragment sur le *culté dû à Dieu*, Bossuet dit : « Si la religion chrétienne donne aux hommes un médiateur nécessaire pour aller à Dieu, c'est-à-dire Jésus-Christ, *ce n'est pas que Dieu dédaigne leur nature qu'il a faite*; mais c'est que leur péché, qu'il n'a pas fait, a besoin d'être expié par le sang du Juste. »

fût une chose contraire à l'ordre, indigne de Dieu, mauvaise [1]. Il ne faut plus dire enfin que Dieu devait, pour se conformer à l'ordre, produire son ouvrage par les voies les plus simples ; car c'est laisser croire que ce même ouvrage, produit par des voies plus composées, coûterait quelque chose de plus à la volonté divine, c'est oublier que la perfection et la simplicité se trouvent non dans l'ouvrage, mais dans l'acte créateur, c'est imposer à Dieu la nécessité de faire le meilleur, ce qui, nous l'avons vu, est une chimère [2]. Ainsi Fénelon sauve la liberté divine sans porter atteinte à la sagesse, et pour cela il lui suffit de comparer la vraie notion de l'être parfait et la vraie notion de la créature. Il montre Malebranche entraîné par l'oubli de ces principes aux plus fâcheuses conséquences : la création nécessaire si l'ordre exige que l'univers soit le plus parfait qui se puisse concevoir [3]; tout autre monde que le monde actuel impossible, et à vrai dire mauvais en tant que contraire à l'ordre [4] ; la création et le Verbe

1. *Réfutation*, ch. III et XXI.
2. *Ibid.*, ch. XI, XIII et XVI.
3. *Ibid.*, ch. VII.
4. *Ibid.*, ch. III, XXI et XXII. Au chap. XXIV, Fénelon disant que dans le système de Malebranche, toute créature considérée séparément du Verbe est contraire à l'ordre, indigne de Dieu, et mauvaise, Bossuet remarque « que l'auteur ne semble pas obligé à dire que le monde, sans l'Incarnation, est sans aucun bien; il suffit qu'il dise qu'il n'a pas le degré de perfection qui le rend absolument digne de Dieu, non qu'il soit mauvais en soi, mais parce qu'il n'est pas assez bon. »

divin confondus[1] ; Dieu nécessaire au monde pour le créer, mais le monde nécessaire à Dieu pour l'accomplissement de son ordre inviolable, c'est-à-dire pour la conservation de sa nature infiniment parfaite; ainsi l'existence du monde dépendant de la puissance de Dieu, mais l'infinie perfection de Dieu dépendant de l'éternelle création du monde, en sorte que Dieu ne peut non plus se passer de créer le monde que d'engendrer son Verbe. Voilà donc dans la créature la souveraine perfection, puisque non-seulement elle a une existence nécessaire, mais nécessaire à Dieu même; et voilà en Dieu la souveraine imperfection, puisqu'il ne peut être parfait, en un mot, puisqu'il ne peut être Dieu même sans l'existence actuelle de sa créature[2]. Non, il ne faut pas supposer Dieu obligé par l'ordre à créer, et à créer ceci plutôt que cela. Dieu est libre : parmi tous les degrés d'être, il choisit celui ou ceux qu'il lui plaît; et quel que soit celui qu'il choisisse, il est bon et digne de Dieu[3]. Maintenant, chaque être sort des mains du Créateur avec le

---

1. *Réfutation*, ch. XXIV. Bossuet trouve « ce chapitre d'une grande subtilité et fort abstrait. »

2. *Réfutation*, ch. VII.

3. Cette vue est empruntée à saint Augustin (*contra Ep. Manich. quam vocant fundam.*, cap. XXXIII, et *de natura boni*, cap. III, XVIII, XIX). Fénelon le déclare lui-même, et dans la *Réfutation* (ch. III, VIII, XXI), et dans les *Lettres sur la Métaph. et la Relig.* (Lettre IV, 2.) On trouve dans saint Thomas une doctrine analogue. Voir les textes cités dans le premier volume du présent ouvrage, p. 403, notes 1 et 2.

degré de perfection convenable à son état et à sa nature; et ainsi, Dieu donnant à chaque être tout ce qui lui convient, selon le genre de perfection auquel il le borne, l'ordre et la sagesse de Dieu reluisent toujours dans la formation des créatures même les moins parfaites [1].

Il n'y a qu'à développer, ce nous semble, ces vues de Fénelon pour concilier en Dieu la sagesse et la liberté. Malebranche en assujettissant la volonté divine à l'ordre, ramène dans le monde la fatalité qu'il veut en chasser. Fénelon bannit à la fois le hasard et la fatalité, le caprice et la nécessité.

Mais ce n'est pas seulement la volonté divine qu'il conçoit autrement que Malebranche, c'est aussi la volonté humaine. Quand il considère la théorie des causes occasionnelles, il en montre tour à tour les avantages et les inconvénients, et l'on ne sait trop s'il l'adopte ou la repousse [2]. Voyons-le étudiant sans aucun parti pris systématique le fait

---

1. *Réfutation*, ch. IX. C'est la doctrine de saint Thomas, et Bossuet l'a plusieurs fois exposée.

2. *Réfutation*, ch. XVII. « Les causes occasionnelles, bien loin d'épargner à Dieu des volontés particulières, en augmentent le nombre. » — Ch. XIV. « Je n'entre point dans la dispute de l'auteur avec M. Arnauld pour savoir si les créatures peuvent être des causes vraies et réelles. » — Ch. XVII. « Je laisse à l'auteur à nous expliquer comment est-ce que les volontés créées sont libres, s'il est vrai que hors de Dieu il n'y a aucune véritable puissance. » — Ch. XXVII. « Il faut renverser le dogme catholique sur l'Incarnation, ou avouer que Jésus-Christ, comme cause occasionnelle, n'épargne à Dieu aucune volonté particulière. »

de la liberté[1] : que trouverons-nous ? que la liberté humaine est une vraie liberté, qui consiste à choisir, non sans raison, mais sans nécessité ni extérieure ni intérieure ; et puis, que cette liberté est une liberté dépendante, tellement dépendante qu'en un sens c'est Dieu même qui opère en nous le vouloir[2]. Qu'est-ce à dire ? Que l'âme est un être actif, une force agissante, une cause libre, mais qu'étant créée elle dépend de Dieu qui la soutient et qui opère en elle jusque dans ce qui lui appartient

---

1. *Traité de l'exist. de Dieu*, I, ch. II ; *Lettres sur la Métaph. et la Relig.*, II, ch. III.

2. Il faut citer tout entière la belle page que voici : « Dieu, en faisant l'homme libre, lui a donné un merveilleux trait de ressemblance avec la Divinité, dont il est l'image. C'est une merveilleuse puissance dans l'être dépendant et créé, que sa dépendance n'empêche point sa liberté, et qu'il *puisse se modifier* comme il lui plaît. Il *se fait* bon ou mauvais à son choix ; il tourne sa volonté vers le bien ou vers le mal, et *il est, comme Dieu, maître de son opération intime* ; il a même, comme Dieu, un mélange de liberté pour certains biens, et de nécessité pour d'autres. Comme Dieu est nécessité de s'aimer et de n'aimer jamais que le bien, l'homme ne peut aimer que ce qui a quelque degré de bien ; et il aime Dieu nécessairement, dès qu'il le connaît en pleine évidence. D'un autre côté, Dieu, infiniment supérieur à tout bien distingué de lui, se trouve, par cette supériorité infinie, pleinement libre de choisir tout ce qui lui plaît entre tous ces biens subalternes, lesquels, quoique inégaux entre eux, ont une espèce d'égalité en ce qu'ils sont infiniment inférieurs à l'Être suprême. Ainsi, aucun d'eux n'est assez parfait pour déterminer Dieu, et chacun d'eux le laisse à sa propre détermination. L'homme a quelque chose de cette liberté. Aucun des biens qu'il connaît ici-bas ne surmonte sa volonté ; aucun ne le détermine invinciblement ; tous le laissent à sa propre détermination. Il est à lui, il délibère, il décide, et il a un empire suprême sur son propre vouloir. Il est certain qu'il y a dans cet empire sur soi un caractère de ressemblance avec la Divinité, qui étonne. Ce trait de ressemblance est digne de la complaisance de Celui qui se doit à soi-même de faire tout pour soi. » (*Lettres sur la Métaph. et la Relig.*, II, ch. III.)

le plus, si bien que cette action divine ne détruit pas la liberté, mais la fait. Voilà qui est simple assurément et hardi. Fénelon n'imagine pas de système qui détermine où commence la liberté, où elle finit : il pose le fait tel que la conscience l'atteste, nous sommes libres ; mais nous sommes dépendants, c'est un autre fait en même temps qu'une vérité de raison, nous l'expérimentons en nous-mêmes. Fénelon dit donc tout ce qui est, tel qu'il est, il affirme notre liberté et notre dépendance, notre action et l'action divine ; ce n'est pas au moyen des idées qui nous éclairent, ce n'est pas au moyen des sentiments qui nous sollicitent qu'il introduit l'action de Dieu dans la volonté, non, c'est directement. Ne dites pas que les idées ou les sentiments déterminent la volonté, vous détruisez ainsi le libre arbitre ; mais dites que, l'homme étant un être créé, Dieu opère avec lui jusque dans l'acte libre, et par là vous ne risquez pas de compromettre la liberté. Qu'on applique tout cela à l'ordre de la grâce, et l'on comprendra pourquoi Fénelon combat cette grâce de sentiment dont Malebranche parle tant et qui est comme une seconde concupiscence opposée à la concupiscence de la chair. Cette grâce détruit la liberté, tandis que la grâce de lumière qui nous est donnée selon nos mérites dépend de nous : ce sont deux erreurs[1].

---

1. *Réfutation*, ch. xxxiii, très-remarquable. « Si saint Augustin a

« Fénelon, dans l'ordre surnaturel comme dans l'ordre naturel, place l'action divine au plus intime de notre être, et montre Dieu opérant dans l'acte du vouloir et opérant même d'une certaine façon cet acte avec nous.

Comment concilier cette liberté et cette dépendance? C'est ici que Fénelon nous apparaît avec un nouveau caractère qui le sépare de Malebranche. Il est intrépide dans l'affirmation des faits, il ne l'est pas, comme Malebranche, dans l'explication. Tant qu'il exprime ce qui est, ce qu'il sent, ce qu'il voit, il a des hardiesses et même des témérités d'expres-

---

dit souvent que la grâce agissait dans l'âme par le plaisir, gardez-vous bien de croire que c'est par un plaisir aveugle, involontaire, qui entraîne comme le plaisir sensuel... C'est un *plaisir qui est un véritable vouloir*, et qui, loin de diminuer la liberté et le mérite, est au contraire l'exercice actuel de la liberté et le principe de tout le mérite. » Fénelon refuse de voir dans le plaisir produit par la grâce médicinale une « concupiscence sainte, il est vrai, mais enfin concupiscence, » un « amour aveugle, » ne faisant « aimer le vrai bien que par instinct. » Il déclare que la grâce médicinale de Jésus-Christ *est le vouloir même que Dieu nous donne*, selon saint Paul, et renonce à chercher comment Dieu donne *le vouloir et le faire* sans blesser le libre arbitre ; « il me suffit, dit-il, que ce plaisir que Dieu répand dans l'âme qu'il tourne vers lui, et ce vouloir qu'il donne, sont la même chose, et par conséquent que le vouloir qui est le plaisir étant parfaitement libre, en ce sens, il est vrai que plus on a de plaisir dans la vertu, plus on mérite. » — Ch. xxxiv. « On pourrait conclure de l'explication que donne Malebranche à la grâce médicinale, une des erreurs que les semi-pélagiens ont soutenues. » La grâce, au lieu d'être un secours *par lequel* on veut et fait le bien, ne fait que remettre l'homme en équilibre, et puis le laisse *entièrement* à lui-même, en sorte qu'il avance pour ainsi dire librement et par soi-même vers le vrai bien : ce degré précis d'amour qui surpasse l'opération de la grâce, et qui fait tout le mérite, vient donc de la *pure* volonté. C'est l'erreur condamnée dans les Pélagiens et les semi-Pélagiens.

sion qui étonnent. Mais s'agit-il de réduire tout cela en système : il devient prudent et mesuré, il s'incline devant les mystères, avoue qu'il y a des difficultés insurmontables, et se garde bien de tenter de tout expliquer. Ainsi il rend avec énergie ce spectacle intérieur de notre liberté et de notre dépendance, ou plutôt, je m'exprime mal, ce n'est pas là un spectacle, c'est un sentiment intime très-vif et très-vivement rendu. Le contraste que la conscience atteste allant parfois jusqu'à la contradiction, du moins en apparence, Fénelon emploie les mots les plus forts sans crainte d'exagérer ou l'action humaine ou l'action divine. Dira-t-on que ses expressions s'entrechoquent ? Mais qui ne voit qu'il ne fait pas un système ? Il raconte ce qui est dans la conscience ; et qui donc, s'il s'examine bien, n'expérimente en soi-même, sans pouvoir l'expliquer, cette « liberté dépendante? » Ainsi encore Fénelon, parlant des idées, c'est-à-dire, dans son langage, des vérités éternelles, se plaira à montrer combien ces vérités nous sont intimes, comment elles semblent nous appartenir, faire partie de nous-mêmes ; et cependant il dira qu'elles ne sont pas à nous, qu'elles sont divines. Il répétera : « mes idées, » comme si elles étaient bien à lui ; et puis il s'écriera : « Ce je ne sais quoi si admirable, si familier, si inconnu, ne peut être que Dieu. » Et encore : « Tout ce qui est vérité universelle est une idée, tout ce qui 'est idée est Dieu même[1]. » Quoi donc! se contredit-il? Oh! que ce serait mal le comprendre que de voir des contradictions là où il n'y a que l'expression très-forte et très-vive d'un contraste attesté sans cesse par la conscience! Considérez l'explication que Fénelon donne ensuite : comme elle est nette et précise! Il y a deux raisons, l'une qui éclaire, l'autre qui est éclairée, l'une qui règle, l'autre qui juge, l'une qui donne, l'autre qui reçoit : celle-ci, c'est la raison humaine, c'est notre esprit; celle-là, c'est la raison divine, c'est l'éternelle sagesse[2]? Peut-on parler d'une manière plus formelle et plus décisive? On le voit, Fénelon est très-hardi, et il est en même temps très-mesuré[3]. C'est l'expression des faits qui est énergique et vive; regardez la théorie, cherchez

[1]. *Traité de l'exist. de Dieu*, II, ch. iv. Au ch. ii de la Ire partie : « L'esprit de l'homme porte en lui de quoi s'étonner et se surpasser infiniment lui-même : *ses* idées sont universelles, éternelles et immuables. » Puis : « Ce qui paraît le plus à nous, et être le fond de nous-mêmes, je veux dire notre raison, est ce qui nous est le moins propre, et qu'on doit croire le plus emprunté. »

[2]. *Traité de l'existence de Dieu*, I, ch. ii.

[3]. Dans ce qu'on est convenu d'appeler la seconde partie du *Traité de l'existence de Dieu*, il y a assurément une certaine intempérance métaphysique : cependant, là même, la vision en Dieu est présentée sans les exagérations que nous trouvons dans Malebranche. Qu'on médite ce passage remarquable : « L'objet immédiat de toutes mes connaissances universelles est Dieu même, et l'être singulier, ou l'individu créé, qui ne laisse pas d'être réel, quoiqu'il soit communiqué, est *l'objet immédiat de mes connaissances singulières*. Ainsi je vois Dieu en tout ; ou, pour mieux dire, c'est en Dieu que je vois toutes choses... Cette connaissance même des individus, où Dieu n'est pas l'objet immédiat de ma pensée, ne peut se faire qu'autant que Dieu donne à cette créature l'intelligibilité, et à moi l'intelligence actuelle. C'est donc *à la lumière de Dieu* que je vois tout ce qui peut être vu. » *Traité de l'existence de Dieu*, II, ch. iv.

le système : vous verrez que la réserve est extrême. Je ne dis pas assurément qu'il n'y ait pas d'erreur dans la métaphysique de Fénelon, mais je crois qu'il n'a manqué vraiment de mesure que dans sa doctrine sur le pur amour [1]. Tout le reste est à peu près exact. Fénelon sait s'arrêter. Il ne prétend pas rendre compte des desseins de Dieu. Après avoir parlé de la manière dont Malebranche essaie de concilier la volonté que Dieu a de sauver tous les hommes et la perte de tant d'âmes : « Ne vaut-il pas bien mieux se taire, s'écrie-t-il, et avouer son impuissance d'expliquer ce profond mystère, que d'en donner une explication si insoutenable [2] ? » Et plus haut, il avait dit : « Je n'ai garde de blâmer l'auteur quand il prétend que nous connaissons certains conseils de Dieu, ou révélés à son Église, ou manifestés par le bel ordre de la nature ; mais je tremble pour lui quand je lui entends dire que le Verbe communique sans réserve tout ce qu'il possède en qualité de Verbe et de sagesse éternelle, quand on l'interroge par une attention sérieuse. Tout philosophe qui aura cette pensée, doit croire qu'il ne tient qu'à lui de rendre raison de tous les desseins de Dieu, ou plutôt d'en faire rendre raison à Dieu même en l'interrogeant [3]. »

---

1. Et sur ce point, c'est Malebranche qui le redresse. C'est ce que nous verrons en parlant du P. François Lamy.
2. *Réfutation*, ch. XXXVI. — Voir aussi ch. XXVIII, à la fin.
3. *Réfutation*, ch. XIX.

Nous avons signalé les points les plus importants de la critique de Fénelon. Nous pouvons conclure :

1° Que l'optimisme de Malebranche est une explication séduisante, mais fausse : car elle détruit la liberté divine et aboutit à supprimer toute distinction entre Dieu et son ouvrage ;

2° Que, si l'on consulte la vraie notion de la perfection et la vraie notion de la créature, on voit qu'un maximum de bien ou de perfection dans les choses créées est une chimère et une contradiction ;

Que, par conséquent, Dieu est sage, mais libre, et que son ouvrage est beau, bon, parfait, en un sens, mais non le meilleur et le plus parfait qui puisse être ;

3° Que Dieu est nécessité de s'aimer et de n'aimer jamais que le bien, mais que d'un autre côté, étant infiniment supérieur à tout bien distingué de lui, il se trouve, par cette supériorité infinie, pleinement libre de choisir tout ce qui lui plaît entre tous ces biens subalternes, lesquels, quoique inégaux entre eux, ont une espèce d'égalité en ce qu'ils sont infiniment inférieurs à l'Être suprême ;

4° Que la volonté humaine est vraiment libre et malgré cela vraiment dépendante de Dieu, et que ce sont là deux faits et deux vérités qu'il faut opposer à Malebranche, dont les explications systématiques tantôt exaltent et tantôt anéantissent la puissance de notre libre arbitre ;

5° Enfin que, dans tout ce qui touche à la Providence, il faut savoir ignorer beaucoup au lieu de tout bouleverser par d'insoutenables explications.

Que reste-t-il donc des théories de Malebranche? Que Dieu n'agit point par caprice, qu'il est infiniment sage, que dans toute sa conduite il se conforme aux vérités éternelles et à l'ordre, que son ouvrage est excellent malgré les défauts que nous y pouvons remarquer. Mais comment Dieu, toujours infiniment sage, demeure-t-il infiniment libre? C'est ce que Fénelon nous paraît avoir heureusement expliqué. La plupart des belles maximes de Malebranche sur la Providence restent vraies, pourvu qu'on les détache de son système et qu'on fasse mieux que lui la part du nécessaire et du libre, de l'ordre immuable et de l'art dans la sagesse et dans les ouvrages du Créateur.

V.

Critique du système entier par les écrivains de la Compagnie de Jésus.

Voici une critique qui fouille dans tous ses plis et replis le système de Malebranche : critique malveillante souvent, défiante toujours, fort peu touchée de l'excellence des qualités, empressée à chercher les défauts et habile à les trouver. Il ne faut pas trop considérer ici les hommes qui tiennent la plume : ils importent peu. Les deux pièces capitales du procès sont : l'une, une œuvre anonyme, c'est l'explication d'un formulaire philosophique adressé au P. André[1]; l'autre, un ouvrage fait par ordre supérieur, c'est la réfutation de Malebranche par le P. Dutertre[2]. On chercherait en vain une empreinte personnelle dans le développement du formulaire tel que nous pouvons le juger par l'extrait d'André; et le livre du P. Dutertre, écrit assurément par un homme distingué qui ne manque ni de sens ni d'esprit, n'a cependant pas d'originalité : l'auteur, d'abord ardent malebranchiste, brusquement converti aux doctrines de sa Compagnie, attaque avec zèle ce qu'il avait tant aimé, et soutient consciencieusement ce qu'il est chargé de défendre; mais quoi qu'il fasse, il intéresse bien moins par sa valeur personnelle que parce qu'on sent derrière lui la Compagnie dont il est l'interprète. Laissons donc là les écrivains de la Société et le P. Dutertre lui-même (qui du reste aurait mieux fait de se taire, par délicatesse au moins); ne tenons pas compte non plus des petites passions qui se sont mêlées à ces débats philosophiques, des mauvais procédés, des violences de langage ou même de fait. C'est l'histoire des idées

1. Cousin, *Fragments de philosophie moderne*, IIe partie, p. 304-381.
2. *Réfutation d'un nouveau système de métaphysique, proposé par le P. Malebranche.* Paris, 1715, 3 vol. in-12. Il parait d'ailleurs que « ce livre ne fit au P. Dutertre aucun honneur, même dans sa Compagnie. » Voyez Cousin, ouvrage cité ci-dessus, p. 312, note 2.

qui nous occupe ici. C'est la lutte de l'idéalisme de Malebranche et de la philosophie des jésuites que nous voulons retracer et apprécier. Et comme tout à l'heure avant d'examiner les objections d'Arnauld, de Locke, de Fénelon, nous tâchions de bien saisir l'esprit philosophique de ces critiques de Malebranche, ici, n'ayant plus affaire à des hommes pris individuellement, mais à une Compagnie qui est une sorte de personne collective, c'est l'esprit philosophique de cette Compagnie que nous nous proposons d'abord de chercher : autrement nous serions de mauvais juges du débat.

Pourquoi cette défiance continuelle de la part des jésuites et cette prévention contre la philosophie de Malebranche? Ils la croient dangereuse pour la foi. Mais pourquoi? Parce qu'elle leur paraît une orgueilleuse prétention de l'esprit à tout juger et à tout expliquer. Bien plus encore que les autres cartésiens, le malebranchiste est porté à mettre dans ses décisions propres une confiance absolue, car il les prend pour les décisions mêmes de la sagesse éternelle avec laquelle il se croit en communication incessante. N'est-il pas à craindre qu'il s'élève au-dessus de l'autorité de l'Église, et qu'il ne veuille se soumettre aux dogmes qu'après les avoir soumis à l'examen de sa propre raison confondue avec la Raison souveraine? S'il les trouve contraires à ses systèmes, ne les abandonnera-t-il pas ou n'essaiera-t-il pas au moins de les altérer, même à son insu, pour les plier à ses pensées? En un mot, c'est le triomphe du sens propre et du libre examen outré que le malebranchisme prépare, et cela avec des apparences mystiques qui aggravent encore le danger. Est-ce donc que les jésuites prétendent qu'il faille renoncer à la raison? Méprisent-ils la philosophie? Non, ils usent eux-mêmes de la raison, et ne dédaignent pas de philosopher. Seulement ils veulent : 1° qu'on prenne bien garde de ne point choquer la foi par des nouveautés téméraires ; 2° qu'on se souvienne que la science de l'homme est humaine et qu'on ne croie pas avoir la science divine : prétention folle et insupportable qui finit par renverser la raison en même temps que la foi.

Bossuet avait, lui aussi, signalé les périls de la philosophie cartésienne mal entendue, et il avait prévu que de grands combats seraient livrés à l'Église au nom des idées claires[1]. Ce sont ces dangers que les Pères de la Compagnie de Jésus veulent conjurer, et, au nom de la religion et du bon sens, ils poursuivent à outrance l'idéalisme. Mais, moins

---

1. « Il s'introduit sous ce prétexte (des idées claires) une liberté de juger qui fait que, sans égard à la tradition, on avance témérairement tout ce qu'on pense. » (*Lettre à un disciple de Malebranche.*) Arnauld (*Réflex. philos. et théol.*, I, ch. VIII) et Fénelon (*Réfutation*, ch. XIX) avaient exprimé les mêmes craintes en voyant Malebranche expliquer par des *tropologies* les passages de l'Écriture qui lui étaient contraires.

mesurés que Bossuet, ils enveloppent dans leur défiance et dans leur haine le bien et le mal. La peur les rendant parfois aveugles, ils frappent de leurs coups la raison même qu'ils veulent guérir de la folie de l'idéalisme; en se raillant d'un dogmatisme intempérant qui prend la place de Dieu et juge de tout avec une souveraine autorité, ils risquent d'ébranler la science même qu'ils se proposent de ramener à la modestie; enfin, en défendant la foi sur tous les points où ils la croient menacée, ils font souvent eux-mêmes une confusion semblable à celle qu'ils reprochent à leurs adversaires; et si les malebranchistes décident en philosophes sur des questions de foi, les jésuites décidant trop aisément en théologiens sur des questions de pure philosophie, s'exposent à remplacer la libre recherche par des définitions, parfois arbitraires, érigées en dogmes ou à peu près : chose fâcheuse et pour la raison arrêtée dans son essor, et pour la religion compromise en des questions qui ne la regardent pas.

Quoi qu'il en soit, les ridicules et les périls de l'idéalisme sont parfaitement signalés par les écrivains de la Compagnie de Jésus. A la vigilance pour la foi qui éveille leurs soupçons et leur zèle, ils joignent dans leur manière de juger un remarquable bon sens pratique. C'est l'esprit de la Société qu'il faut prendre l'homme tel qu'il est, et

non le traiter comme un pur esprit; qu'il faut le
régler en tenant compte des circonstances, et non
tirer simplement les conséquences rigoureuses des
principes posés. Ainsi l'homme a des sens, il est
doué d'imagination, il a des passions : méprisera-
t-on tout cela? Non pas, ce serait folie, ce serait se
placer en dehors des conditions actuelles de l'humanité. Pour mener une âme au bien, par exemple,
on la prendra par les sens, par l'imagination, par
toutes ses puissances à la fois; on ne rejettera rien de
ce que les hommes estiment; et on cherchera dans
les choses indifférentes ou mêmes vaines ce qu'elles
peuvent avoir de bon; on ne lancera pas l'anathème
sur la poésie, sur les arts, et les jeux mêmes du bel
esprit trouveront grâce devant une indulgente sagesse. Puis, on ne découragera pas la faiblesse humaine par les principes d'une morale outrée; on
n'exigera pas toujours d'une âme tout ce que la règle
demande, on verra ce que cette âme peut porter et
peut faire, et sans faire fléchir les principes sur lesquels on ne doit point transiger, on ne cherchera
pourtant pas à les retrouver toujours dans l'application avec leur idéale rigueur. Entreprise difficile que
celle-là! A force de regarder la réalité, on risque
de ne plus voir qu'elle; à force de tenir compte
des difficultés de la pratique et de la faiblesse de
l'homme, on peut affaiblir les principes mêmes; à
force d'entrer dans le dédale infini des circonstan-

ces pour juger des intentions, pour mesurer ce qui était possible ou non, pour apprécier ce qui était permis ou illicite, on finit par perdre de sa droiture. Les jésuites se défient, dans les choses de la vie, de l'esprit géométrique : ils en redoutent la rigueur et la raideur. Ils ont l'esprit de finesse, et je le dis dans le bon sens : les choses pratiques sont choses de finesse, comme dit Pascal : c'est là qu'il faut avoir bonne vue pour saisir ces principes si déliés et en si grand nombre, qui échappent ; c'est là qu'il faut un sens délicat et bien net pour sentir ces choses si délicates et si nombreuses : mais encore une fois, quel danger! Qui peut dire le moment précis où à la finesse succéderont les finesses? Qui sait au juste où la prudence s'arrête et où commencent les accommodements et les transactions et les compromis?

J'ai indiqué le dessein des jésuites, et j'ai tâché de montrer quel était leur esprit. Rien n'y est plus contraire que l'idéalisme. L'idéalisme oublie la réalité dans la contemplation des vérités éternelles; il méconnaît la vraie nature de l'homme, le réduit à la raison, et néglige ou méprise le reste; il juge de tout en se plaçant pour en juger dans l'absolu; il ne parle que du nécessaire, de l'invariable, de l'éternel, dont il est épris, et ne voit pas que la vie se passe au milieu du changement et est assujettie à mille accidents qui y rendent tout relatif. A l'idéalisme enivré des choses divines, les Pères de la Compagnie de Jésus sont là qui crient : « Qui veut faire l'ange, fait la bête. »

Par une conséquence naturelle de tout ce que nous venons de dire, une troisième et dernière différence éclate : la voici. Nous trouvons chez les jésuites un sentiment vif de la personnalité : ils soutiennent la liberté humaine comme philosophes et comme théologiens ; ils soutiennent aussi la liberté divine, et répètent sans cesse que Dieu est un être *singulier*, c'est-à-dire, comme nous dirions maintenant, un être déterminé et personnel. L'habitude qu'ils ont de regarder et de manier la réalité, la grande attention qu'ils donnent à la pratique, le soin avec lequel ils pèsent les intentions et la responsabilité, leur fidélité scrupuleuse aux décisions de l'Église qui maintiennent avec tant de fermeté la liberté humaine en même temps que l'action de la grâce ; puis leur peu de goût pour les spéculations métaphysiques, où l'abstrait et l'universel dominent et envahissent tout, enfin le caractère même de leur piété, qui se plaît à considérer Dieu par où il se rapproche le plus de l'homme, et qui entre avec lui dans un commerce presque familier : tout cela réuni explique bien pourquoi ils défendent avec tant de persistance la personnalité humaine et la personnalité divine. L'idéalisme, au contraire, tend à affaiblir en nous le sentiment de notre activité; et, comme il habite ces hautes régions où le froid glacial de l'abstraction fige et finit par tuer la vie, il supprime dans notre âme la liberté ou l'altère, exalte en Dieu la sagesse aux dépens de la liberté, et se perd dans l'Être universel, qui n'est plus tel être, mais qui est l'être, l'être sans restriction, l'être tout court.

Soin de conserver la foi intacte, bon sens positif et pratique, sentiment vif de la personnalité, voilà donc ce qui explique, si je ne me trompe, l'opposition constante des Pères de la Compagnie de Jésus au malebranchisme. Voyez-les à l'œuvre.

Faire consister l'essence des corps dans l'étendue, c'est rendre impossible le mystère de la transsubstantiation, c'est aller contre le sens commun qui suppose dans les corps quelque autre chose : donc l'essence des corps ne consiste pas dans l'étendue, et les jésuites disent : « Il est vrai que nous n'avons point d'idée claire d'aucun corps où l'extension ne soit renfermée. Mais comment démontrer que nous connaissons le fond de l'essence, soit d'aucun corps en particulier, soit de la matière?... Après tant de recherches des philosophes anciens et récents, pas un de ceux qui ne supposent que de l'extension dans le monde corporel n'a pu rendre bien raison de la chose la plus commune qui soit dans la nature : c'est de bien expliquer en quoi consiste la solidité des corps durs, et la fluidité des liqueurs[1]. »

Soutenir que nous voyons les corps dans cette merveilleuse étendue intelligible dont Malebranche parle tant, c'est avancer sans preuve une chose fort extraordinaire, c'est rendre impossible la connaissance du monde extérieur, c'est méconnaître la perfection divine, c'est aller contre le sens commun : il faut donc rejeter cette chimère, et les jésuites pensent que « nous sentons très-immédiatement les objets qui frappent les organes de nos sens; » ils reconnaissent d'ailleurs « que jusqu'ici aucun philosophe n'a encore pu bien expliquer la manière dont nous connaissons les choses qui sont hors de nous[2]. »

Admettre que nous voyons quoi que ce soit en Dieu, c'est renverser les notions communes selon lesquelles les idées ne sont point distinguées de nos perceptions; c'est contredire le témoignage de la conscience, qui atteste « que nous ne connaissons rien que par une action vitale de notre âme, et qu'il est impossible de percevoir et de connaître quoi que ce soit sans agir réellement et physiquement[3]; » c'est démentir l'expérience qui prouve bien que nous n'avons pas cette prétendue idée

---

1. *Écrit en réponse à la lettre du P. André au P. Provincial*, 1712, 1er point, art. 25 et 26. (Cousin, *Fragm. de philos. mod.*, IIe partie, p. 350.)
2. *Ibid.*, 2e point, art. 13, 2°.
3. *Ibid.*, 2e point, art. 13, 1°.

claire de Dieu et que nous n'acquérons la connaissance naturelle de la Divinité que par la connaissance immédiate des créatures; c'est aussi se mettre en opposition avec la foi, qui déclare expressément que nous ne voyons pas ici-bas l'essence divine[1] : pour toutes ces raisons les jésuites rejettent la vision en Dieu, qui leur paraît absurde et impie.

Dire que la substance de Dieu est participable en une infinité de façons, c'est parler un langage métaphorique qui ne signifie rien : les Pères jésuites aiment mieux dire tout simplement que Dieu seul comme tout-puissant peut créer les êtres, et qu'en les créant il leur donne dans un degré fini des perfections semblables aux siennes, mais réellement distinctes des siennes et toujours mêlées d'imperfection. Quant à l'idée que Dieu a de chaque être créé, ce n'est rien du tout que la connaissance qu'il en a; et cette connaissance est Dieu même, Dieu en tant qu'il a une parfaite compréhension de soi-même, et conséquemment de sa toute-puissance et de ses autres perfections [2].

Appeler Dieu l'être en général, l'être universel, c'est prétendre que les créatures ne sont rien et aller droit au spinozisme : les jésuites soutiennent que Dieu est un être très-particulier, très-singulier[3].

1. *Écrit,* cité ci-dessus, 2ᵉ point, art. 15.
2. *Ibid.*, 2ᵉ point, art. 13, 4°.
3. Le P. Dutertre, *Réfutation*, t. II.

Enfin admettre que les créatures ne sont que des causes occasionnelles, c'est contredire le témoignage de la conscience et l'autorité de l'Église ; les jésuites pensent que Dieu, qui a bien pu donner l'être aux créatures sans leur conférer sa divinité, a pu aussi leur donner une puissance véritable. Ils admettent que la conservation n'est qu'une création, mais non en ce sens que la créature n'aurait aucun pouvoir de se mouvoir ni de se déterminer ; car autrement la liberté est impossible, et Dieu est le seul acteur en toutes choses et l'âme du monde[1].

Voilà les principaux points de la philosophie des jésuites, opposée en tout, on le voit, à la doctrine de Malebranche. Je ne dis rien de la critique de la théorie de la Providence, parce que la réfutation du P. Dutertre n'ajoute rien à celle de Fénelon, et ni le formulaire, ni l'explication adressés à André ne touchent à ces questions.

Il y a trois choses que les jésuites me paraissent établir victorieusement contre Malebranche : c'est la faiblesse de la science humaine et l'invincible ignorance où nous sommes en bien des choses que Malebranche a vainement tenté d'expliquer ; c'est,

---

1. Le P. Dutertre, *Réfutation*, t. I, p. 167-205 (pages dignes d'attention). Voyez aussi *Écrit* déjà cité, 2e point, art. 17. « Nous agissons aussi réellement à l'égard de nos perceptions, qu'à l'égard de nos volitions libres, quoique d'une manière différente... Le sentiment de l'Église suppose que la vision qu'ont les bienheureux de l'essence divine est *une véritable action de l'entendement*, mais laquelle il ne peut produire sans être élevé par le secours de la lumière de gloire. »

en second lieu, le rôle de l'expérience dans la connaissance et en toutes choses; c'est enfin l'activité des créatures et l'efficace dérivée mais réelle des causes secondes. Malebranche se perd dans l'universel, dans l'absolu, dans l'idéal. Les jésuites s'attachent à l'individuel, au relatif, au réel. Dans ce débat je crois voir une sorte d'Aristote collectif luttant contre un nouveau Platon.

Aristote n'a pas compris ce qu'il y avait de profond dans le platonisme, il n'en a vu que le côté chimérique, et il a protesté contre ces excès au nom de la réalité. Les Pères jésuites qui combattent Malebranche ne saisissent dans sa doctrine que les points faibles; mais en les signalant avec force, ils vengent le sens commun contre l'esprit de système et ils défendent l'activité créée et la liberté contre des théories qui les détruisent. C'est là leur mérite. Mais Aristote, qui oppose l'expérience à l'idéalisme platonicien, n'est pourtant pas un empirique : il a une métaphysique, et son Dieu, c'est l'Acte pur, la Pensée de la pensée et le Bien suprême. Les Pères jésuites qui réclament au nom de l'expérience contre le malebranchisme, ont cependant eux aussi une métaphysique, c'est la métaphysique chrétienne : Dieu, c'est l'Être Parfait, l'Être infiniment parfait. Seulement, il faut l'avouer, dans leur réaction violente contre l'idéalisme de Malebranche, ils inclinent parfois vers un empirisme qui détruirait toute métaphysique. La peur de la chimère leur donne la hardiesse de critiquer saint Augustin et de braver le ridicule d'une interprétation vraiment étrange du platonisme de ce Père. A les entendre, saint Augustin n'aurait pas admis que la lumière de la vérité fût présente dans tous les esprits : tout ce qu'il dit d'un maître intérieur et de la lumière divine ne s'appliquerait qu'à certaines âmes saintes qui auraient le privilége d'avoir avec Dieu cette communication intime dont on ne saurait trop dire si elle est naturelle ou surnaturelle. Il est bien vrai que saint Augustin n'admet pas précisément la vision en Dieu, même pour les vérités éternelles, nous l'avons montré dans la première partie de cette Étude; il est bien vrai aussi que, selon lui, l'âme épurée sait reconnaître Dieu présent dans cette lumière dont nous sommes éclairés, et qu'elle jouit de Dieu tandis que les autres ne contemplent que les simulacres divins. Mais ne pas avouer que saint Augustin admet que la Vérité éternelle, c'est-à-dire Dieu même, illumine tous les esprits, c'est faire violence aux textes, c'est méconnaître le sens du platonisme augustinien, c'est fermer les yeux à l'évidence [1].

Leibnitz a fait la critique des critiques de Male-

---

1. *Écrit* cité plus haut, 2ᵉ point, art. 14 et 15. — Le P. Dutertre, *Réfutation*, t. II. — Le P. Hardouin, *Athæi detecti*, art. Jansénius et Ambrosius Victor.

branche dans une lettre où il apprécie la réfutation du P. Dutertre[1]. Analyser cette lettre et en citer les principaux passages, ce sera la meilleure manière de résumer l'impression que nous laisse la lutte des jésuites contre Malebranche.

« La réfutation du système de ce Père (Malebranche) est sans doute d'un habile homme, car elle est nette et ingénieuse : j'en approuve même une partie, mais une partie en est outrée.

» On y témoigne trop d'éloignement des sentiments de Descartes et du P. Malebranche, *lors même qu'ils reçoivent un bon sens*. Il serait temps de quitter ces animosités que les Cartésiens se sont peut-être attirées en témoignant trop de *mépris* pour les *Anciens* et pour l'*École*, où il y a pourtant aussi des *solidités* qui méritent notre attention ; ainsi on doit se rendre justice de part et d'autre, et profiter des découvertes des uns et des autres, comme on a droit de rejeter ce que les uns et les autres avancent sans fondement. »

Voilà pour l'appréciation générale : il est impossible de juger des choses avec plus de mesure et de justesse.

Entrant dans le détail, Leibnitz trouve d'abord qu'on a raison de réfuter les Cartésiens quand ils disent que l'âme n'est autre chose que la pensée,

---

1. Lettre à Rémond de Montmort, 1715. (Ed. Erdmann, p. 735.)

comme aussi quand ils disent que la matière n'est autre chose que l'étendue. Car l'âme est un sujet ou *concretum* qui pense, et la matière est un sujet étendu ou doué d'étendue.

Leibnitz accorde aux Cartésiens que l'âme pense toujours actuellement, mais non qu'elle s'aperçoit toujours de ce qu'elle pense.

Leibnitz trouve « qu'on a grande raison de réfuter le P. Malebranche lorsqu'il soutient que l'âme est purement passive. Toute substance est active, et l'âme surtout. »

Jusqu'ici, Leibnitz est d'accord avec l'auteur de la *Réfutation* : mais le voici arrivé à l'idée de l'infini. Il lui semble que Dutertre ne combat pas bien le sentiment du P. Malebranche. « Si l'esprit, dit le Jésuite, avait une vue claire de l'infini, le P. Malebranche n'aurait pas eu besoin de tant de raisonnements pour nous y faire penser. Mais, par le même argument, répond très-bien Leibnitz, on rejetterait la connaissance très-simple et très-naturelle que nous avons de la Divinité. Ces sortes d'objections ne valent rien, car on a besoin de travail et d'application pour donner aux hommes l'attention nécessaire aux notions les plus simples, et on n'en vient guère à bout qu'en les rappelant de leur dissipation à eux-mêmes. » Puis, comme Dutertre confond l'infini avec l'indéfini et dit que l'esprit forme cette idée en mettant bout à bout des longueurs répétées tant qu'on voudra, Leibnitz fait cette remarque profonde : « C'est déjà connaître l'infini que de connaître que cette répétition se peut toujours faire. »

Le Jésuite reproche à Malebranche cette expression : Dieu est l'être en général. Il prend cela pour un être vague et notionnel, comme est le genre dans la logique. Leibnitz ne justifie pas l'expression, mais croit que Malebranche a entendu, non pas un être vague et indéterminé, mais l'Être absolu.

Voici enfin la théorie des idées. C'est à la fois le point le plus vulnérable et le plus solide de la philosophie de Malebranche. Leibnitz voit cela, et avec une incomparable netteté, fait la part du vrai et du faux, rejette le chimérique, conserve le solide, cherchant le fond de la pensée au lieu de s'arrêter au dehors, comprenant les intentions sous les mots, et sachant dégager d'une formule erronée la vérité qui y est pour ainsi dire en souffrance. Il faut citer textuellement :

« Il y a plus d'apparence de combattre le sentiment du P. Malebranche sur les idées. Car il n'y a aucune nécessité, ce semble, de les prendre pour quelque chose qui soit hors de nous. Il suffit de considérer les idées comme des notions, c'est-à-dire comme des modifications de notre âme. C'est ainsi que l'École, M. Descartes et M. Arnauld les prennent. Mais comme Dieu est la source des possibilités, et par conséquent des idées, on peut excuser et même louer ce Père d'avoir changé de termes, et d'avoir donné aux idées une signification plus relevée, en les distinguant des notions, et en les prenant pour des perfections qui sont en Dieu, auxquelles nous participons par nos connaissances. Ce langage *mystique* du Père n'était donc point nécessaire ; mais je trouve qu'il est utile, car il nous fait mieux envisager notre dépendance de Dieu. Il semble même que Platon parlant des idées et saint Augustin parlant de la vérité, ont eu des pensées approchantes que je trouve fort raisonnables ; et c'est la partie du système du P. Malebranche que je serais bien aise qu'on conservât, avec les phrases et formules qui en dépendent, comme je suis bien aise qu'on conserve la partie la plus solide de la théologie des mystiques. Et bien loin de dire avec l'auteur de la *Réfutation* que le système de saint Augustin est un peu infecté du langage et des opinions platoniciennes, je dirais qu'il en est enrichi, et qu'elles lui donnent du relief. »

Enfin Leibnitz trouve qu'on peut excuser et même louer cette expression que *nous voyons tout en Dieu*, « pourvu qu'on la prenne bien, car il est plus aisé de s'y méprendre que dans l'article précédent des idées. » Et le moyen de bien la prendre, c'est de considérer que Dieu exerce sur nos âmes une influence réelle, que toutes nos perceptions sont un don continuel de Dieu, une participation bornée de sa perfection infinie, en sorte que ce qu'il y a de vrai et de bon dans nos connaissances est une émanation de la lumière de Dieu, et qu'en ce sens on peut dire que nous voyons les choses en Dieu.

Les Jésuites vengent le sens commun contre les excès de l'idéalisme; Leibnitz à son tour venge la métaphysique contre la critique trop étroite des Jésuites.

VI.

Bayle, ou la critique sceptique.

Arnauld, Locke, Fénelon, les écrivains de la Compagnie de Jésus, sont des adversaires décidés des doctrines qu'ils critiquent : ils les examinent dans le dessein de les réfuter; ils les réfutent au nom de dogmes ou de principes qu'ils croient menacés par elles et qu'ils veulent défendre. Ils lui opposent donc ou une philosophie contraire ou les décisions de la théologie. Bayle est un critique d'un tout autre genre. Esprit vif et sagace, il entre à merveille dans la pensée des auteurs les plus différents : il est charmé par leurs qualités, et se plaît à les mettre en lumière; il aperçoit leurs défauts, et les signale. Il excelle à découvrir toutes les difficultés que soulève un système; mais il ne manque jamais d'avertir que l'opinion contraire n'est pas plus assurée. Témoin de luttes ardentes, il ne prend définitivement parti pour personne : ce combat où les adversaires apportent tant de passion, c'est pour lui un jeu ; il le regarde de sang-froid, distribuant des deux côtés, selon l'occasion, ses éloges ou ses critiques, admirant la beauté des armes, l'adresse des tactiques, la vigueur des coups, ou bien notant les fautes et les défaillances, mais toujours indifférent pour l'objet même de la dispute. A vrai dire, il a bien, lui aussi, sa passion : seulement, elle ne ressemble point à celle des autres. C'est l'intérêt de la vérité qui anime les combattants ; et lui qui les contemple, il n'a qu'une chose à cœur, c'est de ruiner la raison et d'établir le scepticisme : scepticisme à part, qui n'éteint pas la curiosité et n'interdit pas la controverse, mais qui conseille d'aller à la recherche et au combat, l'esprit vide de toute conviction, sans autre amour que celui de la discussion. On a vu des philosophes chercher dans le scepticisme la tranquillité et le repos. Bayle est un agitateur. Il remue les questions, sans souci de la solution ; il remue les esprits, sans se mettre en peine des résultats ; il se meut continuellement lui-même, sans songer à se fixer nulle part ; et c'est là son plaisir et sa grande affaire. Avec cela, il a l'espoir d'être assez utile aux hommes : n'est-ce pas les éclairer que de leur montrer que trop souvent ils n'y voient goutte? et si, en les débarrassant de tout principe fixe et de toute vérité comme d'un préjugé incommode et dangereux, on les rend à la fois plus hardis dans leurs libres recherches, et plus tolérants pour les opinions d'autrui, ne leur aura-t-on pas rendu un très-grand service?

Avec de pareilles dispositions d'esprit, Bayle était aussi éloigné que possible de la philosophie de Malebranche. Respect de la raison, respect de la foi, respect des âmes, tout cela lui manque. Soutenant un jour contre Arnauld une des opinions de Malebranche, il dit : « M. Arnauld s'apercevra bien que je ne suis pas de l'école des *méditatifs* qu'il a quelquefois raillés [1]. » Assurément entre un critique sans principes et un méditatif, il y a un abîme. Mais Bayle comprend les choses mêmes qui lui sont le plus étrangères, et dès qu'il leur trouve quelque beauté, il en parle avec une visible complaisance : il ne leur donne pas sa foi, mais il s'en laisse charmer, toujours prêt à rompre le charme par l'ironie, toujours sûr de retrouver ainsi sa liberté dès qu'il le voudra. Il admire donc, et très-sincèrement, le génie de Malebranche, il est touché, en la façon qu'il le peut être, de la grandeur du système, de l'agrément des détails, et, dans la polémi-

---

1. *OEuvres diverses de Bayle,* La Haye, 1737. *Nouvelles de la République des Lettres,* déc. 1685. (T. 1, p. 444.)

que, de cette politesse d'esprit qui n'ôte rien à la vigueur de l'attaque ou de la défense, mais ajoute beaucoup au plaisir du spectateur. Malebranche, c'est « un excellent philosophe[1], » c'est « un esprit étendu, pénétrant, net[2], original s'il en fut jamais[3] : » son système est « bien lié[4] ; » c'est « l'ouvrage d'un génie supérieur, et l'un des plus grands efforts de l'esprit humain[5]. » Et avec cette hauteur de vues, et cette sublimité de pensées, que de « jolies choses! » Comme, par exemple, il « touche finement et agréablement » M. Arnauld dans ses *Réponses!* L'habitude de traiter des matières abstraites ne diminue point la délicatesse de son esprit, et quand il se mêle de railler, il est « inimitable : » il charme les lecteurs mêmes que « le reste du livre passe[6]. » De même, dans ses ouvrages les plus relevés, il a des détails « curieux, aisés à entendre, » de ces remarques d'une justesse piquante, que l'on « comprend sans méditation, quoiqu'elles aient été produites par une profonde méditation[7]. » Quelque

---

1. *Nouv. de la Rép. des Lett.*, mars 1684, art. 3, p. 11.
2. *Ibid.*, mai 1684, art. 3, p. 49. Bayle examine dans cet article le *Traité de la nature et de la grâce.*
3. *Ibid.*, juillet 1684, catalogue des livres nouveaux. Bayle annonce le *Traité de morale.*
4. *Ibid.*, mai 1684, art. 3.
5. *Réponses aux questions d'un provincial,* ch. CLI, p. 812. (T. II des OEuvres diverses.)
6. *Nouv. de la Rép. des Lett.*, avril 1684, art. 2.
7. *Ibid.*, août 1684, art. 3. C'est là que Bayle parlant du *Traité de Morale*, dit : « On y verra le premier philosophe de ce siècle

sujet qu'il traite, on reconnaît toujours en lui « un génie fort net, et qui s'exprime vivement[1], » et s'il vient un moment où « certaines personnes ne comprennent plus rien dans ses livres, elles ne doivent s'en prendre qu'à la petitesse de leur esprit, ou au peu d'habitude qu'elles ont des matières abstraites[2]. »

Est-ce là le langage d'un critique ou d'un admirateur? Les louanges ne sont pas ménagées, et c'est de bon cœur, si je puis dire, et avec un sentiment de sympathie manifeste, qu'elles sont données. Néanmoins, dans les traits mêmes que je viens de rapporter, ne devine-t-on pas qu'il existe une opposition profonde entre celui qui admire et celui qui est admiré? C'est le talent de l'écrivain que Bayle se plaît à relever : ce sont les inventions merveilleuses, et le style exquis, et les jolies choses, qu'il loue. Ses louanges, si sincères qu'elles fussent, devaient faire horreur à Malebranche : car elles négligeaient le principal, l'essentiel ; elles ne s'adressaient pas à la vérité, mais à la vraisemblance; elles ne s'inquiétaient guère de la doctrine, et ne

---

raisonner perpétuellement sur des principes qui supposent de toute nécessité un Dieu tout sage, tout-puissant, la source unique de tout bien, la cause immédiate de tous nos plaisirs et de toutes nos idées. » Mais ce que Bayle goûte le plus, ce sont ces chapitres dont il dit qu'ils sont « fort curieux, et *plus aisés à entendre que beaucoup d'autres,* » c'est-à-dire moins métaphysiques.

1. *Nouv. de la Rép. des Lett.*, mai 1685, art. 3, p. 282.
2. *Ibid.*, mai 1684, art. 3, p. 49.

s'attachaient qu'à la beauté de l'esprit et à ces avantages que l'auteur de la *Recherche de la vérité* jugeait en eux-mêmes frivoles et dangereux. Voyez donc comme l'ironie se mêle à l'éloge : on exalte la pénétration du philosophe, mais on déclare qu'il écrit des choses qui passent ses lecteurs ; on célèbre l'étendue et la sublimité de son esprit, mais on ajoute que bien des gens ne le comprennent plus ; et ce n'est pas sa faute, dit-on, c'est la faute de ses lecteurs : oui, mais c'est surtout la faute des sujets qu'il traite, c'est la faute de la raison : voilà ce qu'on ne dit pas en propres termes, mais ce qu'on tient à faire très-clairement entendre.

La vision en Dieu est bien la chose du monde la plus difficile à comprendre et à prouver : Malebranche a trouvé des preuves. S'il se trompe, c'est à force d'avoir l'esprit pénétrant, et il y a peu d'hommes au monde capables de telles erreurs [1].

La différence qu'il suppose sans cesse entre l'idée et la perception de l'idée n'est pas aisée à établir ; mais l'opinion commune soulève aussi bien des difficultés [2]. D'un autre côté, si c'est en Dieu seul que résident les idées que nous avons des objets, la diversité infinie de nos pensées et de nos manières de juger d'une même vérité, est assurément un

---

1. *Nouv. de la Rép. des Lett.*, avril 1684, art. 2. Bayle analyse la *Réponse* de Malebranche au *Livre des vraies et des fausses idées*.
2. *Ibid.*, mai 1685, art. 3. Bayle parle des *Lettres* de Malebranche touchant la *Défense de M. Arnauld*.

abîme bien profond. On peut dire que, semblable à la lumière corporelle, qui, selon les objets qu'elle frappe et la manière dont elle les frappe, donne naissance aux diverses couleurs, la lumière spirituelle de la vérité peut se changer en mille sortes d'idées selon qu'elle s'applique à des entendements différents. Sans doute, c'est là une explication plausible : mais ôte-t-elle toute la difficulté[1] ? Ainsi, Bayle ne perd pas une occasion de vanter la vision en Dieu, cette invention « d'un des premiers philosophes du siècle, » et il ne cesse de montrer que cette opinion soulève d'insurmontables difficultés. Combat-il vraiment Malebranche ? non, il combat la raison, il veut la ruiner en montrant qu'elle ne peut rien établir de certain.

Voici un autre exemple : selon Malebranche, tout est fait en vue des hommes, puisque le monde n'existe que pour les prédestinés. C'est là, dit Bayle, une opinion peu vraisemblable. Puis, comme s'il se ravisait, il se met à chercher le moyen « d'accommoder la théologie et la philosophie[2]. » Que veut-il au fond ? se jouer dans ces essais où l'esprit déploie son adresse, et puis conclure que la foi contredit la raison, et que la raison se contredit elle-même.

Mais je veux donner encore un exemple, plus

---

1. *Nouv. de la Rép. des Lett.*, avril 1685, art. 9.
2. *Continuation des pensées diverses*, ch. LVI (t. II, p. 265).

curieux et plus décisif. S'il y a dans la philosophie de Malebranche un point bien établi, c'est l'origine des vérités éternelles, rattachées, non à la volonté, mais à la substance même de Dieu. Bayle se prend à penser qu'au point de vue de la religion il y aurait de grands avantages à soutenir, comme M. Descartes, que Dieu est la cause libre des vérités et des essences. Ce dogme préviendrait les rétorsions des Stratoniciens ou philosophes qui admettent une *nature* universelle, et prétendent se passer de Dieu ; ce dogme servirait merveilleusement aux missionnaires de la Chine pour étonner les Chinois, les faire taire, et ruiner cette *nature* qui tient chez eux aussi la place de Dieu. Mais ce dogme est-il certain ? Il soulève des difficultés jusqu'à présent insolubles. Cependant, ajoute Bayle, « cela ne me décourage point ; je m'imagine, comme ont fait d'autres philosophes en certains cas, que le temps développera ce beau paradoxe. Je voudrais que le P. Malebranche *eût pu trouver bon* de le soutenir, mais il *a pris d'autres mesures*. » Voilà Bayle, au naturel, jouant avec la vérité ; et il continue faisant ressortir les difficultés de l'opinion qu'a soutenue Malebranche. « S'il y a des propositions d'une éternelle vérité, qui sont telles de leur nature et non par l'institution de Dieu, si elles ne sont point véritables par un décret libre de sa volonté, mais si au contraire il les a connues nécessairement véritables parce que telle était leur nature, voilà une espèce de *fatum* auquel il est assujetti, voilà une nécessité naturelle absolument insurmontable[1]. » Et ailleurs, c'est précisément cette opinion que Bayle expose avec une sorte d'éloquence, la prenant enfin ou paraissant la prendre pour son propre compte. « Dieu existe par la nécessité de sa nature infinie. Sa puissance et sa science existent par la même nécessité. Il a des idées éternelles et indépendantes des décrets libres de sa volonté... Prenez garde, je vous prie, qu'en remontant par nos abstractions à cet instant idéal où Dieu n'a encore rien décrété, nous trouvons dans les idées de Dieu les principes de morale sous des termes qui comportent une obligation. Nous y concevons ces maximes comme certaines et dérivées de l'ordre éternel et immuable. » Et c'est le fondement de la justice naturelle et de la distinction essentielle du bien et du mal[2].

Maintenant, que la lutte s'engage entre Malebranche et Arnauld sur la théorie des idées, sur la Providence générale, sur la grâce, quelle bonne fortune pour Bayle, et comme il suivra le combat d'un œil attentif et curieux! Dans ses *Nouvelles de la République des Lettres*, il annoncera tous les écrits des deux adversaires : il en fera très-exactement l'analyse, ayant à cœur de les faire con-

1. *Continuation des pensées diverses,* ch. CXIV (p. 348).
2. *Ibid.*, ch. CLII (p. 408-410).

naître, il en indiquera le plan, signalera les parties les plus remarquables, citera même certains passages. Puis il dira son mot, discrètement, rapidement, non sans ironie et sans malice : « dans cette assiette flottante[1] » où il est placé, il jugera les combattants, et leurs procédés, et leurs doctrines; le bon sens et un sentiment naturel d'équité se joignant à cet esprit d'indifférence, il aura dans ses jugements de la modération, de la finesse, de la justesse : sa critique manquera d'élévation, et de ce sérieux que donnent seules des convictions enracinées, mais elle sera pénétrante et judicieuse. Ainsi, dès le début, annonçant la *Réponse* de Malebranche au *Livre des vraies et des fausses idées*, il écrit : « Le *Traité de la nature et de la grâce* ayant fait connaître à Messieurs de Port-Royal que l'auteur de la *Recherche de la vérité* n'était pas janséniste comme ils l'avaient cru, n'eut pas le bonheur de leur plaire[2]. » C'est méchant, mais comme c'est finement dit, et comme il y a du vrai là-dedans! Plus tard, parlant d'un autre écrit de Malebranche qui venait de paraître, il dit : « Ces deux grands hommes, tous deux esprits extraordinaires, grands philosophes, d'une morale rigide, ne sont pas plus contents l'un de l'autre

---

1. C'est ce que Pascal dit de Montaigne dans son *Entretien avec M. de Saci*.
2. *Nouv. de la Rép. des Lett.*, avril 1684, art. 2.

que s'ils étaient de petits auteurs[1]. » Le trait est sanglant, mais il est mérité, et nous-même, pour rendre l'impression que nous causent ces luttes prolongées, nous ne pourrions que répéter des paroles d'une simplicité si forte : seulement nous les dirions avec un sentiment de tristesse que Bayle n'a point. C'est encore une excellente remarque que celle-ci : Malebranche trouvant pour appuyer ses pensées les plus étranges, des preuves qui ne sont point sans valeur, et Arnauld d'un autre côté lui proposant des difficultés extrêmement embarrassantes, « cette dispute peut nous faire de *grandes leçons d'humilité*[3]. » Mais l'humilité que propose

---

1. *Nouv. de la Rép. des Lett.*, juillet 1685, art. 8, p. 333. Il s'agit de la *Réponse à une Dissert. de M. Arnauld contre un éclairciss. du Traité de la nature et de la grâce.*

2. *Ibid.*, avril 1684, art. 2. — Il faut citer un autre passage où Bayle, toujours indifférent à l'objet de la dispute, laisse échapper une véritable joie d'érudit, parce que Malebranche raconte dans sa *Réponse à la Défense d'Arnauld* comment il a été amené à la théorie de la vision en Dieu. « On est heureux, s'écrie Bayle, de savoir l'*histoire des pensées* de ceux qui ont inventé de nouveaux systèmes ; » on est heureux de connaître « par quels progrès et par quelles conséquences ils sont venus au point où *il leur a plu de se fixer* » : le malheur est qu'ils fassent « trop rarement » au public de ces instructives confidences. (*Nouv. de la Rép. des Lett.*, mai 1685, art. 3.) Toute la curiosité du critique se révèle dans ces paroles : curiosité légitime sans doute, quoi qu'en ait dit Malebranche en plus d'un endroit où il condamne les érudits ; mais curiosité vaine, si le souci de la vérité philosophique, loin de s'y mêler, est bannie par elle. — Voici l'analyse du passage de Malebranche auquel Bayle fait allusion : Malebranche raconte « qu'après avoir fait une division exacte de toutes les manières dont nous pouvons voir les objets et avoir reconnu que toutes renfermaient des contradictions manifestes, *embarrassé extrêmement*, et comme hors d'espérance de pouvoir se délivrer de ses doutes, il se souvint heureusement de ce qu'il avait

Bayle, c'est l'abaissement de la raison, et le scepticisme : nous recevons donc le conseil qui est très-bon, nous rejetons l'esprit dans lequel il est donné.

S'agit-il maintenant des questions mêmes qui sont débattues entre les deux adversaires? Bayle a bien des fois vu très-juste. Ainsi, à propos du principe de la simplicité des voies, il dit que « cette pensée a quelque chose d'éblouissant, à savoir qu'un système simple et très-fécond est plus convenable à la sagesse de Dieu, qu'un système plus composé et moins fécond à proportion, mais plus capable de prévenir les irrégularités. » Il a été lui-même « de ceux qui crurent que le P. Malebranche donnait par là un merveilleux dénouement ; mais il est presque impossible de s'en payer après avoir

lu autrefois dans saint Augustin, comme plusieurs autres, *sans y avoir fait beaucoup d'attention*, savoir que nous n'avons pas d'autre Maître intérieur que la Sagesse éternelle. » Saint Augustin parle de cette doctrine avec une assurance qui ne lui est ordinaire qu'à l'égard des vérités qui lui paraissent évidentes : Malebranche y cherche donc « le dénouement de la plus grande difficulté qu'il ait jamais trouvée. » Mais saint Augustin distingue entre les vérités éternelles et les choses changeantes : ce sont seulement les vérités éternelles que le Maître intérieur nous enseigne. Pourquoi ? c'est que « du temps de saint Augustin, on n'avait point découvert que les qualités sensibles ne sont point répandues dans les objets de nos sens, mais que ce sont de pures modalités de notre âme, comme on l'a découvert par la nouvelle philosophie. » Malebranche initié à cette nouvelle philosophie, qui est celle de Descartes, a donc expliqué par la vision en Dieu la connaissance même des objets matériels. Voir sur cette *histoire des pensées* de Malebranche ce que nous avons dit dans le premier volume de la présente *Etude*, ch. I, p. 52-54, et ch. III, p. 251-255.

lu les livres de M. Arnauld contre ce système, et après avoir bien considéré l'idée vaste et immense de l'être souverainement parfait[1]. » Seulement, écoutez-le ailleurs : il rapporte la définition que Malebranche donne quelque part des miracles : « un miracle, c'est une chose qui n'est pas une suite des lois naturelles ; » il ajoute, toujours d'après Malebranche, que les miracles sont rares, parce qu'autrement la simplicité de la conduite divine serait troublée. Puis, se gardant bien de perdre une si bonne occasion de lancer un trait contre les miracles, il dit avec une apparente naïveté : « Il y a des gens qui souhaiteraient que le P. Malebranche eût dit, sans nulle exception, que l'ordre ne permet jamais que Dieu trouble la simplicité de ses voies[2]. » Mais je voulais donner des exemples de critique judicieuse et équitable. J'y reviens. Bayle donc donne raison à Arnauld qui déclare que « les voies sont pour l'ouvrage et non l'ouvrage pour les voies. » Rien de mieux. Le voici maintenant qui défend Malebranche contre Arnauld, et, comme il s'est même engagé pour cela dans une dispute particulière, la chose vaut la peine qu'on s'y arrête un peu.

C'est de la question du plaisir qu'il s'agit. Ar-

---

1. *Rép. aux quest. d'un prov.*, ch. CLV, p. 825 (t. II).
2. *Nouv. de la Rép. des Lett.*, avril 1686, art. 3, p. 533 (t. I). La phrase de Malebranche, citée par Bayle, est dans les *Lettres en réponse aux Réflex. philos. et théol. d'Arnauld*, Lettre II.

nauld, dans les *Réflexions philosophiques et théologiques*, attaque Malebranche sur les plaisirs des sens : il lui reproche vivement d'avoir dit que les plaisirs rendent heureux ceux qui les goûtent, et là-dessus il fait du pieux méditatif un épicurien, ou peu s'en faut. C'est vraiment fort étrange. Bayle, rencontrant cette critique en faisant l'analyse du nouveau livre, dit avec beaucoup de raison : « Ceux qui auront tant soit peu compris la doctrine du P. Malebranche sur ce point, s'étonneront qu'*on lui en fasse des affaires ;* » puis il ajoute malicieusement : « S'ils ne se souviennent pas du serment de bonne foi que M. Arnauld vient de prêter (dans l'avant-propos du livre), ils croiront qu'il a fait des chicanes à son adversaire, afin de le rendre suspect du côté de la morale[1]. » Grande colère d'Arnauld ; l'auteur des *Nouvelles de la République des Lettres* reçoit un *Avis* où l'on se plaint amèrement de l'injure qu'il a faite à M. Arnauld. Bayle publie l'*Avis*, accompagné de quelques réflexions[2] ; et bientôt il fait paraître, toujours dans ses *Nouvelles*, mais dans une place à part, une longue dissertation où il soutient *ce qu'il a dit en faveur du P. Malebranche, touchant les plaisirs des sens*[3]. « Le

---

1. *Nouv. de la Rép. des Lett.*, août 1685, art. 3, p. 346.
2. *Ibid.*, déc. 1685, art. 1, p. 427.
3. *Ibid.*, après les articles de déc. 1685, p. 444. Arnauld répondit par une *Dissertation sur le prétendu bonheur des sens* (Cologne, 1687). Malebranche ne prit aucune part à cette lutte, parce qu'il

P. Malebranche en une feuille eût répondu bien mieux, » dit-il agréablement. Quoi qu'il en soit, ses cinquante pages, à lui, sont intéressantes et instructives. Il montre à merveille comment Arnauld s'est mépris, et il dissipe l'équivoque des termes. Le plaisir rend heureux, actuellement heureux, celui qui le possède : cela ne veut pas dire que le plaisir soit le souverain bien. « Le souverain bien mérite par excellence la qualité de bonheur, comme Dieu mérite par excellence la qualité d'être ; mais cela n'empêche pas que comme la créature est un être très-réel, tout plaisir ne soit une félicité très-réelle. » Il faut distinguer entre la réalité ou être *physique* et les attributs moraux des choses : le menteur prononce de véritables et *réelles* paroles, quoique fausses en un autre sens. De même les plaisirs des sens sont en eux-mêmes des biens très-réels : celui qui les goûte est *physiquement* et *réellement* dans un état de bonheur ; et s'ils peuvent être appelés faux et mauvais, c'est au point de vue moral et en tant qu'ils peuvent attirer à celui qui les goûte de très-grandes peines. S'étonnera-t-on de cette alliance entre le plaisir et

---

n'avait pu lire les derniers chapitres des *Réflexions* « sans être ému et sans craindre de blesser la charité en y répondant. » Mais en 1693 et en 1694 des articles de Régis dans le *Journal des savants* ranimèrent le combat. Malebranche répondit à Régis et défendit contre lui ses opinions sur les *idées* et les *plaisirs*. Arnauld, dans quatre lettres, les déclara *insoutenables* et les combattit vivement.

le péché en ce monde? Et essaiera-t-on d'en diminuer le scandale en niant que les plaisirs soient des biens? Vaine précaution. « Nos artifices, nos fraudes pieuses, tous les détours de notre prudence se trouvent enfin trop courts quand on les emploie pour le mensonge. Et après tout, Dieu n'est pas comme les princes de la terre, qui ont besoin qu'on supprime quelques-unes de leurs actions. Il n'a rien fait qui ne soit digne d'un Être infiniment sage et qui ne lui soit infiniment glorieux. Ainsi, on n'a que faire d'user pour lui de ces petits ménagements et de ces omissions officieuses, dont les historiens des plus grands monarques doivent se servir, s'ils veulent sauver la réputation de leurs héros[1]. » Affirmons donc hautement cette alliance sans craindre les *qu'en dira-t-on* et le scandale des esprits faibles. La sagesse de Dieu y éclate. Si le plaisir n'était pas un bien, mais une apparence creuse et imaginaire, où serait le mérite du sacrifice?

Cette défense est vigoureuse, et le passage que j'ai cité en dernier lieu est éloquent. Cependant il faut tout dire : Bayle, exaltant la sagesse de Dieu, est suspect. Bayle, s'inclinant devant des mystères philosophiques ou théologiques, semble désireux de les faire trouver absurdes plutôt que respectables. La manière dont il traite ordinairement la

---

1. Ce passage remarquable est à la page 456.

question de la Providence découvre assez ses intentions. Il n'a recours à aucune de ces fraudes pieuses, à aucun de ces ménagements qu'il condamne si fort : mais dans quel esprit s'en abstient-il? Est-ce véritablement parce qu'il croit que Dieu n'en a pas besoin? Ne veut-il pas plutôt se faire une arme contre la Providence de toutes ces difficultés si complaisamment étalées? Il met aux prises en Dieu la sagesse et la puissance, la puissance et la bonté ; il les montre se contrariant et se détruisant entre elles, et d'ailleurs également démenties et confondues par l'existence du mal ; il présente le manichéisme comme le système le plus naturel et le plus plausible, et l'insinuant sans cesse sans le soutenir jamais et sans en dissimuler les inconvénients[1], il répète que l'origine du mal est une question hors de notre portée. « La philosophie, dit-il, peut sentir par là son fort et son faible. » Voilà ce qui pour lui est intéressant. « Quand elle charge le système des deux principes, ajoute-t-il, elle l'enfonce, elle le met en déroute, sans le pouvoir rallier ; mais quand elle tourne ses batteries contre l'unité de principe, elle y fait des brèches qu'elle ne répare pas, quelque soin qu'elle s'en donne. Elle peut donc connaître que si elle a quelque force pour élever des brouillards, elle est trop faible pour

---

1. *Dictionnaire critique*, passim, et spécialement notes des articles *Manichéens* et *Pauliciens*.

les dissiper. » Et là-dessus il s'écrie : « Il faut qu'elle se détache de son esprit de dispute pour ne consulter que l'oracle de la révélation [1]. » Conclusion pieuse qui ne peut tromper personne.

On le voit, sur la question de la Providence, Bayle est un adversaire de Malebranche. Il attaque sans cesse ses théories : non qu'il le nomme toujours, mais il songe sans cesse à lui (en même temps qu'à Leibnitz), quand il poursuit l'optimisme ; et l'optimisme n'a jamais rencontré de critique plus acharné [2]. Veut-on connaître tous les défauts du système de Malebranche ? Ils sont là indiqués d'une main sûre. Voici un trait entre plusieurs : « Dieu, dans ce système, ressemble à un prince qui se pique de faire paraître son habileté plus que son amour pour le bien public [3]. » Et cette sagesse même n'est-elle point rapetissée, puisqu'on la conçoit moins soucieuse de son ouvrage que de ses voies ? Ainsi, chose étrange, la perfection de l'ouvrier repousse la perfection de l'ouvrage, et ne se manifeste que par l'imperfection [4]. D'un autre côté, Dieu n'est plus libre, s'il a dû créer le monde aussi parfait qu'il le pouvait : trois servitudes pèsent sur lui, s'il a été né-

---

1. *Rép. à un prov.*, ch. xcii, p. 681.
2. *Dictionnaire critique*, articles *Manichéens, Marcionites, Pauliciens, Origène, Prudence*, etc.
3. *Rép. à un prov.*, ch. clv, p. 825.
4. C'est ce que montre fort bien Bordas-Demoulin, développant la pensée de Bayle. (*Le Cartésianisme*, part. III, ch. ii.)

cessité par sa sagesse à créer, puis à créer précisément un tel ouvrage, et enfin à le créer précisément par de telles voies[1]. Bayle est inépuisable quand il se met à signaler ces contradictions. Mais tout en mettant à profit tant de remarques si justes, comment ne pas dire avec Malebranche lui-même : « M. Bayle a tourné en cent manières l'objection » tirée de l'existence du mal ; « et pour faire sentir la difficulté, il fait des discours infinis fort inutiles ; car *il n'y a personne qui ne la sente d'abord, cette difficulté effrayante*[2]. » Oui, on la sent, mais on ne renonce pas, à cause d'elle, à la raison. La confiance en l'Etre infiniment parfait, hautement proclamée en dépit du mal, et justifiée par de solides raisons, voilà ce qui fait la force de la doctrine de Malebranche, et la soutient malgré la faiblesse de tant d'explications hasardées ; le parti pris de ne reconnaître dans le monde ni la sagesse, ni la puissance, ni la bonté de Dieu, voilà ce qui fait la faiblesse de la critique de Bayle, et en ruine l'autorité malgré la force de tant de remarques judicieuses. Les illusions systématiques de Malebranche s'évanouissent devant les objections de Bayle ; les difficultés entassées par Bayle disparaissent devant cette grande idée de la sagesse souveraine, que Malebranche altère parfois à son insu, mais qui,

1. *Rép. à un prov.*, ch. CLI, p. 811.
2. *Réflexions sur la prémotion physique* (1715), § 21.

toujours présente à sa pensée, illumine, si je puis dire, tous ses écrits.

Bayle attaque l'optimisme. Il adopte la théorie cartésienne de la création continuée, à titre d'hypothèse, bien entendu, et non pour relever la puissance de Dieu, mais parce que rien ne lui paraît plus logique, d'une part, et plus contraire, d'autre part, à cette liberté que nous prétendons posséder. Si l'explication des choses la plus naturelle et la mieux fondée en raison, compromet ou plutôt ruine le libre arbitre dont nous croyons avoir un sentiment intérieur invincible, voilà assurément une arme excellente entre les mains d'un sceptique. Bayle ne se fait pas faute d'en user. Il admet donc la création continuée, et pousse cette hypothèse jusqu'à ses conséquences extrêmes. « Comment un être créé serait-il un principe d'action? » La substance est créée à chaque instant avec ses facultés et ses modalités : car tout cela ne fait qu'un. Dieu est l'auteur unique et immédiat de tout mouvement local. « Il n'y a que Dieu qui puisse communiquer des idées à notre âme : l'âme n'est point la cause des idées, elle ne sait de quelle manière elles s'excitent, elle en voudrait qu'elle n'a pas, elle en a qu'elle voudrait n'avoir point : si elle les tirait de son propre fond, elles ne pourraient lui représenter rien de plus parfait qu'elle-même. C'est donc Dieu qui nous communique l'idée que nous avons de lui, il existe souverainement parfait, car s'il n'existait pas tel, il ne pourrait pas la mettre dans notre esprit[1]. » Qu'est-ce que tout cela, sinon du Malebranche tout pur pour la doctrine, avec cette aisance, et ce je ne sais quoi de léger dans le langage, qui est le propre de Bayle? Écoutez maintenant ce qui suit : « Mais alors Dieu sera la cause des actes de notre volonté? » Oh! ceci, « c'est un abîme : la philosophie n'y peut voir goutte, il faut recourir humblement aux lumières révélées[2]. » Qu'est-ce à dire, sinon qu'en suivant jusqu'au bout la notion de Dieu on supprime le libre arbitre, qu'en conservant le libre arbitre on limite la puissance de Dieu, et que la foi en proclamant la toute-puissance de Dieu et le libre arbitre, affirme deux choses contradictoires? Selon les principes de Descartes, admis et développés par Malebranche, Dieu est donc seule cause efficace, et tous les êtres sont passifs, même l'âme par conséquent. « Si l'on n'a point poussé la chose jusqu'aux volitions, dit Bayle, c'est à cause des vérités révélées; car sans cela, les actes de la volonté se seraient trouvés aussi passifs que ceux de l'entendement. Les mêmes raisons qui prouvent que notre âme ne forme point nos idées et ne remue point nos organes, prouveraient aussi qu'elle ne peut point

---

1. *Continuation des pensées diverses*, ch. III, p. 341 (t. II).
2. *Ibid.*, p. 342.

former nos actes d'amour et nos volitions [1]. » C'est élever contre Malebranche un soupçon injuste que de donner à entendre qu'il n'a maintenu la liberté dans son système que par prudence : il a toujours cru très-sincèrement au libre arbitre. Mais c'est mettre le doigt sur le vice de ce même système que de le montrer logiquement entraîné au fatalisme, et le parti même que Bayle prétend tirer des causes occasionnelles, est la condamnation de cette hypothèse [2].

Ainsi, Bayle, soit par ses vives critiques, soit par sa compromettante adhésion, nous avertit de la valeur des théories qu'il examine.

1° Il fait bien voir la témérité de Malebranche trop

---

1. *Rép. à un prov.*, ch. CXL, p. 786.
2. Disons encore que dans sa défense du sentiment de Malebranche touchant les plaisirs des sens, Bayle admet la théorie des causes occasionnelles, et en tire les conséquences suivantes : « Tous les plaisirs, même ceux des sens, sont proprement spirituels : leur sujet ne peut être qu'un esprit; leur véritable cause ne peut être que Dieu... Et l'établissement des causes occasionnelles dépendant de Dieu comme d'une cause libre, vous pouvez fort bien supposer que Dieu lie tous les plaisirs que nous sentons par les cinq sens aux méditations les plus abstraites et aux idées les plus dévotes, et qu'au contraire il lie les plaisirs de la dévotion aux objets qui frappent nos sens. Alors, les premiers de ces deux plaisirs nous attacheraient aux choses du ciel, et les seconds nous attacheraient à la terre. » Enfin, il faut remarquer que Bayle développe très-souvent et très-volontiers la thèse de l'automatisme des bêtes (Voir art. *Rosarius*, dans le *Diction. crit.*): mais comme il s'empresse de faire remarquer, d'une part, que les mêmes arguments pourraient établir que tout se fait dans l'homme aussi par pur mécanisme, et d'autre part, que la nouveauté de cette théorie cartésienne, si contraire au sentiment naturel et universel, rend suspecte la raison humaine! Cette dernière pensée est développée avec beaucoup de verve dans les *Nouv. de la Rép. des Lett.*, mars 1684, art. 1.

oublieux des limites de l'esprit humain et trop confiant dans ses explications métaphysiques ;

2° Il montre de la façon la plus claire que le principe de la simplicité des voies a des conséquences contraires à la bonté et même à la sagesse de Dieu, et d'une manière plus générale, que l'optimisme, tel que l'entend Malebranche, ôte au Créateur sa liberté sans sauver ni sa sagesse ni sa bonté.

3° Il établit que la doctrine de l'inefficace des créatures rend la liberté de l'homme impossible.

Mais il y a dans la théorie de Malebranche deux choses qui restent au-dessus de toutes les attaques de Bayle. En effet : 1° par sa théorie de la nature et de l'origine des vérités éternelles, il établit la connaissance sur un inébranlable fondement, met la raison à l'abri du scepticisme, justifie les recherches métaphysiques, et assure la dignité de la philosophie, puisqu'il montre la pensée humaine dominée par des principes qui ne trompent pas, et capable, en les suivant, d'énoncer sur l'homme, sur le monde, et sur Dieu même, des affirmations certaines ;

2° Dans sa théorie de la Providence, il démontre que Dieu étant l'Etre infiniment parfait, l'ouvrage de Dieu ne peut être que bon ; il prouve que l'expérience a beau démentir en apparence ce jugement de la raison, elle ne saurait l'infirmer ; il établit que pour juger du gouvernement de la Providence, il ne faut pas considérer isolément les détails, lesquels ne sont pas toujours en un sens voulus pour eux-mêmes, mais en vue de quelque autre chose qui les domine, les explique, les justifie ; et enfin il nous fait concevoir une harmonie présidant à cette infinité de combinaisons dont Dieu seul a le secret, et reliant entre eux par d'invisibles liens le monde physique et le monde moral, l'ordre de la nature et l'ordre de la grâce.

Ainsi, à mesure que nous avançons dans l'étude des critiques de Malebranche, nous séparons plus facilement dans ses théories les principes incontestables des opinions hasardées, et les vérités solidement établies des exagérations ou des erreurs qui les compromettent.

VII.

Les objections de Dortous de Mairan.

Dans les *Entretiens métaphysiques*, Malebranche, parlant du système de Spinoza, avait écrit : « Croyez-moi, Ariste, jamais homme de bon sens n'a été bien persuadé de cette folie, quoique plusieurs personnes l'aient soutenue, comme en étant bien persuadés ; car l'amour-propre est si bizarre, qu'il peut bien nous donner des motifs d'en faire confidence à nos compagnons de débauche, et de vouloir en paraître bien convaincus. Mais il est impossible de la croire véritable, pour peu qu'on soit capable de raisonner et de craindre de se tromper. Ceux qui la soutiennent n'en peuvent être intérieurement persuadés, si la corruption de leur cœur ne les a tellement aveuglés, que ce serait perdre le temps que de prétendre les éclairer[1]. »

En septembre 1713, Malebranche recevait de Béziers une lettre respectueuse et pressante, dans laquelle un jeune homme, séduit par l'*Ethique* de Spinoza, lui demandait lumière et secours. Dortous de Mairan, qu'il avait autrefois, à Paris, initié aux secrets des hautes mathématiques, s'adressait maintenant à lui pour être raffermi dans ses convictions philosophiques et religieuses[2]. Le ton de la lettre était sérieux et grave ; celui qui avait écrit ces lignes semblait tout près d'être intérieurement persuadé de la doctrine de Spinoza, et s'il en considérait encore avec quelque tristesse les fâcheuses conséquences, il se montrait résolu à ne pas la rejeter avant d'avoir vu clairement le défaut des démonstrations qui l'établissent : ce défaut qu'il avouait ne pas voir, il demandait qu'on le lui découvrît. Il annonçait qu'il ne se contenterait pas

---

1. *Entret. métaph.*, ix, 2.
2. Voir dans le chap. i de la première partie du présent ouvrage (t. I, p. 18 et 22), ce que nous avons déjà dit des rapports de Malebranche et de Dortous de Mairan.

de réponses vagues ; il déclarait que les prétendues réfutations qu'il avait lues, lui avaient paru impuissantes, parce que les auteurs n'y avaient apporté ni précision, ni équité, ni sang-froid. De Malebranche il attendait la réponse claire, exacte, solide, dont il avait besoin ; seul Malebranche, avec cette grandeur de génie et cette justesse d'esprit bien connues, pouvait l'aider à sortir de l'état si fâcheux où il se trouvait. « Développez-moi, de grâce, mon Révérend Père, les paralogismes de cet auteur ; ou, ce qui suffit, marquez-moi le premier pas qui l'a conduit au précipice, s'il est vrai, comme je veux le croire, qu'il y soit tombé, et marquez-le-moi, je vous prie, succinctement, et à la manière des géomètres. C'est la méthode qu'il a adoptée, et la moins propre à couvrir l'erreur. Attaquons-le dans son fort et avec ses propres armes[1]. »

---

1. Première lettre de Dortous de Mairan, 17 septembre 1713. — Cette *Correspondance* de Dortous de Mairan et de Malebranche se compose de huit lettres. Nous venons de faire l'analyse de la première, qui est assez courte. Malebranche répond très-brièvement le 26 septembre 1713. Mairan réplique le 19 novembre : il examine point par point les conseils et les remarques de Malebranche ; sa lettre a une dizaine de pages. Il n'obtient qu'une très courte réponse, datée du 5 décembre. Cinq mois après, le 6 mai 1714, il fait sans grand espoir une nouvelle tentative, et il adresse à Malebranche une lettre plus longue encore que la précédente. Celui-ci y fait, le 12 juin, une réponse développée. Mairan, qui n'osait guère compter sur ce bonheur, est rempli de joie et pénétré de reconnaissance, et, comme il ne se trouve pas encore convaincu, il compose un véritable petit traité d'une vingtaine de pages, qu'il envoie le 26 août. Malebranche se hâte de lui récrire le 6 septembre. Mais c'est pour lui déclarer (tout en lui donnant encore quelques courtes explications) qu'il faut cesser ce travail inutile. Dans tout le cours de cette correspondance, le

Ainsi, ce système de Spinoza, objet d'horreur et de mépris, avait fait sur un esprit élevé et droit une impression vive, et un homme pouvait en par-

ton de Mairan est très-respectueux, et en même temps très-ferme : c'est un disciple qui consulte un maître, c'est un jeune homme, encore obscur, qui s'adresse à un illustre philosophe parvenu à la fin de sa carrière; mais ce disciple renouvelle ses objections embarrassantes avec une ténacité que rien ne lasse; ce jeune homme réclame, j'allais dire exige, une réponse péremptoire aux questions qu'il pose. D'ailleurs, à mesure qu'on avance, on sent que sa confiance dans le système de Spinoza augmente, et qu'il cherche moins à sortir de ce qu'il appelait d'abord un état fâcheux qu'à satisfaire sa curiosité philosophique. Malebranche garde, dans ses quatre lettres, une très-grande réserve. Il ne veut point discuter : la discussion, inutile toujours, serait ici dangereuse : Mairan, troublé dans sa foi, est un malade qu'il faut guérir, et non un philosophe avec qui il convienne d'entretenir un commerce de lettres savantes. Cependant des reproches, même affectueux, et des exhortations vives ne seraient point de mise; Malebranche s'en abstient donc, et ses deux premières lettres, très-courtes, sont très-polies, mais très-froides : elles contiennent des conseils, mais donnés d'une manière très-générale, par délicatesse; on devine dans ce peu de paroles une tristesse secrète, on y sent de la gêne, et on y trouve très-nettement indiqué le désir de ne pas continuer cette correspondance. Dans la troisième lettre, il y a moins de contrainte : Malebranche expose dans son beau langage de hautes pensées philosophiques; il veut bien expliquer avec quelques détails, et les erreurs de Spinoza, et la vraie doctrine; et il le fait avec bienveillance, avec condescendance, sans jamais discuter. Puis, avec une délicatesse parfaite, d'un ton grave sans être solennel, affectueux sans être familier, sévère sans être blessant, il signale à Mairan le danger que court sa foi : « Révoquer en doute les dogmes de la foi, ou ne les vouloir croire que lorsqu'on en voit clairement la vérité, c'est une disposition mortelle, » et toute la fin de la lettre que nous citerons plus loin. Dans la dernière lettre, le même avertissement est donné à peu près dans les mêmes termes; mais, si le ton est encore poli et même bienveillant, la résolution de ne plus perdre le temps à écrire des lettres inutiles, est exprimée sans équivoque, et par cela même la curiosité et l'insistance de Mairan sont condamnées sévèrement. — Cette *correspondance* de Mairan et de Malebranche, publiée pour la première fois par M. Feuillet de Conches, se trouve, très-soigneusement éditée, dans les *Fragments de philosophie moderne*, de M. Cousin, Ire partie (éd. de 1867, p. 404-487).

ler sincèrement et y voir autre chose qu'une folie. Ne fallait-il point que Malebranche le regardât en face, et en fît un examen sérieux et une vigoureuse réfutation? L'honneur de la vérité et le bien d'une âme exigeaient, ce semble, cet effort [1]. Néanmoins, Mairan, malgré des instances réitérées, ne put jamais obtenir la discussion régulière et suivie qu'il souhaitait [2]; sur les quatre réponses qu'il provoqua

---

1. Première lettre de Mairan. « J'espère que vous ne m'exposerez point au préjugé qui pourrait naître de votre silence ou d'une réponse vague. J'attends tout de vos bontés pour moi et de votre zèle pour la cause de la vérité. » — Deuxième lettre. « Vous travaillerez par là (en marquant positivement, et non d'une manière vague, où est la première démarche qui a conduit Spinoza dans le précipice) pour la gloire de Dieu et pour le salut de votre prochain; en quoi je suis bien persuadé que vous ne vous écarterez pas de votre occupation ordinaire. »

2. Troisième lettre. « Je vous avoue, mon Révérend Père, que je ne puis comprendre comment depuis le temps que vous faites servir avec tant de force et de justesse les connaissances métaphysiques aux vérités de la religion, vous avez pu ou ne compter pour rien l'auteur dont il s'agit, ou, le comptant pour quelque chose, ce qu'il mérite bien assurément, ne pas le réfuter de la seule manière qui pouvait désabuser les gens qui croient l'entendre. Car enfin, les objections vagues, les inductions, ne détruisent pas, parmi les géomètres, un système régulier et géométrique. Si je n'étais autant en garde que je le suis contre les préjugés, j'aurais quelquefois de la peine à me défendre de celui que vos ouvrages et vos lettres font naître tour à tour dans mon esprit. D'un côté, je ne puis voir tant de pénétration et de lumière, tant de justesse d'esprit et tant de droiture de cœur, et n'être point tenté de croire, sans autre examen, que ce que vous condamnez comme faux ne saurait éviter de l'être; de l'autre, je ne saurais songer aux instances que je vous fais inutilement, depuis près d'une année, de me montrer en rigueur géométrique le paralogisme d'un système que l'intérêt public et particulier vous engage de détruire, sans être un peu porté à croire qu'il faut qu'il soit invincible de front, puisque vous ne jugez à propos de le combattre qu'indirectement. Mais aucun de ces motifs ne me déterminera jamais à le rejeter ou à l'admettre. L'un et l'autre serait également opposé à vos sages maximes. Je suis résolu de les suivre et de ne me rendre qu'à l'évidence toute pure. »

non sans peine, une seule est longuement développée[1]; et encore est-ce surtout une exposition destinée à prévenir toute réplique. Mairan, après l'avoir reçue, ayant résisté encore et renouvelé ses objections, une dernière lettre assez courte et presque sévère vint le prier de mettre fin à une correspondance manifestement inutile.

Quoi qu'il en soit, ces lettres ont un très-grand intérêt philosophique : la doctrine de Malebranche et celle de Spinoza y sont en présence; et, qui plus est, Mairan soutient que Malebranche, impuissant à combattre le spinozisme, a des principes et des théories qui ne peuvent aboutir logiquement qu'au spinozisme lui-même[2].

Je remarque d'abord que Mairan et Malebranche n'entendent point de la même manière la philosophie et ne pratiquent point la même méthode.

Ce que Mairan demande à un système de métaphysique, c'est d'être clair et régulier. Les objections tirées du sens commun, de la morale, ou de la foi, peuvent mettre en défiance contre ce système, et engager à l'examiner de près : mais enfin ce ne sont là que des préjugés, et si l'on ne parvient à ébranler ni les principes eux-mêmes ni les démonstrations, rien ne peut prévaloir contre la ri-

---

1. Pour cette lettre de Malebranche, qui est la troisième, voir la note de la page précédente.

2. C'est dans la seconde lettre que cette assertion est présentée pour la première fois, et elle est soutenue dans les deux suivantes.

gueur géométrique : quelles que puissent être les conséquences du système, il faut l'admettre, car il consiste en un enchaînement rigoureux d'idées claires, et là l'erreur n'entre pas[1].

Malebranche croit aussi que les idées claires sont les principes de toute démonstration véritable, et il a une très-grande confiance dans la déduction. Mais il pense que si, en mathématiques, les idées claires sont faciles à consulter et à suivre, il n'en est point de même en métaphysique. Les sens, l'imagination, l'esprit pur lui-même peuvent nous jeter dans toutes sortes d'illusions et d'erreurs. Pour nous défendre contre ces dangers, nous avons l'autorité infaillible de la foi qui tient au-dessus de toutes nos atteintes les dogmes obscurs, mais certains ; nous avons aussi cette horreur que nous inspirent les conséquences de certains systèmes, avertissement salutaire qui nous met en garde contre l'erreur, avant même que nous sachions clairement où elle est[2]. Mépriser les

1. Voir la deuxième lettre de Mairan, n° 1 et 2 : « Les réflexions que je fis m'ayant fait trouver que... rien n'était plus solide et mieux lié que ses principes, je n'ai pas cru que l'horreur qui me restait pour certaines conséquences, dût absolument me les faire rejeter : car il me semble que l'horreur et tous les autres mouvements de cette nature ne partent que d'un préjugé bon ou mauvais, et ne renferment que des notions bien confuses, qui ne sauraient entrer en parallèle avec l'évidence d'une démonstration. » Voir aussi le commencement de la troisième lettre.
2. Première lettre de Malebranche. « J'en ai lu autrefois une partie (de l'*Ethique* de Spinoza), mais j'en fus bientôt dégoûté, non-seulement par les conséquences, qui font horreur, mais encore pour le faux des prétendues démonstrations de l'auteur... Il suffit de reconnaître qu'il suit de son principe une infinité de contradictions et de senti-

enseignements de la foi, sous prétexte qu'ils sont obscurs, surmonter ces répugnances de la conscience, comme si elles ne venaient que des préjugés, ce n'est point force et liberté d'esprit, c'est présomption et témérité. Alors, on risque de prendre pour des idées claires les fantômes de l'imagination ou les vaines abstractions de l'esprit; et, séduit de cette manière, plus on raisonne exactement, plus on s'égare [1].

Malebranche admet donc ce que dans les *Entretiens métaphysiques* et dans le *Traité de Morale*, il appelle l'*expérience* incontestable de la foi. Dans ses lettres à Mairan, ce mot ne se trouve pas, mais l'impossibilité de philosopher comme il faut sans la foi, est exprimée en termes qui méritent un sérieux examen. Il dit dans la troisième lettre :

« Trois personnes se trouvent ensemble, un philosophe, un géomètre, un goutteux. Le géomètre dit au goutteux : Vous croyez que vous avez la goutte, mais il n'en est rien, je vous le démontre. La douleur ne peut être causée que par votre corps, ou par votre âme, ou de Dieu seul. 1° Elle ne peut être causée par le corps, car votre corps ne peut agir sur votre âme ; demandez-le à monsieur le philosophe ; 2° Ce n'est pas votre âme qui se

---

ments impies, pour se défier de ses prétendues démonstrations, même quand elles nous paraîtraient convaincantes. »

1. Voir ce que nous avons dit de la *Méthode* de Malebranche au chap. ii de la première partie du présent ouvrage.

tourmenté elle-même, car si la douleur dépendait de vous, vous n'en souffririez jamais. Enfin, ce ne peut être Dieu, car Dieu ne la connaît pas, la douleur : certainement Dieu ne tire ses connaissances que de lui-même ; or, il n'y a point en Dieu de douleur ; il serait malheureux ; il ne peut donc pas en vouloir produire en vous, puisqu'il ne sait ce que c'est. Cela est démontré, demandez-le au philosophe, ou montrez-nous précisément le défaut de la démonstration. — Je sais qu'elle est fausse, répond le goutteux, et vous vous moquez de moi. Adieu. Le vrai fidèle fait comme le goutteux, il n'écoute pas seulement ceux qui attaquent la foi, de peur d'être embarrassé par des objections qu'il ne pourrait pas résoudre ; car perdre la foi, c'est tout perdre, et la foi ne vient que par la révélation, et non de la spéculation des idées claires des mathématiques et des nombres. »

Et la dernière lettre se termine par ces mots :

« Pour moi, je ne bâtis que sur les dogmes de la foi dans les choses qui la regardent[1], parce que je suis certain par mille raisons qu'ils sont solidement posés ; et si j'ai découvert quelques vérités théologiques, je les dois principalement à ces dogmes sans lesquels je me serais égaré comme plusieurs autres qui ne se sont pas assez défiés d'eux-mêmes. Je prie Jésus-Christ, qui est notre sagesse et notre

1. Même si elles sont en elles-mêmes de l'ordre naturel, comme ici.

lumière, et sans lequel nous ne pouvons rien, qu'il vous découvre les vérités qui vous sont nécessaires pour vous conduire dans la voie qui conduit à la possession des vrais biens. »

Assurément, le conseil est bon : rappeler qu'il y a des entraînements, des défaillances, des éblouissements, dont la raison se défend mal sans la foi, c'est très-sage. Mais il y a ici, ce me semble, une confusion qu'il importe de démêler. Dites qu'une âme, séduite par un faux système dans les choses qui touchent à Dieu, aura bien de la peine à rompre le charme par des arguments purement philosophiques ; dites que, si elle a laissé s'ébranler ses convictions religieuses, naturelles et surnaturelles, par une vaine et indiscrète curiosité, l'humilité et la prière les raffermiront mieux que les discussions ; conseillez donc à celui que le doute envahit de le combattre par un effort de volonté en se tenant amoureusement attaché à Dieu, pendant qu'il travaille à surmonter par l'étude les difficultés soulevées. Ce sont là des préceptes de direction morale et religieuse, qui sont excellents. Mais si vous ne considérez plus cette âme souffrante, coupable peut-être d'orgueil et de témérité, si vous envisagez les questions elles-mêmes, si vous avez à soutenir un débat purement philosophique, ne donnez pas à entendre que, les dogmes n'étant plus supposés, vous n'avez plus rien à dire de solide et de fort. Du reste, quand la foi est ruinée dans un esprit, quand c'est un fait accompli, un fait regrettable, déplorable, condamnable, mais enfin un fait, il faut bien que vous ne présentiez plus à cet esprit que des arguments fournis par la raison naturelle, ou il faut que vous l'abandonniez comme une proie à toutes les illusions et à toutes les erreurs : mais si vous vous croyez réduit à cette triste nécessité, ce n'est plus une salutaire défiance que vous recommandez, c'est le scepticisme que vous proclamez, et vous devez dire avec Pascal : Hors la foi, le pyrrhonisme est le vrai.

Malebranche n'en est certes pas là. Si j'entre au fond de sa pensée, dans ces lettres, pas plus que dans ses autres écrits, je ne le trouve sceptique : seulement il est étonné et attristé. Chez lui, la foi et la raison ont toujours été d'accord : les voyant violemment séparées dans une âme, il est comme déconcerté. Contre Arnauld qui l'accusait de témérité impie, il maintenait énergiquement le droit d'éclaircir les dogmes par des méditations philosophiques ; à Mairan qui fait dépendre des spéculations métaphysiques la foi elle-même, il rappelle avec tant de force le devoir de contenir et de régler l'esprit par cette infaillible autorité, qu'il semble douter de la raison même. A vrai dire, il veut, non pas diminuer la raison, mais au contraire la sauver de ses propres excès, de même qu'en combattant

Arnauld, il prétendait, non pas diminuer l'humble soumission aux vérités révélées, mais y ajouter l'intelligence et la lumière.

Néanmoins, je maintiens qu'il s'exprime ici d'une manière dangereuse. Si le scepticisme n'est pas dans sa pensée, il est dans ses paroles prises à la lettre ; il est d'une certaine manière dans sa conduite même. De quoi s'agit-il en effet? de combattre le spinozisme : or, la foi ôtée, il semble juger le combat inutile et la victoire impossible. Non que le spinozisme lui paraisse fondé en raison ; mais si l'on ne doit pas croire ce système démontré, on ne doit pas non plus, à son avis, croire démontrables, hors la foi, les vérités opposées à ce même système. Démontrer, proprement, c'est développer une idée claire et en déduire avec évidence ce que cette idée renferme nécessairement. Or, certainement Spinoza ne voyait pas l'essence divine infinie en elle-même ; mais le philosophe qui le combat, ne la voit pas davantage, cette essence : ne raisonnant point sur des idées claires, comment aurait-il l'évidence [1] ? Les vérités métaphysiques ne sont donc ni démontrées ni démontrables en rigueur géométrique ; et cependant il n'y a de science véritable que de ce qui se démontre. Qu'est-ce à dire, sinon que la philosophie ne peut rien édifier de certain si elle n'a la foi pour fondement? Erreur grave, que Male-

---

1. Voir la fin de la 3ᵉ et de la 4ᵉ lettre de Malebranche.

branche semble professer ici, tant le spectacle d'une âme aux prises avec le doute, l'afflige et le trouble! Mais qu'est-ce à dire encore, sinon que pour un homme d'étude qui a perdu la foi, il faut redouter le travail de l'esprit, bien loin de le lui recommander? Autre erreur, erreur pratique, causée par une vue incomplète des besoins des âmes et un sentiment peu juste de la dignité de la foi elle-même.

Mais nous avons vu que Malebranche parle de l'horreur qu'inspirent les conséquences du spinozisme. Qu'entend-il au juste par là? Il ne le dit point. Si cette horreur ne subsiste pas dans une âme qui n'a plus la foi, évidemment, elle n'est pas un nouveau moyen de défense contre l'erreur, et nous n'avons rien à en dire. Si elle subsiste encore là où la foi n'est plus, d'où vient-elle? De ces notions morales qui sont supérieures à tous les systèmes métaphysiques? Il fallait le montrer nettement, et c'est ce que Malebranche ne fait point. Il pouvait établir d'abord qu'un système qui ne peut expliquer ces notions, ou qui les fausse, est condamné par elles; puis, que le spinozisme a ce tort et ce malheur. Au lieu de cela, il se contente de paroles vagues, et là où il avait les éléments d'une très-puissante et très-belle réfutation, il a l'air de n'opposer aux exigences scientifiques de Mairan que des sentiments tout personnels et des mouvements produits par des préjugés.

A quoi cela tient-il? toujours à la même cause. Malebranche ne trouve de clarté, et par suite de rigueur, et par suite encore de science véritable, que dans les choses mathématiques et dans celles en très-petit nombre qui peuvent se traiter de même. Donc, au moment où il reconnaît que la méthode géométrique ne convient pas à la philosophie, il ôte à la philosophie l'honneur d'être une science; au moment où il signale comme dangereuse la voie où Mairan avec Spinoza veut engager la métaphysique, il détruit la métaphysique, puisque cette voie qui lui est interdite, demeure la seule que la vraie science puisse suivre. Il signale admirablement les dispositions morales et religieuses que l'on doit apporter dans les recherches philosophiques : mais le point de départ scientifique de ces recherches, où est-il? Il ne le dit pas, bien plus, il nie ou semble nier qu'il y en ait un. Mettez la foi de côté, la philosophie chancelle et s'égare; conservez la foi, la philosophie reprend une marche ferme et sûre. Mais, dans les deux cas, qu'y a-t-il à l'origine? rien que des vérités obscures ou des sentiments obscurs. Si donc avec la foi, la philosophie a la solidité de la science, elle n'en a point, dans ses principes mêmes, la clarté; et sans la foi, elle n'a plus de la science ni la solidité ni la clarté, elle n'est plus science à aucun titre. Voilà où il en faut venir quand on regarde les démonstrations géométriques comme le type et le modèle unique de toute science.

Ce que Malebranche appelle sentiment obscur est, à vrai dire, connaissance claire. Car enfin il y a deux sortes de clartés : celle des choses mathématiques que l'intelligence pénètre pour ainsi dire de part en part ; celle des choses de l'âme où il y a toujours des profondeurs cachées avec des saillies lumineuses. Malebranche ne fait pas cette distinction, et c'est ce qui le perd. Il méconnaît donc la valeur scientifique de l'expérience intime. Il la recommande, cette expérience, il la pratique, il s'appuie sur elle ; mais il se refuse à y voir une connaissance dans l'acception exacte du mot, et quand il la compare à ce qu'il appelle les idées claires, il la méprise presque, sous prétexte qu'elle n'est qu'un sentiment vif, mais obscur. Aussi ne songe-t-il pas à l'invoquer contre Mairan. Il se contente de dire que « Spinoza *ne peut nier qu'il existe*, ni qu'il y ait d'autres hommes[1] ; » il n'insiste pas sur cette pensée ; il a au contraire à cœur de montrer que « l'âme ne se connaît nullement, » et il le déclare en plusieurs endroits[2]. Il croit par là rabattre l'orgueil de l'esprit : comment, ne se con-

1. Troisième lettre.
2. Troisième et quatrième lettre. « L'âme même ne se connaît nullement ; elle n'a que le sentiment intérieur d'elle-même et de ses modifications. Étant finie, elle peut encore moins connaître les attributs de l'infini. »

naissant pas soi-même, prétendrait-on connaître l'infini ? Mais il y avait mieux à faire : il y avait à montrer que l'esprit se connaît lui-même, clairement quoiqu'imparfaitement, que la réflexion appliquée à ce que nous savons de l'âme permet d'y découvrir les perfections qui ont en Dieu leur modèle et leur source, et qu'ainsi il y a pour s'élever à l'Etre infini, et faire la science des choses divines, un procédé naturel, une méthode simple et rigoureuse, qui, pour n'être pas la démonstration géométrique pure, n'en a pas moins une incontestable légitimité et une valeur véritablement scientifique, quand on l'applique régulièrement.

Comprend-on maintenant pourquoi Malebranche est réduit à une apparente impuissance en présence du spinozisme ? Ce n'est pas assez de repousser un système de toutes ses forces ; ce n'est pas assez de le condamner au nom du bon sens, de la morale, du sens intime, si on laisse croire qu'il n'y a de scientifiquement établi que ce qui est démontré géométriquement ; ce n'est pas assez de dire que Spinoza se perd par l'abus de la démonstration et par la témérité des spéculations *a priori*, si l'on ne dit pas aussi qu'il y a une autre méthode, et que l'*a priori* n'est pas toute la science ; enfin, ce n'est pas assez de voir que ce système en apparence si bien lié suppose, mais ne démontre pas, qu'il n'y a aucune substance finie, si l'on n'établit pas que pour croire à la réalité d'une substance finie, nous avons, non pas un simple sentiment, mais cette expérience intime, si claire, et parfaitement digne de servir de point de départ à la métaphysique. Faute de reconnaître tout cela, Malebranche n'ôte pas au spinozisme le prestige de la science, et il semble n'avoir pour s'en défendre que la foi, que Mairan n'a plus, et que des préjugés, qu'une raison sévère peut et doit surmonter. En vain essaie-t-il de marquer le paralogisme de Spinoza ; en vain attaque-t-il telle ou telle proposition. Pour retrouver toute sa force, il fallait faire une chose qu'il ne fait pas ; que son propre système et ses propres habitudes d'esprit ne lui permettaient pas de faire. Il fallait renoncer résolûment à la méthode géométrique, non en faisant une sorte d'aveu d'impuissance, non en se réfugiant dans la foi devenue l'unique ressource de l'esprit déconcerté, mais en proclamant hautement qu'une telle méthode ne convient pas à la philosophie, et en montrant pourquoi. Il fallait dire que la métaphysique n'ayant pas pour objet de purs abstraits, mais se donnant pour la science de l'être en même temps que du connaître, on ne peut lui accorder le droit de se tenir systématiquement loin de toute réalité, de s'enfermer dans de pures conceptions de l'esprit, et d'expliquer les choses sans regarder celles qui sont à notre portée ; que par conséquent, la conscience doit être interrogée, et qu'elle répond à qui l'interroge en attestant de la façon la plus énergique la réalité substantielle, l'activité, l'individualité, la personnalité de l'être pensant ; que devant ce fait incontestable, éclatant, capital, le système de Spinoza s'arrête, impuissant à l'ébranler, impuissant à l'expliquer. Après cela il fallait montrer qu'après tout Spinoza, malgré son dédain pour l'expérience, ne peut s'en passer ; que s'il peut parler de l'étendue et de la pensée, ce n'est pas pour les avoir trouvées *a priori* dans ses idées, mais parce qu'il connaît, par les sens, des corps, et par la conscience, un esprit qui est lui-même ; que par conséquent s'il emprunte bon gré mal gré à l'expérience de quoi établir ses définitions fondamentales, il n'est pas reçu à la récuser quand on l'oppose, complète et méthodique, à ses principes arbitraires ou à ses conclusions hasardées, et il ne peut pas se rire des objections sous prétexte que son système, fondé sur les seules idées claires, n'a rien à démêler avec les faits. Enfin il fallait faire voir que cette notion de l'être parfait, sans cesse faussée dans Spinoza, l'étude sérieuse de nous-mêmes empêche, et à bon droit, de l'altérer. Voilà comment Malebranche devait rendre à l'expérience intime, qui le soutient à son insu, la valeur scientifique qu'elle a véritablement. Alors il redevenait fort, et répondait victorieusement à Mairan. Alors il pouvait dire que l'essence infinie ne nous étant point clairement connue, comme les propriétés de l'étendue et des nombres, « ce que Spinoza ose appeler démonstration n'en a que la forme extérieure et l'arrangement des propositions[1]; » il pouvait dire cela, car il pouvait ajouter aussitôt que si le suprême objet de la métaphysique est, comme il convient, enveloppé d'obscurité, la connaissance que nous avons de l'âme est très-claire, quoique limitée, et dans cette expérience intime interprétée par la raison nous avons : 1° le remède infaillible contre la tentation de n'admettre qu'une seule substance, puisque l'âme a conscience d'elle-même comme d'une substance *singulière*, réelle, quoique finie ; 2° le moyen sûr de connaître quelque chose de Dieu, puisque nous portons en nous l'image de ses perfections infinies.

Nous savons maintenant où est le défaut de la réfutation que Malebranche fait du spinozisme. Mais, selon Mairan, il va lui-même au spinozisme. Voici ce que nous lisons dans la deuxième lettre :

« Qu'il me soit permis, mon Révérend Père, de vous faire ici un aveu sincère, et, si je l'ose dire, une entière confession de mes pensées : je ne trouve point dans vos ouvrages de définition ni d'explication qui me donne une idée juste de ce qu'il faut entendre par votre *étendue créée* ou *matérielle*, et par celle que vous appelez *intelligible*. Je ne vois

---

1. Quatrième lettre, vers la fin.

pas aussi si l'étendue intelligible est la même que l'étendue subsistante dont les corps sont les modifications, ou si elle ne l'est pas. Il me semble quelquefois que par cette dernière vous entendez l'étendue créée, que vous expliquez par les noms de matière, d'extension locale, etc. ; et que par la première vous entendez tantôt ce qu'il faudrait entendre par la seconde dans la signification la plus naturelle, et tantôt le concept général d'étendue, qui est l'*archétype* de toutes les idées des corps créés, ou enfin quelque autre chose que je ne sais si c'est substance ou attribut ou mode, qui n'est pas l'immensité divine, mais qui pourtant est en Dieu. »

On ne peut mieux signaler les difficultés et les obscurités de cette théorie. Mais écoutons encore ce qui suit : c'est dans la troisième lettre ; Mairan répond aux explications de Malebranche.

« Je ne saurais passer sous silence l'article qui regarde l'étendue et l'idée de l'étendue : c'est un point décisif entre vous et l'auteur en question, et vous êtes le seul que je sache, mon Révérend Père, qui en ait bien senti l'importance, parmi tous ceux qui ont traité les matières de théologie et de métaphysique. D'un côté, vous avez été convaincu que l'idée de l'étendue renfermait l'existence nécessaire et l'infinité objective, et par conséquent qu'il fallait regarder cette étendue comme une des perfections et des réalités qui constituent l'essence divine ou de l'être infini et nécessaire. De l'autre, vous avez vu qu'on ne pouvait faire Dieu étendu de l'étendue des corps, sans ruiner toutes les notions que la religion d'aujourd'hui nous en donne. Il a donc fallu chercher une théorie qui pût conserver à l'étendue ses propriétés, et satisfaire à tous les inconvénients qui peuvent s'en ensuivre. Pour le faire, vous avez admis en Dieu une étendue infinie et nécessaire, archétype de tous les corps, et vous l'avez appelée intelligible, parce qu'il n'y a que l'esprit proprement dit qui puisse l'apercevoir. Mais l'étendue des corps, vous la nommez créée, locale et sensible, parce qu'elle est finie, qu'elle frappe les sens et l'imagination, et qu'elle doit être par là hors de l'essence divine. Vous avez manié et tourné cette idée dans vos ouvrages de cent façons différentes... Mais j'ose vous dire, mon Révérend Père, que, si vous voulez bien faire attention aux raisons que j'ai... pour ne pas la recevoir, vous trouverez peut-être que je n'ai pas tout à fait tort... Ce que vous appelez étendue intelligible n'est, à la rigueur, et selon toutes les propriétés que vous lui attribuez, que l'étendue proprement dite, ou la substance dont votre étendue créée n'est autre chose que la modification. »

Voilà qui est net, et Mairan développant sa pensée, prétend prouver manifestement que l'étendue intelligible, dans Malebranche, et l'étendue, attribut de la Substance unique, dans Spinoza, ne sont qu'une seule et même chose. L'étendue intelligible est infinie, nécessaire, éternelle; elle est chose réelle et subsistante; elle est Dieu même, d'une certaine manière : Malebranche le proclame. Mais qu'est-ce que cela veut dire? sinon qu'elle est ce à quoi les corps participent, ou en d'autres termes qu'elle est en Dieu cette perfection positive, cette réalité infinie, que les corps expriment, et sans laquelle ils ne seraient point, enfin qu'elle est en Dieu infiniment et parfaitement ce que sont les corps d'une manière finie et imparfaite. Dira-t-on qu'elle n'est que l'idée que Dieu a de l'étendue? alors elle n'est plus réalité, elle n'est que pensée : mais pensée de quoi? Dieu n'ayant rien en soi qui puisse être l'objet de cette pensée, rien n'existant au dehors que Dieu puisse voir en ayant cette pensée, que pense-t-il en pensant l'étendue ? rien : voilà donc une *idée* sans *idéat*, c'est-à-dire une idée sans objet, c'est-à-dire une absurdité. D'ailleurs, si l'étendue intelligible n'est que la pensée de l'étendue, que deviennent tant de textes où Malebranche la donne très-certainement comme quelque chose de plus? Oui, elle est vraiment quelque chose de plus, elle est la substance même de Dieu, représentative des corps et participable par eux; elle est donc commune à tous les êtres matériels, elle est leur fond et leur être. En vain essaie-t-on de distinguer d'elle une étendue créée, qui serait une substance, substance finie et imparfaite ? Que met-on dans cette étendue créée qui ne soit dans l'étendue intelligible, et quel caractère donne-t-on pour les discerner ? Tout ce qui constitue les corps, tout ce qui entre dans leur essence, tout ce qui fait leur réalité, appartient à l'étendue intelligible : l'étendue créée n'a rien à elle que ses limites ; comment serait-elle quelque chose de substantiel, existant d'une existence propre et distincte ? elle n'est qu'une *modification* de l'étendue intelligible, essence et substance de tous les corps[1].

Contre cette déduction Malebranche se révolte. Il dit qu'il ne faut pas confondre les idées et les choses, l'essence et l'existence. L'idée peut être sans idéat, c'est-à-dire sans objet qui lui réponde. L'idée, c'est le type ou le modèle, il se peut que rien n'existe qui soit conforme à ce type ou à ce modèle. L'idée, c'est ce qui est ; l'idéat, c'est ce qui est fait. L'idée est réelle, mais d'une réalité intelligible et divine ; l'idéat est réel, mais d'une réalité créée. L'étendue intelligible ne suppose donc point l'existence de substances étendues ou de créatures matérielles. Dire qu'elle est nécessaire et infinie, dire qu'elle est Dieu même, c'est reconnaître

---

1. Nous pensons avoir résumé fidèlement, quoiqu'en termes parfois différents, les difficultés de Mairan (3e et 4e lettres).

une Raison souveraine qui renferme toutes les idées des choses, ce n'est pas le moins du monde supposer une substance universelle dont les corps ne seraient que des modifications. L'étendue intelligible est l'archétype des corps, et en ce sens elle est ce qui les constitue, elle est l'essence qui leur est commune à tous ; mais chaque corps est un *être*, une *substance*, une réalité finie et créée ; et cela le distingue parfaitement de l'étendue intelligible, infinie et incréée [1].

Malebranche a raison de dire que Mairan, avec Spinoza, confond l'essence et la substance. Mais la question est de savoir si lui-même a dans sa théorie, poussée jusqu'au bout, le moyen de justifier la distinction qu'il maintient énergiquement. L'idée ne suppose point un idéat : cela est expliqué fort nettement. Mais si l'idée est en Dieu la pensée de ce qui n'est pas, c'est que Dieu peut faire ce qui n'est pas, et si Dieu peut faire ce qui n'est pas, c'est que Dieu possède une perfection que ce qui n'est pas, exprimerait si Dieu le faisait être. L'idée préexiste à toute créature, mais l'idée suppose une réalité incréée qui est la substance divine elle-même. C'est ce que Malebranche établit partout ; c'est ce qui lui fait dire que la substance divine est représentative des êtres matériels et participable par eux ; c'est ce qui lui fait soutenir que Dieu est étendu, non

---

1. Voir la troisième et la quatrième lettre de Malebranche.

à la manière des corps, mais aussi bien que les corps, parce qu'autrement l'existence et la possibilité des corps seraient inexplicables. Je ne juge pas ici cette théorie, mais je dis que c'est bien là le sens qu'elle a dans Malebranche, et je rappelle que c'est ce qui en fait la profondeur et l'originalité. Il a été convaincu, comme le lui dit Mairan, « qu'il fallait regarder l'étendue comme étant une des perfections et des réalités qui constituent l'essence divine ou de l'être infini et nécessaire. »

Cela étant, comment distinguer l'étendue créée ou matérielle de l'étendue incréée ou intelligible? Prenez-y garde : elles sont l'une et l'autre ou également abstraites ou également réelles. Vous dites : les corps créés ont l'*existence*, et l'étendue intelligible est une *idée :* mais qu'est-ce que cette existence matérielle dont vous parlez, et que donne-t-elle aux corps qui ne soit déjà dans l'étendue intelligible? car enfin, dans ces corps, vous ne concevez rien autre chose que l'étendue pure, c'est-à-dire un pur concept, une abstraction, à moins que vous n'y ajoutiez quelque notion de force active, dont vous ne dites pas un mot, parce que votre système la repousse. Mais, d'un autre côté, vous prétendez que cette étendue intelligible, qui est une idée, est chose très-réelle : de ce qui semble une abstraction vide vous faites une réalité. Comme entre les corps, choses étendues, et l'étendue intelligible elle-même, je ne vois aucune différence, si cette existence qui appartient à l'étendue intelligible, est réelle, les corps que vous dites réels, sont réels de cette réalité-là, et je n'en puis concevoir d'autre. C'est si bien celle-là qui est la seule vraie qu'à vos corps créés vous ne laissez rien faire ; vous ne voulez pas qu'ils agissent les uns sur les autres, vous ne voulez pas qu'ils puissent être perçus ni sentis : c'est l'étendue intelligible qui nous touche, qui nous modifie, ce ne sont pas les corps, et leurs qualités se partageant, si je puis dire, entre leur archétype éternel et les âmes, il ne leur reste, à eux, rien que leurs limites. Et puis on vient dire qu'ils sont des êtres, on vient parler de leur réalité. Encore une fois, ils n'ont pas d'autre réalité que celle de l'étendue intelligible, c'est-à-dire de la substance divine qui les représente et à laquelle ils participent. Vous voulez leur conserver ce que vous appelez la réalité matérielle : vous avez raison, mais vous ne le pouvez pas : car vous n'avez la notion de cette réalité matérielle que par les sens dont vous récusez le témoignage, et quand vous cherchez à l'expliquer, vous supprimez en elle tout ce qui pourrait la distinguer de l'étendue intelligible. Vous dites que la substance et l'essence sont choses différentes : vous avez raison, mais la substance telle que vous la faites se confond malgré vous avec l'essence même. Vous ne concevez bien qu'une réalité, c'est celle de l'essence ; l'autre, vous semblez ne la maintenir que par préjugé, parce qu'à l'expérience qui la donne, vous refusez toute valeur scientifique.

On le voit, cette correspondance entre Malebranche et Mairan est féconde en leçons. Elle nous apprend :

1° Que la méthode de Malebranche est défectueuse, parce que s'appuyant avec raison sur l'expérience, il en conteste à tort le caractère scientifique ; et voyant nettement, plus nettement que dans tous ses autres écrits, l'insuffisance et les périls de la démonstration géométrique en philosophie, il laisse croire cependant qu'elle est la seule voie par laquelle se puisse faire la science.

2° Que par cela même Malebranche ne réfute que faiblement le spinozisme, puisqu'il semble ne lui opposer que des préjugés quand il lui oppose les attestations irrécusables de la conscience.

3° Qu'il est lui-même entraîné logiquement au spinozisme qu'il abhorre, puisque la théorie de l'étendue intelligible ne laisse aucun moyen de distinguer les substances corporelles de leur essence.

4° Enfin, qu'à moins d'introduire d'une part dans la notion de substance la notion de force active, et de se fier d'autre part à la double expérience des sens et de la conscience, interprétée, mais non contredite par la raison, on ne saurait maintenir sans inconséquence et par des moyens scientifiques cette distinction entre les *choses* et leurs *idées*, que Malebranche trouve si importante, proclame si hautement, objecte sans cesse à Spinoza, et en définitive compromet lui-même ou plutôt rend impossible dans son système.

VIII.

Le jugement de Leibnitz.

Toutes les théories de Malebranche trouvent en Leibnitz un critique bienveillant. Il y en a trois qu'il a particulièrement examinées et appréciées : la vision en Dieu, les causes occasionnelles, l'optimisme. Sur ces trois points, il se montre bien plus disposé à chercher les ressemblances ou du moins les analogies avec ses propres doctrines, que soucieux de signaler les divergences. Très-perspicace et très-pénétrant, il voit bien les défauts, et il les relève. Mais il a le P. Malebranche en singulière estime : s'il le contredit parfois, il ne le combat jamais ; et on dirait qu'il ne le reprend que pour l'améliorer. Il y rencontre toujours quelque chose de bon qu'il tient à mettre en lumière. Ici, c'est l'excès qui gâte la vérité ; là, au contraire, c'est une vue incomplète qui fausse les choses : Leibnitz donc retranche ou ajoute, corrige ou développe, toujours désireux d'amener Malebranche à son système, toujours occupé à lui montrer qu'en beaucoup d'endroits l'accord existe, et que partout il est possible. On pourrait faire une édition des *Entretiens métaphysiques*, par exemple, où les remarques de Leibnitz serviraient au texte de commentaire ; et assurément ce serait chose intéressante et profitable que de voir à chaque instant ce qui sépare ou rapproche sur les mêmes questions ces deux grands philosophes.

Leibnitz est un tout autre homme que Malebranche. Tout pénétré, lui aussi, de l'action divine, il ne s'enferme pourtant pas en Dieu. Il pense toujours, il médite peu, si méditer c'est s'isoler, comme le veut Malebranche, sous le regard de Dieu. Il s'occupe de tout, il se mêle de tout : c'est par la géométrie, la physique et la théologie réunies qu'il arrive à cette conception des monades qui est le fondement de son système. Toujours agissant, il a un vif sentiment de l'activité, et il conçoit les substances comme des forces vives tendant à l'action ; puis, comme si dans un continuel commerce avec les hommes, il n'avait jamais rien reçu d'eux, mais seulement trouvé des occasions d'exciter et de développer sa propre pensée, il prétend que les forces ou monades n'agissent point les unes sur les autres : il ne leur donne qu'une activité tout interne, et explique leurs rapports entre elles par une correspondance ou harmonie éternellement préétablie par Dieu leur auteur.

C'est cette conception de la substance identifiée avec la force active qui explique la plupart des différences remarquées par Leibnitz lui-même entre sa doctrine et celle de Malebranche.

D'abord il ne peut admettre la théorie de l'étendue intelligible infinie, puisque pour lui l'essence des corps ne consiste point dans l'étendue. Dans l'*Examen des Principes du P. Malebranche* [1], Philarète, qui est Leibnitz lui-même, discute longuement l'opinion d'Ariste, disciple de Théodore, c'est-à-dire de Malebranche. « L'étendue n'est autre chose qu'un *abstrait*, et elle demande *quelque chose qui soit étendu*. Elle a besoin d'un sujet, elle est quelque chose de relatif à ce sujet, comme la durée. Elle suppose même quelque chose d'antérieur dans ce sujet. Elle suppose quelque qualité, quelque attribut, quelque nature dans ce sujet, qui s'étende, se répande avec le sujet, se continue. L'étendue est la diffusion de cette qualité ou nature. » Ce qu'il y a de vraiment réel dans la matière, pour Leibnitz, c'est la force, la monade, substance simple et indivisible. Dès lors, la matière et l'espace ne sont plus confondus comme dans Malebranche. La matière se résout en définitive dans la force, et l'es-

---

[1]. Éd. Erdmann, p. 690.

pace n'est rien de réel, parce qu'il n'y a point de sujet qui n'ait rien que de l'étendue. « L'étendue est en quelque façon à l'espace comme la durée est au temps. La durée et l'étendue sont les attributs des choses; mais le temps et l'espace sont pris comme hors des choses, et servent à les mesurer. » Mais s'il est vrai que la force active est la substance et qu'il n'y a point d'autre substance que la monade simple et indivisible, les corps ne méritent point le nom de substances dans la rigueur philosophique et en langage métaphysique. « Car le corps n'a point de véritable unité; ce n'est qu'un agrégé, que l'Ecole appelle un *per accidens*, un assemblage comme un troupeau; son unité vient de notre perception. C'est un être de raison, ou plutôt d'imagination, un phénomène. » De là il résulte que « tout se peut expliquer mécaniquement dans les choses matérielles, » comme le veut Malebranche avec les Cartésiens : oui tout, excepté une seule chose, mais très-importante, « excepté les principes même du mécanisme. » De là il résulte encore que la connaissance des corps ne s'explique pas par la vision en Dieu de l'étendue qui serait leur archétype, mais par une autre hypothèse liée au système de Leibnitz. Chaque monade est un miroir vivant ou doué d'action interne, représentatif de l'univers. Chaque âme contient d'une certaine façon dans ses replis tout l'univers, et a ainsi une infinité de perfections confuses qui enveloppent tout. Qu'il y ait du relief et du distingué dans ces perceptions, et voilà la connaissance. L'âme, qui connaît tout, qui connaît l'infini, mais confusément, ne connaît les choses dont elle a perception qu'autant qu'elle en a des perceptions distinctes et relevées. C'est encore l'idéalisme, comme dans Malebranche, mais avec cette différence que l'esprit tel que le conçoit Malebranche, n'a d'ouverture, si je puis dire, que du côté de Dieu où il voit tout, et que l'âme, telle que l'entend Leibnitz, est une force active enfermée en elle-même, sans fenêtres sur le dehors, mais contenant en soi, par le seul fait de la création et de l'union à Dieu, l'univers tout entier enveloppé dans ses replis qui se développent sensiblement avec le temps suivant l'ordre réglé par Dieu[1].

Ainsi, Leibnitz a beau introduire dans la métaphysique la notion de l'activité : il ne sort pas de l'idéalisme, et cela parce qu'il ne reconnaît pas aux monades la puissance d'agir les unes sur les autres.

Sur la question des vérités éternelles, il est d'accord avec Malebranche : mais combien il est plus précis et plus exact ! Malebranche soutient que les idées sont des réalités, des réalités nécessaires, im-

---

1. *Monadologie*, § 20 et suiv., et *Principes de la nature et de la grâce*, § 13.

muables, absolues, qui agissent sur l'esprit quand il connaît. Leibnitz distingue nettement entre les idées et les vérités. « Les idées sont des notions, c'est-à-dire des modifications de notre âme. » Les vérités, ce sont les pensées éternelles de Dieu ou ses perfections absolues. Nos conceptions sont bien à nous, mais elles supposent quelque chose qui n'est pas nous, un être réel, actuel, absolu, où les vérités, les essences, les possibilités aient leur fondement. « On vous accordera, dit Philarète à Ariste, qu'il y a des vérités éternelles, mais tout le monde n'accordera pas qu'il y a des réalités éternelles qui se présentent à notre âme quand elle envisage ces vérités. On dira qu'il suffit *que nos pensées aient un rapport en cela à celles de Dieu*, en qui seul ces vérités éternelles sont réalisées. » C'est là un langage net, qui supprime toutes les difficultés inhérentes au système de Malebranche, dissipe toutes les chimères, et conserve ce qu'il y a de solide dans la théorie. Mais continuons. « Rien ne prouve que nous ayons besoin de la présence de certaines idées subsistantes et différentes des modifications passagères de notre pensée, car il semble d'abord que nos *pensées y suffisent*. » Pourquoi ne verrais-je pas en moi ces choses que selon Malebranche je ne puis voir qu'en Dieu? « Il est vrai que je vois leur essence ou possibilité, lors même que je ne m'aperçois point de leur existence; et que ces possibilités, lors même que nous ne les voyons point, subsistent toujours comme des vérités éternelles, des possibles dont toute la réalité doit pourtant être fondée dans quelque chose d'actuel, c'est-à-dire en Dieu ; mais la question est si nous avons sujet de dire que nous les voyons en Dieu. » Leibnitz va-t-il donc attribuer à l'âme la puissance de penser ce que Dieu pense, d'avoir des conceptions qui aient du rapport aux pensées de Dieu, sans expliquer cette puissance par la présence et l'action de Dieu même ? Non, il est trop métaphysicien pour admettre que nous puissions voir les vérités éternelles en nous sans Dieu. Écoutons-le : « Nous avons la perception de l'infini en perfection, de l'absolu, parce que nous y participons, en tant que nous avons quelque participation de la perfection. » Qu'est-ce à dire ? que nous contemplons dans l'intelligence divine les vérités éternelles, et que nous participons ainsi à la raison souveraine ? Nullement : c'est la doctrine de Malebranche, ce n'est pas celle de Leibnitz. Nous sommes des êtres créés, dépendant de Dieu, ne subsistant que par Dieu : c'est de Dieu que nous recevons sans cesse ce que nous avons d'être et de perfection ; si nous pensons l'infini, le parfait, l'absolu, c'est que nous sommes en contact avec l'Être infini, parfait, absolu, c'est qu'il agit en nous et sur nous. « Je suis persuadé, dit Leibnitz, que Dieu est le seul objet immédiat ex-

terne des âmes, puisqu'il n'y a que lui hors de l'âme
qui agisse immédiatement sur l'âme. » Au lieu de *seul*,
mettez *principal*, et tout ce passage d'une métaphysique si profonde sera irréprochable. « Nos pensées,
avec tout ce qui est en nous, en tant qu'il marque
quelque perfection, sont produites sans intermission par son opération continuée. Ainsi, en tant
que nous recevons nos perfections finies des siennes
qui sont infinies, nous en sommes affectés immédiatement. Et c'est ainsi que notre esprit est affecté
immédiatement par les idées éternelles qui sont en
Dieu, lorsque notre esprit a des pensées qui s'y
rapportent et qui en participent. Et c'est dans ce
sens que nous pouvons dire que nous voyons tout
en Dieu. »

Voilà bien la critique la plus équitable, la plus
sagace, la plus mesurée, la plus exacte qui se puisse
faire de la vision des vérités éternelles en Dieu.
Deux choses affaiblissaient la critique d'Arnauld. Il
semblait ôter aux vérités nécessaires leurs caractères propres, et ne savait pas bien les rattacher à
Dieu ; d'un autre côté, quand il s'agissait d'expliquer la connaissance du nécessaire et de l'absolu
par l'homme, il se trouvait embarrassé, soupçonnant que cette connaissance suppose quelque autre
chose qu'une perception pure et simple de l'esprit,
mais n'indiquant qu'à demi ce quelque chose d'autre, et paraissant même en beaucoup d'endroits

disposé à s'en passer. Leibnitz résout le problème avec une admirable netteté, sans rien exagérer, sans rien laisser d'indécis ou d'équivoque.

La critique des causes occasionnelles, très-vive par endroits, est faite néanmoins dans le même esprit de conciliation.

On dirait qu'un abîme sépare les deux philosophes, puisque l'un croit les créatures entièrement impuissantes, et que l'autre ne peut les concevoir que comme des forces actives et agissantes[1]. Pour Malebranche, les substances sont choses inertes et mortes; Leibnitz déclare que tout est plein de vie : l'âme, c'est la force active, la force vraie, et il en met partout dans les corps. Malebranche dit que c'est diviniser les créatures que de leur supposer quelque puissance; Leibnitz écrit : « Cette doctrine qui résout les choses créées en purs accidents de la substance divine, semble faire de Dieu, avec Spinoza, la nature même des choses; car ce qui n'agit point, ce qui manque de force active, ce qui n'a rien qui le différencie, enfin ce qui est dépouillé de toute raison et de tout fondement d'existence, ne peut nullement être une substance. » Malebran-

---

[1]. *Réponse aux objections du P. Lamy* (Erdmann, p. 458). « Je donne aux créatures une certaine nature agissante, une force, une énergie distinguée de la puissance de Dieu... Pour dire la vérité, je ne comprends rien dans le sentiment contraire. » Cet opuscule contient une critique solide des causes occasionnelles. Cependant Leibnitz dit : « Si quelqu'un veut prendre ce système d'une manière qui le transforme au mien, je n'en serai pas fâché. »

branche admet la création continuée, entendue à la rigueur ; Leibnitz fait des réserves : « En conséquence de cette doctrine, dit-il, il semble que la créature n'existe jamais, et qu'elle est toujours naissante et toujours mourante, comme le temps, le mouvement et les autres êtres successifs [1]. » Et, contrairement à Malebranche, il admet dans les créatures quelque chose qui subsiste, *vim insitam*, une puissance qui enveloppe l'effort, qui tend à l'acte et y va si rien ne l'empêche ; et il soutient que se faire une autre idée des créatures, c'est non-seulement les anéantir, mais ruiner l'efficace divine elle-même en ne lui laissant que le misérable pouvoir de créer des ombres et des fantômes [2]. Assurément l'opposition est grande entre les deux philosophes ; et cependant Leibnitz a écrit : « Je ne trouve pas que les sentiments du R. P. Malebranche soient trop éloignés des miens. Le passage des causes occasionnelles à l'harmonie préétablie ne paraît pas fort difficile [3]. » Leibnitz a raison. En refusant aux substances actives toute activité externe, il a ramené dans le monde les causes occasionnelles, légèrement modifiées. Qu'importe que Dieu remonte à chaque instant les deux horloges pour les accorder, ou qu'il les ait mises d'accord

---

1. *Essais de Théodicée*, III, § 382.
2. *De ipsa natura et de vi insita creaturarum*. Erdmann, p. 154.
3. Lettre IIIe à Remond de Montmort. Erdmann, p. 704.

une fois pour toutes? Au fond, c'est la même chose. Malebranche n'admet-il pas que tout est réglé d'avance? et Leibnitz ne pense-t-il pas que Dieu opère à chaque instant dans les créatures? Otez donc aux êtres créés toute activité externe : il n'y a plus entre les substances ou les forces qui composent l'univers qu'une correspondance tout idéale. Leibnitz n'a donc corrigé qu'à moitié l'erreur fondamentale de Malebranche, et il est entraîné à son tour aux mêmes conséquences fâcheuses.

Voyons maintenant comment la Providence est conçue dans les deux systèmes.

Dans une lettre du 14 décembre 1711 [1], Malebranche remercie Leibnitz qui vient de lui envoyer les *Essais de Théodicée*. Il ne dissimule pas la satisfaction avec laquelle il a lu cet ouvrage. Il y a retrouvé ses principes les plus chers : là, comme dans les *Entretiens métaphysiques* et dans les *Méditations*, Dieu suit inviolablement la loi de l'ordre, se détermine au meilleur, choisit parmi les mondes possibles celui qui, par l'excellence même de l'ouvrage et la sagesse des voies, offre la plus grande perfection concevable. Après avoir signalé cet accord entre les deux doctrines, Malebranche, déve-

---

[1]. Cousin, *Fragm. de philos. mod.*, 2ᵉ partie, 6ᵉ lettre, p. 67. « Je vous avoue, dit Malebranche à Leibnitz, que les ouvrages de M. B(ayle) m'ont souvent irrité, et je loue votre zèle et en même temps votre modération dans la manière dont vous réfutez ses pensées dangereuses et séduisantes. »

loppant les conséquences qui lui semblent sortir légitimement des principes posés, écrit : « Dieu a prévu le péché du premier homme et toutes ses suites; il pouvait l'empêcher. Oui, mais il ne le devait pas. Car, en demeurant immobile à la chute de l'homme, il exprime par là que le culte de la plus excellente des créatures n'est rien par rapport à lui ; son immobilité porte le caractère de sa divinité et de son infinité qu'il démentirait s'il mettait sa complaisance dans quelque créature, quelque excellente qu'elle soit. Il a en vue Jésus-Christ qui divinise le culte de ses créatures... C'est là son vrai et premier dessein. La chute du premier homme le favorise. » Leibnitz répond excellemment : « Je ne sais pas s'il faudra recourir à cet expédient, que Dieu demeurant immobile à la chute de l'homme et la permettant, marque que les plus excellentes créatures ne sont rien par rapport à lui ; car on en pourrait abuser, et inférer que le bien et le salut des créatures lui est indifférent, ce qui pourrait revenir au despotisme des supralapsaires et diminuer l'amour qu'on doit à Dieu. Dans le fond, rien ne lui est indifférent, et aucune créature ni action de la créature n'est comptée pour rien chez lui, quoiqu'elles soient comme rien en comparaison de lui[1]. »

Ces lettres marquent bien la grande ressemblance

---

1. Cousin, *loco citato*, p. 70. Dixième lettre de Leibnitz.

qui existe entre les deux systèmes et l'une des principales différences qui les séparent. Comme Malebranche, Leibnitz croit Dieu assujetti par sa sagesse au choix du meilleur, et si la distinction entre la nécessité métaphysique et la nécessité de convenance, entre les vérités éternelles et le choix de la sagesse, entre le principe de contradiction et celui de la raison suffisante, donne aux vues de Leibnitz une netteté que nous ne trouvons pas à un égal degré dans Malebranche, néanmoins, il y a sur ce point fondamental accord entre les deux philosophes : ils professent l'un et l'autre l'optimisme, et l'appuient sur les mêmes bases. Leibnitz ne laisse pas dans l'ombre la bonté divine, il ne la sacrifie pas à la sagesse, son dessein est de concilier tous les attributs divins entre eux, et, s'il n'y réussit pas toujours, du moins il fait effort pour y arriver. On peut bien trouver dans ses ouvrages des explications qui compromettent la divine bonté, mais on trouve à chaque instant des assertions qui la proclament hautement. Il prétend que Dieu a égard à tout, que rien n'est omis ni négligé dans le plan divin, que l'individu a son prix (un seul esprit vaut un monde), que tout est bon, non-seulement dans l'ensemble, mais même pour chacun de nous, si nous savons entendre les choses et entrer dans les desseins de Dieu[1]. Mais ce n'est pas tout.

---

1. Voir, outre les *Essais de Théodicée*, le *Discours de métaphy-*

Combien le système de Leibnitz n'est-il pas plus ample et plus large que celui de Malebranche ! Comme la loi de continuité surtout jette une vive lumière sur l'ensemble des choses ! Grâce à elle, tout se coordonne dans une vaste et belle hiérarchie. La nature, dépouillée de toute activité par Malebranche, reprend la vie ; les animaux, qui n'étaient plus que des machines, recouvrent le sentiment et des connaissances empiriques ; la vie présente, qui était sacrifiée à la vie à venir, a sa valeur et son intérêt ; les sociétés humaines, qui attiraient à peine les regards du philosophe épris de la société éternelle des esprits, ont leur grande place dans le plan divin et méritent d'en occuper une dans nos pensées et nos soins. Ainsi, tout ce que Malebranche avait frappé de mort revit dans Leibnitz, et les choses de l'éternité dominent tout sans anéantir ce qui leur est inférieur. C'est là vraiment que l'ordre physique, l'ordre moral et l'ordre surnaturel apparaissent liés dans l'harmonie. C'est ainsi que l'optimisme de Leibnitz nous paraît, et par la netteté des principes, et par la richesse et la variété des vues, bien supérieur à celui de Malebranche. Mais la même erreur fondamentale s'y retrouve : Dieu assujetti à produire le meilleur n'a plus la vraie liberté.

sique. (M. Foucher de Careil, *Nouvelles lettres et opuscules inédits de Leibnitz*, 1857.)

Ainsi, grâce aux remarques de Leibnitz sur les sentiments de Malebranche, grâce aussi à la comparaison générale des deux philosophies, nous avons pu faire avec Leibnitz une critique à peu près complète des principales théories de notre auteur. Après ce nouveau contrôle et cette nouvelle épreuve, que devons-nous conclure ?

Sur la question de l'essence des corps, Leibnitz a raison de soutenir contre Malebranche que l'étendue est un attribut de la matière, mais ne la constitue pas toute seule. Seulement il explique mal, par esprit de système, la connaissance des objets matériels : là, c'est Arnauld qui est dans le vrai.

Pour les vérités éternelles, leur nature, leur origine, et la manière de les connaître, Leibnitz dit tout ce qu'il faut dire ; il est admirable de mesure et de précision en même temps que de profondeur.

Il ruine les causes occasionnelles en concevant les substances comme des forces actives ; puis il rétablit ces mêmes causes occasionnelles, ou quelque chose d'approchant, dans son système de l'harmonie préétablie, parce qu'il ôte aux substances l'activité externe.

Comme Malebranche, il affirme et se plaît à montrer la sagesse de Dieu dans le monde : mieux que Malebranche, il essaie de faire la part de la liberté dans le plan divin et de sauvegarder la bonté ; il approfondit davantage les principes où il appuie l'optimisme, embrasse bien plus de détails, a une vue plus nette, plus ferme, plus étendue des choses ; au fond, c'est le même système, et, à vrai dire, dans Leibnitz, comme dans Malebranche, le choix du meilleur asservit Dieu.

Rien de ce qu'il y a de bon dans Malebranche n'est attaqué par Leibnitz. Rien de ce qui s'y trouve de fécond n'est méconnu. Plusieurs erreurs sont corrigées, plusieurs vues vraies, mais incomplètes ou mal présentées, sont reprises, améliorées, développées. Mais deux principes faux, l'isolement des substances incapables d'agir les unes sur les autres, et le déterminisme, sont admis par Leibnitz comme par Malebranche, et amènent dans les deux systèmes des conséquences semblables. Cette impuissance des substances à agir les unes sur les autres, aucun des critiques de Malebranche ne l'a condamnée ; le déterminisme, Arnauld l'a combattu, et Fénelon y a substitué une autre théorie, qui est la vraie.

CHAPITRE II.

LES DISCIPLES DE MALEBRANCHE.

———

C'est encore une manière d'apprécier la philosophie de Malebranche que de la considérer dans ceux qu'elle a touchés de son influence. Deux caractères communs se retrouvent chez les philosophes qui lui font bon accueil, s'en inspirent, ou la professent. Ils croient à l'accord de la raison et de la foi, et ils s'appliquent à la philosophie et aux sciences dans une pensée morale et religieuse, avec le dessein de resserrer les liens de dépendance qui unissent la créature à Dieu. Voilà le premier trait. Ils croient à une lumière universelle qui éclaire les esprits, à une Raison souveraine où la vérité subsiste, et ils admettent entre cette Raison divine et l'esprit humain une intime et incessante communication, qu'ils entendent d'une façon ou d'une autre, mais par laquelle seule, à leur sens, nous sommes raisonnables. Voilà le second trait. Sur tout le reste, les divergences se produisent plus ou moins profondes, plus ou moins saillantes. Ces deux points sont seuls essentiels.

De grands esprits, supérieurs ou égaux à Malebranche, lui doivent quelque chose ou même beaucoup, mais ils ne subissent pas son ascendant. Ils pensent avec lui, et, dans une certaine mesure, comme lui; mais ils demeurent libres et originaux.

Parmi les disciples proprement dits, les uns reproduisent avec conviction et avec amour la doctrine du maître, et n'y changent rien : ce sont les fidèles. Les autres conservent plus d'indépendance : charmés mais non fascinés, ils s'essaient à penser à leur manière, et, entre leurs mains, le système se modifie. Ici encore deux caractères différents se rencontrent : les ardents et les téméraires exagèrent les théories qu'ils adoptent et les poussent à leurs extrêmes conséquences; les sages et les modérés tempèrent la doctrine de leur choix, l'assagissent, et savent, par une critique respectueuse, ici, se garder d'un excès, là, corriger une erreur.

Il y a de l'intérêt à voir cette philosophie s'approprier ainsi aux divers esprits qui s'en déclarent les adeptes ou qui simplement s'en inspirent, se concilier chez eux avec des dispositions et des humeurs, des opinions et des théories parfois fort contraires à celles de son auteur, changer enfin d'attitude et de rôle selon les lieux et les époques.

Je distinguerai deux périodes dans cette histoire : dans l'une je placerai tous ceux que Malebranche a connus ou qui du moins ont été ses contemporains ; dans l'autre, je suivrai sa philosophie jusqu'en plein xviiie siècle. Quels sont les caractères propres à chacune de ces deux périodes ? c'est ce que je montrerai en les étudiant.

SECTION 1.

Les Contemporains.

§ I. Influence de Malebranche sur les grands esprits du xviie siècle.

Dans la première période, je vois l'influence de Malebranche s'étendre à peu près partout en philosophie. Bossuet et Fénelon, qui le combattent, ont sur des points de première importance la même opinion que lui, et l'on peut dire que, par ses ouvrages, il les a aidés dans leurs méditations. La vision en Dieu est, dans Bossuet, réduite, il est vrai, à la connaissance des vérités éternelles, et là même atténuée par cet aveu d'ignorance : « C'est en Dieu, mais d'une certaine manière qui m'est incompréhensible, c'est en Dieu, dis-je, que je vois ces vérités. » La vigueur de la pensée, une sage retenue, je ne sais quoi de solide, de net et de décisif dans ces spéculations métaphysiques, voilà ce que Bossuet n'a reçu de personne. Mais, sans Malebranche, eût-il si bien interprété et si bien reproduit la doctrine de Platon et de saint Augustin? Dans Fénelon, les traces de Malebranche sont bien plus marquées, nous l'avons déjà vu. Celui qui a écrit sur les deux raisons les belles pages que l'on sait, connaissait Malebranche assurément, avait médité la *philosophie des idées* et savait l'apprécier. Enfin, Leibnitz lui-même a puisé dans ses relations directes avec Malebranche, ou dans la lecture des écrits de ce philosophe, des idées qui ne lui ont pas été inutiles dans la formation de son système, et nous venons de le voir signaler complaisamment les points par où les deux doctrines se rapprochent.

C'est un grand honneur pour Malebranche d'avoir exercé quelque influence sur de tels esprits. Et je remarque que ce qu'ils recueillent dans sa philosophie comme étant le plus conforme à leurs propres pensées, c'est sa doctrine sur la nature et l'origine des vérités éternelles.

Dans un rang inférieur, mais à une place honorable encore, Nicole se montre à nous, charmé, lui aussi, par cette belle doctrine qu'il reconnaît, grâce à Malebranche sans doute, dans saint Augustin: il ose la soutenir contre Arnauld, son cher et terrible ami, et dans la lutte, qui appelle-t-il à son secours? Un disciple de Malebranche, le bénédictin dom Lamy.

A l'Oratoire même, un confrère de Malebranche qui a dû être son maître en théologie, le P. Thomassin, adopte aussi la théorie des idées et la vision des vérités éternelles en Dieu. Platon et Plotin, les premiers Pères et saint Augustin ne sont pas les seuls qui inspirent Thomassin dans ses *Dogmes théologiques*. L'influence de Malebranche est visible, bien qu'il ne soit jamais nommé ; et c'est une chose curieuse que de voir dans cet ouvrage la double tradition philosophique et théologique appelée en témoignage et déposant en faveur des doctrines platoniciennes renouvelées par Malebranche. L'histoire, qu'il a tant méprisée, travaille ici en son honneur[1].

A l'étranger même, l'influence de la *philosophie des idées* se fait sentir. Entre Berkeley et Malebranche il y a assurément bien des différences[2]. L'auteur des *Dialogues entre Hylas et Philonoüs* n'admet point la vision en Dieu. Mais il soutient que les seuls objets immédiats de nos perceptions

---

1. Voir ce que nous avons dit de Thomassin, dans notre première partie, ch. i, p. 45.
2. Berkeley est né en 1684, et mort seulement en 1753. Mais le *Traité sur les principes de la connaissance humaine* a été publié en 1710, et les *Dialogues entre Hylas et Philonoüs*, en 1713, c'est-à-dire du vivant de Malebranche. Berkeley a lui-même vu les ressemblances de sa doctrine avec celle du grand philosophe français, et il a soigneusement marqué les différences.

sont les idées, et que les idées sont en Dieu.
« Ces objets immédiats, dit Philonoüs à Hylas,
qui selon vous ne sont que des apparences des
choses, ce que je fais moi, c'est de les prendre pour
autant d'êtres réels. » Or, ces idées, qui sont des
réalités, subsistent indépendamment de la perception que nous en avons ; et quand aucun esprit humain, quand aucun esprit fini comme le nôtre ne
les connaîtrait, elles seraient encore. Des idées ne
pouvant résider que dans un esprit, il y a nécessairement un esprit infini qui en est le siége, qui les
aperçoit toutes éternellement, sans intermittence,
sans défaillance, et qui les communique à nos esprits bornés, suivant les règles qu'il a faites lui-
même, règles que nous appelons lois de la nature.
C'est donc en Dieu que réside le monde des idées,
et c'est Dieu qui, en agissant sur les âmes, y produit toute connaissance. Dès lors le monde extérieur ne sert à rien : Berkeley le supprime. En cela,
il va beaucoup plus loin que Malebranche. Mais, à
vrai dire, la vision en Dieu, aussi bien que l'hypothèse de Berkeley, rend les corps parfaitement
inutiles, et dans les deux systèmes la logique en
réclame la suppression. Ajoutons enfin que, de
même que Malebranche croit rendre à la morale et
à la religion un grand service en ôtant aux prétendues causes naturelles toute efficacité, Berkeley,
qui ôte aux corps non-seulement la puissance d'agir

mais l'être même, espère ruiner par là l'athéisme et le matérialisme, et éteindre dans le cœur des hommes les folles passions excitées par les choses sensibles.

En Italie, Michel-Ange Fardella, né en 1650, mort en 1718, doit être compté parmi ceux qui, sans être des disciples de Malebranche, ont senti son influence. Fardella d'ailleurs a passé à Paris trois ans, de 1677 à 1680 : il a vu Malebranche, il s'est entretenu avec lui. Ce penseur italien ne manque pas d'originalité : esprit vif, ardent, très-savant, et néanmoins digne d'être compté parmi les *méditatifs*, il met son empreinte aux choses qu'il puise au dehors. Dans le grand ouvrage où, sous le nom de saint Augustin, il expose sa propre métaphysique, *Animæ humanæ natura ab Augustino detecta*, etc., ce n'est pas précisément la vision en Dieu qu'il adopte. L'âme unie intimement à Dieu son exemplaire et son principe, vivant en Dieu dont elle reproduit en partie quelques perfections, ne peut penser sans penser Dieu, et elle découvre en elle Dieu même parce qu'elle est de toutes parts enveloppée et pénétrée de Dieu par qui elle est : *Idea suí in ideam Dei veluti tota immergitur*. Si je ne me trompe, il y a entre cette théorie et celle de Leibnitz quelque analogie. De même, sur la question de la nature des corps, Fardella, selon les expressions de Leibnitz lui-même, « donne fort dans la nouvelle hypothèse. » Mais, s'il est vrai que les principes de la monadologie ont exercé sur son esprit une influence croissante, en 1697, il appelait encore la *Recherche de la vérité* un livre incomparable [1], et prétendait qu'on ne peut prouver avec évidence l'existence des corps [2]; en 1698, il disait que Dieu est le lieu des esprits [3]. Une parenté naturelle avec Malebranche, une admiration raisonnée pour ce grand philosophe, une certaine ressemblance de doctrines, voilà ce que la métaphysique de Leibnitz, en gagnant de plus en plus dans l'esprit de Fardella, n'y pouvait détruire, et ce qu'en effet elle n'y a point détruit [4].

§ II. Les fidèles disciples.

Aucun des philosophes que nous venons de nommer ne relève directement de Malebranche. Le P. Bernard Lamy, oratorien, l'abbé de Lanion, Lelevel, Miron, sont de véritables disciples, non point sans mérite, mais sans originalité. Il ne faut pas mépriser ces esprits que j'appellerais *médiocres* si l'on voulait bien conserver à ce mot son sens vrai :

---

1. Lettre à Magliabecchi.
2. Il l'avait dit dans sa logique, en 1691; il le répète dans sa polémique avec Giorgi, 1695-1697.
3. *Animæ humanæ natura*, etc.
4. Voir sur Fardella, M. Bouillier, *Hist. de la philos. cart.* (éd. de 1868), t. II, ch. XXVII; M. Foucher de Careil, *Nouv. lettres et opusc. inéd. de Leibnitz*, 1857, introd., p. CLXXXI, et Lettres de Leibnitz à Fardella, p. 317; Cousin, *Fragm. de philos. mod.*, 2ᵉ partie, p. 137.

rencontrant une grande doctrine qui répond à tous leurs besoins intellectuels, et semble avoir été faite pour eux, ils l'embrassent avec ardeur, avec foi, avec une sorte de tendresse et de piété. Leur pensée s'y adaptant sans effort, ils sont encore eux-mêmes d'une certaine manière, tout en reproduisant un système qu'ils auraient été incapables d'inventer et auquel ils ne font aucune modification importante.

Le père Bernard Lamy loue le maître d'avoir démontré que Dieu fait tout en nous et que nous ne pourrions voir ni sentir les choses, même grossières, s'il ne nous les faisait voir et sentir : voilà la vision en Dieu, acceptée tout entière, et ainsi pour les autres théories (sauf celle de la grâce qui reste dans l'ombre). Mais dans ces emprunts et dans ces imitations mêmes, la sincérité de l'admiration, la délicatesse de l'esprit, l'élévation de l'âme, la pureté et la noble aisance du style donnent à l'écrivain une physionomie distinguée, et la lecture des *Entretiens sur les sciences*, de la *Démonstration de la vérité de la morale chrétienne*, et de l'*Art de parler*, n'est point sans profit et sans charme [1].

---

[1]. Voir dans *l'Oratoire de France au* xviie *et au* xixe *siècle*, par le R. P. Ad. Perraud, la liste des ouvrages du P. Bernard Lamy (on verra par là qu'il avait pour l'érudition plus de goût que Malebranche); et dans *l'Oratoire et le cartésianisme en Anjou*, de M. Dumont, le récit des persécutions que le P. Lamy, professeur de philosophie à Angers, eut à subir à cause de son attachement aux doctrines de Descartes et de Malebranche.

L'abbé de Lanion écrit des *Méditations sur la métaphysique*, où il déclare que Dieu est l'auteur de toutes nos sensations et de toutes nos pensées, et que notre esprit ne pouvant voir que la substance divine, seule intelligible, il y aurait de l'imprudence à juger qu'il existe quelque autre être que Dieu si la foi ne nous ordonnait de le croire [1].

Lelevel, qui défend Malebranche contre Arnauld, et qui attaque Régis, proclame, dans son livre sur *La vraie et la fausse métaphysique*, que le philosophe véritable est celui qui dit que Dieu fait tout, que les créatures n'ont que l'impuissance en partage, qu'on ne voit pas les objets en eux-mêmes, que la nature corporelle n'est qu'une continuelle mécanique, que la raison n'est point un être particulier, mais une lumière commune à laquelle tous les esprits participent, que Dieu a établi des lois qu'il suit constamment dans l'ordre de la nature et dans celui de la grâce, etc.

Miron, un des plus assidus aux conférences malebranchistes qui se tenaient toutes les semaines chez mademoiselle de Wailly, Miron publie dans l'*Europe savante*, en 1718 et 1719, huit lettres où il défend, contre les attaques du P. Dutertre, les doctrines dont il avait été toute sa vie le zélé patron.

---

[1]. Ces méditations parurent en 1678 sous le nom de Guillaume Wander, et furent réimprimées en 1684, par Bayle, dans son *Recueil de quelques pièces curieuses concernant la philosophie de M. Descartes*.

Ainsi, Malebranche trouve autour de lui ou suscite, par la beauté de son système, des écrivains de talent, qui sont ses amis, ses élèves, ses admirateurs, ses défenseurs [1]. Mais combien d'autres qui, sans faire de livres, travaillent sans cesse à se pénétrer eux-mêmes de sa philosophie et la répandent tout autour d'eux avec une sorte de passion [2]! Qu'il nous suffise de citer le marquis d'Allemans, attentif à se recueillir pour méditer selon les préceptes de la *Recherche de la vérité*, mêlé d'ailleurs à toutes les querelles de son ami, écrivant des lettres pour le défendre, provoquant des entrevues entre lui et Bossuet ou Arnauld, soutenant pour lui des discussions, et s'attirant de Bossuet cette belle mais sévère lettre, connue sous le nom de *Lettre à un disciple de Malebranche*.

Pendant que la nouvelle philosophie avait en France tant d'adeptes convaincus, un Anglais, John Norris, l'embrassait, lui aussi, sans réserve, et l'exposait dans un écrit remarquable [3]. Épris du monde intelligible qu'il appelle encore monde idéal, *the ideal world*, Norris veut le considérer absolument et en lui-même, *absolutely in itself*, et dans son rapport avec l'entendement humain, *in relation to human understanding*. Comme Malebranche, Nor-

---

1. Il n'entre pas dans mon dessein de les étudier tous. Voir M. Bouillier, *Hist. de la philos. cart.*, t. II, ch. XVII et XVIII.
2. Voir le ch. I de notre première partie, p. 18 et suiv.
3. *Théorie du monde idéal*, 2 vol., 1701-1704.

ris pense que les idées sont choses réelles et résident en Dieu; il admet que la matière même est en Dieu, d'une manière éminente et intelligible; il proclame la souveraineté des vérités éternelles, et célèbre le bonheur des *contemplatifs* qui, recueillis en eux-mêmes, entretiennent avec ces vérités et avec Dieu, leur principe, un assidu commerce. Comme Malebranche aussi, il distingue entre l'idée et le sentiment, et regarde les idées comme le seul objet immédiat de l'esprit : en un mot, il explique la connaissance par la vision en Dieu. Toutes ces théories, empruntées à Malebranche, il les expose et les défend avec amour, et il a pour leur auteur une admiration, un enthousiasme, une tendre affection qu'il exprime plusieurs fois en termes éloquents ou poétiques. De tous les disciples qui ont reproduit la doctrine du maître sans la modifier, Norris est, je crois, avec le P. Bernard Lamy, le plus distingué et le plus aimable.

§ III. Dom Lamy, bénédictin.

Une très-vive admiration pour Malebranche, une adhésion ferme à la plupart de ses théories, et avec cela une certaine affectation de bel esprit et beaucoup de goût pour la dispute, voilà ce qui donne au P. François Lamy, bénédictin, un air assez étrange au milieu des disciples de notre philosophe. Un malebranchiste tient à rendre agréables les vérités abstraites qu'il propose aux hommes; mais il a toujours un style simple et naturel. Un malebranchiste attaqué se défend vivement; mais il se garde bien d'attaquer le premier. Il redoute, à l'exemple du maître, « la qualité d'auteur, » et craint d'être engagé par sa réputation et ses écrits, « dans des liaisons dangereuses, dans des soins superflus, dans des pertes continuelles de ce temps précieux où l'on se nourrit si délicieusement de la vérité. » Il juge « odieux et méprisable le métier de critique, » et proteste que « les gens sages n'aiment point à se battre; ils ont assez de peine à se résoudre à la défense. » Il évite avec soin toute dispute, et tâche de conserver « le bien qu'un philosophe préfère à tous les biens, la liberté, le plaisir innocent de contempler la vérité [1]. » Le P. François Lamy est infidèle à toutes ces règles de conduite. Bien qu'il ait dit beaucoup de mal de la rhétorique dans un ouvrage exprès, il met à exprimer sa pensée d'une manière délicate ou brillante un soin un peu excessif. Et pour ce qui est des controverses et des débats philosophiques, on voit bien qu'il ne les redoute pas : tout au contraire, il s'y complaît et les provoque : Malebranche lui-même, Malebranche qu'il admire tant, a subi de sa part un assaut.

---

1. Malebranche, *Lettres au P. Lamy* (1698), I, au commencement.

C'est là sans doute ce qui explique le sévère jugement que nous trouvons dans le manuscrit de Troyes : « Grand copiste de Malebranche, le P. Lamy fait partout le méditatif, mais il le copie sans lui ressembler. Il prend jusqu'à ses tours, ses idées, ses expressions, mais en demeurant toujours lui-même, petit, superficiel, saisissant mieux les effets que les principes des choses, heureux néanmoins quelquefois dans ses pensées, lorsqu'il peut descendre jusqu'au naturel. »

L'auteur du manuscrit de Troyes [1] est injuste ici. Dom Lamy est, non pas un copiste, mais bien souvent un imitateur, et si, en imitant, il est encore lui-même, ce n'est pas que son irrémédiable petitesse demeure toujours malgré ses efforts pour se hausser ; c'est qu'il a au contraire une certaine valeur personnelle, un talent véritable, quoique de second ordre, une âme vive, noblement éprise de la vérité et du bien, un esprit facile, aimable, délicat. Il ne fait pas seulement le méditatif, il l'est pour tout de bon [2]. Malgré son humeur disputeuse, il connaît, lui aussi, le plaisir de contempler la vérité, il parle du Maître intérieur en homme qui sait le consulter, et il décrit les faiblesses de l'âme humaine en moraliste

---

1. Nous avons vu dans le chap. i de la première partie que ce doit être le P. André lui-même.
2. Leibnitz dit de lui « qu'il a du mérite et de la méditation. » *Rép. aux object. du P. Lamy*, où Leibnitz répond d'ailleurs assez vivement « au célèbre et habile auteur des objections. » Erdm., p. 458.

accoutumé à se recueillir en lui-même pour s'examiner et se connaître.

On pourrait, assurément, considérer avec quelque plaisir, dans cette image affaiblie de Malebranche, des traits reproduits avec une fidélité intelligente et une sorte d'originalité [1]. Mais il est plus utile de chercher en quoi le P. Lamy modifie les théories qu'il emprunte et qu'il imite.

Il croit fermement qu'il y a une raison souveraine, que les vérités éternelles ont Dieu pour principe et que nous les voyons en Dieu. Mais il n'accepte pas toutes les explications de Malebranche. Il remarque, non sans raison, que si dans cette théorie on a une idée très-claire de l'étendue ou des corps en général, on ne sait pas ce qui dis-

---

[1]. Voici un passage loué avec raison par M. Damiron, dans son *Essai sur l'hist. de la philos. en France au* XVIIe *siècle*, liv. VII, ch. I. « Un homme s'en vient de but en blanc vous dire grossièrement, bassement, sans pudeur, que vous êtes l'homme du monde qui avez le plus d'esprit, le plus de probité, le plus de mérite. Vous vous sentez choqué de ce compliment, vous rebutez cet homme et lui imposez silence; et sur cela, vous vous flattez de n'aimer pas les louanges. Mais patience : quelques moments après, un honnête homme s'en vient avec des tours fins, des manières ingénieuses et délicates, d'un air respectueux et poli, vous faire entendre, sans presque oser vous le dire, qu'il fait de votre esprit, de votre probité et de votre mérite un cas infini; et je vois que vous le recevez agréablement, que vous l'écoutez avec plaisir, et que vous n'oubliez rien pour lui payer, par d'autres douceurs aussi fines, celles qu'il a trouvé l'art de si bien assaisonner. Tâtez donc ici votre cœur, voyez s'il ne s'applaudit pas secrètement de se voir si bien dans l'estime de cet homme, s'il ne lui sait pas le meilleur gré du monde de ses manières polies, et concluez de la différence dont vous avez reçu ces deux compliments, que ce ne sont ni les louanges, ni la flatterie, mais uniquement les manières de flatter et de louer, qui vous choquent. » *Connaissance de soi-même*, t. III, p. 351.

tingue précisément un corps particulier d'un autre : il croit donc que nous n'avons aucune vraie idée des ouvrages de Dieu. Mais alors que deviennent les vérités, lesquelles ne sont que des rapports entre les idées? Ces difficultés n'ébranlent pas sa foi dans la *Vision en Dieu;* seulement elles le rendent modeste et circonspect. « Je me retranche, dit-il, à tenir le fond de la chose, sans en connaître la manière. Je ne suis pas plus savant que saint Augustin. Je suis, avec lui, très-persuadé que ce n'est que dans une nature universelle et immuable qu'on voit ces grandes vérités : pour le comment, le *quomodo*, je confesse mon ignorance. »

Sur la question de la Providence générale, il se sépare de Malebranche, et même le combat. Mais si une lettre de Fénelon à Lamy lui-même ne laisse aucun doute sur cette polémique, attestée d'ailleurs par la plupart des biographes, nous n'avons pas les écrits qu'elle suscita.

Pour le pur amour, c'est autre chose. Dans son livre de la *Connaissance de soi-même*, Lamy, faisant la guerre à l'amour intéressé, prétend s'autoriser de Malebranche. Celui-ci écrit le *Traité de l'amour de Dieu*, où il rétablit son véritable sentiment, sans nommer personne, ni Fénelon, ni le P. Lamy : ce n'est pas une œuvre de polémique, c'est une exposition. Mais une phrase indiquait l'occasion qui avait donné lieu à cet écrit; cette phrase, qui n'était pourtant pas blessante, irrite le P. Lamy. Il se plaint, et accuse Malebranche d'avoir changé d'opinion et de soutenir dans le *Traité de l'amour de Dieu* une autre doctrine que dans ses premiers ouvrages, dans les *Conversations chrétiennes*, par exemple. C'est alors que Malebranche écrit à ce disciple, à cet ami, devenu son contradicteur, trois lettres où il y a de l'esprit, de la vivacité, de judicieuses remarques, mais aussi des récriminations aigres-douces et une insistance fatigante à répéter des reproches qui d'ailleurs semblent mérités.

Le P. Lamy s'imagine que ne pas admettre le pur amour, tel qu'il l'entend, c'est soutenir l'amour mercenaire : « Dieu, dit-il, ne doit pas être moins délicat que nous en matière d'amour; et c'est juger bien bassement de cet Être souverain, que de croire qu'après ne nous avoir créés que pour être aimé de nous, il puisse se contenter que nous ne l'aimions que pour notre intérêt, que pour l'amour de nous-mêmes, en un mot, d'une manière que nous ne serions pas contents que les autres nous aimassent [1]. »

Voilà une éloquente indignation. Seulement il y a dans la pensée du P. Lamy une méprise. Malebranche montre très-bien que Dieu est la vraie fin de l'amour, et qu'en ce sens il doit être aimé

---

[1]. *Connaissance de soi-même*, t. III, p. 483.

pour lui-même; mais celui qui aime ne peut pas ne pas se plaire dans l'objet de son amour. Trouver du plaisir dans les excellentes qualités d'un ami, est-ce faire tort à cet ami, est-ce le rapporter à soi-même, est-ce l'aimer d'un amour mercenaire et égoïste ? N'est-ce pas plutôt lui faire honneur ? Faudrait-il donc, pour l'aimer purement, qu'on ne goûtât aucune joie dans sa compagnie ? Non, le plaisir qui sort de la connaissance du bien véritable, est un plaisir lumineux et solide, paisible et délicieux, qui ne corrompt point l'amour, mais le soutient, le récompense et, pour ainsi dire, l'achève. Ainsi, quand il s'agit de Dieu, qui est l'Être infiniment parfait, l'aimer et, en l'aimant, trouver en lui notre perfection et notre félicité, c'est tout un. L'amour pur et désintéressé des quiétistes est une chimère. Tout amour est intéressé en ce sens que celui qui aime ne peut détruire en lui-même le désir naturel et invincible du bonheur, et qu'en aimant il est heureux. Mais le véritable amour est désintéressé en ce sens qu'il a pour fin l'objet aimé, qu'il s'y repose, et même d'une certaine manière s'y oublie, non qu'il perde la conscience de lui-même, mais parce qu'il est tout à ce qu'il aime et au plaisir d'aimer [1].

---

1. Si dans ce résumé je ne me suis pas toujours servi des mots mêmes de Malebranche, c'est pour rendre sa pensée avec plus de précision et de netteté.

On le voit, le P. Lamy a amené Malebranche à dire son avis sur la question qui a divisé Bossuet et Fénelon, et tandis que le P. Lamy soutient et parfois exagère l'opinion de Fénelon, c'est du côté de Bossuet que Malebranche incline [1].

Je ne puis quitter notre ardent bénédictin, sans faire remarquer avec quel zèle il a soutenu la théorie des causes occasionnelles. Il a été si loin que Leibnitz a pu lui dire : « Celui qui soutient que Dieu est le seul acteur, pourra aisément se laisser aller jusqu'à dire, avec un auteur moderne fort décrié, que Dieu est l'unique substance et que les créatures ne sont que des modifications passagères ; car jusqu'ici rien n'a mieux marqué la substance que la puissance d'agir [2]. » Cet auteur moderne fort décrié dont parle Leibnitz, c'est Spinoza. Or, précisément le P. François Lamy a composé une réfutation de Spinoza. C'est encore un trait de ressemblance entre son maître et lui que cette horreur du spinozisme avec des principes qui logiquement

---

[1]. « L'amour désintéressé, dit Leibnitz, nous fait avoir en vue le plaisir d'autrui, mais comme faisant ou plutôt constituant le nôtre ; car, s'il ne rejaillissait pas sur nous en quelque façon, nous ne pourrions pas nous y intéresser, puisqu'il est impossible, quoi qu'on dise, d'être détaché du bien propre. » *Nouveaux essais*, liv. II, ch. xx. Voyez encore *Epist. ad Hanschium* (Erdmann, p. 445), § 6 : « Deum amantibus felicitas inde propria nascitur, » et le reste ; — *Sentiment sur l'amour de Dieu désintéressé*, 1697, et *Lettres à l'abbé Nicaise*, 1698 et 1699. (Cousin, *Fragm. de philos. mod.*, 2ᵉ partie, p. 166, 175 et 189.)

[2]. *Rép. aux obj. du P. Lamy*. Édit. Erdmann, p. 458.

y aboutissent. Mais ici, comme dans Malebranche, ce qui retient l'esprit, c'est la foi et la piété.

§ IV. Boursier.

Boursier est fort intéressant à étudier. Il a du talent, et son livre de l'*Action de Dieu dans les créatures* (1713) contient des pages éloquentes. Puis, ce qui est particulièrement à noter dans l'histoire que nous faisons ici, c'est le dessein de l'auteur dans ce livre. Janséniste convaincu, il se propose de découvrir les rapports de la grâce, telle qu'il l'entend, avec différentes vérités philosophiques. C'est un théologien de l'école d'Arnauld; mais, plus métaphysicien qu'Arnauld, il cherche dans la philosophie profondément étudiée, une sorte de soutien ou de confirmation rationnelle à ses doctrines théologiques. Dans cette vue, à quel système s'adresse-t-il? à celui de Malebranche. Il combat, comme l'avait fait Arnauld, la généralité des voies qui lui semble mettre Dieu dans la dépendance de la créature, l'optimisme qui diminue l'empire souverain de Dieu en l'asservissant à la loi du meilleur, et surtout la théorie de la grâce qui par moments incline au pélagianisme : sur tous ces points, il fait de Malebranche, sans le nommer jamais, une très-vive critique. Mais, en même temps, il voit à merveille qu'il n'y a pas de philosophie qui, par son principe fondamental, s'accorde mieux avec le jansénisme ; car il n'y en a pas qui proclame plus haut l'impuissance absolue des créatures. Arnauld avait fait aux causes occasionnelles bien des objections, et il avait fini par les rejeter. Boursier critique l'usage que Malebranche en fait par rapport à la Providence ; mais ce qu'il y a d'essentiel dans la théorie, il le conserve chèrement, il le met dans une vive lumière, il le répète sous toutes les formes, et a recours, pour le justifier, à une psychologie parfois très-fine, très-pénétrante, très-profonde. Les créatures sont impuissantes, Dieu seul agit ; les causes secondes sont dépourvues de toute efficace, ce ne sont vraiment pas des causes : voilà ce qu'il soutient avec Malebranche, et il admet sans hésitation et sans réserve toutes les théories qui supposent ou démontrent ce grand principe. Il prend tout dans la vision en Dieu, parce qu'elle ne laisse à l'esprit aucune efficace ; et il réduit toutes les connaissances à la connaissance de Dieu que Dieu seul opère en nous. Il reproduit la théorie de la volonté, parce que l'impuissance de la créature y est partout montrée. De quelque côté qu'il considère l'âme humaine, il la trouve impuissante et sans action. Quoi qu'elle fasse ou plutôt semble faire, c'est Dieu qui la meut, qui la *prémeut,* non pas seulement d'une façon toute morale, par une influence analogue à celle des conseils, mais d'une façon *physique,* c'est-à-dire réelle, par une action qui opère en nous, et, si je l'ose dire, pour nous, perception, sentiment, amour, volition. Substituer partout le Créateur à la créature, voilà le dessein de Boursier : quand il sera bien établi que, même dans l'ordre naturel, l'âme ne fait rien, quand il sera prouvé, par les principes d'une haute et savante métaphysique, que cela tient à l'essence même de la créature, combien le triomphe de la grâce efficace des jansénistes sera facile, et quel service la philosophie aura rendu à ce qu'on croit être la religion même !

Oui, Dieu est la seule cause réelle, immédiate, *physique*. Car enfin, toutes les modalités des créatures sont autant de degrés d'être : si une créature pouvait se modifier elle-même, elle pourrait donc se donner un degré d'être qu'elle n'avait pas, en d'autres termes, elle pourrait créer en elle quelque chose : ce qui est contradictoire. Il n'en est rien. Dieu crée continuellement toutes les choses existantes avec leurs modalités, Dieu crée continuellement tous les êtres tels qu'ils sont, et Dieu est vraiment l'*Être des êtres*.

Ne sont-ce point là les principes mêmes de Malebranche poussés à leurs dernières conséquences? Ne considérez plus dans sa philosophie que l'*action de Dieu dans la créature*, soyez un peu moins touché de la sagesse que de la toute-puissance du Créateur, supprimez par l'adoption de la théorie janséniste de la grâce, tout contre-poids théologique au système philosophique, et vous aurez Boursier. C'est Malebranche devenu janséniste. Nulle part l'affinité naturelle que nous avons constatée entre la métaphysique du méditatif de l'Oratoire et la théologie de Port-Royal n'est plus manifeste qu'ici. Mais cette parenté, Malebranche ne la reconnaît pas, et il combat comme un adversaire Boursier, qui s'appuie sur ses propres principes. C'est ce qui fait le grand intérêt des *Réflexions sur la prémotion physique*. Chose singulière, Arnauld avait défendu contre Malebranche la liberté et même l'activité des créatures : voici que Malebranche, combattant la prémotion physique, reproche à Boursier de rendre la liberté impossible, déclare que dans la détermination volontaire, l'âme est la cause de ses actes, se raille enfin d'un système où les créatures ne sont plus que des automates, et tout cela en répétant lui-même à chaque instant que Dieu est la seule cause efficace de tous les changements réels qui arrivent dans le monde, et que les causes secondes ne sont que des causes occasionnelles. Dans le système du P. Boursier, selon Malebranche, Dieu est un excellent ouvrier qui fait des statues fort belles, ayant avec lui quelque ressemblance, et qui en joint à toutes la tête avec le corps par une charnière attachée derrière le cou, de telle sorte qu'elles peuvent pencher la tête, et que s'il tire une corde attachée au ressort, elles pencheront la tête effectivement. Les statues étant finies, l'ouvrier tire à toutes la corde qui tient à la détente du ressort, et toutes penchent la tête et lui rendent le salut. Alors il est content de ses statues qui lui ont rendu ce qu'il en attendait. Raillerie ingénieuse et piquante! Mais dans le système des causes occasionnelles, n'est-ce donc pas Dieu aussi qui tient la corde et qui la tire?

Quoi qu'il en soit, Malebranche s'efforce de distinguer la détermination physique ou réelle qui a Dieu pour auteur, et la détermination morale dont nous sommes maîtres. Les divers *consentements* que nous donnons aux motifs dont Dieu nous meut, sont bien à nous. L'homme a un vrai pouvoir de suspendre son consentement, de résister ou de céder, de choisir ou de ne pas choisir. C'est ce qui fait sa dignité; c'est ce qui rend la créature capable de mérite, et le Créateur innocent de nos erreurs volontaires et de nos péchés; c'est ce qui justifie la sagesse de Dieu et sa bonté. Il n'est pas vrai de dire que les consentements soient de nouveaux degrés d'être s'ajoutant à l'être primitif: l'âme a-t-elle plus d'être parce qu'elle aime davantage? non, pas plus qu'une boule n'a plus d'être parce qu'elle a plus de mouvement. Ce n'est donc pas donner à l'âme la puissance créatrice que de la reconnaître maîtresse de ses actes libres et moraux.

Malebranche ne repousse pas avec moins d'énergie cette formule qui semble cependant inspirée par lui : « Dieu est l'être des êtres. » Il en est scandalisé et effrayé; il trouve que « c'est une expression éblouissante et mystérieuse, » qui n'est propre qu'à tromper l'esprit.

Je ne m'arrête pas à la défense de la Providence générale. Boursier ne fait point de critique qu'Arnauld et Fénelon n'aient faite avant lui, et les réponses de Malebranche sont toujours les mêmes. A Boursier comme autrefois à Arnauld, il reproche éloquemment de négliger la sagesse divine pour exalter la toute-puissance du souverain maître et seigneur de toutes choses. Ce que nous devons noter ici, c'est qu'il semble, dans cet ouvrage, se soucier un peu plus de la bonté de Dieu que dans ses autres écrits.

En somme : 1° Boursier a un véritable mérite; 2° il nous fait voir ce que le malebranchisme pouvait devenir, allié au jansénisme vers lequel la théorie de l'inefficace des créatures l'incline naturellement, tandis que la théorie de la Providence l'en détourne; 3° il a donné à Malebranche vieilli et près de mourir l'occasion d'écrire un de ses meilleurs ouvrages, ces *Réflexions* où sa doctrine est exposée une dernière fois, avec vigueur, avec éclat, par moment avec une ingénieuse vivacité, et, sur plusieurs points, avec plus de tempérament et de mesure que dans ses autres écrits.

§ V. Le P. André.

Ce que le P. François Lamy soutient le plus vivement peut-être, ce qui fait pour Boursier toute la valeur du malebranchisme, c'est le principe de l'impuissance absolue des créatures. Le P. André, jésuite, ce disciple si affectueux et si dévoué de Malebranche, reconnaît l'action de l'âme [1]. Il n'a, dit-il, aucune peine à l'admettre. Il déclare « que l'âme agit réellement et physiquement en elle-même, qu'elle se modifie, qu'elle se détermine par une action positive dont elle est véritablement cause efficiente. » Peut-on s'exprimer avec plus de netteté et plus de force? « Pour ce qui regarde l'action des esprits sur les corps, et particulièrement l'action de l'âme sur le corps qu'elle anime, il trouve bien quelque difficulté; mais n'ayant là-dessus aucune démonstration, et d'ailleurs ayant toujours cru que le terme de causes occasionnelles n'exprime pas assez fortement la puissance des esprits [2], » il ne trouve aucune raison qui l'empêche d'admettre sur ce point l'opinion commune.

Est-ce là le langage d'un disciple de Malebran-

---

1. Sur le P. André, voir Cousin, *Fragm. de philos. mod.*, 2ᵉ partie; et, dans notre premier volume, le ch. I, p. 3-5, 19-20, 33.
2. Lettre d'André au P. Provincial en réponse au formulaire qu'on voulait lui faire signer, art. 8, 1ᵉʳ déc. 1712. Remarquons que Malebranche vivait encore, et qu'André avait toujours avec lui les rapports les plus affectueux. (Cousin, ouvrage cité ci-dessus, p. 336.)

che? Faut-il, pour expliquer cette dissidence si grave, supposer que le P. André ne parle ainsi que par complaisance et par faiblesse? Faut-il croire que cet aveu lui est arraché par la persécution dont il était alors l'objet à cause de son attachement à des doctrines fort peu goûtées dans son Ordre? Non : on peut bien supposer, si l'on veut, que sans les remarques, les objections, les réfutations, les formulaires dont l'accablaient les Pères Jésuites, André, tout entier à Malebranche, n'eût pas su faire de discernement dans les doctrines de ce maître tant aimé; mais ce qui le charmait, ce n'était point cette théorie de l'inefficace des causes secondes : averti, il en a vu facilement les inconvénients, et il y a renoncé sans peine et sans faiblesse; elle ne l'avait jamais séduit. Il n'en avait pas besoin pour croire à une intime union entre Dieu et l'âme ; il n'en avait pas besoin pour admettre cette lumière universelle de la Raison qui le pénètre et qui le réjouit. Les vérités éternelles subsistant en Dieu, l'ordre immuable, loi inviolable de Dieu même, les principes de la science et ceux de la morale dépendant, non d'un décret arbitraire du Créateur, mais de sa Raison souveraine, la recherche de la vérité devenant une prière, l'âme rendue tout éclatante de la lumière de Dieu, alors qu'elle rentre en elle-même et consulte par son attention les idées éternelles, voilà ce qu'André aime dans la philosophie de Malebranche, voilà ce qui le prend par l'âme tout entière : son esprit est satisfait et son cœur content ; son imagination, que Malebranche a rendue chrétienne [1], est charmée de la beauté de ce monde intelligible ; et sa vive piété s'enflamme encore dans ces méditations métaphysiques. Aussi André ne faiblit-il pas sur ce point ; écoutez sa profession de foi [2] : « Je vous déclare, et à toute la compagnie, que je tiens pour indubitable que Jésus-Christ, en tant que Verbe éternel et sagesse personnelle, est, comme parle saint Jean, la lumière véritable qui éclaire tous les hommes, et, comme parle saint Augustin, la vérité essentielle qui renferme dans sa divine substance toutes les vérités immuables, et, comme parle Malebranche, la raison universelle des esprits, dans laquelle nous voyons les idées de toutes les choses que nous connaissons, les mêmes que Dieu voit, sur lesquelles il a formé cet univers, et sur lesquelles il le gouverne. J'admets ce grand et vaste principe avec toutes ses conséquences, et, par une suite nécessaire, je tiens que ce que nous appelons les idées, ou l'objet immédiat de nos esprits, est réellement distingué des perceptions que nous en avons et qui, seules, nous appartiennent effectivement. Je tiens cette opinion plus évidemment démontrée, qu'aucune proposition de géométrie ou

---

1. Lettre à Malebranche, 30 avril 1707. (Cousin, p. 440.)
2. Lettre au P. Daviol, 1709 (p. 294) ; et *Rép. au form.*, art. 6 (p. 333).

d'arithmétique, puisqu'il n'y a point de démonstration qui ne suppose des idées éternelles, immuables, nécessaires, universelles et par conséquent bien différentes de nos pensées qui toutes ont commencé d'être, sont passagères, contingentes, particulières. Je tiens enfin que la doctrine de la distinction des idées et de nos perceptions est le fondement de toute certitude humaine dans la religion, dans la morale et dans toutes les sciences ; et si quelqu'un pouvait se vanter d'avoir là-dessus solidement réfuté les raisonnements de saint Augustin et du P. Malebranche, je ne crains point de le dire, pour peu qu'il eût de l'esprit et qu'il suivît ses propres principes, il pourrait se vanter en même temps d'avoir solidement établi le pyrrhonisme. »

Au lieu des *idées* mettez *vérités*, et puis remplacez la vue des vérités dans la substance divine par une obscure présence de Dieu en l'âme, et cette belle profession de foi philosophique sera irréprochable. Ne dirait-on pas, en la lisant, que le meilleur de l'esprit et de l'âme de Malebranche a passé dans l'esprit et dans l'âme d'André? Ce qu'il retient de la doctrine de son maître, c'est le plus solide et le plus beau ; ce qu'il abandonne, c'est ce qu'elle contient de plus faible et de plus dangereux.

Avoir su faire ce choix, garder cette liberté d'esprit quand on a vu Malebranche, qu'on l'a entendu, et que l'on a été si profondément remué par son regard et sa parole, lui être attaché par le cœur et par l'esprit, et ne pas suivre aveuglément sa doctrine, alors même qu'on en est charmé, alors qu'on l'aime jusqu'à souffrir pour elle, c'est la preuve, si je ne me trompe, d'une intelligence qui n'est point médiocre, et d'un courage philosophique qu'il faut admirer en même temps que la constante fidélité à des opinions persécutées.

Un autre trait que je veux signaler dans le P. André, c'est le dessein de réformer l'enseignement de la philosophie. André est un professeur. Placé dans la plus délicate des situations, chargé de l'enseignement philosophique dans les colléges d'un Ordre qui a une philosophie officielle dont il se sépare en plus d'un point important, il entre en de grandes perplexités, il a de cruelles angoisses, et, dans son embarras, il s'adresse à Malebranche lui-même. Comment s'y prendra-t-il pour faire son cours? Il ne veut pas choquer ses supérieurs sans motif grave; il ne veut pas surtout blesser les intérêts de la vérité. Il est décidé à être sincère; parler contre sa conscience, dicter à ses élèves des choses qu'il croirait fausses, ce serait manquer à ce qu'il doit à Dieu, le maître par excellence. Et puis, dans son respect pour les élèves qui lui sont confiés, il s'inquiète : il a peur de leur fausser l'esprit, de les engager dans l'erreur; il ne veut pas manquer à la charité qu'il leur doit. L'âme d'André se montre à nu dans cette lettre : sa timidité et sa fermeté, son respect pour ses supérieurs et la délicatesse de sa conscience philosophique, sa grande idée de la mission du professeur, l'estime et l'amour des âmes, enfin le sentiment religieux très-vif qui l'anime. La réponse de Malebranche est pleine de sagesse et de modération : c'est de sa propre philosophie qu'il s'agit ; par André, elle peut entrer dans les écoles, et, chose piquante, c'est dans les colléges mêmes des Jésuites qu'elle peut être enseignée. Si Descartes ou Leibnitz avaient rencontré une pareille occasion d'introduire dans la société de Jésus leurs principes philosophiques, ils en eussent profité avec ardeur et habileté. Malebranche ne songe qu'à son ami, et il n'a qu'une chose à cœur, c'est de lui indiquer le moyen de ne rien faire qui blesse la conscience et de ne pas s'attirer, s'il se peut, de trouble et de tracasseries.

« J'ai reçu avec une extrême joie la lettre que vous m'avez fait l'honneur de m'écrire, parce que j'espère que le temps adoucira toutes choses et que même l'on aura honte des peines qu'on vous a faites. Votre attachement pour la Société et votre prudence vous gagnera pour amis ceux mêmes qui vous ont persécuté. C'est ce que j'espère et ce que je désire. Vous me demandez un conseil sur une chose qui dépend de la situation de l'esprit de ceux avec qui vous serez et que je ne puis deviner.... Je croirais pourtant que vous pourriez exposer le plus clairement que vous pourriez les sentiments du corps avec leurs preuves, avertissant vos disciples de ne se rendre qu'à ce qui est évident, sans rien affirmer trop positivement. Ce n'est pas tromper les jeunes gens que de leur exposer les opinions des autres quoique fausses, c'est au contraire les inciter à faire usage de leur esprit pour reconnaître les plus vraies. Vous pourriez réfuter les endroits où Descartes s'est trompé, et, pour contenter mes censeurs, ceux où je me suis trompé moi-même, car je ne suis pas infaillible [1]. »

Il me semble que cette parfaite simplicité et cet entier désintéressement font beaucoup d'honneur à Malebranche. Il n'y entre aucun calcul, on le sent bien ; il ne se propose que de venir en aide à son ami.

Mais André n'avait pas seulement en vue de mettre sa conduite à l'abri des reproches de sa conscience et des censures de ses supérieurs. Dans cette même lettre que nous citions tout à l'heure, il dit à Malebranche : « N'auriez-vous point quelque chose sur le logique, sur l'ordre des questions, et principalement sur le syllogisme qui, dans la méthode ordinaire, me paraît bien embarrassant et bien difficile pour des enfants qui commencent?

---

1. Lettre d'André, 8 août 1709; réponse de Malebranche, 24 août. (Cousin, p. 450-452.)

Quel tour y pourrait-on donner pour le rendre un peu plus à leur portée et pour leur rendre agréable l'entrée de la philosophie, dont les avenues épineuses ne manquent presque jamais de les rebuter ? » Et, au nom du maître intérieur, il conjure Malebranche de lui envoyer l'instruction qu'il demande. « Je n'ai rien à vous dire sur la logique, répond Malebranche. Je n'en connais de bonne que la *naturelle* jointe aux règles que j'ai données dans le livre de la *Recherche de la vérité*. Je n'ai jamais fait usage de ce qu'on m'a enseigné des syllogismes. Un peu de bon sens et d'attention découvre quand un argument ne vaut rien. » Puis, André, lui ayant demandé quels ouvrages il pouvait consulter : « Je ne sais pas trop quels sont les livres qui vous seraient utiles, » répond Malebranche, peu ami des livres, nous le savons. Il indique cependant Pourchot, renommé pour ses *Institutiones philosophiæ*, et un certain du Hamel, auteur d'une *Philosophia vetus ac nova, ad usum scholarum accommodata.*

En 1715, André, écrivant à l'abbé de Marbeuf, se montre plus que jamais préoccupé des inconvénients de la méthode d'enseigner admise dans les colléges, et des moyens d'y remédier. Ce sont des *maximes payennes* que l'on apprend aux enfants. Dans la philosophie qu'on leur enseigne, il n'y a *ni ordre, ni suite, ni ombre de bon sens.* « Le premier pas que doit faire un enfant au sortir du collége, pour devenir honnête homme, c'est d'oublier tout ce qu'on y apprend. Peut-être que, s'il y avait un bon cours de philosophie, où *nos* vérités les plus évidentes fussent traitées une à une, avec les objections et les réponses à la manière des scolastiques, on verrait enfin cesser le désordre de leur pédanterie ; du moins il est certain qu'un pareil ouvrage la pourrait faire voir dans tout son jour et pourrait encore servir d'introduction à la lecture des bons livres, ce qui ne serait pas un petit avantage. » Et André entreprend « un *cours de philosophie chrétienne*, solide et suivie, dont toutes les vérités soient liées ensemble par un enchaînement visible, depuis la première vérité connue à tout le monde jusqu'à la dernière découverte de nos plus savants auteurs. » Pour ne pas effaroucher la nation des scolastiques, il se propose de « garder de leur philosophie toutes les questions qui pourraient être de quelque utilité par quelque tour d'esprit qu'on leur pourrait donner, ou encore mieux, en *évaluant* leurs grands termes qui, assez souvent, ne font que dire scientifiquement ce que tout le monde sait. » C'est la préparation à la piété chrétienne qu'il a en vue dans ce cours de philosophie. Il croit donc bon de commencer « par une logique nette, précise, et même, autant qu'il se peut, agréable. » Il veut que cette logique soit « un recueil exact des règles du bon sens, » et qu'on y entremêle des questions choisies et faciles pour exercer les esprits naissants, et pour leur apprendre ainsi à en faire la juste application. » Il croit bon encore « d'y répandre quantité de réflexions qui serviraient à rendre le sens des enfants droit, l'esprit juste et pénétrant, et même à leur donner le bon goût de toutes les choses qui sont du ressort du jugement. » Il conçoit une morale faite à peu près sur le même plan, qui soit « une logique du cœur. » Après cette double préparation, il juge convenable « d'entrer à pleines voiles dans la métaphysique, qui est une science générale qui donne les principes de toutes les autres. » Il veut qu'on y établisse d'abord « les vérités primitives et fondamentales qui sont les sources infaillibles de la connaissance humaine. » Puis il veut qu'on « traite à fond » de Dieu et des attributs divins : alors le moment est venu d'étudier l'âme et d'en faire connaître la nature. Une physique ou exposition du système général de la nature doit achever ce cours de philosophie. » Or, à quelle philosophie André se propose-t-il d'emprunter les principes de cet enseignement ? A Malebranche. « Jamais, dit-il, *notre* philosophie ne sera universellement regardée comme la philosophie du bon sens, qu'elle ne soit reçue dans les colléges [1]. »

---

[1]. Lettre à l'abbé de Marbeuf, 2 septembre 1715. Voyez encore lettres à M. Larchevêque, 15 février et 28 avril 1715. (Cousin, p. 381.)

Ainsi, ce jésuite malebranchiste, persécuté pour son attachement aux doctrines de Malebranche, a conçu le dessein de les introduire dans l'enseignement philosophique, et, pendant plusieurs années, il a travaillé à l'accomplissement de ce dessein. Le malebranchisme, érudit et mêlé à la science théologique avec Thomassin, disputeur avec François Lami, associé au jansénisme avec Boursier, conserve dans le P. André son caractère philosophique mais très-religieux, demeure doux et paisible, quoique sans cesse attaqué, se garde de toute atteinte janséniste, se réconcilie avec le sens commun en ce qui concerne les causes secondes, reste attaché à la doctrine des vérités éternelles subsistant en Dieu, et essaie de pénétrer dans les écoles, pour y remplacer le péripatétisme décrépit et mourant. Enfin, grâce à ce même P. André, c'est encore la philosophie de Malebranche qui, la première en France, fait la métaphysique du beau. Nous lisons dans les *Méditations chrétiennes* : « Pourquoi penses-tu que tous les hommes aiment naturellement la beauté ? C'est que toute beauté, du moins celle qui est l'objet de l'esprit, est visiblement une imitation de l'ordre... L'ordre et la vérité se rencontrent même dans les beautés sensibles, quoiqu'il soit extrêmement difficile de l'y découvrir ; car ces sortes de beautés ne sont que des proportions, c'est-à-dire des vérités ordonnées ou des rapports justes et réglés. » Il y a en germe dans ces quelques lignes une théorie du beau. André a développé ce germe. Déjà vieux, devenu professeur de mathématiques, à Caen, ne se livrant plus qu'avec réserve à la philosophie, il a composé cet *Essai sur le Beau* qui est le premier ouvrage français d'esthétique.

Après cette revue rapide des principaux malebranchistes, contemporains du maître, je puis conclure :

1° Que ce qui fait le prestige et la force de la philosophie de Malebranche, c'est son caractère religieux, sa foi dans les vérités éternelles, et le vif sentiment de l'action de Dieu dans les créatures.

2° Que tous les malebranchistes proclament l'inefficace des causes secondes, à l'exception d'André, et que plusieurs suppriment même les tempéraments que Malebranche apportait à sa théorie.

3° Que l'exagération de ce principe donne au malebranchisme un air de parenté, d'abord avec le spinozisme, et ensuite avec le jansénisme, bien que tous les malebranchistes aient horreur de Spinoza et que plusieurs le réfutent, et que, d'un autre côté, le système de la grâce de Malebranche soit contraire en plusieurs points à la théologie janséniste.

4° Que ce système de la grâce avec l'optimisme

est sans doute ce que les disciples de Malebranche goûtaient le moins dans sa philosophie, puisque fort peu le soutiennent, plusieurs n'en disent rien, et quelques-uns le combattent.

5° Enfin, qu'André, qui ne dit rien de l'étendue intelligible, qui rejette les causes occasionnelles et qui croit à l'efficace des créatures, qui ne retient de la doctrine de Malebranche que la partie la plus belle et la plus assurée, qui enfin la réconcilie avec l'imagination devenue chrétienne en y cherchant les principes d'une théorie du beau, André, dis-je, est sans contredit le plus remarquable disciple de Malebranche. Né en 1675, en relation avec Malebranche de 1706 à 1715, persécuté pour ses opinions philosophiques jusqu'en 1726, il ne publie son *Essai sur le Beau* qu'en 1741 (l'édition complète est de 1763), et meurt en 1764. Sa vie militante appartient bien à la première période où nous l'avons rangé, mais il a assisté en grande partie à la seconde, dont il nous reste à parler.

SECTION II.

Le dix-huitième siècle.

§ I. Rôle de la philosophie de Malebranche au xviii° siècle.

Dans la période que nous allons maintenant étudier, le malebranchisme, pur ou mitigé, est, en

France et en Italie, le refuge de tous ceux presque qui réagissent contre la philosophie sensualiste devenue dominante. A cette époque où la métaphysique est négligée, méprisée même, on dirait que nul ne peut essayer de la venger de l'oubli ou de l'insulte, sans recourir à Malebranche et s'inspirer de lui. Cette philosophie autrefois poursuivie au nom de la religion même, comme suspecte et comme dangereuse, cette philosophie, accusée si souvent de tendre au spinozisme, se trouve, au milieu du xviiie siècle, représenter la philosophie spiritualiste et chrétienne. Et pourquoi? parce que, ayant foi dans les vérités éternelles, elle s'oppose naturellement à l'empirisme.

Je mettrai à part le *Traité de l'infini créé*, dont l'édition de 1769 porte le nom de Malebranche. Dans ce petit ouvrage, qui est probablement l'œuvre de l'abbé Jean Terrasson, la métaphysique la plus téméraire est sans cesse unie à la théologie la plus suspecte. Infinité de la matière, infinité de l'esprit, infinité dans le nombre et la durée, l'incarnation universelle, un monde infini dont l'infinité augmente indéfiniment, tels sont les principaux points que nous y trouvons développés. Dans l'édition de 1769, il est accompagné d'un petit traité de la confession et de la communion, qui contient des pensées assez relevées et des sentiments édifiants. Ce *Traité de l'infini créé* prouve dans celui qui l'a composé, un esprit original et hardi. Il est curieux d'y rechercher les traces du malebranchisme. Voilà bien le plus étrange et le plus audacieux disciple que Malebranche ait jamais eu : il en eût eu horreur, à ce que je pense, comme d'un nouveau Spinoza, et les sentiments religieux mêlés à ce bizarre système ne l'auraient pas rassuré.

Ce sont des esprits plus modérés, qui, en perpétuant le malebranchisme au xviii° siècle, protestent avec les principes de cette noble philosophie contre le sensualisme du temps.

D'Aguesseau, né en 1668, mais mort en 1751, et appartenant par ses écrits philosophiques au xviii° siècle, s'inspire de Malebranche dans ses *Méditations métaphysiques sur les vraies et les fausses idées de la justice*, établit contre Locke l'existence d'une justice absolue, et en général de principes innés supérieurs à toute démonstration, et place le fondement de la morale dans l'ordre immuable et éternel. On ne peut regarder comme un véritable malebranchiste celui qui a dit : « Ce n'est pas ce qui est du ressort de la pure métaphysique que l'on doit chercher dans le P. Malebranche[1]. » Mais, s'il se défie de certaines théories du grand philosophe[2], il

---

1. *Instructions sur les études propres à former un magistrat*, iv.
2. « Il faut avouer qu'au milieu de plusieurs bonnes choses, il est échappé à ce philosophe, non-seulement des expressions, mais des dogmes philosophiques dont on peut abuser aisément pour soutenir une partie des raisonnements qui sont dans le traité de l'*Infini créé*. »

conserve un respectueux et tendre souvenir des relations qu'il a eues personnellement avec lui[1], déclare comme lui que « Dieu est la lumière éternelle de toutes les intelligences[2], » et dans ce qui a rapport à la morale, le prend avec amour pour modèle et pour maître.

Le P. Roche, de l'Oratoire, combat l'empirisme, réfute Locke et Condillac, poursuit le matérialisme. Il écrit dans cette vue un *Traité de la nature de l'âme et de l'origine de ses connaissances*. Là, on retrouve les principes de la métaphysique de Malebranche : toutes les idées nous sont données par Dieu, les idées sensibles, à la suite de l'impression des sens, les idées intellectuelles ou innées immédiatement ; c'est en Dieu que nous voyons toutes les idées des êtres créés[3]. Seulement, le P. Roche n'admet pas, comme Malebranche, que l'âme ne se connaisse point par une idée distincte. « Puisque les idées de tous les êtres sont en Dieu, il faut nécessairement que l'idée d'un esprit créé s'y trouve aussi : pourquoi donc l'âme ne l'y verrait-elle pas ? Éclairée de cette divine lumière, elle découvrira tout ce qui est essentiel à un esprit, sa spiritualité abso-

---

Lettre ix, t. XII des *OEuvres complètes*, 1759. Voir M. Bouillier, *Hist. de la philos. cart.*, t. II, ch. xxx.

1. Voir dans notre première partie le ch. i, p. 19.
2. *Méditations*, citées plus haut, v.
3. La théorie du P. Roche, qui est à peu près celle de Malebranche, a été discutée et réfutée par l'abbé de Lignac, dont nous parlerons tout à l'heure.

lue, sa simplicité, son immortalité, perfections que les divins archétypes lui découvrent clairement, et que jamais le sentiment intérieur ne lui fera voir [1]. »

M. de Kéranflech, dans son *Essai sur la raison* [2], reproduit avec une certaine originalité la théorie des idées et la vision en Dieu, répète avec Malebranche que la raison est de nature divine, et s'écrie : « Je vois bien maintenant pourquoi il faut respecter la raison, mais je ne voyais pas pourquoi il fallait respecter nos propres modalités. Je craignais d'imiter en cela le statuaire de Jupiter, qui redouta son propre ouvrage, et trembla misérablement devant l'image qu'il venait de faire. »

On pourrait citer d'autres noms encore, mais nous en avons dit assez pour montrer que Malebranche a eu, en plein XVIII° siècle, des adeptes et des disciples qui ont apposé sa philosophie aux doctrines régnantes. Nous n'avons plus à parler que de l'abbé de Lignac et du cardinal Gerdil, qui méritent l'un et l'autre une attention particulière.

§ II. L'abbé de Lignac.

L'abbé de Lignac n'a pas pour Malebranche un

---

1. Passage remarquable du 2° volume du *Traité de la nature de l'âme*, p. 425, cité par M. Bouillier, *Hist. de la philos. cartés.*, t. II, ch. XVII.
2. *Essai sur la raison ou nouvelle manière de résoudre une des plus belles et des plus difficiles questions de la philosophie moderne*, 1768. Voir M. Bouillier, *Hist. de la philos. cartés.*, t. II, ch. XXXI.

culte exclusif. C'est une sorte d'éclectique qui se compose une philosophie sage et tempérée, avec laquelle il réfute les erreurs de son temps [1]. Il nous raconte lui-même combien le système de la vision en Dieu l'avait d'abord charmé, et combien il avait eu de peine à s'en déprendre : « Cette opinion, saisie dans sa plus grande généralité, m'élevait l'âme par la sublimité des expressions qui la font valoir dans les ouvrages du P. Malebranche ; mais pour peu que je voulusse l'approfondir dans les détails, je me trouvais affadi par un dégoût involontaire. J'imputais les mauvais succès de mes efforts à la médiocrité de mes lumières. Je lus Locke, et je trouvai le ton de sa philosophie si mesquin, qu'il m'affectionna encore plus à la doctrine du P. Malebranche au lieu de m'en détacher. Je pensais qu'elle était vraie, puisqu'elle ne pouvait être réfutée qu'aux dépens des caractères les plus brillants de nos idées, qu'au hasard de dégrader totalement l'homme et la raison. Je ne fus totalement désabusé que lorsque je tentai d'approfondir le fameux paradoxe du P. Malebranche, que nous n'avons point

---

[1]. Voir sur l'abbé de Lignac la *thèse* intéressante de M. Le Goff, Paris, 1865. — Joseph-Adrien Le Large, abbé de Lignac, né à Poitiers, au commencement du xviiie siècle, mort à Paris en 1762, était entré, en 1732, à l'Oratoire, et avait plus tard quitté cette congrégation pour des raisons que l'on ne connaît pas. L'abbé de Lignac, comme Malebranche et les disciples de Malebranche, est un chrétien et un philosophe ; et, comme dit fort bien M. Le Goff (Introd., p. x), « si sa méthode est philosophique, sa pensée est essentiellement chrétienne. »

d'idée de notre âme. En méditant profondément sur le sens intime de mon existence, je pensais que ce sens ne m'annonçait pas un être quelconque, une substance abstraite et inconnue à moi-même, mais ma substance individuelle, identique dans tous les temps; je sentais que je ne devais pas l'être à moi-même, et sentir cela, c'était sentir l'impression de la cause à laquelle je le devais, c'était me sentir un effet, et tel effet. Sur ces vues nouvelles pour moi, tout le plan de la métaphysique changea totalement à mes yeux, et le système des idées du P. Malebranche s'évanouit [1]. »

Cette page peint bien l'abbé de Lignac : c'est une âme élevée qui ne saurait se contenter d'un système mesquin ; c'est un esprit qui sait se rendre libre des préjugés même les plus chers. Il lui faut une philosophie qui fasse honneur à l'homme et à la raison ; mais il lui faut une doctrine qui ne soit pas chimérique. Se tenir au-dessus d'un étroit empirisme et chercher dans l'expérience néanmoins le point de départ de toute connaissance, tel est le premier caractère distinctif de l'abbé de Lignac. Il y en a un second, c'est d'affirmer partout l'activité de l'âme sans cesser de la concevoir dans une profonde dépendance à l'égard de Dieu.

Ecoutez l'abbé de Lignac : il vous dira qu'il « faut

---

1. *Témoignage du sens intime*, t. I, p. 441-442.

se regarder en dedans¹,» que l'on doit « traiter la métaphysique comme la physique, » et que la métaphysique est en effet « l'histoire naturelle de l'esprit humain². » « La vraie philosophie, dit-il encore, ne cherche pas ce qui peut être, mais ce qui est³. » Aussi n'élève-t-elle pas tout d'abord de doutes chimériques sur l'existence des choses pour s'épuiser ensuite à les démontrer. « Le bon sens nous dit qu'il est inutile de nous fatiguer à discuter scrupuleusement des choses dont nous sentons que nous serons constamment persuadés, quel que soit le succès de notre examen, comme il nous dit qu'il y a de la folie à nous raidir contre l'évidence⁴. » Que faut-il donc faire? renoncer à démontrer ce qui se sent, et admettre, « qu'il y a des vérités certaines qu'on ne peut déduire d'aucune démonstration, qui contribuent autant au fond de notre raison que les vérités dans l'ordre des abstractions, et qu'on peut appeler la foi naturelle⁵. » Ainsi l'abbé de Lignac distingue très-bien entre ce que j'appellerais les données concrètes et primitives de la connaissance, d'une part, et les notions abstraites et ultérieures, d'autre part. Il voit que l'esprit débute par le concret, par le réel, et il comprend que l'es-

---

1. *Témoignage du sens intime*, t. I, p. 101.
2. *Lettres à un Américain*, t. III, 8ᵉ lettre.
3. *Témoignage du sens intime*, t. II, p. 109.
4. *Ibid.*, introd., p. 72.
5. *Ibid.*, p. 42.

prit en présence de la réalité a la faculté de la sentir, de la saisir, de recevoir l'impression qu'elle fait sur lui; c'est là qu'il trouve l'origine et le fondement de la certitude. Et c'est pour cela qu'il veut que la philosophie commence par recueillir les données de cette foi naturelle sans les contester. La philosophie, telle qu'il l'entend, c'est le sens commun développé, expliqué, justifié. Voilà bien la méthode expérimentale et psychologique, largement comprise et sagement pratiquée.

Je me sens moi-même, je sens mon corps, je sens la cause qui me fait être. Les trois sentiments ou sens sont contemporains. Le sentiment de ma propre existence ou sens intime ne va point sans le sentiment de la coexistence ou sens vital (comme nous dirions maintenant), et sans le sentiment de l'existence divine ou sens divin. « Il faut quelque adresse pour démêler le sens de la coexistence[1]; » mais si les philosophes n'en parlent pas, il n'en est pas moins réel : « c'est lui qui me rend mon corps toujours présent, il me le fait distinguer de tout autre corps, il le rend partie de mon être, et cette perception complète ma personne, elle fait que mon corps entre dans ce que j'appelle moi[2]. » Le sentiment de l'existence divine n'est pas non plus toujours bien démêlé, mais il est également très-

---

1. *Éléments de métaphysique*, p. 103.
2. *Ibid.*, p. 107.

réel. L'âme subit dès son premier mouvement comme une impression de la divinité. Elle sent tout d'abord que les modifications qu'elle éprouve lui viennent d'une cause étrangère, et comme elle sent qu'il lui est impossible de ne pas les éprouver, elle prend, avec la notion de nécessité, celle d'une volonté toute-puissante sur elle[1]. A mesure qu'elle réfléchit sur sa propre nature, elle arrive à découvrir les attributs divins. Le sentiment confus et obscur devient la connaissance proprement dite.

Le sens de l'existence personnelle, le sens de la coexistence, le sens de l'existence divine, telle est la triple origine du connaître. L'esprit, qui est actif, travaille sur ces données premières : il *fait* la connaissance : sans l'attention par laquelle la notion est dégagée du sentiment qui l'enveloppe, nous n'aurions jamais d'idées. L'esprit sans doute n'est pas sa lumière à lui-même ; mais c'est lui qui dispose des rayons de la lumière, et ainsi il est le créateur de ses idées[2]. L'âme, dans l'acte de volonté, est vraiment cause, et cause productrice[3]. Or, l'attention, condition de la connaissance véritable, est un acte volontaire. C'est donc par un effort de sa libre activité que l'homme arrive à découvrir ce fond d'être indépendant des sensations qui est lui-

---

1. *Éléments de métaphysique*, p. 29.
2. *Ibid.*, p. 182.
3. *Ibid.*, p. 27-28.

même, affirme son existence sentie seulement jusque-là, affirme toute existence, l'existence nécessaire, la cause suprême et infinie, a enfin, pour tout dire en deux mots, l'idée de lui-même, l'idée des choses extérieures, l'idée de Dieu[1].

Il est inutile d'insister sur cette doctrine qui n'est pas sans analogie avec celle que nous exposerons nous-mêmes dans notre conclusion. Avant d'avoir fait connaissance avec l'abbé de Lignac, notre pensée était formée et arrêtée : en retrouvant chez lui tant de choses qui avaient de la ressemblance avec ce que nous pensions nous-même, nous avons éprouvé un secret plaisir, et ses théories ont excité par cela même fort vivement notre intérêt.

Il a donc compris que le point de départ de la philosophie comme de la connaissance elle-même est dans l'expérience, et il a bien vu ce qu'est l'expérience, comment elle embrasse tout d'une certaine façon, comment tout est senti avant d'être connu. L'empirisme se réduit aux faits. L'expérience, telle que l'entend l'abbé de Lignac, c'est la rencontre de l'esprit et de la réalité : rencontre de tous les instants, ou, pour mieux dire encore, commerce intime, dans lequel la réalité se donne et agit, et l'esprit reçoit l'impression qui le stimule lui-même à agir. La tâche et l'honneur d'éclaircir tout lui

---

1. *Éléments de métaphysique* et *Témoignage du sens intime*, passim.

restent, et ainsi cette théorie fait dans la connaissance la part de l'activité humaine en même temps que celle des objets et de Dieu.

Malebranche prétendait que nous n'avons pas d'idée de l'âme; l'abbé de Lignac montre que le sentiment intérieur s'éclaircit par l'attention, et se change en connaissance.

Malebranche voulait que l'âme contemplât en Dieu les vérités éternelles et même les choses sensibles; l'abbé de Lignac montre que nous ne voyons pas Dieu, mais que nous le sentons, et que ce sentiment peut, par le travail de l'attention, devenir une idée.

Malebranche dit bien de l'attention qu'elle est une prière naturelle de l'esprit désirant d'être éclairé de la vérité, il ajoute qu'elle est la cause occasionnelle de cette illumination divine qui opère en nous la connaissance. Mais l'abbé de Lignac déclare que l'âme est vraiment active, et, rejetant entièrement ici les causes occasionnelles qu'il conserve ailleurs, il affirme que l'âme est une cause, une cause productrice; il reconnaît que « la théorie contraire favorise on ne peut pas plus le spinozisme moderne[1]. »

Malebranche se laisse entraîner aux excès de l'idéalisme. L'abbé de Lignac, qui a la même foi

---

1. *Témoignage du sens intime*, t. II, p. 294.

dans les vérités éternelles, proclame l'importance de l'expérience ; et, parce qu'il sait regarder au dedans de lui-même et se résout à prendre pour guide l'observation, pour règle le sens commun, il arrive, lui qui n'est qu'un esprit de second ordre, à corriger sur plus d'un point les erreurs du génie. C'est, en un rang inférieur, mais encore honorable, une sorte de Reid français, qui mérite bien notre respect et notre reconnaissance [1].

§ III. Le cardinal Gerdil.

Gerdil est le plus illustre représentant du pur Malebranchisme au XVIIIᵉ siècle [2]. C'est un noble esprit, attaché avec conviction à toutes les grandes choses : il les défend, sans colère, mais avec une douce chaleur et une paisible énergie. Son style n'a point d'éclat, mais il plaît par la lucidité, la sincérité, et une gravité aimable. En vrai disciple de Malebranche, Gerdil unit à une foi profonde la liberté philosophique. C'est pour l'honneur de la religion et le bien des âmes qu'il travaille ; mais il entend faire œuvre de raison. Soit qu'il expose la vérité, soit qu'il réfute l'erreur, c'est en philosophe

---

1. M. Cousin (*Premiers essais*, p. 175), et M. Franck (*Dictionnaire des sciences philos.*, art. de Lignac), ont fait ce rapprochement.
2. Gerdil, né en Savoie, à Samoens, en 1718, Barnabite, professeur de philosophie et de morale à l'Université de Turin, cardinal en 1777, mort à Rome en 1802. Il a écrit en français plusieurs de ses ouvrages.

qu'il procède : il s'appuie sur des principes connus par la seule lumière naturelle, il développe sa pensée dans un bel ordre par de savantes déductions, et il discute les assertions de ses adversaires avec une subtilité et une souplesse de raisonnement très-remarquables. Il sait même mieux que Malebranche, d'une part, ne point supposer la foi dans les discussions de pure métaphysique, d'autre part, ne pas porter la raison dans les questions de pure théologie[1]. Mais, quels que soient les sujets qu'il traite, la foi règle toujours sa pensée, et la piété l'inspire et l'anime.

Vivant dans un siècle où le matérialisme et l'athéisme avaient de trop nombreux adhérents, il se demande où est l'origine philosophique de ces mauvaises doctrines : il la trouve dans l'empirisme. C'est une vue nette et juste. Il fait donc la guerre à l'empirisme, et comme l'empirisme a pour patron au xviii° siècle le sage Locke, il combat Locke de toutes ses forces. Il est trop modéré et trop juste pour ac-

---

1. Dans sa *Défense du sentiment du P. Malebranche sur la nature et l'origine des idées, contre l'examen de Locke* (Turin, 1748 ; Bologne, 1787), écartant, dans une dissertation préliminaire, les préjugés qui portent certains théologiens à combattre le malebranchisme, il fait remarquer (à la fin) qu'on peut puiser dans cette philosophie des moyens, non de démontrer les mystères, mais d'établir qu'ils ne renferment pas ces prétendues contradictions dont les incrédules font tant de bruit, et il expose l'explication (fort peu satisfaisante) que Malebranche donne dans la *Rech. de la vér.* de la transmission du péché originel. Néanmoins, il demeure vrai de dire qu'il n'y a pas dans Gerdil de système théologique analogue au *Traité de la nature et de la grâce*.

cuser Locke et tous les partisans de Locke de matérialisme et d'athéisme ; mais il est trop perspicace pour ne pas voir comment cette philosophie si faible, si mesquine, si chancelante sur les questions de principes, prépare par sa timidité même les plus hardies négations ou un désolant scepticisme à l'endroit des plus importantes vérités[1].

Au xviii° siècle, on exalte Locke. C'est, dit-on, un vrai sage. Il ne tente pas d'expliquer les faits inexplicables, et il ne bâtit pas de système chimérique ; il ne fait point de roman, il écrit l'histoire de l'esprit humain : toutes les fois qu'il ne voit point clair, il l'avoue avec une candeur admirable, et renonçant à l'étude des questions insolubles, il se contente de dire sur tous les sujets qu'il traite des choses sensées et nettes. Ces éloges indignent

1. *Défense du sentiment du P. Malebranche*, avertissement de l'édition de Bologne, 1787. Gerdil déclare n'avoir pas la pensée d'accuser indifféremment de matérialisme tous les philosophes qui, sur la question des idées, préfèrent les principes de Locke à ceux de Malebranche ; il y en a qui suivent Locke de bonne foi sans vouloir porter aucun préjudice à la spiritualité de l'âme dont ils sont intimement convaincus et persuadés : il ne faut donc pas leur imputer les conséquences qui sortent logiquement du système de Locke. Mais enfin, ces conséquences, il faut les voir et les montrer ; et c'est un fait que les matérialistes du siècle embrassent la philosophie de Locke avec d'autant plus d'avidité qu'ils ont plus de mépris pour celle de Malebranche. — Dans un autre ouvrage, *l'Immatérialité de l'âme, démontrée contre M. Locke*, Turin, 1747, Gerdil, exposant les preuves que Locke a données de l'existence de Dieu, dit qu'elles sont fort belles, mais que sans doute si M. Locke, au lieu d'en être l'auteur, les eût trouvées dans le P. Malebranche, il n'eût pas manqué de lui reprocher sa témérité et de lui rappeler la faiblesse de l'esprit humain. (Part. i, § 1.) Partout Gerdil s'attache à montrer l'inconsistance de la doctrine de Locke.

Gerdil. A ses yeux, la prétendue modestie du philosophe anglais n'est que de la faiblesse : il n'a point de principes arrêtés, il se contredit sans cesse; rien chez lui qui soit solide et bien lié ; des aperçus sans profondeur, des raisonnements sans consistance, des remarques de détail, justes parfois ou ingénieuses, mais point de métaphysique. Et d'ailleurs, est-ce donc être si modeste que d'accuser continuellement les autres d'obscurité? Ne se met-on pas au-dessus de ceux que l'on juge inintelligibles, et ne semble-t-on pas croire qu'on a soi-même le privilége du bon sens? C'est donc une présomption d'un autre genre, et une présomption qui, avec les apparences de l'humilité, ne fait que dispenser du travail et encourager à la paresse. Ajoutez à cela que ce même Locke, qui est presque désarmé en présence du matérialisme, est très-hardi quand il s'agit d'attaquer les vérités catholiques. Alors il oublie les limites de son esprit, et sa prudence l'abandonne. Lui qui n'ose pas affirmer les plus évidentes vérités de peur de prononcer en maître, il devient singulièrement décisif; lui qui craint de dire que la matière ne peut penser, quoique la matière pensante soit inconcevable, il reprend confiance en la raison pour déclarer tel ou tel mystère absurde, et partant inacceptable[1]. Et voilà précisément ce que

---

1. Voir notamment la *Défense du sentiment de Malebranche*, part. I, ch. I.

l'on aime en lui : cette incertitude, ce penchant au doute, qui détruit toute sérieuse et grande philosophie ; et cette hostilité à l'égard de la foi catholique, qui passe pour indépendance et liberté d'esprit : Locke semble au-dessus de tous les préjugés. Prestige menteur, que Gerdil prétend lui ôter. Dans celui dont la sagesse est tant célébrée, il veut montrer l'ennemi même et le destructeur de la raison.

Et Malebranche, qu'on regarde comme un visionnaire, c'est le type du vrai philosophe. Le prendre pour maître, c'est s'assujettir à un travail pénible, mais viril. Avec lui, il faut méditer, il faut penser. Sa philosophie tient l'esprit continuellement occupé en la recherche de vérités purement intellectuelles, sans jamais le divertir par les agréments et les attraits de l'imagination. Philosophie fastidieuse, s'écrie-t-on. Et en effet, combien n'est-il pas moins incommode de décider à l'ombre d'un grand nom, que toute espèce de vérité est inaccessible à l'âme humaine ! Une telle décision ne coûte rien, et on a le bénéfice de passer pour vrai philosophe. Mais où est donc la vraie grandeur, où est la vraie force de la pensée ? Est-elle du côté de Locke et des partisans d'une manière si aisée de philosopher ? N'est-elle pas plutôt du côté de Malebranche et de ceux qui, à son exemple et à sa suite, ont le mérite des spéculations difficiles et laborieuses [1] ?

1. Voir la *Défense*, Préface.

C'est donc Malebranche qui représente pour Gerdil la métaphysique, et cela parce que nul n'a mieux compris que Malebranche ces deux choses essentielles, à savoir : 1° qu'il y a des vérités immuables, éternelles, universellement connues, antérieures à toutes les données des sens, supérieures à notre esprit, vraiment naturelles, puisque ni l'éducation, ni la coutume, ni aucun art d'aucune sorte ne peut les expliquer, vraiment divines, puisqu'elles ont pour origine et pour principe Dieu même ; 2° que, si nous les concevons, ces vérités, ce n'est pas par notre propre vertu, mais par l'action même que Dieu exerce sur nous. Cela posé, l'esprit humain reprend en lui-même une légitime confiance. Il se garde de cette présomption téméraire qui consiste à juger résolûment des choses qui passent notre capacité ; il accepte les vérités de la foi, qui ont pour garant l'infaillible autorité de Dieu, et où il découvre d'ailleurs, par une profonde méditation, de merveilleuses convenances. Mais il se garde d'un honteux et dangereux découragement. Il ose juger, appuyé sur les principes et éclairé par la pure lumière des idées. Il repousse vigoureusement l'erreur, il maintient énergiquement la vérité, il forme un système où tout s'enchaîne régulièrement, dans un ordre lumineux et sûr [1].

---

1. Voir la *Défense*, Préface, et part. I, ch. I.

C'est ce que fait Gerdil.

Locke se demande si Dieu ne pourrait pas donner à la matière la faculté de penser, et ce doute l'empêche de croire l'immatérialité de l'âme démontrable : Gerdil le réfute[1]. Il commence par l'accuser d'inconséquence, lui opposant sa démonstration de l'existence et de l'immatérialité de Dieu : si ces arguments sont solides, ils établissent de même l'immatérialité de l'âme ; et si les raisons en faveur de l'immatérialité de l'âme sont insuffisantes, comment démontreraient-elles l'existence et l'immatérialité de Dieu[2] ? Puis, Gerdil examine en elles-mêmes les raisons par lesquelles Locke prétend justifier son doute[3] ; et il montre avec force qu'entre la matière et la pensée il y a incompatibilité essentielle, et que la crainte d'offenser la toute-puissance de Dieu en déclarant impossible l'existence d'un corps pensant, n'est qu'un vain scrupule[4] : car enfin, c'est une supposition absurde que de se figurer que Dieu peut ajouter indifféremment une qualité quelconque à une substance donnée[5].

La philosophie sensualiste nie ou conteste les premiers principes de la morale : Gerdil les défend[6].

---

1. *De l'immatérialité de l'âme contre Locke*, Turin, 1747.
2. *Ibid.*, part. i et ii.
3. *Ibid.*, part. v.
4. *Ibid.*, part. vi, ch. ii.
5. *Ibid.*, part. vi, ch. iii.
6. Parmi les nombreux ouvrages que Gerdil a composés pour défendre les principes de la morale, il faut particulièrement citer celui-ci,

Il montre qu'il y a entre le bien et le mal une distinction essentielle, que tout homme discerne naturellement le juste et l'injuste, que chez les sauvages mêmes la loi morale, souvent violée ou mal comprise, n'est pourtant ni ignorée, ni toujours méprisée ; enfin, que l'ordre éternel est la forme immuable de l'honnête, la règle universelle des intelligences, la loi naturelle promulguée dans toute conscience d'homme, et que ne point le reconnaître ou soutenir des systèmes qui en rendent inexplicable la notion, c'est ôter à la morale son véritable fondement.

La philosophie sensualiste confond le beau avec l'agréable : Gerdil réclame contre cette confusion, et c'est dans l'ordre même qu'il va chercher le principe de la notion du beau aussi bien que celui de la notion du juste et de l'honnête [1].

Au XVIIIe siècle on fait des systèmes de politique ou d'éducation : Gerdil examine ces théories avec soin [2], et y combat la philosophie sensualiste toutes les fois qu'elle s'y montre.

Enfin, au temps de Gerdil, on attaque souvent la

écrit en italien : je transcris le titre tout entier, il est significatif : *Della origine del senso morale*, ossa demostrazione che vi ha nell' uomo un naturale criterio di approvazione e di biasimo, riguardante l'intrinseca morale differenza del giusto e dell' ingiusto : il quale unitamente alla nozione dell' Ordine e del Bello nasce dalla facoltà che ha l'uomo di conoscere il vero.

1. Ouvrage cité ci-dessus. Voir aussi le *Mémoire sur l'ordre*.
2. Voir, par exemple, l'*Anti-Émile ou Réflexions sur la théorie et la pratique de l'éducation*.

foi, ou on ne lui rend que d'hypocrites hommages : il s'attache à montrer que si elle est mystérieuse, elle n'est point absurde, et qu'une raison sévère, mais droite, ne peut rien trouver de solide à opposer à la révélation [1].

Dans cette grande entreprise, inspirée par une pensée unique, dans cette guerre contre l'incrédulité sous toutes les formes, Gerdil, désireux de restaurer à la fois dans les esprits la religion et la vraie philosophie, a pour principes les principes mêmes de la métaphysique de Malebranche; et il reproduit les théories et emprunte, en plusieurs endroits, jusqu'aux expressions de ce maître si sincèrement admiré et aimé. « Les corps n'ont aucune action réelle sur l'esprit; les idées ne sont point des modalités de l'âme, et ne sont rien de créé.... Dieu seul, ayant la plénitude de l'être, peut contenir la réalité de tous les genres, et en être la cause exemplaire non moins qu'efficiente.... La substance de Dieu est seule essentiellement intelligible [2]. Les idées sont la substance même de Dieu, en tant que représentative des êtres créés [3]. L'être infini et sans restriction doit contenir la réalité ou la perfection qui se trouve dans tous les êtres particuliers, mais sans défaut et

---

1. *Défense de Malebranche*, dissert. prélim. déjà citée, et *Introduzione alle studio della religione*, Turin, 1755.
2. *Défense du sentiment de Malebranche*, part. I, ch. III, 4, 8, 10.
3. *Ibid.*, part. III, ch. III, 5.

sans altérer sa simplicité. Les choses matérielles sont en Dieu, puisque leurs idées archétypes qui en contiennent toute la réalité et la perfection sont en Dieu, et ces idées ne sont point différentes en Dieu, parce que la substance de Dieu et de l'être sans restriction, quoique très-simple en elle-même, contient tous les degrés d'être qui constituent l'essence de toutes les créatures possibles, et en conséquence peut les représenter[1]. »

Il est inutile de multiplier les citations. L'étendue intelligible, la vision en Dieu, les causes occasionnelles, les lois générales de l'union de l'âme et du corps : tout cela se retrouve dans le cardinal Gerdil. Je remarque qu'en exposant la théorie de la connaissance, il ne se sert pas volontiers des mots *voir* et *vision*, qu'il critique même l'emploi que Malebranche a fait de ces expressions en certains endroits[2], et que dans l'illumination de l'âme par la Raison souveraine il se plaît surtout à montrer l'action de Dieu. Mais, si c'est s'éloigner un peu de Malebranche que de redouter une métaphore dont il a tant usé, c'est très-certainement entrer dans sa pensée et parler encore comme lui, que de montrer que Dieu uni à l'âme et éclairant l'âme, c'est Dieu agissant dans l'âme. Qu'on en juge par ces passages : « L'union entre Dieu et l'âme consiste en une

---

1. *Défense*, part. v, 4.
2. *Ibid.*, part. vi, ch. i, 16.

action immédiate de la part de Dieu, et une passion immédiate de la part de l'âme : action par le moyen de laquelle Dieu manifeste à l'âme son essence, en tant que représentative des autres êtres; passion par le moyen de laquelle l'âme reçoit et connaît les objets immédiats et intelligibles que Dieu lui représente [1]. » « Cette présence de Dieu dans l'âme ne peut être que l'action par laquelle Dieu agit sur l'âme comme cause exemplaire ou représentative des différents êtres, et cause en elle une passion, laquelle est la perception de l'essence de Dieu, en tant que représentative de tel ou tel être [2]. »

Ainsi, entre Gerdil et Malebranche il n'y a point de dissentiment. Même goût pour les mathématiques, même foi et même piété, même doctrine métaphysique, voilà ce que nous trouvons chez le maître et chez son disciple italien. Seules, la curiosité pour les sciences sociales et la préoccupation de combattre sans cesse le matérialisme et l'athéisme, trahissent chez Gerdil l'homme du xviiie siècle.

Cependant, si je lis avec attention l'avertissement placé en tête de l'édition de 1787 de la *Défense*, je suis frappé du soin avec lequel notre fervent Malebranchiste écarte toute interprétation fâcheuse des doctrines qu'il soutient [3]. Il publie une seconde fois

---

1. *Défense*, part. i, ch. iii, 12.
2. *Ibid.*, part. vi, ch. i, 22.
3. Rappelons que la première édition de la *Défense* est de 1748.

une œuvre de sa jeunesse : il n'y fait aucun changement, mais il veut concilier avec le sens commun ces théories si différentes des théories communes, et il en ôte tout ce qui pourrait être choquant. Il essaie donc d'exposer les pensées de Malebranche *correctement*, avec *précision* et *simplicité*. Voici ce qui lui paraît incontestable. 1° Dans la perception d'un objet il convient de distinguer l'*affection* ou modification de l'intelligence qui perçoit, de l'idée ou image intelligible, qui représente l'objet même à l'esprit. 2° Dans la simple perception l'intelligence est passive. 3° Cette première opération de l'intelligence, à laquelle on donne en logique le nom de simple appréhension, n'est pas sujette à l'erreur. 4° Cette simple perception est produite dans l'âme par l'action de Dieu, non pas en ce sens que Dieu présente à découvert son essence à l'esprit humain en cette vie, comme beaucoup l'ont entendu à cause de l'expression figurée de Malebranche, prenant de là occasion de le traiter de visionnaire; mais en ce sens que Dieu qui contient éminemment les idées de toutes choses, en imprime par son action sur l'esprit la ressemblance intellectuelle qui est l'objet immédiat de la perception.

Ainsi, ajoute Gerdil, Dieu est le principe qui fait l'action sur l'âme de l'homme ; l'âme est le sujet qui reçoit l'action : or, il n'y a pas de distinction plus réelle que celle qui distingue le principe de l'action du sujet sur lequel se fait l'action : le sentiment de Malebranche est donc formellement opposé au système non moins absurde qu'impie du spinozisme ou panthéisme. D'autre part, il est manifeste qu'une action quelconque suppose ou trahit une espèce d'union entre le principe de l'action même et le sujet qui la reçoit. C'est donc une chose bien singulière que d'autres aient accusé Malebranche d'enthousiasme et de fanatisme, pour avoir parlé de cette sorte d'union de l'esprit humain avec Dieu.

Mais ce n'est pas tout. Gerdil veut encore écarter une autre exagération. Il prétend qu'il ne suit pas de ce système que l'âme soit un être purement passif. Il rappelle que l'âme a la faculté de vouloir, qui est une faculté active, et que l'entendement lui-même, passif dans la simple perception des idées, agit dans le jugement, quand il unit ou sépare les idées en affirmant ou niant l'une de l'autre. Le sentiment de Malebranche ne tend donc en aucune façon à dépouiller l'âme de l'activité, *qui ne peut lui être refusée sans erreur.*

Puis Gerdil remarque que ce système d'idéologie est indépendant des principes que Malebranche a prétendu établir dans son *Traité de la nature de la grâce*, c'est-à-dire dans les matières relatives à la théologie, où la foi seule doit être suivie.

Enfin, c'est sans doute faute de bien entendre Malebranche, qu'on lui reproche d'avoir soumis comme à une sorte de nécessité l'action de Dieu, en l'assujettissant aux lois générales établies par Dieu même, et de n'avoir laissé au Créateur qu'une volonté générale et indéterminée par rapport aux effets particuliers qui en proviennent. Mais, après tout, cette théorie de la Providence peut être négligée, ou même rejetée, sans que la théorie des idées soit atteinte en aucune façon : or, la théorie des idées, voilà ce qui est essentiel dans la philosophie de Malebranche, voilà ce que Gerdil défend et soutient sans cesse, voilà ce qu'il oppose aux ennemis de la raison et de la vraie philosophie. Ainsi, le malebranchiste le plus fidèle et le plus pénétré du xviii° siècle a senti, lui aussi, le besoin de tempérer la doctrine qu'il a embrassée avec tant d'amour. C'est pour nous un grand enseignement.

Avec Gerdil, qui meurt en 1802, nous entrons dans le xix° siècle. Or, nous trouvons dans ce siècle une école célèbre, qui prétend relever de Malebranche et reproduire ou développer sa doctrine : c'est l'*ontologisme*. Il ne serait pas sans intérêt d'étudier ce mouvement philosophique en Italie et en France, et d'examiner comment ces nouveaux disciples, dont plusieurs ont un grand mérite, comprennent et modifient la philosophie de celui qu'ils appellent leur maître. Nous ferons peut-être un jour cette étude. Ici, nous ne voulons dire qu'une chose : c'est que s'il y a, de notre temps, quelqu'un qui rappelle le grand philosophe de l'Oratoire du xviie siècle, c'est l'auteur de la *Connaissance de Dieu* et de la *Connaissance de l'âme :* il n'est pas ontologiste, il repousse même les exagérations du véritable Malebranche, il ôte à la théorie de la vision en Dieu ce qui la rend inacceptable, il proclame l'efficace des causes secondes, il croit l'histoire utile et recommande l'étude des sciences sociales ; mais, malgré tant de différences, il est de la famille de Malebranche : comme lui, c'est un méditatif ; comme lui, il reconnaît Dieu présent dans la raison, et se refuse à séparer la philosophie et la foi ; comme lui, enfin, il a le don de rendre sensibles et touchantes les vérités abstraites, et d'unir au raisonnement l'imagination, à la science le sentiment et la piété. Ce n'est pas un disciple, mais, dès qu'on lit ce philosophe, ou plutôt dès qu'on médite en sa compagnie, on pense à Malebranche.

Nous avons assisté à la polémique d'Arnauld et de Malebranche, nous avons examiné les critiques de Locke, de Fénelon, des écrivains de la compagnie de Jésus, les remarques de Bayle, les objections de Mairan, les jugements de Leibnitz. Puis nous avons considéré la *philosophie des idées* dans ses adeptes, téméraires ou modérés, fidèles ou originaux, l'étudiant d'abord dans les contemporains de son auteur, et après cela, la suivant à travers le xviiie siècle. Pendant cette double période, nous avons vu les théories périssables succomber sous les coups de la critique ou par les excès mêmes des partisans du système, ou bien disparaître, supprimées par les disciples les mieux avisés. Trois choses restent debout : la nature divine des vérités éternelles, loi et lumière de la pensée ; l'action intime de Dieu dans la créature ; la sagesse éternelle justifiée dans le monde, qui est un chef-d'œuvre, malgré les défauts que nous croyons y remarquer et malgré le mal qui y est réellement.

Là, dans ces trois principes, affirmés, démontrés, soutenus avec vigueur ou avec éclat, là, dis-je, est la beauté et la force de cette philosophie. Par là, elle résiste à ses critiques, qui faiblissent dès qu'ils la touchent par cet endroit. Par là, elle mérite de représenter, en Italie et en France, le spiritualisme au xviiie siècle. Par là enfin, elle peut encore profiter à notre époque, pourvu qu'à ces vérités qui subsistent on joigne un autre principe trop souvent méconnu par ses adeptes, je veux dire l'activité de la créature, activité dérivée, activité dépendante, mais néanmoins réelle, attestée par la conscience et proclamée par le sens commun.

TROISIÈME PARTIE

CONCLUSION

AVERTISSEMENT.

Nous venons d'explorer la philosophie de Malebranche tout entière. Nous n'en avons pas dissimulé les côtés faibles. Ce système élevé sur des fondements ruineux, de toutes parts battu en brèche par la critique, s'est ébranlé à nos yeux, et toutes ces théories téméraires et brillantes se sont montrées à nous avec les conséquences fâcheuses qui les condamnent à périr. Nous avons admiré ce qu'il y avait de pénétration métaphysique dans cette vue profonde des difficultés, ce qu'il y avait de puissance d'esprit dans cet effort tenté pour les vaincre. Mais tant de génie ne nous a point séduit. L'étude de Malebranche n'a point détruit l'impression que sa philosophie, entrevue plutôt que connue, nous avait toujours faite. Maintenant encore, elle nous charme et elle ne nous satisfait point; elle nous semble belle, et souvent elle nous choque ou nous effraie; nous l'admirons, nous l'aimons, et nous la jugeons avec une sévère impartialité.

Ne reste-t-il donc de cette grande philosophie que des ruines imposantes? non pas. Elle renferme des vérités solides : ces vérités, nous voudrions les conserver à l'abri d'une doctrine plus sûre.

Disons-le, Malebranche a été pour nous un maître, un maître que nous avons écouté avec respect, admiration et amour; un maître dont nous avons discuté très-librement les leçons. Nous serions désolé d'avoir perdu notre temps à son école. Ni les joies que nous avons goûtées à le lire, ni les peines mêlées d'un secret plaisir que l'étude de ses subtiles théories nous a parfois coûtées, ni l'intérêt presque dramatique que nous a offert sa philosophie se jouant sans cesse sur le bord d'un abîme où elle ne tombe jamais, ni les forces nouvelles que notre esprit peut avoir trouvées dans ce commerce assidu avec un homme de génie et dans un travail accompli sous une telle influence, rien de tout cela ne nous paraîtrait une excuse suffisante du temps que nous avons donné à cette étude, si nous n'en rapportions pas d'autre profit. Quand on prétend aimer la philosophie, on n'est ni artiste, ni historien, ni pur critique. On a des devoirs particuliers à remplir. Remplissons-les; faisons notre métier de philosophe, et je prends ici ce mot en son grand et noble sens. Essaierons-nous donc d'inventer quelque nouveau système? non pas, à Dieu ne plaise. Que les hommes de génie fassent des systèmes à leurs risques et périls : c'est leur gloire, et après tout, la science en profite d'une façon ou d'une autre. Mais dans un esprit médiocre, la prétention de faire du nouveau est insupportable et ridicule. Il y a un autre rôle à prendre, rôle difficile encore; mais s'y essayer, loin d'être une témérité, est un devoir. C'est de préciser autant que possible les notions philosophiques que l'on accepte et de les disposer dans un ordre lumineux; c'est de faire courageusement la part des vérités bien établies, des ignorances reconnues invincibles et des probabilités qui s'étendent entre ces deux termes extrêmes; c'est de travailler à diminuer ce domaine vague de la vraisemblance par l'examen attentif de certains points accessibles à la science, mais négligés et restés obscurs. Voilà ce que tout philosophe peut tenter selon la mesure de ses forces : or, à la fin d'une étude historique, quand on vient de méditer longtemps avec un grand penseur sur les plus hautes questions, n'a-t-on pas là l'occasion la plus naturelle de se recueillir pour se rendre compte de ses pensées et tâcher de les améliorer? N'est-on pas plus heureusement préparé que jamais pour entreprendre ce travail?

Voilà pourquoi, après avoir achevé l'étude de la philosophie de Malebranche, ayant l'espoir de nous être pénétré de sa substance, grâce à la fidélité de notre exposition, et pensant être prémuni contre ses dangers par la sévérité de notre critique, nous essayerons de mettre à profit ce que nous y avons trouvé de solide et d'excellent. Nous allons refaire pour ainsi dire cette philosophie, rectifiée par l'expérience et accommodée à notre temps, ou plutôt c'est notre propre état intellectuel que nous allons décrire, disant avec beaucoup de simplicité ce qu'au sortir de nos entretiens avec Malebranche, nous pensons sur les questions métaphysiques auxquelles nous avons réfléchi à son école. Ce sera un travail personnel : car nous ne comprenons pas une philosophie qui ne soit pas personnelle, je veux dire qui ne soit pas l'expression des choses que l'on pense soi-même. Mais nous nous appliquerons à ne rien avancer qui ne soit très-assuré et même reçu communément. Si la singularité des pensées dans un homme de génie prouve la profondeur, elle est partout ailleurs un fort mauvais signe. Puissions-nous nous borner au simple et au solide clairement dit, et si nous nous engageons parfois dans ces profondeurs où la science pénètre en hésitant, ne plus affirmer dès que nous ne verrons plus, nous arrêter devant les mystères insondables, et revenir bien vite au sens commun plutôt que de nous perdre en de brillantes hypothèses!

CHAPITRE PREMIER.

LA PHILOSOPHIE ET LA MÉTHODE PHILOSOPHIQUE.

I.

La première leçon que nous donne Malebranche, c'est que la philosophie est une chose sérieuse. Il condamne avec sévérité ceux qui ne cherchent en philosophant qu'à satisfaire une curiosité vaine, ceux surtout qui ne songent qu'à faire montre de leur esprit. Sa philosophie, à lui, est sortie du fond même de son âme : c'est par un libre choix et dans les vues les plus élevées qu'il s'est appliqué à la recherche de la vérité ; c'est avec une énergique persévérance qu'il y a employé toutes les forces de son esprit ; c'est avec un respect et une délicatesse de conscience vraiment admirable qu'il s'est acquitté de cette tâche, souvent pénible, mais toujours aimée, persuadé, comme il le dit lui-même, que pour gagner la vie de l'esprit il faut travailler de l'esprit, et que ceux qui ne peuvent se résoudre à gagner à la sueur de leur front le pain de l'âme n'en goûteront jamais la saveur.

Noble modèle qu'il est bon de considérer, salutaire enseignement qu'il faut recueillir et méditer.

La philosophie n'est pas un emploi comme un autre de l'esprit, une direction intellectuelle à prendre entre plusieurs, par caprice ou par calcul, une carrière à choisir, que sais-je encore? un moyen de se distinguer. C'est plus et mieux que cela. « La philosophie est une affaire d'âme, » comme l'a dit si admirablement Jouffroy : « si on n'y met que son esprit, il est possible qu'on devienne philosophe, il est démontré qu'on ne l'est pas encore. » La philosophie n'est pas seulement une science, il faut qu'elle soit un besoin profondément senti, et comme science, elle n'est que l'effort régulier de l'esprit pour satisfaire ce besoin. Il faut chercher la vérité par l'âme pour la bien chercher par l'esprit.

Et en effet, pensons-y bien : philosopher, c'est descendre dans les profondeurs mêmes de l'intelligence pour tâcher de trouver le point de départ rationnel de la connaissance humaine; philosopher, c'est demander à la raison une réponse aux questions les plus hautes, à celles qui intéressent le plus l'homme. Qu'y a-t-il de plus sérieux? Il se peut qu'en se mettant à l'œuvre, on ait d'ailleurs, sur les vérités essentielles, de fermes convictions; il se peut aussi qu'on n'en ait point. Or, si la philosophie semble la suprême ressource d'une âme qui n'a plus de croyances où s'abriter, il est trop clair qu'elle doit être poursuivie avec la plus grave attention et la plus ardente énergie. Comprendrait-on qu'elle fût un jeu pour l'homme qui veut conquérir par elle la solution des problèmes qui inquiètent sa pensée, pour l'homme qui croit pouvoir attendre d'elle, avec le dernier mot de la vie, sa lumière, sa consolation et sa force? Mais si elle est le libre et laborieux effort d'un esprit qui, ne cessant pas de croire, aspire néanmoins à la science fondée sur l'autorité de la raison, ne naît-elle point, là encore, d'un besoin intime, et comment entreprendre un pareil travail, sans y mettre son âme, sans être saisi, pour des vérités si importantes et si précieuses, d'un respect religieux et d'une sainte passion?

Je sais bien ce que l'on va dire : si la philosophie est faite avec le désir d'édifier une doctrine où l'esprit puisse trouver le repos et la volonté une règle, elle n'est vraiment plus une science; car elle cesse d'être désintéressée. Si elle ne se propose que d'appuyer sur des raisons une doctrine religieuse affirmée d'avance comme vraie, c'est encore bien pis; car alors elle se met au service de la foi, s'assujettit au dogme, et perd avec son désintéressement son indépendance. Que venons-nous donc parler de Malebranche et de l'idée qu'il s'est faite de la philosophie? Le véritable esprit philosophique n'est pas là. Le penseur ne peut avoir dans ses recherches d'autre passion que celle du savant pour l'objet de son étude, d'autre souci que celui de découvrir la vérité, la vérité qu'il aime et cherche pour elle-même.

Voilà ce que l'on dit : mais de quoi donc s'agit-il en philosophie? Il s'agit de connaître notre nature, notre origine, notre destinée; il s'agit de savoir où nous devons chercher le principe, la raison et la fin de ce qui est; et puisque les idées primordiales d'être, de vérité et de bien, se retrouvent au fond de toutes nos pensées, puisqu'il n'y a rien qui ne les suppose, il s'agit de découvrir la cause des êtres, ce qui les rend intelligibles, ce qui leur donne ce qu'ils ont de bonté; il s'agit enfin d'atteindre l'être premier, la vérité première et subsistante, le bien souverain. Voilà la grande question, la question par excellence, celle à laquelle se ramènent toutes les autres. En chercher par les lumières naturelles la solution, c'est être philosophe. Elle peut se présenter sous des formes diverses, selon les circonstances qui la font naître, selon les dispositions de ceux qui se la posent, selon les époques où elle surgit; au fond elle est toujours la même.

C'est toujours le principe et la fin des choses que la pensée poursuit. Eh bien, je le demande, cette question capitale est-elle de celles dont l'intérêt est purement spéculatif? ne touche-t-elle pas à l'homme tout entier? et dès lors se peut-il que la philosophie soit une science comme les autres, une science qui, comme la géométrie ou la chimie, soit parfaitement indifférente à la vie morale? Si le propre du philosophe est précisément de chercher la nature, l'origine et la fin de l'homme, et de remonter jusqu'au principe même auquel toute existence et toute pensée sont comme suspendues, par là même c'est son droit, que dis-je? c'est son devoir de porter dans ses études des préoccupations, de ressentir dans ses recherches des émotions que le pur savant ne connaît pas. L'esprit scientifique est nécessaire au philosophe; mais l'esprit philosophique est encore quelque chose de plus. Les questions de l'ordre philosophique différant profondément des problèmes que les sciences proprement dites abordent, la manière de les traiter est différente aussi, en sorte que la philosophie n'est point une science parmi les sciences, mais une chose à part, chose d'une qualité éminente, qui répond à d'autres besoins, attire par d'autres charmes, demande d'autres dispositions. Elle n'a de valeur ou plutôt elle n'est vraiment elle-même que si elle est une *doctrine* en même temps qu'une *science*. Sans doute, il se peut qu'un esprit avide avant tout de rigueur scientifique et soumis d'ailleurs à une foi positive, sépare facilement la recherche philosophique et la foi, et que trouvant dans celle-ci la réponse aux questions morales et religieuses, il incline à poursuivre l'autre en pur savant. Mais qu'on y prenne garde, même alors la philosophie diffère beaucoup de ce qu'on appelle simplement une science. Et puis, si un croyant peut, en philosophant, écarter certaines questions d'un intérêt majeur au point de vue moral et religieux, comment cela serait-il permis à celui qui n'a point d'autre lumière que la philosophie? Or, c'est un fait que de notre temps le christianisme ne domine pas, comme en d'autres siècles, tous les esprits. Il y a peu d'âmes qui en passant de l'adolescence à la jeunesse et de la jeunesse à la virilité, conservent une foi grandissant chaque jour dans la lumière, devenant chaque jour plus intelligente sans jamais être ébranlée ou entamée. Presque toutes traversent des crises plus ou moins longues où leurs croyances les quittent. D'ordinaire, le doute qui les envahit s'étend jusqu'aux vérités naturelles elles-mêmes ; et alors, tout étant mis en question, beaucoup se reposent lâchement dans une indifférence sceptique; quelques-uns travaillent péniblement à se refaire des croyances : ceux qui reviennent d'abord à la foi positive rentrent par là en possession des vérités métaphysiques et morales que le christianisme suppose; ceux qui s'adressent à la philosophie pour sortir du doute attendent d'elle une doctrine qui les éclaire et les satisfasse. Le problème de l'origine et de la fin des choses s'offrant à eux sans solution, il ne s'agit pas pour eux d'éclaircir des obscurités, d'aplanir des difficultés, en un mot de dénouer par la science des questions tranchées par la foi. Non, ce qu'ils demandent à la réflexion, c'est de leur donner des solutions qu'ils n'ont pas, et cela sur les points les plus importants, sur les points essentiels où le doute est un tourment de l'âme et l'erreur un mal immense. Qu'ils entreprennent ce grand ouvrage avec les exigences et la prudente sévérité de l'esprit scientifique, c'est leur droit et leur devoir; mais que dans une pareille entreprise ils isolent leur intelligence de leur cœur, qu'au lieu d'unir toutes leurs forces, ils les divisent et les dispersent, qu'ils aillent à la recherche de la vérité avec une âme mutilée, c'est ce que je ne puis comprendre. Est-on un pur savant quand on s'occupe de ces grandes choses: l'âme, le devoir, Dieu? Assurément, s'il s'agit de quelque question particulière, de quelque point spécial de psychologie ou de logique par exemple, on peut se livrer à de consciencieuses recherches, y déployer une remarquable sagacité, faire d'utiles et intéressantes études, et n'apporter dans ces travaux que les préoccupations et les qualités du savant. Mais aussi on ne fait point œuvre de philosophe à proprement parler. On traite les questions les plus voisines de la philosophie, on travaille à l'avancement d'une science philosophique, on prépare à la pensée d'utiles matériaux : mais celui-là seulement fait œuvre de philosophe qui a les yeux attachés sur le grand problème de l'origine et de la fin des choses; et ce problème, on ne l'aborde pas avec l'esprit tout seul.

Ainsi, il est de l'essence même de la philosophie de n'être pas une science pure et simple, et il faut qu'elle soit une doctrine et une foi, surtout pour ceux qui n'en ont pas d'autre.

Maintenant, si nous mettons dans une même âme la tendance à considérer la philosophie par son côté moral et religieux et l'attachement à une foi positive, la philosophie et la foi s'associeront et même se mêleront l'une à l'autre; c'est ce que nous voyons dans Malebranche. Est-il vrai que ce soit un mal et que la philosophie périsse dans ce mélange? Grave question ! Car, au fond, il s'agit de savoir si un homme profondément chrétien peut vraiment être philosophe. Il ne le peut pas, s'il est vrai que la philosophie suppose le renversement préalable de toute croyance, car il n'est pas permis au chrétien de mettre en doute l'objet de sa foi; il ne le peut pas non plus, si la philosophie chrétienne ne consiste que dans le développement de la parole sacrée, car ce n'est pas là la philosophie. Mais si, d'une part, l'examen philosophique n'implique pas le doute, si, d'autre part, l'adhésion aux dogmes révélés n'oblige pas à chercher dans ces dogmes mêmes les principes de la science, il y a une philosophie que j'appelle chrétienne, non qu'elle ne soit bonne que pour des chrétiens, mais parce qu'elle est toujours d'accord avec la foi, quoique toujours distincte d'elle.

Remettons-nous devant les yeux le bel exemple que Malebranche nous donne. Des textes remarquables que nous avons cités et commentés plus haut [1], de la pratique même de Malebranche [2], conforme aux pensées exprimées dans ces textes, que ressort-il ? Toujours croyant et toujours avide de lumière, jamais troublé dans sa foi et aussi infatigable chercheur que s'il devait trouver toute vérité dans la libre réflexion, il est vraiment le philosophe chrétien : non pas un théologien qui fait de la métaphysique, non pas un penseur religieux que le souffle chrétien touche, mais tout à la fois un philosophe dans la vraie acception du mot, et un chrétien tout pénétré d'une foi agissante qui ne cesse pas un instant de l'animer. Voilà bien son caractère, et voilà pour-

---

1. Dans le chapitre sur la méthode de Malebranche, part. i, ch. ii.
2. Dans ses réponses à Mairan, il dit cependant que la philosophie doit *bâtir* sur les dogmes de la foi. Nous avons plus haut, part. ii, ch. i, § 7, expliqué et jugé ce langage.

quoi il a deux sortes d'adversaires : les libertins ou incrédules, qui, méprisant la foi, exaltent la raison dont ils méconnaissent la véritable nature et la force; certaines personnes de piété, qui, par principe de conscience, méprisent la raison qu'elles croient hostile à la foi. Contre ces deux sortes d'ennemis, Malebranche soutient la cause de la raison, qui est pour lui la cause de Dieu. Aux premiers il veut montrer que la raison mène à la foi, aux seconds, que la foi mène à la raison; et il prétend confondre les uns et les autres en montrant que le plus grand principe de la vraie philosophie et le premier principe de la religion chrétienne sont identiques, à savoir que les créatures ne subsistent que par leur union à Dieu ou plutôt par l'action de Dieu en elles, et qu'ainsi la source première de la vérité, du bien et de l'être, c'est Dieu. On peut, dans les détails, changer quelque chose à l'alliance de la religion et de la philosophie telle que Malebranche l'a conçue; on peut user d'une prudence plus grande, pour ne pas confondre ce qui doit être uni, mais rester distinct; on peut, surtout, beaucoup modifier ses théories philosophiques : mais l'idée qu'il se fait de la philosophie chrétienne est la vraie, et il est, à ce titre, le maître de quiconque veut, sans renoncer à sa foi, même par fiction, ne point restreindre ses réflexions à un certain nombre de questions d'un ordre presque purement scientifique, mais embrasser le problème philosophique tout entier, et porter la lumière de la raison dans les choses de l'ordre moral.

Il n'y a pas d'inconséquence dans cette manière de voir et d'agir. La philosophie est essentiellement un examen et un effort : un examen des idées qu'on a dans l'esprit, un effort pour voir clair. Examiner n'est pas douter, quoi qu'on en dise. On examine pour mieux connaître, pour acquérir des notions plus étendues, plus profondes, plus complètes, plus distinctes. Pourquoi ne pourrait-on pas faire un examen sérieux, sans mettre tout d'abord en doute l'objet que l'on considère? Pourquoi faudrait-il supprimer toute donnée, et puis refaire tout à de nouveaux frais? Si je ne cesse point de croire à Dieu, ne pourrais-je donc pas arrêter sur ce grand objet mes réflexions et travailler à le mieux connaître? Et parce que j'aurai eu le bonheur de n'avoir jamais mon esprit et mon cœur vides de Dieu, faudra-t-il pour cela, malgré la sincérité, la liberté et la hardiesse même de mes spéculations, me refuser le nom de philosophe? J'avoue que je ne comprends pas cette nécessité d'être tourmenté par le doute ou de faire froidement table rase dans l'intelligence pour philosopher. Le doute méthodique est sérieux et bon, s'il n'est que l'expression énergique d'une disposition très-sincère à se préserver de l'erreur, des préjugés, des vaines opinions; s'il exigeait, au nom de la rigueur scientifique, que l'âme commençât par arracher d'elle-même ses croyances morales et religieuses, il serait une folie. Descartes ne lui a jamais supposé cette portée. Voulant frapper un grand coup, Descartes a prétendu supprimer tout par hypothèse, pour mieux faire voir le fondement sur lequel tout repose ; ce doute, comme le dit Malebranche, naît de la lumière et sert, en quelque sorte, à la produire. Néanmoins, Descartes doute trop facilement, ainsi que le lui faisait remarquer le P. Bourgoing, ce général de l'Oratoire qui gouvernait l'ordre au moment où Malebranche y entra : il fallait examiner attentivement les facultés intellectuelles et mesurer la valeur de nos moyens de connaître, et non commencer par rejeter sur les moindres soupçons les dépositions de toutes nos facultés. Descartes répond au P. Bourgoing qu'on ne risque jamais de se tromper en se défiant de sa raison. Très-bien, si le seul objet de l'homme était de ne pas se tromper ; on l'atteindrait à coup sûr en doutant de tout ; mais la science et la raison ne prétendent pas seulement éviter l'erreur, elles veulent encore arriver à la vérité. C'est un nouveau préjugé que Descartes accepte, quand il déclare que toutes nos facultés nous trompent, et ce préjugé, suivi rigoureusement, nous interdirait toute pensée et toute action [1].

---

1. C'est ce qu'a très-bien montré M. Paul Janet dans un cours fait

Ainsi, ce n'est point le doute, mais l'examen qui est le commencement de la philosophie [1], et nous félicitons Malebranche d'être entré dans la philosophie avec sa foi en l'âme et en Dieu. Il a restreint le doute au témoignage des sens et au témoignage des hommes. C'est encore trop.

Comprenons-le donc bien. Toute philosophie digne de ce nom doit tâcher d'atteindre les premières vérités, j'entends celles qui n'en supposent point d'autres pour être connues, et elle doit, à partir de là, retrouver, dans un ordre lumineux, tout l'ensemble de la connaissance humaine. Mais il ne s'agit pas, dans cet examen et cet effort, d'isoler l'intelligence en elle-même, il ne s'agit pas de faire le vide autour d'elle : il y a des données incontestables qui s'acceptent et ne se discutent pas. Il faut savoir mépriser les attaques du scepticisme, et creuser et approfondir les vérités essentielles, au lieu de recommencer sans cesse à les disputer au doute. Enfin, si l'on a la foi chrétienne dans le cœur, ne serait-ce pas une chose par trop étrange

---

à la Sorbonne, en 1867, et recueilli dans la *Revue des cours littéraires* (4e année). D'ailleurs, Descartes lui-même, répondant à Gassendi, a dit excellemment : « Je n'ai nié que les préjugés, et non les notions. » *Rép. aux instances*, § 7.

1. « Le précepte de douter de tout, dit Leibnitz, n'est point nécessaire, ni même utile ; car, parce qu'il ne s'agit que de recommander aux gens de se fonder toujours en raisons, le doute n'y fait rien, car on cherche tous les jours des preuves des sentiments dont on ne doute nullement. » *Préceptes pour avancer les sciences*. Erdmann, p. 167.

qu'il fallût, pour pratiquer dans sa rigueur la méthode philosophique, rejeter cette intime certitude, éteindre ces lumières, se priver de ces secours ? Non, encore une fois, la philosophie n'est pas à ce prix. Se proposer de voir clair dans ses idées, de conduire ses pensées par ordre, de saisir le point de départ de la connaissance, puis d'avancer méthodiquement dans l'explication des choses, cela suffit ; et il n'est pas besoin pour cela de rien ébranler, ni raison, ni foi.

Ce qui tuerait la philosophie, ce serait de prendre les dogmes révélés pour les principes mêmes d'où devraient sortir par déduction la métaphysique et toutes les sciences philosophiques. Or, ce n'est pas nécessaire, et de même que la liberté philosophique n'exige pas qu'on renonce réellement à toute croyance avant de commencer l'examen et la recherche, de même l'autorité de la foi n'oblige en rien le croyant à puiser dans la révélation elle-même les principes de la philosophie. Prétendre que ce fût un devoir, ce serait supprimer toute distinction entre l'ordre surnaturel et l'ordre naturel, qui est, d'une certaine façon, antérieur à l'autre et supposé par lui ; et cette confusion, mortelle pour la philosophie, n'est pas moins funeste à la foi, si l'on y regarde bien. La prétention de fonder une philosophie sur la parole de Dieu, compromet étrangement la religion : on donne pour conséquences rigoureuses de la divine parole, les conceptions les plus hypothétiques, peut-être même les plus fausses : les opinions philosophiques présentées comme des déductions des dogmes, participent à leur infaillibilité, et en même temps que la liberté se trouve bannie de ce qui doit être libre, la fantaisie est introduite dans ce qui est fixe et ferme. Les fantômes de l'esprit humain sont mis à la place des idées divines et révérés comme elles : suprême injustice. Laissons l'intelligence humaine travailler librement à l'explication des choses; laissons-la essayer successivement des hypothèses qu'elle brisera pour en créer d'autres, qui seront elles-mêmes brisées dès qu'elles seront reconnues impuissantes. Oh! que dans ce travail elle demande à la foi des lumières et des secours ; que « cette foi même, en ne cherchant pas à se produire au dehors, anime la pensée [1], » rien de mieux. Mais n'oublions pas que la philosophie est essentiellement une œuvre humaine, comme la science, comme l'art. Celui qui s'y applique y porte l'inspiration divine, s'il l'a en lui; il ne se sépare pas de lui-même pour philosopher, il reste tout ce qu'il est, il va donc à cette étude avec son âme tout entière pénétrée et vivifiée par la foi. Comment consentirait-il à s'affaiblir et à se diminuer lui-même en se réduisant à la seule pensée?

1. Ozanam, *Lettres.*, t. X des *Œuvres complètes.*

Mais la philosophie ne change pas pour cela de nature : elle ne reçoit pas ses principes de la révélation, elle les cherche dans la libre réflexion, c'est son essence. Elle ne développe pas la parole sacrée, elle s'appuie sur la seule autorité de la raison. Autrement elle n'est plus la philosophie, elle est la théologie. Le besoin d'un savoir purement rationnel, besoin inné à l'esprit humain, n'est pas satisfait, le rôle providentiel de la philosophie dans l'humanité n'est pas rempli, et la religion même est privée des services que lui rendrait la philosophie si elle était indépendante. Elle souffre, au contraire, de toutes les fautes que commet cette prétendue philosophie, si imprudemment confondue avec elle.

La philosophie chrétienne, telle que je la conçois d'après Malebranche, a ses difficultés, j'en conviens. C'est une chose malaisée que d'unir à la soumission religieuse l'indépendance de l'esprit, et de porter dans les spéculations métaphysiques une liberté qui se règle par le respect de l'autorité. De même que dans la vie morale, il y a des consciences trop timorées qui corrompent la sainteté même du devoir et le tournent à leur perte, par la crainte exagérée et servile qu'elles ont d'y manquer, de même aussi, dans la vie intellectuelle, il y a des esprits ombrageux qui se défient de toutes leurs pensées et voient partout des hérésies : la foi, qui devrait être pour eux un stimulant et une règle, devient pour eux une gêne; ils ont d'indignes peurs, et dans le soin qu'ils prennent de ne pas blesser le dogme, on sent moins la vivacité de la foi que l'étroitesse de l'esprit et la petitesse du caractère.

Un autre danger, c'est de se contenter trop facilement de preuves faibles pour appuyer les plus grandes vérités. Le philosophe chrétien ayant des convictions arrêtées sur les points essentiels, risque d'être peu sévère dans la démonstration qu'il tente. C'est oublier le caractère scientifique que la philosophie doit avoir. Les spiritualistes, même en dehors de la foi, tombent aussi dans ce défaut. Parce qu'ils sentent que la vérité est pour eux, ils affirment beaucoup et prouvent trop peu. C'est rendre à cette vérité, pour laquelle on combat, un bien mauvais service. Certes, il faut savoir affirmer, et s'il est vrai que de notre temps c'est une science qui se perd, ce n'est pas un bon signe pour notre temps, et je ne vois pas qu'il y ait lieu de s'en applaudir. Mais s'il faut avoir de ces affirmations nettes, énergiques, décisives, qui ne laissent aucune place à l'équivoque, il faut aussi regarder en face les problèmes, et en préparer la solution par des analyses minutieuses, par des recherches assidues, par des réflexions profondes, par des études bien conduites. La possession anticipée de la vérité ne doit pas engourdir celui qui veut la démontrer. Il doit pousser ses travaux avec d'autant plus d'ardeur qu'il travaille avec plus de sécurité. Je ne m'effraierais même pas d'une certaine audace. Néanmoins, il y a encore un écueil, et fort redoutable. Il peut se faire que, rassuré sans cesse par la foi, l'esprit se lance un peu trop à l'aventure dans les spéculations les plus ardues. Ici, la sécurité ne rend plus paresseux, elle rend téméraire : ou bien l'on veut expliquer les dogmes, et quoique les explications qu'on en donne manquent de sagesse, on s'y attache avec une confiance excessive, ou bien l'on résout par le dogme des questions purement philosophiques, et ainsi, la limite qu'on avait posée entre la foi et la raison se trouvant franchie, tout est confondu. A ce péril, les plus grands esprits n'échappent qu'à peine. Malebranche, qui a si bien connu la nature, le rôle, les devoirs de la philosophie chrétienne, n'a pas toujours été en garde contre ces sortes d'excès. Il a voulu trop savoir, trop expliquer. Engagé dans la délicate question de la grâce, par exemple, il a compromis la foi et la raison en des explications hasardées qui le séduisaient par de belles apparences, et, d'autre part, cherchant le fondement de notre croyance naturelle à l'existence du monde extérieur, il a invoqué bien à tort l'autorité de la foi. Voilà quels sont les dangers dont la philosophie chrétienne est environnée : ils sont très-grands, mais ils ne prouvent rien contre la légitimité de cette noble philosophie, et la pensée séparée de la foi court bien d'autres risques.

Si l'on entend bien les choses, le chrétien, dans ses recherches philosophiques, ne fait pas à chaque instant appel à la révélation et ne lui demande pas ses principes; mais il garde sa foi au fond du cœur, puise en elle une secrète force, lui rend ouvertement hommage quand il le faut, soutient par elle sa pensée hésitante, et trouve dans les dogmes soit une lumière là où il ne voit plus, soit un frein là où il risque de s'égarer, soit un nouveau champ à explorer là où les enseignements de la foi ajoutent aux données rationnelles.

Ainsi, ni la liberté ne lui est ôtée, ni les nobles labeurs de la recherche ne lui sont épargnés. Là où l'observation et l'analyse sont nécessaires, il tâche d'observer avec exactitude et d'analyser avec précision. Là où le raisonnement doit étendre et dépasser les données expérimentales, il s'efforce de raisonner avec rigueur. Il sait qu'il y a dans le domaine philosophique deux parts : celle des vérités assurées et celle des opinions. Les vérités assurées, il les maintient vigoureusement et se propose d'en perfectionner sans cesse la démonstration en l'appropriant aux besoins de son époque. Les opinions, ce sont ces explications où l'hypothèse entre toujours quoi qu'on fasse; ces conceptions systématiques où, malgré la sévérité des analyses préalables, malgré la rigueur des raisonnements, malgré la lumière des dogmes révélés, toujours présente à l'esprit, malgré toutes les précautions que suggère la prudence, l'intelligence la plus juste et la plus ferme met toujours beaucoup du sien, invente au lieu de découvrir, arrangeant les choses dans un certain ordre qu'elle juge le meilleur et qui n'est pas tout à fait le vrai. Et pourquoi? parce que nos vues, si larges qu'elles soient, sont toujours un peu exclusives; parce que nos conclusions, si sages qu'elles soient, dépassent toujours un peu les données; parce que ne connaissant qu'un coin du monde, nous aspirons à la science universelle, et avec le peu que nous connaissons, nous essayons de la faire. Ces opinions sont donc toujours des vérités incomplètes, très-mêlées d'erreurs, et par conséquent elles sont caduques.

S'imaginer que la philosophie, même chrétienne, puisse jamais être définitive, c'est ne pas comprendre ce qu'est par essence la philosophie. Il y a quelques points fixes, inébranlables; mais autour de ces points chacun groupe à sa façon tout le reste, et chacun accomplit ce travail dans la mesure de ses forces, selon ses dispositions propres, avec une certaine nature d'esprit particulière, dans des conditions diverses de race, d'éducation, etc. De là ce tour individuel, personnel que prend la philosophie dans les divers esprits qui s'y appliquent: si ce sont de grands esprits, cette empreinte personnelle est l'originalité. Assurément, il ne faut pas se plaindre de cette diversité nécessaire. La philosophie est un effort ; si j'osais emprunter ici à la métaphysique d'Aristote une expression qui rendrait bien ma pensée, je dirais que la philosophie est un *mouvement*, elle n'est jamais faite, elle se fait ; elle n'arrive jamais à un état stable et achevé, elle est toujours en marche, parfois s'égarant, parfois encore prise d'une lassitude qui semble mortelle, et néanmoins avançant malgré ces détours et ces défaillances, profitant de ses fautes mêmes et s'approchant ainsi peu à peu de cette explication des choses qu'elle n'aura jamais complète, jamais pure de toute erreur, jamais satisfaisante. Voilà ce qu'il ne faut pas oublier, et alors on comprend que si les vérités fondamentales doivent être énergiquement maintenues, les opinions sont libres et doivent l'être, et que c'est à la fois nécessité et justice ; on comprend cette étonnante variété des systèmes jusqu'au sein de la même foi philosophique et religieuse, et sans porter moins d'ardeur dans la spéculation, on se garde du moins de croire qu'on ait dans les mains toute vérité.

C'est là, si je ne me trompe, le meilleur moyen de se préserver de l'intempérance du dogmatisme, et du découragement du scepticisme. On fait son œuvre, et si humble qu'elle soit, elle ne sera pas inutile, si elle est consciencieusement faite ; à tout le moins elle sera l'accomplissement d'un devoir, puisque tout homme qui en a la capacité, le loisir et le goût, doit se rendre compte à lui-même de ses idées, y mettre de l'ordre et essayer de résoudre par la réflexion savante le problème de l'origine et de la fin des choses.

Dans cet essai, la philosophie chrétienne n'est pas moins libre que toute autre ; comme toute autre, elle peut faillir et s'égarer ; mais chez elle la liberté étant réglée par le bon sens et la foi ou pour mieux dire par le bon sens chrétien, elle se relève bien vite et se défend des grands excès. Tel est le mélange de liberté et d'autorité que comporte la philosophie.

En résumé, j'espère avoir montré que la philosophie n'est pas seulement une science ; que pour celui qui n'a pas de foi religieuse elle est le moyen de résoudre ces grandes questions auxquelles l'homme ne peut rester indifférent, que pour celui qui croit elle est la poursuite de la solution scientifique de ces mêmes questions, que dans les deux cas elle est autre chose que la satisfaction d'une curiosité de savant, que dans les deux cas elle est vraiment une affaire d'âme, et que dans les deux cas encore, la pensée morale et religieuse qui anime les recherches n'ôte rien aux exigences légitimes de la science. Enfin, j'ai voulu mettre en lumière la grandeur, la beauté et la force de la philosophie chrétienne qui naît de l'union de la raison et de la foi. J'ajoute que là même où cette union n'existe pas telle que je l'ai indiquée, une séparation complète entre la philosophie et la religion est encore chimérique et impossible. Le philosophe qui n'a pas la foi se garde bien de la mépriser, s'il est sage. Il ne doit pas la rejeter *a priori* sous prétexte qu'il n'en sent pas le besoin et qu'il est assez fort pour s'en passer. Cet orgueil n'est pas conforme au véritable esprit philosophique. La religion chrétienne, même à parler humainement, est une trop grande chose, elle forme un système trop bien lié, son établissement et sa perpétuité sont deux faits historiques trop graves, elle tient dans le monde et elle a eu, à de certains moments du moins, dans chaque âme, une place trop importante, pour qu'on puisse la traiter à la légère, et après l'avoir regardée à peine en passant, déclarer qu'on renonce à elle. Ce n'est pas assez de la ménager, ce n'est pas assez de la traiter avec respect, de faire même à sa doctrine des emprunts qu'on ne déguise pas, de se plaire à reconnaître qu'entre ses dogmes et toute saine philosophie il y a accord. Tout cela ne suffit pas. Il faut la prendre pour ce qu'elle est, c'est-à-dire pour une religion, l'examiner comme telle, sérieusement, et ne se décider qu'après de consciencieuses études à ne voir en elle qu'une doctrine humaine dont on peut s'aider, mais à laquelle on ne soumet pas son esprit. Peut-on jamais voir cela clairement, et par suite nier en toute sûreté de conscience que le christianisme soit vrai, comme religion? Tout ce que j'ai à dire ici, c'est que nier serait le droit de celui qui verrait cela; jusque-là il faut chercher et chercher en gémissant: on est dans le doute, et quiconque est dans le doute n'a pas plus le droit de nier que d'affirmer. Tant qu'il reste au fond de l'âme ce soupçon que la religion chrétienne pourrait bien être vraie, on ne doit point se donner de repos que l'on ne se soit enfin convaincu de sa vérité ou de son évidente fausseté. Il n'est donc pas permis de s'enfermer dans des recherches purement philosophiques, ou plutôt la philosophie complète est celle qui ne fait pas abstraction du christianisme : en sorte que n'avoir pas la foi, et ne rien faire, j'entends ne rien faire de sérieux pour la retrouver, ou pour s'assurer qu'on a raison de s'en passer, ce n'est pas être entièrement philosophe.

Aussi bien voyons-nous tous les esprits, à notre époque, préoccupés de la question religieuse. J'ai eu raison de dire plus haut que le christianisme ne domine plus chez nous toutes les intelligences, mais il les inquiète. Il inquiète surtout les âmes. Serait-il donc d'un philosophe de ne donner aucune attention à ce grand mouvement? Y a-t-il beaucoup de faits plus intéressants que cette puissance qu'a la religion chrétienne de remuer ainsi ceux qui ne sont plus soumis à ses dogmes, et d'être si intimement mêlée aux âmes et aux choses que l'on ne peut soulever une question sans la rencontrer ni trouver un homme qu'elle ne touche par quelque endroit? Sur un fait pareil, le philosophe peut-il ne pas savoir à quoi s'en tenir? Là où tous ont des demi-vues, des soupçons, des lueurs indécises, ne faut-il pas qu'il tâche d'avoir une vue nette, claire et ferme? Il faut donc qu'il aborde la question religieuse, non pas à tout propos, non pas dans ces études spéciales, études de savant dont nous parlions plus haut; mais dans sa pensée intime, mais dans l'ensemble de sa philosophie il faut que la question religieuse ait une place, et je dirai même que pour son honneur il est bon que l'on sache où il en est de ce côté-là. Ainsi, dans quelque hypothèse que nous nous placions, la philosophie ne peut jamais être entièrement séparée de la religion. Ou la religion est douteuse, ou elle est reconnue fausse, ou elle est acceptée comme vraie. Douteuse, elle est l'objet des recherches du philosophe; fausse, elle n'est pas pour lui un objet de foi, c'est tout clair, mais elle reste une grande doctrine qu'il étudie et consulte; vraie, elle l'anime et l'inspire, le soutient et le retient, ou encore l'excite et le pousse. Il y a donc ceux qui cherchent, ceux qui nient et ceux qui croient.

En dehors de ces trois sortes d'état, je ne connais que l'indifférence, et l'indifférence en matière de religion n'est permise à personne, et au philosophe moins encore qu'à tout autre. Quand on cherche, on a une philosophie indépendante de la foi, mais qui marche vers elle ; quand on nie, on a une philosophie qui se fait sans la foi, mais qui ne dédaigne pas de profiter librement de ses enseignements ; quand on croit, on a une philosophie qui se fait avec la foi, mais qui demeure distincte d'elle, c'est la philosophie chrétienne : nous avons expliqué sa nature, montré sa légitimité, déterminé enfin à quelles conditions elle est vraiment elle-même.

II.

Chaque siècle, et par là je n'entends pas précisément un intervalle de cent années bien comptées, chaque siècle a sa physionomie à part, son esprit, son rôle. En chaque siècle, une idée domine, qui inspire tout ce qui se fait. Sous cette inspiration les esprits travaillent librement, et les grandes œuvres sont d'ordinaire celles où l'idée du siècle, reçue dans une intelligence puissante, et fécondée par elle, se montre avec une éclatante netteté et une incomparable vigueur. Le caractère propre du xvii⁰ siècle, c'est la prédominance de l'idée de Dieu ; et, en philosophie, je ne la vois nulle part plus apparente et plus entière que dans les écrits de Malebranche. Tout plein de Dieu, Malebranche n'use de la réflexion que pour découvrir dans une plus vive lumière et montrer aux autres cette action de Dieu qu'il expérimente en lui-même et qu'il affirme avant de philosopher. Au nom et par le moyen de la philosophie que Descartes a restaurée, il veut établir la conception chrétienne de Dieu et montrer qu'elle est la seule vraie, la seule rationnelle. Par là, il est, en philosophie, le représentant le plus fidèle de l'esprit de son époque. Tandis qu'au même moment un autre penseur, puissant et original, obéissant aussi à l'idée dominante du siècle, en abuse et la pervertit, lui la développe, si hardi et si téméraire qu'il semble souvent près de se perdre, mais toujours soutenu et ramené par ce bon sens chrétien qui corrige heureusement son système.

De notre temps, s'il y a une idée principale et dominante en philosophie, c'est l'idée de l'activité, de la fécondité, de la vie de l'univers. La nature apparaît au penseur ou comme un ensemble de forces vives, ou comme une force universelle très-réelle et très-puissante. En nous-mêmes ce que nous saisissons le mieux, ce que nous proclamons le plus haut, c'est cette activité interne dont nous avons l'énergique sentiment. Je remarque qu'un des mots le plus souvent répétés, c'est le mot d'organisme, un organisme vivant qui porte, cachés au dedans de soi, pour ainsi dire, et le principe et les lois de son développement, qui ne reçoit du dehors ni sa forme, ni la force vive, mais seulement des secours, des stimulants ou des limites, qui, en subissant une action étrangère, agit encore et se modifie en même temps qu'il est modifié; enfin qui, bien différent d'un ouvrage d'art ou d'une machine, productions mortes d'une cause transitive, est à la fois, pour ainsi dire, l'œuvre et l'ouvrier. Car, c'est une force qui se déploie et s'épanouit par un développement tout spontané, en vertu d'une sorte de nécessité intérieure, inhérente à l'être même. Voilà le type le plus familier pour nous de l'existence et de l'activité.

Cette idée, on l'applique à tout, aux individus et à l'univers, aux choses de l'esprit comme à celles de la matière, au génie, aux langues, aux institutions, aux systèmes philosophiques, que sais-je encore? Il n'est rien que l'on ne se représente sous cette image, rien que l'on ne pense expliquer par là. Empruntée aux sciences naturelles, cette idée montre bien la prédilection de notre époque pour ces sortes de sciences et la tendance à en transporter partout les applications; mais, ce qui me paraît plus remarquable, c'est l'énergie avec laquelle cette idée atteste que nous sommes profondément convaincus de la réalité et de la vie des êtres qui composent la création. D'ailleurs, le spectacle du monde de la conscience nous suggère la même conviction. S'il est vrai que le philosophe naturaliste, expliquant la force intelligente et morale à sa manière, renverse la personnalité, et méconnaît ou nie le libre arbitre par sa dynamique matérialiste, le philosophe mieux avisé qui consulte avec une plus docile attention la conscience, le vrai guide dans le monde intérieur, ce philosophe reconnaît un autre type d'activité, plus parfait que le premier; et, non content de voir dans l'âme humaine un organisme comme les autres, vivant et doué de spontanéité, mais soumis après tout à un développement fatal, il y voit une force consciente et maîtresse de soi, capable de commencer une série d'actes dont elle est la vraie cause, ce qui est assurément la manière la plus haute de concevoir l'activité : car c'est ajouter à l'activité la liberté, et tant qu'on n'en est pas arrivé là, il y a toujours du mécanisme dans le dynamisme même : la véritable cause motrice et efficiente, celle qui est vraiment initiale, c'est celle qui pense et qui veut, celle qui est douée d'intelligence et de liberté. Voilà comment l'idée de la liberté, mise dans une vive lumière par les analyses des philosophes spiritualistes, tempère les excès où peut entraîner l'idée d'organisme, si répandue, grâce aux progrès des sciences naturelles, et au fond, ces deux idées prouvent également la conviction où nous sommes que les êtres de l'univers, spirituels ou matériels, sont réels et actifs. Ainsi, nous ne sommes nullement disposés à diminuer la créature, à la réduire à une sorte de demi-existence; elle n'est pas pour nous une ombre, nous entendons bien qu'elle soit un être, un être véritable, un être vivant, actif, agissant.

Mais, d'un autre côté, il ne faudrait pas croire que dans ce monde dont nous affirmons ainsi la réalité, nous ne cherchions rien que le monde même. Nous l'étudions avec ardeur et nous le connaissons chaque jour davantage; chaque jour de nouvelles découvertes nous attestent en même temps l'inépuisable fécondité de la nature et l'admirable puissance du génie humain. Eh bien, quoi qu'on en dise, dans cette ivresse où le commerce de la nature jette les esprits, ils n'oublient pas entièrement le monde supérieur, et ils ont du moins des rêves où des apparitions idéales et de divins fantômes les séduisent encore. Les siècles qui attaquent et détruisent peuvent être athées; mais dès qu'on veut édifier et refaire, on ne peut se passer de Dieu. De notre temps, le sentiment et le besoin de ce qu'on appelle maintenant le divin, se retrouve partout: sentiment vague, j'en conviens, besoin dont l'objet est mal défini, je l'avoue, et ce mot même, le divin, mis à la place du vieux mot clair et décisif, n'atteste-t-il pas que l'idée aussi est flottante et vaporeuse? mais du moins c'est un fait que les choses divines causent aujourd'hui à la plupart des esprits ou des regrets, ou des désirs, ou des inquiétudes; presque tous ont des réminiscences qui survivent à la négation ou des pressentiments qui y résistent. Alors qu'arrive-t-il? ayant un très-vif sentiment de la réalité de l'univers et n'ayant du divin qu'une très-vague idée, beaucoup d'esprits absorbent Dieu dans la nature ou dans l'humanité; et il y en a même qui ne voient plus en Dieu qu'un idéal, terme parfait de la pensée, sans existence réelle. Dans un tel état de choses, le devoir de la philosophie spiritualiste est tout tracé. Notre siècle est convaincu de la réalité des êtres matériels, elle y croit; notre siècle parle sans cesse de l'activité et de la liberté humaine, elle en parle, et à meilleur escient que d'autres philosophies; enfin notre siècle aspire au divin, et elle travaille à rétablir l'idée de Dieu dans les esprits en montrant la présence et l'action divine dans cet univers réel et vivant, ensemble harmonieux de corps et d'esprits qui agissant véritablement et continuellement sur eux-mêmes et les uns sur les autres, produisent, ceux-là par un développement fatal, ceux-ci par le libre exercice de leurs facultés, les mouvements et les actes dont se composent la vie de la nature et celle de l'humanité.

Ainsi, tandis que dans Malebranche, le monde créé semble se retirer devant Dieu pour lui faire honneur, et finit presque par s'évanouir, nous, c'est par la foi la plus entière à la réalité positive et à l'activité vivante de la créature que nous prétendons raffermir la notion de Dieu ; nous n'avons pas peur que la souveraineté du Créateur soit diminuée, parce qu'au lieu de peupler son empire d'êtres amoindris, nous y mettons des êtres véritables, pleins de vigueur et capables d'une vraie liberté. Si le bon sens du genre humain et le cri de la conscience, les progrès des sciences naturelles et les analyses des psychologues ne mettaient point hors de doute l'activité des êtres créés, il semble qu'à défaut de ces témoignages qui l'établissent en fait, il faudrait la supposer, car ce serait l'hypothèse la plus propre à faire éclater les souveraines perfections de Dieu. Voilà comment, poursuivant le même but que Malebranche, nous partons, pour l'atteindre, de principes tout à fait opposés. Et nous pensons que chasser de sa philosophie le dogme de la passivité des créatures, ce n'est pas la détruire, c'est au contraire en extirper un germe de mort ; et qu'y ramener la notion de la force active, c'est rendre aux grandes idées qu'elle contient leur vrai sens et leur salutaire beauté.

III.

Telle nous paraît être la tâche de la philosophie en ce temps. Pour l'accomplir, quelle méthode faut-il suivre ? Il faut tout d'abord étudier les faits de conscience. C'est la vraie méthode philosophique, et partant elle convient à toutes les époques. Mais il y a des temps où il y a plus de danger à s'en écarter. Aujourd'hui assurément l'homme se répand si volontiers au dehors, qu'il risque fort de se méconnaître lui-même : sentant en soi l'activité et la vie, il lui arrive de n'en pas trouver la source au fond de son être ; et il ne veut voir là qu'un flot de la vie universelle. Il nie qu'il y ait en lui d'autres forces que les forces physiques, et c'est à leur jeu harmonieux qu'il attribue son intelligence et sa volonté. Quand il se confond ainsi avec la nature, qu'il vienne à philosopher : dans cette philosophie nécessairement incomplète et fausse, il néglige, altère ou renverse les principes mêmes de l'existence, de la science et de la moralité. Veut-on réagir contre ces excès ou les prévenir, il faut ramener la pensée de ce monde extérieur où elle se dissipe et se perd, au monde intérieur, où elle se recueille et se retrouve. Voici des faits, aussi positifs, aussi incontestables que les phénomènes sensibles. Ces faits, chacun les porte en soi, ces faits on ne les connaît point par le dehors, il n'y a pas de sens qui les atteigne ; ils sont intimes, connus par le dedans, on en a conscience ; ils sont à vrai dire nous-mêmes dans les divers états où nous pouvons nous trouver, nous-mêmes modifiés ou agissant de diverses façons. Les étudier, mais sérieusement, mais scientifiquement, c'est le premier devoir du philosophe. Malebranche parle très-bien du recueillement de l'âme en elle-même, et il excelle à en montrer la nécessité, à en recommander la pratique, à en déterminer les conditions. C'est de plus un admirable moraliste, et nous avons recueilli précieusement les vues si fines répandues dans tous ses ouvrages, et surtout dans la *Recherche de la vérité.* Mais si ses préceptes moraux et ses conseils mystiques ont une grande valeur, si ses descriptions et ses analyses doivent être mises à profit par le philosophe, toujours est-il que l'étude de l'âme telle qu'il l'a faite n'est pas suffisamment scientifique. Son amour pour la géométrie, les tendances idéalistes de son système, son préjugé sur l'obscurité de l'âme inintelligible à elle-même, tout l'empêchait de voir dans la psychologie une véritable science, et au moment même où ses réflexions morales, si justes et si vives, attestaient en lui une connaissance de lui-même très-profonde, il se refusait à regarder la conscience comme une connaissance au sens exact du mot. Pour nous,

nous avouons sans doute que l'âme ne se connaît point à la façon d'une vérité géométrique; nous avouons que dans ce sentiment intime qu'elle a d'elle-même, elle ne se saisit jamais comme un objet séparé d'elle-même ; et comment le pourrait-elle ? qu'elle ne se voit pas comme Dieu peut la voir, et qu'enfin elle n'a la connaissance ni de son fond ni des raisons dernières de son existence. Tout cela est incontestable, et si c'est là ce que Malebranche veut dire quand il parle de la substance ténébreuse de l'âme, nous n'avons rien à répliquer. Mais qu'à cause de cela l'observation des faits intérieurs ne puisse pas fonder une science véritable, c'est ce dont nous ne saurions convenir. L'opposition que Malebranche établit entre la connaissance des corps et celle de l'âme est chimérique. Il croit que nous connaissons mieux les corps que l'âme. Il dit que l'essence de celle-ci nous échappe entièrement, tandis que l'essence des corps nous est parfaitement connue. Mais Malebranche ne voit pas que ce qu'il connaît si bien des corps, ce sont leurs qualités mathématiques. Les corps réels avec leurs qualités réelles nous sont aussi profondément inconnus dans leur essence que l'âme même, ou plutôt, je me trompe, l'âme ayant conscience de soi, se saisissant non point seulement dans ses effets, mais dans la cause même qui les produit, l'âme en sait sur sa nature intime beaucoup plus que sur les corps. Voilà la grande différence à remarquer entre la connaissance de la matière et celle de l'esprit, et elle est à l'avantage de l'esprit. Hors de là les conditions de la science sont les mêmes. Des deux côtés ce qui est donné, ce sont des faits, des faits sentis, faits particuliers et fugitifs ; et des deux côtés il s'agit de former avec la connaissance de ces faits une science, c'est-à-dire de découvrir l'essentiel et le général sous l'accidentel et le particulier, c'est-à-dire encore de transformer le fait en une notion, le sensible (intérieur ou extérieur) en intelligible, les données variables de la perception individuelle en un principe fixe ayant une valeur scientifique. Ce qui importe au physicien, ce ne sont pas les sensations en elles-mêmes, mais elles sont pour lui comme le signe de rapports intelligibles qu'il découvre en appliquant son esprit aux données des sens. Ce qui importe au psychologue, ce ne sont pas non plus précisément les perceptions de la conscience : tous ces détails où les poëtes, les moralistes et les romanciers se complaisent, ne sont pour lui que les éléments de la science ; s'il les recueille soigneusement, c'est pour tâcher de connaître l'âme en général, c'est-à-dire la nature et l'essence de l'âme. Ainsi, ou il faut refuser à toutes les sciences de fait le nom de sciences, ou il faut accorder que la connaissance de l'âme peut devenir une science elle aussi, dès qu'elle est méthodiquement acquise à l'aide de procédés analogues à ceux qu'emploient les savants dans leurs recherches. Or, c'est cette science régulièrement faite qui est le point de départ le plus sûr et même le seul légitime de la philosophie.

L'observation des faits n'est point chose facile. L'esprit étant faible, il n'y a point de connaissance distincte sans analyse ; l'analyse isole l'objet à étudier, et dans cet objet même isole les différentes parties, les divers éléments. C'est la condition même de la science. Mais d'un autre côté, il ne faut pas, sous prétexte d'isoler un objet pour le mieux connaître, tellement changer ses conditions d'existence qu'il ne soit plus cet objet réel qu'il s'agit d'étudier, mais je ne sais quelle fantastique création de notre esprit ; car alors l'étude, au lieu d'être simplifiée, se trouve faussée d'avance. N'est-ce pas ce qui nous arrive souvent en psychologie ? L'âme qu'on étudie est-elle bien l'âme réelle ? La place-t-on dans son vrai milieu ? N'altère-t-on point singulièrement ses conditions d'existence ? Ne lui substitue-t-on pas peu à peu un fantôme d'âme, fort simple, très-commode à étudier, mais enfin un fantôme ? Par exemple, c'est un fait que j'ai un corps, que je connais ce corps tout autrement que les autres, que je le sens à tout instant et que je ne fais pour ainsi dire qu'un avec lui. Commencer par supposer que ce corps n'existe pas, et me considérer moi-même comme un pur esprit, n'est-ce pas me placer tout d'abord en dehors des conditions de l'humanité? C'est également un fait que je vis en société et que l'influence de mes semblables sur le développement de mes facultés intellectuelles et morales est très-grande: m'étudier comme si je me développais tout seul, comme si je devais au seul travail de mon esprit toutes mes idées, comme si la parole et l'action d'autrui ne jouaient pas dans l'éveil de ma raison, dans la formation même de ma personnalité, un rôle important, n'est-ce pas considérer, au lieu du vrai homme, un être inventé à plaisir, et n'est-ce pas m'exposer à de graves erreurs en exagérant ou en méconnaissant la vraie portée de mes facultés, que je n'ai pas voulu examiner dans le milieu où elles sont placées et dans les conditions d'existence qui leur sont faites?

Ainsi il faut prendre l'homme tel qu'il est, et l'étudier tout entier. La conscience bien consultée nous apprend elle-même à ne pas nous renfermer dans le cercle étroit des connaissances directes qu'elle nous fournit. Chaque fait de conscience presque m'invite à sortir de moi. Car si c'est de moi que j'ai conscience, c'est de moi déterminé d'une certaine façon, de moi modifié par toutes sortes de causes extérieures à moi et agissant sur moi. La sensation est un fait de conscience; mais la cause de la sensation est en dehors de moi. Me voilà par la sensation mis en relation avec quelque chose d'autre que moi, avec mon corps, et, par mon corps, avec une foule d'autres corps. J'accepte le fait, sauf à l'expliquer plus tard, si je puis; j'ajoute foi à ce monde extérieur, sauf à mieux déterminer plus tard les conditions de la certitude sur ce point. Je me prends tel que je suis, c'est-à-dire en rapport avec un corps qui est mien, et, par suite, avec le monde physique. Je ne m'épuise pas à rechercher s'il ne se pourrait pas que cela ne fût point, pour m'épuiser ensuite à prouver que cela est. Non, mais je reconnais tout d'abord que cela est, et je travaille à éclaircir, à étendre cette connaissance première. Le champ est assez vaste pour ma curiosité. De même, il me suffit d'un regard sur moi-même pour reconnaître que par la conception de la vérité qui me domine, par la conception de la loi morale qui s'impose à moi, par l'idée de l'infini et de la perfection qui me dépasse, et surtout par les sentiments divers que ces objets, non encore définis par moi, produisent en moi, je me trouve en communication avec un monde supérieur, et qu'il y a là une action tout intime, mais certaine, s'exerçant sur mon esprit, sur mon cœur, sur ma volonté. Ici encore, que de choses obscures à éclaircir, que de choses vagues à préciser ! Mais parce que cette connaissance première est très-imparfaite, je me garde bien de rompre tout d'abord les liens qui m'attachent à « l'invisible divin ; » je me garde bien de supprimer en moi la foi à la vérité, au bien et à la perfection. Ce serait méconnaître ma nature d'être fait pour la science, d'être moral, d'être religieux ; et si je me plaçais volontairement en dehors des conditions d'existence qui me sont faites, serais-je sûr de pouvoir ensuite y revenir ? Enfin je vis dans la société, et, bien loin de supposer par une fiction gratuite que je puis me passer d'elle, bien loin de m'étudier comme si en effet je me passais d'elle, j'observe l'action réelle que la société exerce sur moi et je tâche d'en mesurer la portée.

Mais c'est, dira-t-on, de la métaphysique. Je ne le nie pas, et je n'ai pas peur de la métaphysique. En toute science, il y a des principes, des données qui s'acceptent et ne se discutent pas. En philosophie, ce sont les principes mêmes du sens commun apparaissant dans les faits de conscience complets. C'est la foi naturelle à l'existence et du moi, et du monde extérieur, et des choses divines, et des autres hommes. Pourquoi rejeter cette foi pour se donner ensuite le plaisir d'établir entre le moi et le non-moi, comme on dit, un passage infranchissable ? Non : fidèle en cela au témoignage de la conscience, je me prends tel que je suis, c'est-à-dire en rapport avec mon corps et par là avec le monde extérieur, en rapport avec ce que j'appelle le monde divin, en rapport avec mes semblables. J'apprends de la conscience à dépasser les limites de la conscience, et la métaphysique est ainsi mêlée à la psychologie dès le premier pas, parce que je ne veux pas scinder la synthèse primitive, mais l'accepter, pour l'éclaircir ensuite au moyen de l'analyse.

La conviction de notre existence propre n'est donc pas la seule qui nous soit donnée avant tout travail de l'esprit. L'existence des corps, celle du monde divin, celle de nos semblables se révèlent aussi à nous, sans effort, sans raisonnement, par expérience. En effet, avant d'avoir de ces objets une connaissance nette, nous les *sentons* en tant que causes *agissant* sur nous. Voir une chose quelconque avec les qualités essentielles qui la constituent, c'est en avoir la *notion*, c'est connaître rationnellement. Subir l'action d'une cause et par là être averti de l'existence de cette cause, c'est sentir et connaître expérimentalement. Or, dans le sentiment que j'ai de mon existence et de mon activité interne se trouve indivisiblement la conscience de l'action exercée sur moi par les causes étrangères avec lesquelles je suis en relation : ne pouvant être un seul instant séparé de moi-même, je ne suis pas non plus séparé de ces agents, dont l'influence continue se fait sentir en moi. Je ne sais pas encore si ces actions diverses sont toutes nécessaires à mon existence, si parmi ces liens il y en a dont la rupture anéantirait en moi l'être même, tandis que d'autres venant à être brisés, je pourrais continuer d'exister, mais dans des conditions différentes de celles où je suis maintenant. Je ne puis pas, pour le moment, décider ces questions. Ce que je sais, c'est que ces relations diverses existent en fait, que ces actions diverses sont subies et senties par moi, que les causes qui les produisent se révèlent à moi par là, que c'est vraiment une expérience, et que ces données de l'expérience ne doivent pas être un seul instant contestées : elles sont le point de départ de toute science.

Malebranche a très-bien vu qu'il fallait dès le début entrer dans la métaphysique, c'est-à-dire affirmer l'existence et en nous et hors de nous. Dès qu'il a dit : *je pense*, il est dans la métaphysique : en effet, je *pense quelque chose*, voilà les *idées*, voilà Dieu. Mais il fallait ne pas supprimer l'action humaine et ne pas douter de l'existence des corps. Il fallait ne pas poser d'abord des principes hypothétiques : « Tout ce que l'esprit aperçoit immédiatement existe. L'esprit doit être uni immédiatement à son objet. » Quoi qu'il en soit, Malebranche a eu ce mérite de voir que l'esprit ne peut jamais être complétement isolé en lui-même.

Ce n'est pas assez de ne pas mettre en doute

l'existence du monde matériel, celle du monde divin, celle de la société. Ce n'est pas assez d'accepter ainsi tout entières les données de la connaissance humaine au lieu de faire entre ces données un choix arbitraire et périlleux. Il faut encore travailler à mieux connaître ces objets divers et en faire la science parallèlement à celle de l'âme.

Autant il est dangereux de confondre des études dont l'objet est différent et le domaine distinct, autant il est fâcheux de les tenir séparées complétement. Toutes choses étant liées dans l'univers, il y a une foule de points où les sciences les plus nettement limitées se rencontrent et doivent se prêter un mutuel secours. Il en est des sciences comme des êtres : chacune a son individualité propre, mais entre toutes il y a harmonie. La difficulté est précisément, là comme ailleurs, de maintenir ces distinctions nécessaires et naturelles, et de retrouver cependant l'accord non moins naturel que cette variété cache et suppose. S'il en est ainsi, l'étude simultanée des sciences maintenues distinctes, mais unies, est un point essentiel de la méthode philosophique.

D'abord pour ce qui est de la connaissance des corps, c'est une chose certaine, et aujourd'hui généralement reconnue, qu'elle est nécessaire à la science de l'homme. Quand on exclut de parti pris toute recherche concernant l'organisme, qui cependant compose avec l'âme le vrai homme, comme le disait si bien Descartes, peut-on se flatter de connaître jamais la nature humaine telle qu'elle est? Est-on compétent dans toutes ces questions mitoyennes pour ainsi dire où le corps et l'âme sont engagés, si, très-familier, je le veux bien, avec la science de l'âme, on est entièrement étranger à celle du corps? Malebranche, en cela fidèle disciple de Descartes, alliait, comme nous dirions de notre temps, la physiologie à la psychologie. Lui qui par son doute spéculatif ébranlait notre foi naturelle à l'existence des corps sans bien réussir ensuite à la raffermir, lui qui, par son préjugé métaphysique sur l'inactivité des créatures, niait toute action réelle du corps sur l'âme et de l'âme sur le corps, il ne croyait pas cependant qu'on pût bien expliquer les opérations de l'esprit sans tenir compte des faits physiologiques, quelles qu'en fussent d'ailleurs la nature et la cause. Nous pouvons donc lui reprocher d'avoir supprimé, par une fiction arbitraire et fort dangereuse, l'une des données primitives de la connaissance humaine; nous pouvons remarquer qu'en niant toute réciprocité réelle d'action entre le corps et l'âme, il s'est condamné à remplacer par des hypothèses téméraires un fait certain : mais du moins nous devons reconnaître qu'il n'a point méprisé la physiologie, et qu'il nous donne en cela un salutaire exemple. Ne partageant ni ce doute spéculatif ni ce préjugé métaphysique qui l'égarent, acceptant les faits tels qu'ils sont, ayant de plus à notre service les admirables travaux de la physiologie moderne, et pouvant profiter de ces grandes découvertes inconnues à Malebranche, ne sommes-nous pas, en ce temps, placés dans les conditions les plus favorables pour rendre féconde l'alliance des deux sciences qui traitent de l'homme ? Entrer sincèrement et résolûment dans cette voie, c'est comprendre la vraie nature des choses, les intérêts de la science et les nécessités de l'époque actuelle.

Toutes les autres sciences, mathématiques ou physiques, doivent être connues du philosophe, je ne dis pas dans leurs détails (quel esprit y pourrait suffire?), mais dans leurs principes, dans leur méthode, dans leurs résultats généraux [1]. Ici encore, Malebranche nous donne le précepte et l'exemple. Seulement il a pour les mathématiques une prédilection que je crois dangereuse. Ce qu'il dit de leurs avantages est excellent sans doute, et il parle, en homme qui s'y connaît, de leur rôle dans l'éducation de l'esprit et dans l'initiation aux spéculations métaphysiques. Mais quel danger n'y a-t-il pas pour le philosophe à demeurer trop volontiers dans le pays des abstractions ! Il y perd le sens de la réalité et il y prend le goût d'une méthode que la

---

[1]. C'est ce que montre très-bien le P. Gratry dans sa *Logique*, et surtout dans le dernier livre, les *Sources*.

science des choses réelles ne comporte pas. Qu'aux mathématiques il joigne donc l'étude du monde physique, non pour en déduire, comme le fait Malebranche, les lois générales de conceptions *a priori*, non pour se donner le spectacle intérieur d'un mécanisme admirablement imaginé, mais pour connaître les choses telles qu'elles sont avec leurs lois telles qu'une sage induction les *découvre*, et pour avoir l'intelligence de ce *Cosmos* dont la science contemporaine pénètre chaque jour davantage la secrète ordonnance et la merveilleuse harmonie. Leibnitz, dans ses lettres à Wolf, parle de la nécessité pour le philosophe de connaître et d'approfondir les sciences, afin de porter dans la philosophie plus de rigueur, *severiorem quamdam philosophiam*, et il déclare que lui-même a été amené par ses considérations scientifiques sur le mouvement à la grande théorie philosophique des monades. Leibnitz a raison. Jamais la philosophie ignorante de la nature et des sciences qui l'étudient ne sera grande et forte.

Dans l'ordre moral et divin, Malebranche est un bon guide. La nécessité pour l'âme d'aimer les choses divines, pour les mieux connaître, est admirablement démontrée par lui ; et la méthode morale, si je puis dire, est très-bien décrite et pratiquée dans ses ouvrages : il apprend à l'âme à se recueillir en elle-même et à monter vers Dieu. C'est du mysticisme, si l'on veut, mais ce mysticisme-là est nécessaire et bon. C'est celui de Platon et de saint Augustin qui, sans doute, furent de fermes esprits, en même temps que de grandes âmes. Il consiste d'abord à ne pas briser les liens naturels de l'âme avec la vérité et le bien, c'est-à-dire avec Dieu, puis à les resserrer, ces liens, par l'amour, la prière et la vertu. Assurément, s'il est utile et même nécessaire, pour bien philosopher, d'avoir la science de la nature, c'est une plus sainte, et si je puis parler ainsi, une plus indispensable nécessité d'avoir la science de ce monde divin avec lequel nous avons à notre insu même un continuel commerce.

Restent nos rapports avec la société. A prendre ce mot dans son sens le plus large, la société se compose, non pas seulement des hommes avec qui nous avons des relations directes, mais de tous ceux qui sont actuellement sur la terre et de tous ceux qui nous ont précédés. La science de la société embrasse donc trois choses. D'abord il s'agit d'examiner l'influence de nos semblables sur le développement de nos facultés : c'est une question à la fois psychologique et historique. Ensuite il s'agit d'étudier les grands faits sociaux et de découvrir les lois qu'ils supposent : c'est la question sociale proprement dite, à laquelle se rattachent tous les problèmes économiques, politiques, etc. Enfin, il s'agit de connaître le développement de l'humanité dans les temps qui nous ont précédés et, en particulier, la marche de l'esprit humain en philosophie : c'est la question historique. Toutes ces connaissances, Malebranche les néglige ou les méprise. Il s'enferme et s'isole dans l'homme individuel. Sa foi de chrétien toute seule le fait sortir de cette enceinte étroite. Parce qu'il est chrétien, il admet que l'enseignement du dehors exerce sur l'esprit une grande influence, et à l'expérience intime il ajoute l'expérience de la foi. Parce qu'il est chrétien, il considère l'homme comme faisant partie de cette grande société qui s'appelle l'Église, et cette société-là, il en remarque le rôle providentiel et les lois générales, tandis qu'il tient à peine compte des autres sociétés et n'en parle qu'en passant. Enfin, parce qu'il est chrétien, il n'est pas complétement indifférent à tout ce qui l'a précédé : il y a un grand fait historique qui arrête ses regards, c'est la naissance et l'établissement du christianisme ; il ne dédaigne pas non plus entièrement tout ce que les philosophes ont pensé avant Descartes, et avant lui ; car, étant chrétien, il aime, il vénère, il étudie saint Augustin, et par saint Augustin il retrouve la tradition platonicienne. Ainsi, grâce à sa foi, il rentre en société et en communion avec les autres hommes. Mais ôtez-lui sa foi, il restera seul avec sa propre pensée. En dehors du christianisme, quelle importance attache-t-il à l'enseignement ? presque aucune.

S'il n'était pas chrétien, il ne verrait pas que la raison, parole du maître intérieur, trouve dans la parole sensible de ces moniteurs que nous appelons nos maîtres, un secours nécessaire et mystérieux, il remarquerait à peine le rôle de la société dans l'éveil et le développement de notre intelligence. Voyez encore quel dédain il affiche pour tout ce qui regarde les sociétés terrestres : commerce, industrie, législation, gouvernement, tout cela l'occupe fort peu. S'il n'était pas chrétien, l'Église n'étant pas là pour attirer et arrêter ses regards au dehors, rien ne ferait exception à son injuste mépris. Enfin, comment traite-t-il l'histoire? Elle est pour lui sans intérêt; il ne fait grâce qu'à l'histoire du christianisme. S'il n'était pas chrétien, tous les faits historiques seraient enveloppés dans le même oubli, que dis-je, dans la même proscription. La marche de l'esprit humain à travers les âges, ses progrès et ses défaillances, les divers aspects d'une même question aux époques différentes où elle a été étudiée, la transmission de la vérité philosophique, tour à tour diminuée et obscurcie, ou au contraire agrandie et éclaircie, tout cela ne l'inquiète pas. Il ne soupçonne pas que dans cette société des grands esprits de tous les siècles, il puisse y avoir pour l'intelligence un secours et une force en même temps qu'un plaisir. S'il n'était pas chrétien, n'ayant aucune raison de connaître ou d'aimer saint Augustin plus qu'un autre, avant Descartes il ne verrait ou ne voudrait rien voir. Que lui importe de savoir ce que Platon ou Aristote ont pensé? Ainsi, Malebranche manque entièrement du sens historique. C'est bien là l'esprit cartésien. Je n'ai pas à répéter ici comment cette brusque rupture avec la tradition philosophique et, en général, avec les choses humaines, a pu être utile et même nécessaire après la longue domination du péripatétisme scolastique et au sortir des folies de la philosophie érudite de la Renaissance. Je constate seulement le fait, et j'ajoute qu'aujourd'hui nous devons bien nous garder de suivre, sur ce point, l'exemple de Malebranche. Nous ne devons pas oublier en psychologie l'influence de la parole sur la pensée et, en général, l'action de nos semblables sur notre développement. Malebranche a beau se moquer de la maxime d'Aristote, elle est juste dans de certaines limites : δεῖ γὰρ πιστεύειν τὸν μανθάνοντα. Nous devons réagir contre cette funeste erreur qui consiste à regarder l'âme comme une sorte de tout isolé ou de petit monde se suffisant à soi-même. Maintenons fermement l'individualité ; mais condamnons et rejetons l'*individualisme*. En second lieu, nous ne devons pas être indifférents aux questions sociales qui s'agitent de notre temps. L'humanité dont nous faisons partie vaut bien la peine que nous tâchions de la connaître. Si les philosophes anciens, imbus des idées de leur temps, se trompaient en regardant l'individu comme un rouage, comme un ressort dans le mécanisme de l'État, du moins ils avaient ce mérite de ne pas faire abstraction de la société dans leur philosophie. Aujourd'hui que les sciences sociales ont fait tant d'efforts et de progrès, serait-ce donc être philosophe que de les négliger comme si elles n'existaient pas? Ne faut-il point leur demander l'intelligence des problèmes économiques et politiques les plus graves, et s'emparer de leurs résultats les plus assurés, pour en tenir compte dans la solution de la grande question philosophique? Enfin, ce n'est pas dans un siècle où l'histoire est si fort en honneur, qu'il serait permis de partager le mépris de Malebranche pour les recherches historiques. Il nous importe de savoir ce qu'a été l'humanité avant nous, ce qu'elle a fait, ce qu'elle a pensé. A part l'intérêt qu'offre en lui-même ce grand spectacle de notre passé, nous croyons que rien n'est mieux fait pour nous instruire; car, là comme ailleurs, l'isolement ne vaut rien.

En résumé, nous pensons que, pour bien philosopher, il faut rentrer dans l'âme et y trouver Dieu, comme l'a fait si admirablement Malebranche; mais qu'il faut étudier l'âme d'une manière plus méthodique qu'il ne l'a fait, et surtout avec plus de confiance dans la valeur scientifique de cette étude; puis, qu'il faut sortir de l'âme pour connaître la nature, qu'il n'a guère considérée qu'en mathématicien, et l'humanité, qu'il a presque entièrement négligée. Une psychologie complète qui embrasse la synthèse primitive tout entière, et puis la science comparée, afin de descendre par l'analyse dans la connaissance des diverses parties de l'ensemble, voilà, selon nous, les deux points essentiels de la méthode : alors la métaphysique pourra travailler à la synthèse définitive.

CHAPITRE II.

LA RAISON.

I.

Observons-nous attentivement nous-mêmes. Dans quelque état que notre regard intérieur nous surprenne, nous aurons toujours le spectacle de notre activité, suscitée et stimulée, ou contrariée et limitée par l'action de causes étrangères. C'est là un fait irrécusable qu'il faut tout d'abord constater.

C'est par la *sensation* ou le *sentiment* que nous entrons d'abord en relation avec tout ce qui agit sur nous. Réduisons la sensation à elle-même : qu'avons-nous ? une impression reçue, une action subie par un être, actif lui-même, qui, étant modifié, est averti de cette modification, en a conscience. Il ne connaît pas la cause qui le modifie, elle n'est pas pour lui un *objet* qui lui apparaisse et qu'il puisse saisir. Il ne se connaît pas non plus lui-même, à vrai dire ; il ne s'aperçoit pas d'une vue nette et distincte ; mais il *sent* la cause qui le modifie et il se *sent* lui-même modifié. Il y a là une rencontre de deux forces, l'une qui agit et l'autre qui est *agie ;* elles se mêlent et se confondent presque dans la sensation. Sentir, c'est simultanément et indivisiblement se sentir soi-même et sentir la force par laquelle on est modifié. La sensation est donc essentiellement *subjective* en ce sens que la cause qui la produit n'apparaît pas à l'esprit comme objet de connaissance. Mais la sensation suppose une force extérieure, et cette force non aperçue est saisie comme par un contact secret, sans quoi il n'y aurait point de sensation. Il en est de même du sentiment. Ni la sensation, ni le sentiment n'ont par eux-mêmes de valeur *objective* ou *représentative*. Mais dans toute sensation et dans tout sentiment quelque chose d'extérieur est donné, et là est le principe, ou, si l'on veut, le germe de toute connaissance.

En effet, au lieu de ne donner à l'être que le degré d'intelligence suffisant pour expliquer l'obscure et confuse conscience de la sensation, mettons dans l'être l'intelligence éveillée, celle qui voit : que va-t-il se passer ? La cause qui produit la sensation apparaît à l'esprit, non en elle-même et dans son fond, mais dans ses effets et avec les phénomènes et les qualités qui la déterminent. Elle est devenue un *objet* de connaissance ; l'esprit distingue cet objet entre plusieurs autres, réunit en une synthèse qui n'a rien d'artificiel les phénomènes qui s'y rapportent, s'en fait une image nette qui subsiste encore l'objet absent ; en même temps l'esprit se distingue et de cet objet qui se montre à lui et de la sensation que cet objet lui fait éprouver. Il n'est plus, comme tout à l'heure, entièrement absorbé dans la modification actuelle. Il la voit, voit la cause qui produit, et se voit lui qui la ressent.

Ainsi, à ce second moment de la vie psychologique, il y a vraiment connaissance : connaissance des objets, connaissance du moi. Ce qui tout à l'heure n'était que *senti* est maintenant *perçu*. Qu'est-ce donc que la perception ajoute à la sensation ou au sentiment ? Elle ajoute la connaissance même. Au contact, si je puis dire, succède la vue intellectuelle, la vue des choses et la vue du moi. Telle est la perception, et elle s'offre à nous avec trois caractères remarquables : elle implique toujours à quelque degré une certaine distinction aperçue, mais non comprise, entre le sujet et l'objet, puis entre le sujet et ses modes, et entre l'objet et ses modes ; en même temps elle implique une synthèse toute spontanée des divers phénomènes se rapportant au même objet d'une part, et des différentes modifications du sujet d'autre part ; enfin, elle implique la foi à l'existence réelle du sujet et de l'objet. Cette double réalité sentie tout d'abord est maintenant aperçue et connue. Mais tandis que la synthèse relative à l'objet, déterminée par l'ordre de juxtaposition dans l'espace et de succession dans le temps de divers phénomènes sensibles, ne correspond pas infailliblement à une individualité véritable dans les choses, et laisse inconnue en elle-même la force productrice dont les effets sont sentis, les qualités apparentes perçues, et l'existence révélée, au contraire la synthèse relative au sujet n'est autre chose que la conscience même que l'être a de lui-même en tant qu'agissant et capable d'agir, et par conséquent elle est infaillible.

Percevoir n'est encore ni savoir ni penser. Si notre intelligence n'était capable d'aucun acte supérieur à la perception, elle distinguerait divers objets, les reconnaîtrait, en conserverait des images plus ou moins nettes, assemblerait ces images tantôt capricieusement, tantôt suivant certaines lois dont elle n'aurait pas le secret, et travaillant avec une aveugle spontanéité sur ces données expérimentales, se ferait par l'affaiblissement même et l'effacement de la réminiscence des fantômes qui imiteraient de loin les idées abstraites; enfin elle établirait entre les choses et entre ces images et ces fantômes des liens, et pour employer le mot de Leibnitz, des consécutions quasi mécaniques qui seraient comme l'ombre de nos raisonnements: là s'arrêterait son pouvoir. Elle n'aurait point la science de ces objets perçus et imaginés; elle en connaîtrait l'existence et les qualités, mais serait incapable d'en juger; elle n'aurait relativement à eux aucune pensée. De même, elle nous donnerait de nous-mêmes une connaissance qui nous suffirait pour nous distinguer des objets environnants; mais nous ne pourrions pas nous rendre compte de cette distinction, et ainsi ne faisant jamais ni sur notre propre être, ni sur les autres êtres, la moindre réflexion, nous aurions de tout des perceptions peut-être vives et nettes, nous n'aurions la *notion* de rien. Quel est donc le caractère propre de la notion?

Quand un enfant rencontre un obstacle contre lequel ses efforts se brisent, il s'irrite; mais voici qu'un jour, tandis que sa colère impuissante s'épuise dans cette lutte inégale, il s'arrête étonné. Qu'a-t-il donc? il comprend que ce qu'il veut est impossible, et cela le confond. Impossible! jamais il n'avait pénétré le sens de ce mot; impossible! qu'est-ce à dire? que sa puissance à lui, sa puissance dont il a un sentiment très-vif, se heurte contre une puissance supérieure à laquelle il faut qu'elle cède. Et alors, il se demande si, doué lui-même d'une force plus grande, il ne pourrait pas venir à bout de cette puissance ennemie qui lui résiste et entrave son action. Il rêve une activité qui ne connaîtrait pas de limites, une toute-puissance que rien n'arrêterait, capable de briser tous les obstacles, se jouant des difficultés, et réalisant en un instant et avec un infaillible succès les conceptions les plus vastes, les désirs les plus hardis. Mais parfois, au moment même où il regrette de n'avoir pas ce pouvoir extraordinaire, une pensée s'offre à lui, qui le frappe et le saisit. Pour cette volonté toute-puissante dont il se fait une si belle image, est-il bien sûr qu'il n'y aurait rien d'impossible? se peut-il qu'il y ait une puissance pour laquelle il n'y ait rien, absolument rien d'impossible? Il croit entrevoir que les limites étroites où sa propre activité est resserrée, une fois franchies, il y a des limites encore, limites d'un autre genre, vraiment infranchissables. Une force est vaincue par une force supérieure : oui, mais dans l'être le plus faible il y a quelque chose qui résiste à tout; dans l'être le plus faible, l'action rencontre des barrières qui rendent impossible l'accomplissement de nos désirs; et c'est un obstacle tout idéal, insaisissable, sur lequel la volonté n'a pas de prise, contre lequel la violence est inutile : ce brin de paille, si frêle, peut être rompu sans peine par la main la plus débile; il peut être réduit en poussière, une puissance surhumaine pourrait l'anéantir; mais que cessant d'être, il existe encore, cela ne se peut pas, et cela ne se peut pas parce que c'est absurde. L'enfant s'en aperçoit, et cette découverte le remplit d'étonnement, et aussi d'effroi et de respect. Il a entrevu qu'à côté de la puissance il y a l'ordre, à côté de l'activité qui se déploie avec plus ou moins d'énergie, il y a la loi qui la règle : il sentait la force qui agissait en lui et sur lui, maintenant il en a l'idée et il comprend qu'il y a de la vérité.

Reconnaître en soi et en dehors de soi un principe d'activité d'où sortent les phénomènes et un ordre qui en régit la production, c'est avoir plus et mieux qu'une simple perception : c'est penser, c'est saisir dans les choses ce qu'elles ont d'intelligible, c'est avoir la notion de ce qui jusque-là n'était que senti et perçu.

Les êtres nous touchent, et nous les sentons ; ils nous apparaissent, et nous les percevons. Mais le jour où nous comprenons *qu'ils sont* et jusqu'à un certain point *ce qu'ils sont*, ce jour-là notre pensée, en s'appliquant aux données de l'expérience, découvre les principes mêmes et les conditions de l'être.

Ce n'est plus, comme dans la sensation, un obscur avertissement et une sorte de tressaillement au contact d'une cause agissant sur nous ; ce n'est plus, comme dans la perception, la vue plus ou moins nette de l'objet, se montrant avec les qualités et les phénomènes qui le figurent pour ainsi dire à l'esprit. Maintenant nous *savons* qu'il y a un principe actif et des lois d'activité, nous concevons la *substance* et *l'essence,* nous avons *l'idée* des choses.

Ni la substance ni l'essence ne sont de mystérieuses entités. Elles composent par leur étroite et indissoluble union l'être lui-même. Il n'y a pas d'être en qui nous ne concevions ces deux choses. Otez l'une ou l'autre, l'être n'est plus. L'imagination, essayant de se représenter ce qui n'est que concevable, altère ces idées. Elle suppose dans l'être un dessus et un dessous ; le dessus, ce sont les modes ; le dessous, c'est la substance même : voilà ce que la notion de substance devient quand l'imagination met ses fantômes à la place des idées pures. L'essence ne subit pas une moindre altération : détachée de l'être, elle prend je ne sais quelle existence indépendante, fort mal définie, et, abstraction réalisée, elle vient s'ajouter à la substance pour constituer l'être, sans qu'on puisse comprendre ce mariage bizarre de l'idéal et du réel. Il faut écarter ces images. Toute substance est active, et l'essence n'est que l'ensemble des lois qui président au développement de cette activité inhérente à toute substance. Si la substance est une chose inerte, il faut bien se la représenter comme je ne sais quel fond mystérieux que les phénomènes et les qualités apparentes recouvrent et manifestent en même temps. Mais si la substance est active, ces représentations deviennent inutiles, et l'on en découvre sans peine la vanité. Active par nature, la substance, quelle qu'elle soit, est par rapport à ses modes ce que la puissance est par rapport à l'acte. Une force en repos contient virtuellement toute la série des mouvements qu'elle produira par son énergie naturelle. Ce qu'elle n'a pas encore accompli, ce que peut-être elle n'accomplira point, elle peut l'accomplir, et, si elle le peut, c'est qu'elle a en elle-même un principe d'activité qui se développera selon certaines lois. Pouvoir suppose deux choses : une énergie efficace, qui passera de la virtualité à l'acte, et des lois, qui règlent ce mouvement, l'exercice de cette activité. Otez cette énergie intime, rien ne peut se faire : la force productrice manque. Otez les lois régulatrices de cette force, rien encore ne peut se faire : car ce qu'une force est capable de produire dépend, non pas seulement du degré d'énergie qui est en elle, mais aussi de sa nature, laquelle est précisément déterminée par certaines lois constitutives et fondamentales[1]. Toute force est restreinte de deux façons dans son action : ou par une force plus puissante, ou par une limite

---

1. « Les changements naturels des *monades* viennent d'un principe interne... mais il faut aussi qu'outre le principe du changement, il y ait un détail de ce qui change qui fasse pour ainsi dire la spécification et la variété des substances simples. » Leibnitz, *Monadologie*, § 11 et 12.

tout idéale. Nous concevons très-nettement la différence qui existe entre ces deux sortes de restrictions apportées à l'activité d'une force. La première est évidemment un défaut : toute force lutte pour reculer les barrières dans lesquelles est enfermée sa puissance. Mais la seconde n'est pas un défaut, c'est une règle : la supprimer est impossible, et si elle pouvait être supprimée, la confusion serait partout. Que cette limite idéale qui contient l'activité d'une force vienne à être franchie : cette force s'est détruite elle-même ; car elle est sortie des conditions d'existence qui lui sont faites, elle n'a plus de caractère propre qui la distingue, elle n'a plus rien qui permette de la reconnaître ni de la définir, elle n'a plus d'attribut qui la détermine, plus de loi qui la gouverne ; la possibilité d'être est détruite en elle, si je puis m'exprimer ainsi, et quand, par une fiction vaine, nous maintenons encore en elle la réalité, nous avons anéanti ce qui la rend possible. Or, ce que nous venons d'appeler force active, c'est la substance même, et cet ensemble de lois sans lesquelles il n'y a plus d'activité ni de force, c'est l'essence.

La sensation et le sentiment nous mettent en relation avec les êtres, mais d'une manière aveugle ; la perception nous donne l'ordre dans lequel se produisent les phénomènes, mais sans que nous fassions sur cet ordre aucune réflexion : les éléments mêmes de toute connaissance nous sont donc fournis par l'expérience. Mais si la substance et l'essence même nous sont pour ainsi dire données expérimentalement, l'une dans l'action que nous exerçons sur les êtres et que les êtres exercent sur nous, l'autre dans l'ordre où les phénomènes nous apparaissent : néanmoins on ne peut pas dire que l'expérience découvre jamais la substance ni l'essence. Les données de la sensibilité et de l'entendement n'ont de signification qu'autant que la réflexion s'en empare et les interprète. Jusque-là elles sont lettre close. Vous avez sous les yeux un livre magnifique : vous discernez très-bien les caractères qui y sont tracés, vous épelez même les mots ; mais le sens de ces combinaisons de lettres vous échappe : n'est-ce point là l'image de l'être qui n'aurait que des sensations et des perceptions ? Incapable de penser, que saurait-il ? Rien. Le trésor de la connaissance serait-il tout entier dans sa main, il ne lui manquerait qu'une chose, mais essentielle, la faculté de le remarquer. Il est donc bien vrai que la sensation et le sentiment avec la perception nous donnent tous les éléments de la connaissance, et que nous ne pouvons pas nous passer de l'expérience. Mais il est bien vrai aussi que l'expérience ne peut pas se passer de la réflexion, et que l'esprit, en présence de ce spectacle des choses, se montre doué d'une certaine vertu qui lui est propre et fait quelque chose : sans quoi il n'aurait que des sensations ou des sentiments et des perceptions, et jamais de notion ou d'idée. Les choses se font sentir et percevoir : non pas sans doute que l'esprit en sentant ou en percevant soit inactif, et n'est-ce donc pas lui qui sent et perçoit? mais enfin il subit alors l'action des choses et semble recevoir tout d'elles. Dans la notion, son activité propre se déploie d'une façon bien plus vive. On ne dira jamais que les choses se font concevoir. Il semble plutôt que l'esprit en les concevant leur impose ses propres lois et façonne selon un modèle intérieur cette matière venue du dehors. Assujetti aux choses dans la sensation et même dans le sentiment, il en paraît le maître dans la pensée. Cependant la notion ne se forme pas arbitrairement. Ce sont encore les données de l'expérience qui la déterminent, et si l'esprit découvre la substance et l'essence, c'est grâce à ces données, ne l'oublions pas. J'aurai beau éprouver mille sensations diverses et percevoir mille objets, si je ne sors pas des limites de l'expérience, je ne *comprendrai* pas qu'il y a là des êtres et je ne *saurai* pas ce qu'ils sont. Je ne pourrai pas dire : ceci est un cheval, ceci est un arbre ; ni : ce cheval, cet arbre existent. Je ne *pense* pas : comment pourrais-je juger des choses et affirmer quoi que ce soit? Mais, d'un autre côté, que ces données de l'expérience me soient ôtées, que pourrai-je faire?

Je demeure capable de *penser*, je n'ai plus rien à penser. Il en est de même pour l'expérience intime. Se sentir soi-même, apercevoir ses propres modifications ou ses actes, se distinguer même, mais comme d'instinct, des autres êtres sentis et perçus, ce n'est pas avoir de soi-même une connaissance entière. Celui-là seul se connaît véritablement qui peut dire moi, et celui-là seul peut dire moi, qui est capable de penser et qui pense. Est-ce donc la pensée qui, par une sorte d'artifice logique ou métaphysique, met là où il n'y a que des phénomènes aperçus ce lien réel qui s'appelle la substance et cet autre lien idéal qui s'appelle l'essence? Le moi n'est-il donc qu'une création de la pensée? Non, je me sens et je m'aperçois : autrement je ne me douterais même pas de mon existence réelle, je ne serais pour moi-même qu'une vaine abstraction, ou plutôt cette abstraction elle-même, je ne la concevrais pas. C'est dans le sentiment intime de mon activité, c'est dans la perception de mes actes que je puise les éléments de la connaissance de moi-même. Mais il n'en est pas moins vrai que pour savoir que je suis et ce que je suis, il faut que je réfléchisse sur les données de l'expérience : tout à l'heure je voyais tout et je ne comprenais rien; maintenant je suis devenu pour moi-même une chose intelligible, je dis moi, j'ai la notion ou l'idée de moi-même.

II.

La faculté que nous avons de concevoir la substance et l'essence des choses, c'est la raison. Nous venons de le voir, la connaissance même des choses corporelles n'est entière que grâce à l'intervention de cette faculté supérieure, et les données de la conscience ont besoin d'elle pour être interprétées et comprises : dans l'esprit humain, l'expérience et la raison se mêlent sans cesse. Or, ce que Malebranche a très-bien vu, c'est précisément qu'on ne peut avoir l'idée même d'un corps sans être raisonnable : voilà ce qui demeure solide et vrai dans la théorie de la vision en Dieu. Aussi, qu'avons-nous fait tout à l'heure que de reproduire sous une autre forme, et avec des précautions et des tempéraments inconnus de Malebranche, cette distinction si juste au fond, et indiquée avec tant de force dans tous ses ouvrages, entre le sentiment et l'idée? Profitant des travaux modernes, nous avons tâché de faire une analyse plus précise, nous avons compté trois éléments distincts : la sensation ou le sentiment, la perception, la notion. Mais la différence fondamentale entre l'expérience, qui révèle l'existence, et la raison, qui permet de juger les choses parce qu'elle en découvre la nature essentielle; mais la nécessité pour l'esprit de joindre aux données expérimentales ou au sentiment obscur et confus, comme dit Malebranche, l'idée claire, c'est-à-dire les données rationnelles sans lesquelles il n'y a qu'une connaissance ébauchée : tout cela ne se trouve-t-il pas dans Malebranche, établi avec force, exprimé avec netteté? Maintenant, je l'avoue, Malebranche complique ces vérités si simples et en obscurcit la belle clarté par des hypothèses étranges. Mais sous ces théories elles-mêmes ne se cache-t-il pas encore quelque chose de vrai ?

Si nous réfléchissons sur la notion de la substance et la notion de l'essence, voici ce que nous découvrons : la substance, c'est précisément ce principe d'activité, cette force que nous *sentons* quand nous subissons une action étrangère, et que nous *concevons* quand nous venons à réfléchir sur cette action ; l'essence, d'autre part, c'est cet ensemble de lois qui constituent la nature d'un être. La substance, c'est donc l'être même dans sa réalité active ; l'essence, c'est l'être considéré dans les attributs et les qualités qui le déterminent. Or, si vous ôtez à la substance la réalité, elle n'est plus rien : au contraire, enlevez l'essence des êtres réels où vous l'apercevez, elle se conservera intacte dans votre pensée. Le concept abstrait de substance est un concept vide ; l'essence, prise en soi, demeure tout ce qu'elle est, c'est-à-dire un ensemble d'attributs, de qualités, de déterminations, que l'esprit peut considérer avec intérêt et profit. Ce qui manque, c'est l'existence, c'est le principe d'activité : au lieu d'un être réel, il n'y a plus que son idée ; mais cette idée est lumineuse et féconde. Ainsi, dès que vous appliquez l'abstraction à la substance, l'être s'évanouit ; et, quel que soit l'objet réel sur lequel vous opériez, une fois l'opération faite, il ne vous reste jamais que le même concept, toujours aussi vide. Dans tous les cas, le dernier degré de l'abstraction est atteint du premier coup, et le résultat obtenu est parfaitement uniforme. Il en est tout autrement de l'essence. Appliquez à l'essence l'abstraction, vous isolez par la pensée ce qui caractérise et diversifie les êtres ; les notions que vous obtenez sont variées selon les objets que vous considérez, et entre ces notions se laissent voir divers degrés de généralité et, par conséquent, une subordination et une hiérarchie véritable. La substance est une chose réelle : si l'abstraction la touche, elle en fait une ombre et une sorte de néant. L'essence, ce sont les lois de l'activité des substances ; c'est donc ce qu'il y a d'idéal dans la réalité : l'abstraction ne lui fait pas de tort ; elle la dégage, l'isole, et la rend par là plus saisissable à l'esprit. Ne concevons-nous pas que, aucun être réel n'existant, les essences des êtres subsisteraient encore? Et, en effet, ce qui n'est pas, mais qui pourrait être, est parfaitement concevable. Les attributs qu'un objet aurait s'il existait, les qualités qu'il posséderait, les conditions idéales de son existence possible, les lois qui présideraient à son développement et régiraient son activité, si, au lieu de n'être qu'une idée, il était réellement, tout cela peut être très-distinctement connu ; car tout cela ne dépend en rien de l'existence réelle de cet objet. L'essence se montre à nous comme à travers la réalité substantielle qu'elle détermine, mais ce n'est point cette réalité qui la rend intelligible. Que rien de ce qui est ne soit, tout ce qui est étant possible, peut être pensé. Cette possibilité idéale est donc d'une certaine façon antérieure et supérieure à l'existence même qui la suppose et n'est point supposée par elle. Si rien n'est possible, rien ne sera. Il n'est pas nécessaire du tout que le possible soit jamais réel, mais tout possible, pris en soi en tant que possible, est, à titre de vérité, indestructible, éternel et nécessaire.

Mais tâchons de marquer d'une manière plus précise encore ce que nous entendons par la possibilité ou l'essence des choses. Je considère un objet, et par la pensée je l'anéantis : j'en conserve l'image ; mais si j'ai de cet objet une notion véritable, je retiens dans mon esprit, liés ensemble, tous les phénomènes et toutes les qualités qui le déterminaient. Il se peut que tout le détail de ces phénomènes et de ces qualités soit présent à mon esprit : si je vois ce détail sortir du fond de l'être détruit, mais toujours possible, et se dérouler d'après certaines lois, j'ai beau avoir là une connaissance très-particulière, cette connaissance n'en est pas moins rationnelle, et c'est vraiment l'idée de l'être anéanti que j'ai dans l'esprit, et non pas seulement son image ou sa représentation. Mais voici que je remarque entre cet être et d'autres êtres, réels ou possibles, peu importe, des ressemblances caractéristiques : je conçois que ces êtres à la fois divers et semblables se rapportent au même type. Tout à l'heure, c'était l'essence individuelle que je pensais, maintenant c'est l'essence spécifique ; un degré de généralité de plus, et ce sera l'essence générique. Entre les êtres je vois des ressemblances de plus en plus générales, qui laissent subsister par conséquent des différences de plus en plus importantes. Mais, si générales que soient ces ressemblances entre les êtres, tant que je n'arrive pas à l'idée de la substance ou de l'être lui-même, il y a toujours quelque détermination très-intelligible, et dans cette subordination des types qui se compliquent graduellement, dans cette série ordonnée des déterminations qui s'enrichissent de plus en plus, dans cette superposition des lois qui s'enchaînent les unes aux autres, j'aperçois une admirable harmonie qui charme ma pensée. Certaines lois, supérieures à toutes les autres, me paraissent communes à tout ce qui est : à ces lois-là j'essaie en vain de supposer des exceptions, ma raison se briserait plutôt que d'admettre que ces conditions indispensables de l'existence et de la pensée pussent être suspendues ou modifiées ; ces lois ne sont pas seulement générales, mais absolues, elles s'imposent à moi et règlent nécessairement ma pensée en même temps qu'elles assujettissent tous les êtres : leur domination est universelle, irrésistible, éternelle. En se manifestant à nous, elles nous font sentir leur empire avec une bien autre puissance que les forces les plus redoutables, et, chose digne de remarque, en nous dominant elles ne nous humilient point. Se soumettre à elles, c'est se rendre à la raison et à la vérité, et l'on ne peut tenter contre elles une révolte inutile sans en éprouver de la honte. Dès qu'elles se révèlent à l'esprit, elles le relèvent. Si leur invincible puissance étonne et épouvante, leur inviolable autorité imprime le respect, et précisément à mesure que la raison, devenue plus forte, en comprend mieux le caractère incomparable, la peur enfantine qu'elles causaient d'abord va diminuant, tandis que cette crainte virile qui est le respect lui-même, grandit dans l'âme.

Je n'invente rien : j'analyse et je raconte. Mais quoi? de simples lois agissent sur nous et produisent en nous des émotions plus profondes et plus pénétrantes que n'en peuvent produire ces causes réelles que nous nommons des forces! Malebranche aurait-il donc raison d'attribuer aux idées une réalité indépendante et vraiment divine? Allons-nous, comme lui, nous égarer dans le monde intelligible, et donner à notre tour dans les chimères que nous lui avons reprochées?

Certes, je veux me défier de l'idéalisme. Mais, si prudent que je sois, si près que je me tienne des données de l'expérience, et justement par cela même que j'essaie de consulter l'expérience tout entière, je ne puis pas m'empêcher d'être très-vivement frappé de ce grand spectacle de la vérité s'imposant à mon esprit et lui donnant des lois qui sont en même temps celles des choses.

Pourquoi tenterais-je de rétrécir ma pensée? C'est un fait que je conçois des essences et des lois éternelles, et c'est un fait aussi que si ces essences et ces lois se montrent à moi dans les êtres réels que l'expérience atteint, elles ne dépendent pas de ces êtres, pas plus qu'elles ne dépendent de mon esprit, qui les conçoit, et ne les crée point. Ces lois constitutives des choses, qui, hors des choses, ne sont que des abstractions, mais des abstractions lumineuses, ces lois comment s'expliquent-elles? Il n'y a au monde que des substances actives et des lois; mais de toutes les substances que je connais expérimentalement, il n'y en a aucune qui ne semble d'une certaine façon inférieure aux lois conçues par l'esprit ; et cependant, encore une fois, la loi prise en soi est une abstraction, et la substance est quelque chose de réel : faut-il donc admettre que l'abstrait est supérieur au réel? Oui, en un sens, quand l'abstrait, c'est l'idéal ; mais ne faut-il pas que l'idéal lui-même ait son dernier fondement dans le réel? à moins de se perdre dans de vaines rêveries, ne faut-il pas chercher dans le réel le principe premier de tout? Remarquons-le bien : quand nous entrons à la suite de la raison dans le monde intelligible, nous quittons la réalité pour ne considérer que des possibilités, des essences, des lois, c'est-à-dire, toujours des abstractions ; et malgré cela, dans ce monde intelligible où tout devrait nous paraître mort, nous découvrons partout je ne sais quelle vie dont jusque-là nous n'avions pas l'idée. Suivons donc jusqu'au bout notre raison. Reconnaissons que là aussi il y a de l'être, puisque là aussi il y a des actions exercées sur nous, reçues par nous. Le sentiment naît au contact de l'être avec l'être. Les choses intelligibles nous causent des sentiments, elles agissent : elles sont, j'entends qu'elles sont réellement ; mais comment sont-elles ?

Elles ne peuvent être que des pensées, mais des pensées réelles d'un être réel. Oui, il est indubitable qu'en concevant les essences et les lois éternelles, nous entrons en rapport avec la réalité : non pas que les essences et les lois aient une existence propre, mais celui qui les pense éternellement existe réellement, de même que nous qui les pensons dans le temps nous existons réellement. Il y a de la vérité. Or la vérité appelle l'intelligence; la vérité n'est pas seulement amie de l'intelligence et son propre objet; sans l'intelligence, d'une certaine manière, elle n'est point. C'est l'habitude de l'abstraction qui nous fait parler de la vérité comme si elle était par elle-même et en elle-même quelque chose. Il est bien vrai qu'elle est indépendante de notre intelligence à nous, mais elle ne l'est point de toute intelligence : sa nature est d'être pensée, et si rien ne la pense, j'ose bien dire qu'elle-même n'est plus rien. L'intelligible suppose l'intelligence pour le saisir, c'est évident, mais aussi pour le faire subsister. Là où il est, une intelligence seule peut le reconnaître; mais là où une intelligence le reconnaît, seule aussi une intelligence a pu le mettre. Son origine première, c'est la pensée. Ces essences, ces types, ces lois que nous concevons, ont dans la pensée leur source et leur principe : ce sont *choses pensées*, et toute chose pensée suppose la *pensée pensante*. Si donc on ne veut pas se payer de mots, il faut avouer que les êtres de l'univers avec leurs lois constitutives expriment et supposent l'intelligence, non pas la nôtre dont ils ne dépendent point, non pas une intelligence inconsciente, résidant en eux-mêmes, car cela n'a pas de sens, mais une intelligence, distincte d'eux et de nous, qui les conçoit éternellement et fonde ainsi leur indestructible possibilité et leur intelligibilité. Nous pensons les choses parce qu'elles sont intelligibles ; mais si elles sont intelligibles, c'est parce qu'elles sont pensées quelque part. Dans toute réalité il y a de la vérité ; car dans toute réalité il y a certaines déterminations et par conséquent une nature propre, une essence, des lois : c'est ce qui fait que toute réalité est intelligible: donc toute réalité est l'expression et l'œuvre de la pensée, en même temps qu'elle en est l'objet. Et l'éternelle intelligence qui pense tout ce qui est, ne reçoit point sa lumière d'ailleurs. Elle porte en elle-même et fait pour ainsi dire éternellement son éternel objet. C'est elle qui établit les lois des êtres et en détermine la nature. Quant à ces lois souveraines elles-mêmes qui sont les conditions absolues de toute existence, elle ne les établit pas par un libre décret, mais elle ne les connaît pas non plus comme quelque chose qui lui soit supérieur : elle les voit et les constitue en les connaissant, car ces lois ne sont enfin que la nécessité même de sa propre essence, vue telle qu'elle est. Nous voilà donc sortis de l'abstraction. Il y a un être réel où le possible et l'idéal ont leur fondement, il y a un être réel dont la pensée toujours éveillée est le principe et l'origine de toute vérité. Nous comprenons maintenant pourquoi la vérité est si forte, pourquoi elle commande avec tant d'empire et nous remplit d'un si profond respect. Saisir dans le plus humble objet ce qu'il a d'intelligible, c'est penser ce que pense l'intelligence éternelle.

C'est l'honneur de Malebranche d'avoir reconnu les caractères propres aux vérités rationnelles et d'en avoir bien expliqué l'origine divine. Il a vu qu'il y a des vérités absolument nécessaires et immuables : contre elles, la volonté divine elle-même ne peut rien, et comme cette volonté ne les a pas faites, elle ne saurait les détruire ni les altérer. Bien loin de dépendre d'un décret divin qui les aurait arbitrairement établies, les vérités éternelles sont pour Dieu même une règle, une loi qu'il suit inviolablement. Jamais philosophe ne montra mieux que Malebranche cette souveraineté indélébile de la vérité, nul ne trouva pour la soutenir des expressions plus nettes et plus fermes. Et en même temps avec quelle sûreté il établit que ces droits imprescriptibles de la vérité ne diminuent en rien la toute-puissance de Dieu ! Comme il voit bien que dans l'homme même, l'intelligence et la volonté assujetties à la loi de la sagesse et de la justice trouvent là non pas une limite, mais une règle, et loin de perdre en se réglant quelque chose de leur puissance, ne peuvent qu'à cette condition même déployer toute leur force et atteindre toute leur perfection ! Comme il regarde en pitié cette chimérique indépendance qui consisterait dans l'affranchissement des lois de la vérité et de l'ordre, et comme il se rit de cette omnipotence misérable qui, supérieure à la raison même, se consumerait en d'aveugles caprices ! Non, se soumettre à la loi éternelle du vrai et du bien, c'est être libre. Or, cette loi, que l'homme trouve en dehors de soi, qu'il connaît dans une lumière étrangère et qu'il reçoit d'une autorité supérieure, cette loi, Dieu la voit dans sa lumière propre, comme une chose qui lui est unie, ou plutôt qui appartient à sa substance : elle n'est pas l'œuvre de sa volonté, elle est sa sagesse même, qui lui est coéternelle et consubstantielle. Voilà comment cette loi est au-dessus de la volonté divine qu'elle règle, et comment néanmoins elle dépend de Dieu : proclamer la souveraineté de la vérité et de l'ordre, ce n'est donc pas porter atteinte à l'indépendance du Créateur, c'est dire que l'activité divine, toute-puissante et toute libre, se déploie dans la lumière ; c'est dire que la vérité est la vérité, et le bien est le bien, non parce que Dieu le veut, mais parce que Dieu est Dieu ; c'est fonder l'immutabilité des vérités et des lois éternelles non sur un décret arbitraire, mais sur la nécessité et la perfection de la nature divine ; c'est enfin rendre à Dieu sa sagesse et affirmer de la manière la plus énergique et la plus belle sa perfection en mettant en lui, à la place d'une absolue indifférence, la souveraine raison.

Maintenant, je comprends ces belles paroles de Leibnitz que j'avais souvent lues dans la *Théodicée*[1] sans les remarquer assez ; les rencontrant une fois de plus après l'étude que je viens de faire, elles m'ont frappé par leur netteté, leur justesse et leur vigueur.

« Il ne faut point dire avec quelques scotistes que les vérités éternelles subsisteraient quand il n'y aurait point d'entendement, pas même celui de Dieu. Car c'est, à mon avis, l'entendement divin qui fait la réalité des vérités éternelles, quoique sa volonté n'y ait point de part. Toute réalité doit être fondée dans quelque chose d'existant. Il est vrai qu'un athée peut être géomètre. Mais s'il n'y avait point de Dieu, il n'y aurait point d'objet de la géométrie, et sans Dieu, non-seulement il n'y aurait rien d'existant, mais il n'y aurait même rien de possible. Cela n'empêche pas pourtant que ceux qui ne voient pas la liaison de toutes choses entre elles et avec Dieu, ne puissent entendre certaines sciences sans en connaître la première source, qui est Dieu. Aristote, quoiqu'il ne l'ait guère connue non plus, n'a pas laissé de dire quelque chose d'approchant et de très-bon lorsqu'il a reconnu que les principes des sciences particulières dépendent d'une

---

1. Leibnitz, *Théodicée*, § 184.

science supérieure qui en donne la raison, et cette science supérieure doit avoir l'être et par conséquent Dieu, source de l'être, pour objet. »

Ainsi, avec Malebranche, nous rattachons la vérité à une Raison souveraine. Mais d'abord, nous nous efforçons de mieux marquer (on vient de le voir) la distinction entre les lois simplement générales et les lois vraiment universelles. Ensuite, nous rejetons la théorie de l'étendue intelligible.

Certes, il y a dans cette théorie quelque chose de profond : nous l'avons reconnu. Dieu, étant la raison des choses, a des perfections qui leur sont analogues : il n'est pas corps, mais ce qu'il y a dans les corps de perfection, il le possède ; et cela, c'est l'étendue intelligible infinie. Malebranche espère montrer par là que Dieu est la raison des choses sans être les choses mêmes. Vain espoir : la théorie succombe sous de formidables difficultés, nous l'avons vu. Dieu, quoi qu'en ait Malebranche, semble être tout ce qu'il y a de réel et de subsistant dans les choses ; on dirait qu'il ne peut rien faire qu'il ne donne à ce qu'il fait de son être même, en sorte que les choses ne sont plus seulement par lui, mais de lui ; et à la fin, il est, non plus la raison et la cause des choses, mais, à ce qu'il semble, les choses mêmes. Nous rejetons cette théorie dangereuse et peu claire. Aussi bien, dans l'idée d'étendue pure, il n'y a rien de positif, rien qui directement suppose en Dieu une perfection analogue. Dieu est *immense*[1]; il n'est, en aucune façon, en aucun sens, *étendu*. Les choses étendues imitent de loin, expriment très-imparfaitement l'immensité divine, ou, si l'on aime mieux, y font penser par contraste. Voilà tout. Elles ne supposent pas en Dieu une perfection, qui serait l'étendue intelligible, laquelle, n'étant ni l'immensité divine, ni l'extension corporelle, est vraiment inconcevable. Pour nous, nous ne connaissons qu'une manière plausible d'entendre l'étendue intelligible, mais on va voir que ce n'est pas du tout le sens que Malebranche lui a donné. Elle n'est, pour nous, ni infinie, ni divine : elle n'est qu'une abstraction. Elle n'est pas non plus l'essence même des corps : elle est leur condition d'existence. En un mot, elle n'est pour nous que l'espace même, et l'espace, c'est la possibilité indéfinie d'existences étendues, et cette possibilité suppose en Dieu l'intelligence et la puissance. Il y a donc l'immensité, attribut divin; il y a l'extension locale, qui appartient aux choses étendues; il y a l'espace ou étendue intelligible, loi des choses étendues, condition de leur existence, éternellement pensée par Dieu souverainement intelligent et tout-puissant. De cette manière nous pouvons conserver le langage même de Male-

---

1. Nous parlerons plus loin de l'immensité divine, au ch. IV.

branche, mais sa théorie particulière s'évanouit.

Ne faisant de l'étendue intelligible ni l'essence des corps, ni une divine réalité, nous ne risquons pas d'enlever aux choses créées leur existence propre; et nous répétons, avec saint Augustin, que nous les apercevons en elles-mêmes, *in sua natura*. La vision des corps en Dieu, suite nécessaire de la théorie de l'étendue intelligible, nous paraît, comme elle, une inacceptable chimère.

III.

Nous modifions les théories de Malebranche. Mais il y a un point que nous admettons avec lui, c'est que les vérités éternelles ont dans la raison souveraine de Dieu leur origine : devons-nous conclure, avec lui encore, que l'esprit humain découvre ces vérités dans la substance lumineuse de Dieu par une intuition immédiate? C'est ce que nous avons maintenant à examiner.

Sans doute si l'on admet que toute pensée doit avoir un objet réel immédiat, une fois que l'on a trouvé dans la souveraine raison l'origine de toute vérité, il faut dire que concevoir la vérité c'est contempler cette raison suprême ; et puisque cette raison ne peut être que Dieu, il faut avouer que la connaissance de la vérité est une vue de Dieu. Tout cela est fort conséquent. Mais quelle est la valeur du principe? Ce n'est pas une chose évidente que toute pensée doive avoir un objet réel immédiat. Quand je pense au triangle ou au cercle, est-ce qu'il y a quelque objet réel qui soit présent à mon esprit et que je voie? Ne faisons pas d'hypothèse. N'est-il pas vrai qu'à l'occasion des données des sens, nous concevons ces figures géométriques parfaites qui ne se rencontrent point dans la réalité, et nous faisons alors ces définitions rigoureuses qui deviennent le point de départ de toute une science? Concevoir ces figures, les définir, c'est penser assurément, ce n'est pas saisir un objet réel immédiatement présent à l'intelligence. Que ces conceptions générales et ces définitions ne soient possibles que parce qu'il y a des essences indépendantes de notre esprit, c'est certain; mais ces essences nous ne les contemplons pas. L'esprit est très-actif dans la connaissance, surtout dans la connaissance rationnelle. Il faut le bien comprendre. Nous ne trouvons pas toutes faites les notions que nous avons des choses, nous les formons par notre travail. L'intelligible existe sans nous, il existe dans les êtres réels où il est enveloppé, il existe en Dieu qui en est le principe. Mais qu'est-il dans les êtres? la loi même de leur activité; et en Dieu? une pensée. Nous donc, qu'avons-nous à faire? A saisir la pensée divine et à la contempler? Non pas; mais, les objets réels nous étant donnés, nous avons à les penser comme Dieu les pense, nous avons à déployer notre activité pour nous *faire une idée* des choses que nous apercevons. Ainsi, notre esprit imite l'éternelle activité de l'intelligence divine. Dieu ne se découvre pas à nous pour nous laisser voir en lui-même les essences des choses, mais Dieu nous donne la puissance de penser dans le temps et avec effort ce que lui pense éternellement et avec une souveraine facilité. Il pense les choses avant qu'elles soient et il les fait telles qu'il les pense ; nous les pensons telles qu'elles sont faites, et nous refaisons après coup le plan divin. Notre travail est parfois bien lent et bien difficile ; nos idées sont incomplètes ou même inexactes. Il nous faut recommencer plusieurs fois notre œuvre, briser ces ébauches défectueuses, ces *créations* imparfaites de notre pensée : noble labeur ! Il s'agit pour nous de trouver, avec cette raison que Dieu nous donne, les raisons des choses que Dieu fait. Dans tout cela, rien qui ressemble à la vision, point d'objet directement saisi par une intuition immédiate ; mais une incessante activité pour concevoir ce que Dieu conçoit comme Dieu le conçoit. Tout être est une chose pensée par Dieu. Penser nous-mêmes cette chose que Dieu pense, voilà l'office de notre esprit.

C'est de la même manière que les lois nécessaires et absolues nous sont connues : nous ne les lisons pas écrites dans la souveraine intelligence, nous les concevons nous-mêmes à l'occasion des êtres réels dont elles gouvernent le développement.

Vérités métaphysiques, vérités mathématiques, vérités morales, qu'est-ce que tout cela, sinon des rapports nécessaires entre les choses? Et ces rapports nous les saisissons par la raison, alors que nous jugeons des choses; puis, quand la raison est devenue plus forte, nous concevons ces mêmes rapports d'une manière abstraite. Il ne faut pas alors chercher d'objet immédiat à notre pensée, elle n'en a pas. Elle conçoit, par une vertu qui est en elle, les lois absolues des choses, les conditions indispensables de toute existence et de toute pensée. Tandis que pour découvrir les essences proprement dites, elle a besoin d'un long travail et de beaucoup de comparaisons successives entre les êtres réels que l'expérience atteint; ici, un seul fait étant donné, elle peut saisir la loi nécessaire qui y est impliquée. Mais, sauf cette différence, d'ailleurs fort grave, tout se passe de la même manière dans les deux cas. C'est toujours l'expérience qui est l'occasion et comme la cause provoquante de la conception rationnelle, et c'est toujours l'esprit qui, par son énergie propre, produit cette conception.

Qu'on ne dise pas que s'expliquer de la sorte la connaissance de la vérité, c'est douer l'intelligence humaine d'un pouvoir créateur. Non, c'est tout simplement reconnaître que l'intelligence humaine est active, et c'est chercher dans cette activité l'origine de toutes les idées que nous avons. La vérité n'est pas à nous, elle est divine et non pas humaine; mais notre esprit la conçoit, et concevoir la vérité c'est agir, ce n'est pas recevoir l'impression des objets, ce n'est pas les refléter et les reproduire, ce n'est même pas simplement les saisir et les appréhender. Concevoir la vérité, c'est opérer sur les données de l'expérience et les interpréter; c'est rendre actuel l'intelligible qui n'est là que virtuellement; et voilà pourquoi la vérité, qui n'est pas à nous, qui n'a pas en nous son principe, devient cependant nôtre, pour ainsi dire, quand nous pensons.

Ainsi, voilà deux choses également certaines: les essences et les lois supposent Dieu, Dieu qui les pense et en les pensant les fait subsister intelligiblement; et nous, en pensant ces mêmes choses, nous ne les contemplons pas dans un ciel intelligible, nous ne les voyons pas en Dieu, nous les concevons par un acte de notre esprit qui n'a point d'objet réel immédiat, et, en dégageant de la réalité qui les enveloppe ces essences et ces lois, nous leur donnons, nous aussi, dans notre pensée, une sorte d'être intelligible. Les choses subsistent avec leurs lois, les idées des choses nous appartiennent, et ces idées que nous nous faisons, les unes par un travail lent, les autres par une opération rapide, sont conformes aux idées divines ou tendent à s'y conformer.

D'où vient que nous avons cette puissance de penser? Dire que Dieu nous l'a donnée, ce n'est point couper court à toutes les questions. Dieu nous a donné tout ce que nous avons. Il s'agit de saisir, si c'est possible, le secret ressort de cette faculté supérieure. Nous n'avons encore trouvé, dans la connaissance humaine, que des données expérimentales fournies par les sens extérieurs et le sens intime, et puis cette activité incessante de l'esprit, travaillant à se former des notions rationnelles. Est-ce assez pour expliquer la connaissance? Je vois bien ce que l'expérience m'apporte et ce que mon esprit fait. Mais ce qui rend mon esprit capable de faire ce qu'il fait, je ne le vois pas. Il a les données de l'expérience; mais quand il opère sur ces données et leur impose, pour ainsi dire, une forme idéale, n'a-t-il donc aucun point d'appui? N'a-t-il pas, en dehors de l'expérience, quelques données d'un autre ordre qui expliquent son action? Je me suis efforcé de montrer que toute pensée n'a point un objet réel immédiat; mais toute pensée a pour point de départ et pour terme la réalité. L'esprit humain est actif, l'esprit humain travaille : vérité capitale trop souvent oubliée, toujours bonne à répéter ; mais l'esprit humain ne peut rien sans données, il ne fait rien s'il n'est pas en relation avec la réalité, il n'a pas d'idée si le réel ne se donne pas à lui : autre vérité qu'il n'est pas moins important de considérer et de retenir. Or, si la conception des vérités rationnelles par l'esprit humain suppose la réalité des êtres contingents dont elles sont les lois, ces mêmes vérités supposent indispensablement la réalité de l'être nécessaire qui les pense éternellement. L'expérience nous donne les êtres contingents, elle ne nous donne pas l'être nécessaire. Enfermés dans les limites de l'expérience, quand nous aurions l'activité d'esprit la plus puissante, comment aurons-nous une seule notion, une seule idée, c'est-à-dire comment pourrons-nous penser ce que Dieu pense? Pour que nous concevions les essences et les lois, ne faut-il pas que la double réalité qu'elles supposent nous soit donnée? Elles se montrent dans les choses, mais elles tiennent à Dieu, elles ont Dieu pour principe : sans un lien secret avec Dieu, nous ne concevrons rien de ce qui a quelque rapport à Dieu; sans une donnée initiale, sans une impulsion qui mette notre esprit en branle, nous aurons beau voir les choses, nous n'y saisirons rien d'intelligible, puisque y saisir ce qu'elles ont d'intelligible, c'est, encore une fois, les penser comme Dieu les pense. Il ne suffit pas de rattacher les essences et les lois à Dieu, il faut encore rattacher à Dieu l'esprit qui conçoit ces essences et ces lois. Ce lien, Malebranche l'a cherché, Malebranche l'a affirmé. Voici comment nous l'entendons.

Nous sommes en relation avec la souveraine raison. Dieu même agit sur nous : c'est son action intime et immédiate que nous sentons quand nous éprouvons, en concevant les vérités éternelles, ces émotions que nous avons signalées plus haut. Non-seulement il y a des sens extérieurs par lesquels nous entrons en relation avec le monde matériel ; non-seulement il y a le sens intime par lequel nous nous sentons nous-mêmes : il y a encore le *sens divin*. Nous ne voyons pas la substance de Dieu ; nous ne connaissons pas Dieu par intuition : mais nous sentons Dieu. Ce serait une psychologie bien incomplète que celle qui ne tiendrait aucun compte de ces sentiments divers que cause en nous l'intelligible. J'en ai donné tout à l'heure un exemple frappant. Il y en aurait bien d'autres. Ce sont des étonnements et des peurs, des joies et des tristesses, des regrets et des désirs, des tressaillements de toute sorte, qui se produisent en l'âme : qui donc les cause ? Dieu même, présent au fond de notre être, Dieu agissant immédiatement sur nous. La suprême réalité se révèle, comme toutes les autres, par son action, et le sentiment est son premier témoin, témoin aveugle et muet, mais qui touche, émeut, ébranle. Dieu n'est pas l'objet d'une perception ; car il n'est pas possible de se le représenter. Dieu n'est pas en ce monde l'objet d'une intuition : notre esprit, dans les conditions actuelles, ne peut voir Dieu. Mais Dieu agit et nous ressentons son action ; il est là, et il nous pousse à travailler ; il est là, lui qui porte en soi tout l'intelligible, et il excite notre intelligence et la fait entrer en acte, la stimulant intérieurement par son action secrète, et au dehors par le spectacle des choses. C'est cette éducation perpétuelle de la raison humaine par la raison divine, que les grands philosophes essaient de faire comprendre et veulent célébrer en usant de métaphores vives et brillantes. Dieu, c'est le maître intérieur qui parle au dedans de nous et nous instruit ; Dieu, c'est le soleil des intelligences, c'est la lumière éternelle qui nous éclaire. Tout cela est vrai, et ces belles images doivent être conservées. Mais ne l'oublions pas, notre esprit est actif, et cet esprit actif reçoit continuellement de l'action de Dieu l'impulsion première qui donne le branle à tous ses mouvements. Ainsi, partout l'activité : en Dieu l'activité première, dans sa source et son principe ; en nous l'activité dérivée. Dieu pense, et voilà l'origine de toute vérité ; nous pensons, et voilà la vérité en nous, conçue et connue. Mais pour penser, c'est-à-dire pour concevoir le nécessaire, l'absolu ou ce qui le suppose, il faut que quelque chose nous soit donné ; et ce quelque chose, c'est Dieu même exerçant sur nous une incessante et intime action, Dieu se donnant à nous dans cet obscur sentiment que son action nous cause, Dieu nous excitant à concevoir l'intelligible et nous faisant penser ce qu'il pense lui-même.

Voilà comment nous entendons la présence de Dieu dans la raison. Avec Malebranche, nous reconnaissons que la vérité doit être rapportée à Dieu comme à son vivant principe; avec Malebranche, nous déclarons que, toute pensée supposant l'intelligible, et l'intelligible supposant une intelligence souveraine, toute pensée implique Dieu en quelque sorte; mais nous ne disons pas que toute pensée est une vue de Dieu même, et si nous admettons qu'entre la raison divine et la raison humaine il y a une incessante communication, nous l'entendons autrement que Malebranche. Nous rejetons entièrement la vision en Dieu, nous admettons le sens divin. Nous croyons que la faiblesse de l'intelligence humaine est trop oubliée dans ces théories chimériques où on la suppose douée d'une puissance intuitive que l'observation ne lui découvre pas et que la réflexion juge impossible dans les conditions actuelles. Il y a plus : nous pensons que la théorie de Malebranche, en laissant dans l'ombre l'activité de l'esprit humain, exagère sa faiblesse après avoir exagéré sa force. Elle lui donne ce qu'il n'a pas, elle lui ôte ce qu'il a, et ce que tout esprit doit avoir sous peine de n'être plus, je veux dire l'activité.

Restituer à la raison humaine cette activité, ce n'est certes pas diminuer la part de Dieu, c'est entendre les choses telles que Dieu les a faites et écarter ces erreurs séduisantes qui compromettent les plus solides et les plus belles vérités.

IV.

Mais la connaissance de Dieu même, comment se forme-t-elle? D'après quelles lois la donnée initiale du sens divin se développe-t-elle et devient-elle notion et idée? Toute conception de l'intelligible implique un secret rapport entre l'âme et Dieu ; mais à quels caractères l'âme reconnaît-elle Dieu, et quelle idée se fait-elle de lui alors qu'elle essaie de le concevoir? La nécessité et la perfection me paraissent être les caractères propres de la nature divine. Concevoir un être nécessaire, c'est-à-dire un être qui ne peut pas ne pas être et qui est par soi-même, et le concevoir parfait, c'est avoir l'idée de Dieu. Bien que l'objet de cette idée soit éternel et immuable, puisque c'est Dieu même, l'idée n'en suit pas moins les lois ordinaires de la connaissance humaine, elle est notre œuvre, et partant, faillible et progressive. Selon les époques, selon les circonstances, selon nos propres dispositions et nos propres efforts, elle gagne ou perd en fermeté, en netteté, en étendue, et ainsi la vérité, toujours la même en soi, s'amoindrit ou grandit dans les âmes. Mais ici, comme dans toute connaissance, il y a quelque chose qui n'est en rien notre œuvre. Naturellement, avant toute réflexion, nous croyons au nécessaire et au parfait réellement subsistant, et nous y croyons parce qu'il est en nous, agissant sur nous et se révélant à nous par son action que nous atteste le sens divin. Que quelque chose existe nécessairement de toute éternité, sans quoi rien ne serait, voilà ce que personne ne met sérieusement en doute. Que quelque chose de plus grand et de meilleur que nous et ce qui nous entoure, existe, c'est encore ce que nous croyons d'instinct ; et les aspirations, les dégoûts, les inquiétudes de notre cœur prouvent assez que jamais dans les limites de l'expérience nous ne rencontrons d'objet qui nous satisfasse. Réfléchissons sur cette conviction naturelle de l'esprit humain, et tâchons d'éclaircir et d'approfondir la signification de ces deux mots : nécessaire et parfait.

L'être nécessaire est celui qui est par soi-même. De quelque façon que l'esprit s'explique les choses, il ne peut éviter cette conception. Il mettra peut-être l'existence nécessaire là où elle n'est point, du moins il la concevra, et il ne peut pas ne pas la concevoir. Il y a des substances actives, il y a des forces : il y a donc une substance nécessaire, une force primitive, quelle qu'elle soit ; et ce *donc* ne marque pas un raisonnement, il exprime simplement qu'il y a un rapport nécessaire entre toute substance et la substance nécessaire, et que nous ne pouvons concevoir une substance sans affirmer au moins implicitement ce rapport. Mais cette substance nécessaire, conçue et affirmée universellement, quelle est-elle?

Remarquons que la raison d'être n'est point dans la substance elle-même, elle est dans les déterminations qui la caractérisent : une substance entièrement indéterminée ne serait point, parce qu'elle n'aurait aucune raison d'être. Plus une substance est déterminée, plus elle est intelligible, partant plus il y a de raisons pour qu'elle soit. L'esprit conçoit clairement qu'elle pourrait ne pas être; mais il voit aussi qu'il est bien qu'elle soit. La convenance de l'existence pour ainsi dire croît et décroît avec la richesse des déterminations. Entre les possibles, ceux-là ont plus de droit[1] à être, qui sont plus déterminés ; et ceux qui le sont moins existent en vue de ceux qui le sont plus, et tirent de ce rapport une raison d'être qu'ils n'ont point en eux-mêmes. Montez de degré en degré : les êtres que vous rencontrez, tout en soutenant avec les autres

---

1. Je ne parle pas absolument, je montrerai plus loin (chap. IV), que, dans la rigueur des termes, aucune créature n'a droit à l'existence. D'ailleurs cela est impliqué dans tout ce que je dis ici même.

êtres des rapports de plus en plus compliqués, ont en eux-mêmes des raisons d'être de plus en plus déterminantes, mais vous n'en trouvez aucun qui vous paraisse avoir vraiment en soi la raison de son existence; vous n'en trouvez aucun dont vous puissiez dire: il est, parce qu'il serait impossible qu'il ne fût pas, et il est absolument impossible qu'il ne soit pas, parce que sa non-existence serait un mal absolu en même temps qu'une absurdité. Le seul être en effet qui porte en soi la raison de son existence, et qui partant soit par soi-même et soit nécessairement, c'est l'être infiniment déterminé et infiniment intelligible. Comme l'intelligence trouve qu'il y a en lui infiniment à comprendre, elle voit que son existence est un bien absolument parlant, et elle ne voit pas comment ce qui est absolument bien, ne serait pas.

Or, l'être infiniment déterminé et infiniment intelligible, c'est l'être parfait. Qu'est-ce en effet que la perfection? Si vous avez sous les yeux une machine fort compliquée et que ces ressorts enchevêtrés ne révèlent aucune harmonie, aucun dessein, ne direz-vous pas que c'est là l'imparfaite ébauche d'un artisan, puissant peut-être, mais malhabile? D'un autre côté, une pièce unique, sans lien et sans rapport avec d'autres, n'a aucune perfection: ici il n'y a rien à comprendre, parce que la simplicité est indigence, comme tout à l'heure il y avait trop à comprendre, parce que la variété était confusion et chaos. Mais supposez une machine où un certain nombre de ressorts artistement combinés concourent à une action unique : ne la déclarerez-vous pas parfaite ? Et pourquoi ? parce que la multiplicité y est ramenée à une unité intelligible, et vraiment il y a là beaucoup à comprendre. Ce ne sont encore que des images. Appliquons cela à des choses d'un ordre supérieur. Mettez dans un être réel beaucoup d'attributs, rendez-le capable de beaucoup d'actes, soumettez son développement à beaucoup de règles, et puis assujettissez le tout à une loi suprême en même temps que tout sort d'une force unique. N'aurez-vous pas là un être bien plus parfait que celui où la vie serait dispersée et le développement sans ordre ? Et maintenant, concevons un être qui ait une infinité d'attributs, ce sera le plus déterminé des êtres : en lui il n'y aura rien à retrancher, rien à ajouter ; en lui aucun manque, aucun défaut et aussi aucune superfluité. Il sera donc infiniment intelligible : en peut-on supposer un où il y ait plus à comprendre, c'est-à-dire où il y ait à considérer une plus grande variété ramenée à une plus rigoureuse unité ? Evidemment non, son activité sans limites, mais toujours réglée, se déployant harmonieusement, sans excès et sans défaillance, un tel être sera vraiment l'être parfait en même temps que l'être nécessaire. Il sera Dieu.

Ainsi rien n'est plus opposé à la perfection que l'indétermination, et rien n'est plus ami de l'être, si je puis m'exprimer ainsi, que la perfection même. Lors donc que je veux concevoir Dieu, je ne dois pas effacer dans mon esprit toute idée distincte et supprimer dans la substance divine toute qualité positive ; en suivant cette méthode j'irais tout droit au néant. Si je veux connaître Dieu, je dois au contraire porter les regards de mon esprit sur les perfections relatives et les êtres contingents que je rencontre dans l'univers ; seulement, je dois sans cesse me rappeler que ma pensée ne peut pas s'arrêter là, parce que là ne s'arrête point l'être, parce que là n'est point l'absolue perfection.

Nous avons essayé d'expliquer en quoi consiste la perfection, parce qu'il y a danger à employer ces grands mots d'une manière vague. Cette explication inspirée par Leibnitz s'accorde très-bien avec les solides principes de la philosophie de Malebranche, et elle nous aide à échapper aux périls que Malebranche n'a pas évités. Pour nous le parfait absolu c'est ce qui est souverainement intelligible, et cela seul est souverainement intelligible qui est infiniment déterminé, et cela seul est infiniment déterminé qui est infiniment actif et agissant. L'existence pleine, l'activité achevée à laquelle on ne peut rien ajouter ni retrancher, voilà la réalité parfaite. C'est ainsi que tout se tient. Partout nous avons distingué la substance et l'essence, la force active et la loi d'activité. Dieu vers qui ces considérations nous ont peu à peu élevés, Dieu nous apparaît comme la substance ou la force nécessaire et infinie dont l'essence est la perfection.

V.

Le terme de la connaissance est atteint. Jetons un regard sur la marche de l'intelligence humaine telle que nous venons de l'expliquer.

Nous avons voulu mettre en lumière trois choses : 1° que le point de départ de toute connaissance, c'est la rencontre de l'âme humaine, force active réelle, avec des êtres réels qui agissent sur elle ; 2° qu'à partir de ces données l'esprit humain travaille et que la connaissance est dans une certaine mesure son œuvre ; 3° que Dieu est sans cesse présent à la raison. Nous avons établi le premier point en analysant la sensation et le sentiment, et nous avons expliqué en quel sens nous entendons que dans la sensation ou le sentiment est l'origine et comme le germe de toute connaissance. Sur le second point, ce qu'il importait de bien montrer, c'est que dans la perception déjà, mais surtout dans la notion, l'esprit est très-actif : nous avons donc suivi la raison dans toutes ses démarches, depuis son premier éveil jusqu'au moment où elle atteint son dernier terme, et nous l'avons vue partout et toujours en travail et en acte, se faisant des idées des choses, concevant dans les êtres la substance et l'essence, et, soit qu'elle porte des jugements sur les choses concrètes, soit qu'elle dégage des données expérimentales l'élément intelligible et l'isole par l'abstraction, soit enfin qu'elle conçoive l'être nécessaire et parfait, toujours active et agissante, parce que cela seul est qui agit, mais aussi toujours forcée de procéder avec effort, parce que l'effort est inséparable de la faiblesse humaine. Enfin, sur le troisième point, nous avons eu à cœur surtout de déterminer d'une manière précise la nature de cette communication entre Dieu et l'âme humaine, si clairement attestée dans la conception des vérités rationnelles. Montrer que toute vérité a en Dieu son origine, c'était chose facile ; affirmer que nous ne pensons pas sans Dieu, c'était aisé encore ; mais il fallait concilier avec l'activité propre de la raison ce commerce divin qui semblait la supprimer : nous l'avons essayé. Rejetant toute image trompeuse, écartant toute hypothèse arbitraire, nous avons cherché dans l'invisible action de Dieu sur nous l'origine de la connaissance rationnelle. Point d'idées innées, point de vision en Dieu ; mais l'âme en rapport avec Dieu qui agit immédiatement sur elle, et ainsi l'influence divine constatée aussi bien que toutes les influences qui produisent en nous cette série d'actions et de réactions dont se compose la vie. Dès lors, l'activité de Dieu suscitant, provoquant, soutenant la nôtre, mais ne l'annulant point, et la raison travaillant sous cette impulsion incessante; Dieu partout et toujours présent, mais non pas vu; des notions, des conceptions, des idées, produits de l'âme excitée à penser et par l'action de Dieu et par celle des œuvres de Dieu; ici les lenteurs et les détours de l'induction, ou les évolutions du raisonnement déductif, là les jugements rapides de la raison pure, mais jamais d'intuition; Dieu révélé par le sens divin, très-vif, toujours obscur, et la raison cherchant ce Dieu invisiblement présent et travaillant à s'en faire une idée par des procédés lents et laborieux : voilà ce que nous avons essayé d'établir. C'est toujours l'activité, l'activité dans l'âme et l'activité en Dieu, que nous avons voulu mettre en lumière. Par là nous nous sommes mis plus d'une fois en opposition complète avec Malebranche; mais nous croyons avoir conservé les grandes vérités qui nous ravissent dans sa philosophie en écartant les chimères qui nous font peur.

Ce serait être peu fidèle à la méthode que nous nous sommes tracée que de ne rien dire de la parole qui joue dans notre vie intellectuelle un rôle si important. Malebranche montre admirablement que la parole humaine demeurerait toujours impuissante, et ne serait qu'un vain son, si la raison n'était point là pour l'interpréter. Il sait que le vrai maître n'est point au dehors, mais au dedans; ce qu'il dit d'excellent sur ce grave sujet est utile à méditer, surtout en ce temps où la parole a été parfois regardée comme l'origine de toutes nos connaissances, et où trop souvent ceux qui soutiennent la doctrine contraire ne laissent point cependant que d'écouter beaucoup plus la parole des livres ou des discoureurs que la vérité qui nous enseigne au dedans. Seulement ici encore Malebranche va trop vite à Dieu : parce que Dieu est par la raison le lien de toute société, Malebranche néglige la parole qui est cependant l'indispensable moyen de cette communication des hommes entre eux ; parce que Dieu nous instruit de la vérité, Malebranche se contente d'indiquer le rôle de la parole, mais il ne l'approfondit pas. Il faudrait montrer comment les mots prononcés par nos semblables viennent éveiller et provoquer notre intelligence, et comment notre intelligence agit et travaille pour les interpréter. La parole, la chose la plus voisine de l'esprit parmi les choses matérielles, la parole en exprimant la pensée semble porter une âme dans une autre âme ; par elle les esprits agissent les uns sur les autres et communiquent véritablement entre eux. Et Dieu a voulu que cette action de l'homme sur l'homme par la parole fût actuellement la condition de la connaissance la plus relevée. La raison s'éveille sous cette influence; et elle ne conçoit le divin que lorsqu'une voix humaine l'a excitée. Ainsi nous retrouvons partout l'activité de l'esprit provoquée par l'action de causes étrangères, et tandis que Malebranche tend à supprimer tout intermédiaire naturel ou humain entre l'âme et Dieu, nous rétablissons partout ces intermédiaires, et nous ne pensons pas que la puissance divine en soit amoindrie.

Voilà comment nous nous expliquons le travail de la raison et la formation de la connaissance. Mais notre analyse serait encore incomplète si nous ne constations pas dans l'âme humaine le désir inné et inextinguible d'une connaissance plus haute, d'une science meilleure où les pénibles efforts et les lents détours fassent place à la rapidité du regard. Nous aspirons à la claire vue. C'est un fait incontestable. Nous dont la pensée en ce monde est toujours un travail, nous parlons sans cesse d'intuition; nous dont la science est le résultat d'opérations discursives souvent très-compliquées, nous croyons notre intelligence appelée à voir les choses divines, et cette conviction nous met au cœur une invincible espérance. Les grands philosophes ont tous parlé de cet état supérieur. Platon place aux dernières limites du monde intelligible le Bien, et il admet que parvenue au terme de la marche dialectique, la pensée voit ce Bien souverain. Il est difficile d'arriver là, c'est à grand'peine, μόγις, que le regard de l'âme peut contempler le divin objet, et parfois Platon semble douter que cela soit possible en cette vie. Mais enfin le terme de la science, c'est cette vue de la suprême réalité ; atteint ou non en ce monde, ce n'est pas moins le but où aspire toute pensée ; et tant que la connaissance est encore assujettie aux procédés de la raison discursive, elle n'est pas achevée. Aristote, qui a si bien montré la nécessité de l'expérience dans la formation du savoir humain, et qui est si fidèle à y chercher le point de départ de ses plus hautes spéculations, Aristote, lui aussi, fait consister dans la claire vue la perfection de la connaissance. Au-dessus de l'activité laborieuse de l'esprit qui travaille pour faire la science, il met l'activité immobile de la pensée qui regarde et qui voit; il déclare que cet acte éminent, dégagé de toute entrave, exempt de tout effort, est vraiment parfait, vraiment divin, et il ajoute que l'homme peut, que dis-je, doit y aspirer. Il s'indigne contre ceux qui interdisent à la pensée humaine cette espérance, et selon lui, l'homme n'atteint toute la perfection qu'il peut avoir, que le jour où pensant le divin, il participe en quelque sorte à la fixité et à la bienheureuse pureté de la pensée éternelle, immobile et pourtant souverainement active. Et qu'est-ce que l'extase de Plotin, et cette union immédiate de l'âme à Dieu avec qui elle s'identifie? Qu'est-ce que la pensée pure de Spinoza, et ce concept de la substance où l'expérience n'a point de part? Qu'est-ce que l'intuition de Schelling, et cette vue de l'absolu, condition de toute science, antérieure et supérieure à tout effort de la pensée? Tout cela atteste la foi de l'esprit humain en une façon de savoir d'un ordre supérieur. Tantôt on suppose au principe cette connaissance intuitive, et tantôt on la place au terme; tantôt on la regarde comme un idéal à peu près inaccessible en ce monde, et tantôt on espère de l'atteindre, ou on croit l'avoir atteinte. Dans tous les cas, et de quelque manière qu'on l'entende, on l'admet, et il n'y a pas de grand philosophe qui ne l'ait admise. N'est-ce donc qu'une chimère? Non, car si elle n'était qu'une chimère, l'esprit humain serait par nature dans une irrémédiable erreur. Puisque l'analyse de l'intelligence ne nous montre rien dans notre pensée qui ressemble à cette intuition, mais en découvre en nous l'insatiable désir, c'est donc que nous pourrons ailleurs jouir de ce qu'en ce monde nous n'avons pas. Il se trouve que notre esprit, tel qu'il est fait, dans les conditions actuelles, n'a pas l'intuition des choses divines ; mais il se trouve aussi qu'il désire l'avoir et qu'il en a quelque idée. Qu'en conclure, sinon que cette intuition n'est pas une condition nécessaire de notre nature, que l'homme sans elle serait homme, qu'elle ne fait point nécessairement partie de son essence, mais qu'elle peut s'ajouter pour ainsi dire à la nature humaine, et ainsi la compléter et l'élever au-dessus d'elle-même, en sorte que, comme l'avait entrevu Aristote, l'homme ne s'achève qu'en se dépassant lui-même? L'illusion, c'est de croire qu'en ce monde l'homme ait ainsi la claire vue de l'intelligible divin ; c'est d'admettre au principe ou au terme de la connaissance naturelle et humaine cette intuition : elle suppose, entre l'âme et Dieu, une communication d'un autre ordre que celle qui existe en ce monde. C'est l'erreur de Malebranche d'avoir transporté à la vie présente ce qui n'est vrai que de la vie future, et d'avoir appliqué à la connaissance naturelle ce que la foi catholique enseigne de la vision surnaturelle ; et encore faut-il, même dans cette vision, attribuer à l'esprit une activité que Malebranche ne lui reconnaît point.

La contemplation directe du souverain intelligible supprime, dans l'intelligence qui contemple, l'effort et la peine ; elle n'y détruit pas l'action. Aristote est dans le vrai quand il dit que la pensée pure est un regard et qu'elle est un acte, l'acte le plus énergique en même temps que le plus élevé. Donnez donc à une intelligence humaine l'intuition de Dieu, cette intelligence agira. Dieu ne s'imprimera pas en elle comme en un miroir; mais Dieu agissant sur elle et en elle et avec elle, elle le saisira, elle verra, dans une vive lumière, qu'il est et un peu ce qu'il est ; elle concevra, avec une infaillible assurance et une merveilleuse facilité, les types des êtres et les lois éternelles, puisqu'elle sera dans un rapport lumineux avec celui qui conçoit ces types et porte dans sa substance le principe et la raison de ces lois ; elle aura des choses des notions nettes, et sa science puisée directement en Dieu n'aura point de ces ténèbres qui recouvrent pour nous toutes les questions d'origine ni de ces ombres qui nous cachent tant de détails. Mais encore une fois, l'intelligence ainsi éclairée agira. La connaissance, à quelque degré qu'on la considère, à peine ébauchée ou parfaite, suppose toujours, dans celui qui connaît, l'activité : l'objet se fait connaître, je le veux bien, mais c'est le sujet qui connaît ; il fait quelque chose dans la connaissance ; s'il ne fait rien, l'objet intelligible demeure tout ce qu'il est, mais n'est point saisi. Concluons donc, et que l'intuition du divin n'est pas de ce monde, l'intelligence humaine dans les conditions actuelles, n'en étant pas capable ; et que cette intuition est un acte, toute intelligence ne pouvant rien connaître qu'elle n'agisse.

Malebranche a vu que dans l'homme la raison se mêle à tout et que Dieu est dans la raison. C'est l'honneur de sa philosophie. Il a méconnu l'activité humaine, et par cela même altéré la notion de l'activité divine. C'est le vice de son système. Nous serions heureux si nous avions pu conserver tout ce qu'il y a de solide et de beau dans sa doctrine, en écartant tout ce qui est faux, chimérique ou dangereux.

CHAPITRE III.

L'AMOUR. LA LIBERTÉ. LA CAUSE PREMIÈRE ET LES CAUSES SECONDES.

Considérons maintenant la théorie de l'amour dans Malebranche : nous pouvons y recueillir plusieurs vérités importantes solidement établies.

Tantôt l'amour naît de la lumière, et le plaisir procède de l'amour ; tantôt le plaisir prévient la connaissance claire et détermine l'amour. Mais, dans les deux cas, l'inclination est le fait primitif, sans lequel il n'y aurait ni amour, ni plaisir, ni, par suite, aucune autre émotion.

Nos inclinations naturelles peuvent être ramenées à trois principales : tendance à aimer notre être propre, tendance à aimer les autres êtres, et en particulier nos semblables, tendance à aimer le premier être, qui est souverainement aimable en même temps que souverainement intelligible.

Or, ce qui est aimable et ce que nous aimons en toute chose, ce qui plaît et ce que nous goûtons, c'est le bien. Et le bien, dans son principe et dans sa plénitude, c'est Dieu. Il faut donc reconnaître que nous n'aimons rien qu'en Dieu et que par Dieu.

D'un autre côté, l'âme n'étant jamais séparée d'elle-même, ne peut rien aimer sans en jouir, comme elle ne peut rien connaître sans le savoir : l'être indifférent à soi-même n'aimerait rien et ne jouirait de rien.

Il faut donc dire que l'amour-propre est la condition de toute émotion, mais que l'amour du bien en est le principe, de même que la conscience est la condition de toute pensée, mais que l'union à la Raison souveraine en est le principe ; et ainsi c'est dans la secrète impulsion du souverain bien présent à l'âme qu'il faut chercher l'origine première de tout amour et de tout plaisir.

Nous avons un irrésistible désir d'être heureux, nous voulons invinciblement être, et être plus, et être mieux que nous ne sommes ; nous aspirons à la perfection et à la félicité ; le bien ne peut se montrer à nous sans nous toucher, sans nous causer du plaisir, et nous ne pouvons connaître et aimer le bien souverain sans goûter dans cette connaissance et dans cet amour la plus pénétrante et la plus douce de toutes les joies. En ce sens donc, il n'y a pas d'amour désintéressé : c'est une chimère que de prétendre que l'homme aime sans se complaire dans l'objet de son amour et s'attache au bien sans y trouver son bien. Mais, en même temps, la créature, essentiellement dépendante, ne peut avoir en soi ni le principe ni la fin de son amour : elle n'aime que par un mouvement imprimé en elle par Dieu son créateur ; elle ne peut aussi avoir que Dieu pour fin de son amour, Dieu seul étant aimable pour lui-même et aimable d'un amour sans réserve, parce que seul il est le Bien sans restriction. En ce sens donc, il faut se perdre et s'oublier en lui quand on l'aime, c'est-à-dire qu'il faut rejeter toute mesquine préoccupation, se défaire de toute complaisance exclusive pour le créé, écarter tout souci propre à rapetisser l'âme ou à la corrompre, et, par un choix éclairé et libre, s'attacher à ce Bien souverain, vers lequel nous porte notre nature, c'est-à-dire l'impulsion même de sa volonté créatrice : aimer ainsi, c'est aimer comme il faut, et c'est trouver sa perfection et sa félicité dans la possession de ce qu'il y a de meilleur, c'est-à-dire de Dieu.

Mais nous sommes étroitement unis, et même, par suite du péché, assujettis au corps. De là les passions : les passions qui ont toujours avec elles une secrète douceur, même quand elles sont tristes ; les passions, toujours habiles à se justifier elles-mêmes, même quand leur objet est insignifiant, ou ridicule, ou coupable. Elles ont d'ailleurs leur utilité : elles nous sont données pour le corps, comme elles existent par lui ; mais, bien réglées et soumises à la raison, elles peuvent nous être d'un grand secours dans la recherche de la vérité et dans la pratique de la vertu. Et il faut remarquer, en effet, qu'à cause de l'étroite union qui existe entre l'âme et le corps, quelque émotion sensible se mêle toujours à nos sentiments les plus purs, de même que nos connaissances les plus relevées ne vont point sans quelque image sensible ou au moins sans quelque mot qui les exprime, et c'est encore une chose sensible qu'un mot. Les objets spirituels eux-mêmes peuvent ainsi, en même temps qu'ils nous inspirent de l'amour, exciter en nous des passions quelquefois très-violentes. Mais regardez bien ce que sont les passions : s'il est vrai que sans le corps il n'y en aurait point, il est vrai aussi que toutes supposent les inclinations, sans quoi il n'y aurait que des mouvements corporels, pur jeu de machine, et point de passions ; et les inclinations supposent l'amour du bien, c'est-à-dire l'impression incessante de Dieu, l'unique moteur des âmes.

Voilà assurément une belle théorie. Qu'y manque-t-il pour qu'elle soit de tout point acceptable ? Une seule chose, mais capitale.

L'amour, tel que l'entend Malebranche, est un mouvement imprimé à l'âme par Dieu, mouvement qui se continue en droite ligne et sans arrêt quand nous aimons Dieu même, mouvement qui se détourne et s'arrête un instant quand nous aimons pour elles-mêmes les choses créées. Or, songeons-y bien, ce n'est point là une de ces métaphores inoffensives auxquelles il serait puéril de s'attaquer. Malebranche, convaincu de l'impuissance absolue des créatures, ne pouvait trouver de symbole plus propre à exprimer la passivité de l'âme dans l'amour. S'il emploie à chaque instant les mots de mouvement, d'impulsion, d'impression, appliqués à l'amour et à l'action de Dieu en nous, c'est en un sens si précis et si exact que nous avons bien le droit de prendre l'alarme. Chose singulière! sa philosophie est tout entière dominée par des pensées morales et religieuses ; et cependant le mécanisme par lequel il explique tout dans le monde des corps, se retrouve dans les explications qu'il donne des choses de l'âme. Ces « mouvements tout spirituels » dont il parle, ne se produisent pas, à vrai dire, avec plus de spontanéité que ceux des corps; là aussi, c'est au moteur seul que toute l'activité appartient, et, comme la matière, l'âme est, en définitive, « toute sans action. » En vain Malebranche dit-il le contraire, en vain déclare-t-il, pour sauver la liberté, que « la volonté est agissante en quelque manière. » L'amour, tel qu'il l'entend, ne naît pas du fond même et comme des entrailles de l'âme. Ce qui vient de nous, ce qui est à nous, quand nous aimons, il ne le voit pas. Il comprend que l'âme n'aime que par Dieu, mais vraiment il ne sait pas ce que l'âme fait quand elle aime, et, à cause de cela, il explique mal comment Dieu fait qu'elle aime.

Vous rencontrez une âme languissante et molle, ou même indifférente à tout et inerte : vous en prenez pitié, et, parce que vous avez un généreux et vigoureux cœur, vous formez le dessein de la réveiller et d'y rappeler la vie. Vous voulez la rendre capable d'aimer, vous voulez faire qu'elle aime. Pour cela, il faut que vous vous fassiez aimer d'elle. Et comment? En touchant je ne sais quel secret ressort qui, une fois ébranlé, y détermine un mouvement? Non pas; mais en vous montrant aimable et en aimant vous-même. Vous prodiguerez donc vos soins à cette âme, vous lui ferez entendre de *bonnes paroles*, tout éclatantes de la lumière de la vérité et tout imprégnées de tendresse, vous l'éclairerez et vous l'encouragerez, vous serez avec elle toujours persuasif et toujours bienfaisant. Si, un jour enfin, sensible à cette douce et vivifiante action, elle vous témoigne qu'elle vous aime, pourquoi serez-vous dans la joie? N'est-ce point parce que, grâce à vous, il est vrai, mais néanmoins d'elle-même, elle aura enfin fait quelque chose? La voilà qui vit, et d'une vie qui lui est propre : elle vit, car elle remue, elle qui était immobile et inerte ; et ce n'est pas vous qui la mouvez : seulement, en agissant en elle, vous l'avez fait agir ; en lui inspirant de l'amour, vous lui avez soufflé la vie, vous l'avez *animée*. Le lumineux attrait de cette intelligence qui en vous brille et rayonne, le charme puissant de cette bonté qui donne et se donne sans cesse, en un mot ce qui vous rend aimable et aimant, voilà ce qui a excité cette âme et ce qui la soutient, voilà ce qui fait qu'elle aime à son tour.

Image imparfaite, mais vive, de ce que Dieu est pour nous. Sans l'action divine, notre puissance d'aimer n'est pas seulement endormie, elle n'est en aucune façon. Dieu veut que, comme lui, nous aimions : il agit en nous. Dans les beautés et les biens de l'univers, dans les belles proportions et les combinaisons gracieuses ou imposantes de la nature, dans le déploiement régulier des forces vives, dans les qualités intellectuelles ou morales des êtres spirituels, dans les actions conformes à l'ordre éternel accomplies par les causes libres, il nous fait saisir par l'intelligence tout ce qui rend ces choses belles, bonnes, aimables, et au moment où, sous son influence, nous pensons comme il pense lui-même, il nous excite à aimer comme il aime : des sentiments d'admiration, d'estime, de sympathie, des affections plus ou moins vives et ardentes s'élèvent en nous, et imitent l'éternel amour comme nos jugements et nos raisonnements imitent l'éternelle pensée. Ainsi, présent au fond de nous-mêmes, Dieu nous fait entrevoir, dans une obscure clarté, son amabilité infinie, et sentir confusément, dans un mystérieux contact, son amour bienfaisant. Et voilà comment nous devenons capables d'aimer et aimants. Vivifiés par cette action intime, toute douce et toute puissante, nous aimons, grâce à elle et cependant de nous-mêmes, par la vertu efficace du charme divin, et toutefois par un acte qui est bien à nous.

Oui, si l'amour suppose beaucoup de force dans ce qui l'inspire, il en suppose beaucoup aussi dans ce qui le ressent. Le propre d'une chose aimable n'est pas de mettre l'amour par une sorte d'impression dans ce qui la contemple et subit sa puissance : c'est d'y aviver l'activité même. Et si ce qui est aimable est en même temps aimant, sa présence et son action communiquent l'amour à ce qu'il aime, en y excitant un amour semblable. Aimer, ce n'est donc pas simplement subir une action, c'est, sous cette action, faire soi-même quelque chose ; ce n'est pas simplement recevoir, c'est donner, et donner de soi, et se donner. Et voilà pourquoi, en disant ce mot « j'aime », on semble y mettre sa substance tout entière.

S'il en est ainsi, nous comprendrons beaucoup mieux que dans le système de Malebranche, pourquoi l'amour véritable, même quand il a Dieu directement pour objet, ne doit pas nous enlever à nous-mêmes pour nous absorber dans l'objet aimé. Ce qui sauve Malebranche du faux mysticisme, c'est surtout sa confiance en la raison : il tient trop à elle pour la sacrifier, et précisément, dans le délire d'un amour qui ne se possède plus, la lumière de l'esprit s'évanouit et s'éteint. Il faut admirer cette vue si juste et si ferme; mais il faut reconnaître aussi que dans un système où l'âme est passive et où Dieu est la seule cause efficace, il serait assez logique de proposer à l'homme pour fin suprême un état passif par excellence, comme est l'amour des faux mystiques et des quiétistes, et de regarder comme le plus grand des biens, l'entier oubli de soi-même, la perte de toute personnalité, et la complète absorption de l'âme en Dieu. Si donc ces entraînements logiques et naturels doivent nous faire admirer Malebranche qui a su y résister, ils nous prouvent aussi que sa doctrine est un mauvais abri contre le faux mysticisme. Au contraire, rétablissez la vraie notion de l'amour, faites-le consister essentiellement en un acte: alors il est aisé de comprendre que, si Dieu est l'objet direct de l'amour, son amabilité étant infinie et inépuisable et notre amour ne pouvant jamais l'égaler, ce divin objet devra exciter en nous une activité extraordinaire; en sa présence, toutes les forces vives de l'âme entreront en action avec une énergie toute nouvelle, et l'amour qu'il nous inspirera sera le plus actif et le plus vif, celui qui exigera de notre part le plus de puissance et le plus d'élan.

Mais c'est surtout quand il s'agit d'expliquer la liberté qu'une fausse notion de l'amour jette en lui d'étranges embarras. Psychologiquement, Malebranche ne sait pas tout ce que c'est qu'aimer, puisqu'il ne sait pas, nous venons de le voir, combien agit celui qui aime. Métaphysiquement, il est inexact, puisqu'il cherche l'origine de l'amour dans une action de Dieu telle, que toute activité est supprimée dans la créature. En revanche, il voit avec une parfaite clarté ce que la morale exige. Il faut que l'amour soit nôtre, pour avoir quelque prix; et il sera nôtre, s'il est éclairé et libre. Aimer « d'instinct » n'est pas aimer véritablement : c'est être emporté et entraîné comme par une force aveugle et « brutale. » La liberté fait l'excellence et le mérite de l'amour. Sans elle, les créatures ne rendent à Dieu que des hommages extérieurs et forcés qui sont sans valeur : elles ne peuvent l'adorer en esprit et en vérité. Il faut donc que les âmes soient libres, et Malebranche maintient la liberté : mais que de difficultés! Nous sommes entièrement impuissants, et nous sommes capables de choix. Nous ne sommes, à vrai dire, que des automates réglés où l'action divine s'exerce seule, et voilà que nous pouvons nous élever bien au-dessus de l'instinct lui-même et nous attacher au bien d'un amour libre, c'est-à-dire apparemment par un acte dont nous sommes les auteurs. Il faut donc dire que « la volonté est agissante en quelque manière; » et Malebranche le dit. Seulement il atténue autant que possible cette puissance que la morale le force à reconnaître dans la créature déclarée métaphysiquement impuissante. Il insiste sur les faiblesses et les misères de la liberté, il la réduit presque à la puissance de mal faire, et cette volonté agissante dont il parle ne sert guère qu'à expliquer l'erreur et le péché, en un mot les écarts de l'amour. Quand c'est le bien que nous aimons, on ne voit plus trop ce qu'elle fait. L'impulsion imprimée à l'âme par la volonté créatrice suffit à expliquer tout ce qu'il y a de positif dans la détermination de notre volonté, et le consentement libre est en définitive moins un acte réel que la continuation sans entraves du mouvement donné. Est-ce bien là vouloir, et vouloir librement! Et cependant, c'est trop encore que cette liberté telle quelle, si la créature est entièrement impuissante. En vain distingue-t-on entre les actions *physiques* de l'âme et les actions *morales*; en vain dit-on que les premières sont seules réelles, parce qu'elles consistent en une modification de la substance qui est une sorte de création, tandis que les secondes se réduisent à un simple changement de direction. Il est très-vrai que l'âme est incapable de se donner à elle-même immédiatement par un acte de volonté une sensation, un sentiment, une pensée, et que toute détermination volontaire suppose des idées et des émotions préexistantes. Mais, parce qu'on ne peut vouloir sans motifs et sans mobiles, sans une vue de la raison et sans un attrait du cœur, en résulte-t-il que l'action toute morale de la volonté ne suppose dans l'âme aucune véritable et réelle puissance? Parce que cette action toute morale ne crée rien en nous, mais transforme seulement le développement spontané de nos facultés en un exercice libre de ces mêmes facultés, n'est-elle donc pas quelque chose de réel, d'effectif, de positif? Si peu qu'elle soit, si elle est quelque chose, comment la comprendre dans un être qui ne peut rien, absolument rien? Et si elle n'est rien elle-même, pourquoi en parler, et en faire la condition du mérite, de la vertu, de ce qu'il y a de meilleur dans les créatures?

Ainsi la façon dont Malebranche entend l'amour rend la liberté impossible parce qu'elle supprime l'activité même. Il ne faut pas dire que Malebranche confond le libre arbitre et la sensibilité parce qu'il rapporte les inclinations à la volonté. Critique puérile. Il donne au mot volonté un sens large que la langue philosophique d'aujourd'hui n'admet plus ordinairement : qu'importe, puisqu'il distingue de la volonté telle qu'il l'entend, le libre arbitre? Il ne faut pas dire non plus qu'en regardant l'inclination comme la condition de toute détermination libre aussi bien que de tout sentiment, il compromet la liberté. Critique étroite et même inexacte : car cela même est un mérite d'avoir vu que la liberté ne s'exerce pas dans le vide, et que la résolution libre suppose des amours et des désirs auxquels elle consent ou elle résiste, et sans lesquels elle n'existerait pas. Mais il faut dire que Malebranche ne peut sans inconséquence reconnaître comme libre l'âme à laquelle il refuse toute efficace : comment ce qui n'agit pas serait-il capable de se déterminer librement?

Dans la théorie de l'amour et de la liberté, comme dans la théorie de la connaissance, c'est donc le sentiment et la notion de l'activité qui manquent à Malebranche, et c'est ce même sentiment et cette même notion qu'il faut ramener dans sa philosophie, si l'on veut profiter des vues profondes et justes qu'elle contient,

Etudions-le et méditons-le pour apprendre de lui quelle dépendance essentielle, universelle, incessante, existe entre la créature et le Créateur. Relisons avec une respectueuse attention et une intelligente docilité ces pages merveilleuses où il nous montre Dieu présent et agissant en nous, Dieu à la fois notre lumière, notre bien et notre loi, éclairant notre intelligence, touchant notre cœur, réglant notre volonté et la soutenant dans ses défaillances. Comprenons que nous ne sommes point par nous-mêmes, que nous ne sommes que par Dieu. Mais n'oublions pas que nous sommes quelque chose ; et de cette action divine qui nous fait être, ne donnons pas des explications qui suppriment notre réalité propre. Prenons garde de nous laisser tromper par des images empruntées aux choses matérielles. Si nous voulons nous faire une idée de la façon dont notre liberté peut subsister malgré notre dépendance, ne considérons que les choses de l'âme. Méditons, par exemple, cette influence dont nous avons déjà parlé plus haut à propos de l'amour, cette influence d'une âme généreuse et vive sur une âme languissante et endormie qu'elle réveille en s'en faisant aimer. Il y a encore d'autres faits analogues bons à considérer. La parole de l'homme éloquent porte dans l'esprit de ceux qui l'écoutent ses convictions, leur inspire ses sentiments, leur souffle comme un esprit de vie qui vient de lui, les fait agir à son gré, leur communique une énergie inconnue jusque-là : n'est-il pas vrai que cette action si profonde et si vive crée en quelque sorte la pensée et l'amour dans les âmes qu'elle agite ? y détruit-elle la liberté ? loin de là : le triomphe de l'orateur est de susciter par sa parole inspiratrice une libre détermination que ses auditeurs, éclairés et animés par lui, prendront d'eux-mêmes et par eux-mêmes. Si l'action par laquelle il les fait vouloir comme lui, ressemblait à une impression ou à une impulsion mécanique, on ne dirait pas qu'il a l'art de convaincre et de persuader. De même, et mieux encore, quand l'enseignement d'une mère s'insinue dans l'âme d'un jeune enfant, il l'ouvre peu à peu, et l'excite, lui fait concevoir des vérités auxquelles elle n'avait jamais pensé, y provoque des sentiments qu'elle n'avait jamais eus, et enfin, la façonne à l'image de la mère elle-même : la parole éducatrice fait penser, fait aimer, fait vouloir, fait agir : anéantit-elle la liberté? Elle la suscite, l'entretient et la développe. Et quand est-ce que la mère contemplera son œuvre avec le plus de bonheur et de fierté? Sera-ce tant que son fils, docilement, mais aveuglément soumis, reproduira avec une exactitude machinale les leçons qu'elle lui aura données, et, incapable de rien faire par lui-même, n'agira que par elle? Non ; mais, au contraire, le jour où ce fils, devenu homme, aura l'initiative de ses actes, et portant toujours en lui l'empreinte de sa mère ou plutôt étant son image vivante, sera cependant vraiment lui-même, docile encore, mais libre, se faisant sa voie, et ayant son originalité et son caractère propre, grâce à la salutaire influence qui l'a formé ; ce jour-là, plus que jamais, cette mère se réjouira de son œuvre et la jugera bonne et belle.

Le chef-d'œuvre de l'art humain n'est pas d'ébranler de grandes masses, c'est de toucher ou de façonner les âmes ; ce n'est point de faire des machines, c'est de faire des hommes ; et c'est le chef-d'œuvre de notre art, parce que c'est ce qui ressemble le plus à l'art de Dieu lui-même. Dieu, Dieu seul dans toute la force de ce mot si expressif, *fait des hommes*. Dieu seul crée dans les âmes l'intelligence et la puissance d'aimer. Son action incessante, c'est une parole intérieure qui remue bien autrement que les discours les plus éloquents; c'est une voix amie qui s'insinue avec une tout autre douceur encore que la voix d'une mère, c'est un enseignement de tous les instants qui a une tout autre puissance que l'enseignement humain. Et cela ne détruit pas la liberté ; c'est cela même qui rend l'âme capable de se posséder elle-même et de se déterminer librement. Consultons notre conscience. Quand est-ce que nous avons de notre liberté un sentiment plus vif? Est-ce quand nous en abusons et que nous la dissipons dans un déploiement désordonné de notre activité? C'est au contraire quand, soumis à Dieu, nous nous appuyons en quelque sorte sur lui, et que notre liberté, sans cesse rajeunie et retrempée à son contact, affronte les obstacles avec une humble fierté et les surmonte avec un paisible courage. A de certaines heures, nous nous sentons défaillir : c'est en nous comme un épuisement de l'être, et un affaissement de la volonté. Nous sommes fatigués d'être nous-mêmes, et nous sommes tentés de laisser là toute lutte et de descendre à la condition des choses. Il nous faut trop d'efforts pour être des personnes, pour persévérer dans cet être que nous devons faire et pour ainsi dire créer par notre libre action. Alors, dans cette détresse intérieure, si nous nous attachons à Dieu, si nous puisons en Dieu la force de vouloir et d'être, sentons-nous que notre libre arbitre soit anéanti, ou même diminué ? Nous nous sentons ranimés et refaits.

Nul n'aura de la liberté humaine une juste idée, s'il ne donne à ces spectacles intérieurs l'attention qu'ils méritent. Là, on voit quel lien intime existe entre l'âme et Dieu, comment l'âme est dépendante jusque dans l'acte qui lui appartient le plus en propre, je veux dire l'acte libre, et comment néanmoins la liberté demeure. Là, on apprend avec quelle délicatesse, avec quel respect Dieu traite cette liberté que les hommes profanent ou asservissent si facilement. Sans doute, on ne comprend pas comment cette puissance de se déterminer librement ou de faire par soi-même quelque chose, peut s'accorder avec la dépendance essentielle à la créature, c'est-à-dire à un être qui n'est pas par soi-même ? C'est là un de ces mystères devant lesquels la pensée s'arrête confondue ; et le mieux qu'on puisse faire c'est d'avouer humblement son ignorance. Mais du moins, si dans la conscience on prend sur le fait l'âme libre et dépendante, l'âme libre et soutenue par Dieu, si en même temps on cherche à se faire une idée de l'action divine en nous par des comparaisons toutes empruntées à l'ordre moral, comme celles dont nous nous sommes servis tout à l'heure, alors, avec ce solide témoignage d'une part et cette faible mais sûre lumière d'autre part, on maintient la libre activité de l'homme sans rien ôter à la puissance de Dieu ; on écarte toute théorie qui, en expliquant d'une certaine manière ces faits incontestables, risquerait de les altérer ; et, quand on dit que le chef-d'œuvre de l'art divin, c'est de faire des âmes libres, on n'entend point par là une ombre de liberté, conservée pour les besoins de la morale et de la religion, un pouvoir mal défini, qu'on veut à la fois maintenir et réduire presque à rien, on entend une vraie et réelle liberté, et on conçoit que plus cette puissance créée a de valeur, plus elle fait honneur à Dieu : car enfin, c'est cela même qui est divin de *faire* des êtres véritablement agissants, des êtres qui d'eux-mêmes ne sont rien, et qui, néanmoins, peuvent et font quelque chose, des êtres en qui il n'y a rien que leur auteur ne leur ait donné, et qui par ce don même ont l'étonnante vertu d'agir avec spontanéité et liberté.

Il faut donc répéter avec Malebranche que Dieu, dans son infinie sagesse, se sert, pour l'accomplissement de ses desseins, aussi bien des causes libres que des causes nécessaires. Mais il ne faut pas, comme Malebranche, ne prononcer qu'à regret ce mot de cause appliqué aux créatures. Il ne faut pas que ce mot fasse peur, et que, pour se rassurer, on s'empresse d'y ajouter des épithètes qui en atténuent la force, ou plutôt qui en détruisent le vrai sens. C'est par respect pour Dieu qu'on fait tout cela. Mais ce sont là, si je l'ose dire, des artifices indignes de la majesté divine qu'on prétend exalter. Malebranche nous exhorte à nous bien pénétrer de l'idée de la perfection, et il pense qu'alors nous concevrons qu'à Dieu seul peut appartenir la puissance ou l'efficace. Dociles à son conseil, pénétrons-nous plus encore, s'il est possible, de cette grande idée, considérons mieux encore ce que Dieu est, sans cesser d'avoir les yeux sur les œuvres de Dieu même, et nous comprendrons, je crois, que les œuvres du Créateur ne sont pas des choses inertes et mortes, mais bien des choses animées et agissantes, pleines de vie et d'énergie, ἔργα ἔμψυχα καὶ ἔνεργα, selon les belles expressions d'un ancien ; les œuvres de Dieu sont vraiment des êtres, c'est-à-dire des substances, des causes, des agents qui opèrent eux-mêmes avec Dieu et par Dieu. Ni l'âme ni même les forces naturelles ne sont de simples causes occasionnelles. Si la cause est vraiment cause, quoique dérivée, quoique créée, ne l'appelez pas occasionnelle : car ce second mot lui ôtant l'action que le premier lui accorde et sans laquelle elle ne serait plus une cause, l'esprit se trouble. D'un autre côté, si vous supposez qu'elle n'agit pas, et c'est bien pour cela que vous la nommez occasionnelle, supprimez donc le mot de cause : car pourquoi le conserver quand il est dénué de sens? et si par hasard c'est pour laisser à la créature un semblant d'activité quand vous lui refusez toute réelle efficace, pourquoi ces apparentes concessions à l'opinion commune que vous déclarez si hautement fausse et même impie? Mais non : ce n'est point pour déguiser ses hardiesses que Malebranche emploie ce vieux mot, et il ne songe à tromper personne sur sa véritable pensée. La force invincible du sens commun, la nécessité de maintenir la liberté pour ne pas renverser les notions morales, voilà ce qui lui fait conserver, comme malgré lui, ce mot de cause appliqué aux créatures, en même temps qu'il proclame que c'est un terme applicable, en son vrai sens, à Dieu seul. Pour nous, c'est sans effroi et sans défiance, que nous en usons à propos des êtres créés. Il y a plus : si nous ne l'appliquions aux êtres créés qu'en un sens détourné et inexact, nous croirions ne plus pouvoir l'appliquer à Dieu. Et voici pourquoi :

La cause véritable est celle qui *fait quelque chose :* et je prends ici le mot faire dans toute sa force : la cause fait, *efficit*, ποιεῖ. C'est la cause efficiente, δύναμις ποιητική. Elle ne fait point de sa substance ce qu'elle produit, elle ne le tire point d'elle-même : ce qu'elle tire d'elle-même, c'est la puissance d'agir, c'est la vertu productrice ; c'est aussi l'idée de ce qu'elle produit, le type qu'elle réalise. Mais ce qu'elle fait n'est pas elle, et n'a substantiellement rien d'elle. Dans ce livre où ma pensée s'exprime, il n'y a rien de ma substance : j'ai fait cet ordre et cet arrangement des mots, qui reproduisent l'ordre et l'arrangement des idées ; mais je ne suis pas là, quoique cela ne soit que par moi. Il en est de même dans le monde moral. Quand j'agis sur celui que j'instruis, que je forme, que je façonne, je semble me donner à lui, et on dirait que je mets en lui mes pensées, mes sentiments, et d'une certaine manière tout mon être : mais je ne lui communique pas ma substance ; je reste individuellement distinct de lui et lui distinct de moi. Ici je remarque une très-grande et très-profonde différence entre mes actes et mes œuvres. Je passe et je m'écoule pour ainsi dire dans mes actes ; je suis tout entier et substantiellement dans mes actes ; ou plutôt mes actes c'est moi ; et si je possédais l'activité infinie et parfaite, cette dernière expression serait rigoureusement vraie. Mais les choses faites par moi ne sont pas moi : si elles étaient moi, elles ne seraient plus choses faites, elles seraient mes actes mêmes et non mes œuvres, et moi, par rapport à elles, je serais ce qu'est la substance pour ses modes, non ce qu'est la cause pour ses effets. Ce que je *fais* est quelque chose qui, tout en n'étant que par moi, n'est pas moi. Ce que je fais a une certaine existence propre qui le distingue de moi son auteur. Seulement, comme je n'agis jamais que sur des choses préexistantes à mon action, je modifie ce qui est, et ne crée rien : ce que je fais n'est jamais que manière d'être, et non être. Quand mon action est très-puissante, je façonne si bien la matière que je lui donne un semblant de vie, ou je forme tellement les âmes que j'ai l'air, nous l'avons déjà remarqué, d'y mettre presque les facultés que je ne fais qu'exciter et éveiller. Cela m'est un indice que ce qu'une cause peut produire de plus excellent, ce n'est point une machine où elle agit seule et immédiatement, mais c'est une œuvre vivante qui en apparence se passe d'elle : c'est là que sa puissance éclate le plus. Mais il est trop clair que je ne puis rien *faire* de vraiment vivant : je ne puis que susciter des forces vives qui ne tiennent point de moi leur être. Maintenant donc supposons que rien au dehors de moi ne préexiste à mon action, ni matière que je puisse travailler, ni âmes auxquelles je puisse m'adresser : je ferai tout moi-même, je serai créateur ; au lieu de développer ou de façonner ce qui est, je donnerai l'être même. Mais quoi ? donner l'être à ce qui ne l'a pas, est-ce donner quelque chose de soi ? est-ce tirer de soi, prendre en soi, quelque chose que l'on donne ? non, donner l'être, c'est *faire* être ce qui avant qu'on agisse n'est pas. Il me semble que, si j'avais la puissance de créer, je ne puiserais pas en moi comme en une source ou en un trésor pour en faire sortir l'être : car alors je serais donc un je ne sais quoi de matériel dont les choses seraient faites ? Rien ne donnerait de l'acte qui fait être une plus fausse idée que cette grossière image. Il me semble encore que, si je pouvais créer, je ne serais point dans mon œuvre de la même manière que je suis dans mes actes : si cela était, cette œuvre ne serait plus vraiment œuvre ni effet, elle serait un mode de ma substance, je ne serais pas vraiment cause. Que ce soit une simple manière d'être ou l'être même que la cause produise, il faut pour qu'il y ait vraiment production que ce qu'elle fait soit distinct d'elle. Or, voici ce que je remarque. Là où l'être existe, on peut être vraiment cause, et ne produire cependant que des manières d'être : c'est le cas où je me trouve quand je *fais* quelque chose. Mais là où rien ne préexiste à l'action productrice, il faut évidemment qu'elle fasse l'être même, c'est-à-dire quelque chose qui non-seulement semble subsister et agir, mais qui vraiment subsiste et agit. Si la cause créatrice ne fait pas cela, elle ne *fait* rien. Car, si elle ne fait pas des êtres agissants, elle ne fait donc que des manières d'être? mais des manières d'être de quoi? de rien autre chose que d'elle-même apparemment, puisqu'elle existe seule. Elle agit donc en elle-même et sur elle-même, elle est substance active, mais elle ne fait rien, et c'est à tort qu'elle est appelée cause. Si donc les êtres créés n'ont aucune activité propre, ne dites pas qu'ils sont créés, ne dites pas que ce sont des êtres : ce sont des modes de la substance infinie, ce ne sont pas les œuvres de la cause première. Et remarquez qu'aucun être créé ne se suffisant à lui-même, il faut se représenter les substances actives qui composent l'univers, non point comme renfermées en elles-mêmes et isolées chacune dans son chez soi, mais au contraire, toutes en relation et comme en contact, et agissant les unes sur les autres, ce que l'expérience confirme, en sorte que ce sont de véritables causes. Il faut donc dire que la cause première, si elle fait vraiment des êtres, fait des substances actives et agissantes, et que ces substances étant des causes, elle fait des causes, réelles, efficaces, quoique dépendantes et dérivées, en un mot des causes *secondes*. C'est une erreur de croire la puissance et l'efficace divines incommunicables en ce sens que Dieu ne puisse faire un être qui ait quelque puissance et quelque efficace. Il n'y a point entre l'idée de créature et l'idée d'efficace cette incompatibilité que Malebranche suppose. Tout au contraire, si la créature est conçue comme essentiellement impuissante, il faut dire qu'elle n'est pas, et par conséquent, que Dieu ne fait rien, et par conséquent encore qu'il n'est point créateur. Dire qu'il est créateur, c'est dire qu'il a la puissance de faire des êtres réels, subsistants et agissants, capables d'être eux-mêmes des causes, et s'il n'a pas ce privilége vraiment divin de pouvoir être cause de causes, alors il faut renoncer à l'appeler lui-même une cause.

Ainsi, il y a des causes secondes et il y a une Cause première. Une cause seconde intelligente est vraiment la raison suffisante de tout ce qui est fait par elle : par rapport à ses effets, elle est première ; ce qu'elle fait a commencé d'être, subsiste, s'explique par elle. Mais elle n'a en elle-même la raison suffisante, ni de sa propre existence, ni de sa puissance, ni de son opération. Elle n'est donc point première, dans le vrai sens du mot, car elle n'est point indépendante, elle n'est ni absolue, ni parfaite. Elle a une initiative propre, elle agit, elle fait quelque chose : elle est une cause. Elle n'a rien de soi, elle est par Dieu : elle est une cause seconde. « La raison qui a fait exister les choses par Dieu, les fait

encore dépendre de lui en *existant* et en *opérant*. »
C'est vrai, et on peut dire « qu'elles reçoivent continuellement de lui ce qui les fait avoir quelque perfection [1]. » Mais si Dieu opère dans ses créatures, ce n'est point pour qu'elles ne fassent rien du tout, c'est pour qu'elles agissent : *Aguntur ut agant, non ut ipsi nihil agant,* comme dit saint Augustin [2]. Il ne faut pas dire que Dieu opère tout seul, il faut dire qu'il opère en tout ce qui opère, qu'il agit dans tout agent, selon l'exacte et belle formule de saint Thomas : *Deus operatur in omni operante.* Opposons donc aux craintes de Malebranche, effrayé de voir diminuer l'empire de Dieu, si les créatures font quelque chose, opposons le témoignage de l'âme même, c'est-à-dire de l'œuvre vivante de Dieu, et le témoignage de la raison, qui déclare que la plus grande marque de la toute-puissance, c'est de faire l'être, de faire des causes si réelles, qu'elles semblent échapper à l'action créatrice elle-même. C'est là créer, c'est là agir en Dieu. Non, Dieu ne fait pas tout immédiatement, il agit par le moyen des causes secondes qui agissent par lui. Et ce n'est pas là une défaillance de sa puissance, mais un effet de la surabondance de sa bonté : il veut communiquer aux créatures *l'honneur d'être des causes.* Admirables expressions de saint Thomas qui dissipent toutes

---

1. Leibnitz, *Princ. de la nature et de la grâce*, § 9.
2. Saint Augustin, *De Corrept.*, cap. II.

les alarmes chimériques de Malebranche : *Non quidem propter defectum suæ virtutis, sed propter abundantiam bonitatis suæ, ut dignitatem causalitatis etiam creaturis communicet* [1].

---

1. S. Thomas, *Summa theolog.*, Iª pars, q. XXII, art. 3.

CHAPITRE IV.

LES ATTRIBUTS DE DIEU ET LA CRÉATION.

Malebranche répète souvent que l'infini est à la fois un et toutes choses, que dans sa riche simplicité il enferme tout, qu'il est l'Être universel, l'Être indéterminé, l'Être sans restriction, l'Être tout court. Méditons un peu sur le sens métaphysique de ces mots. Toute chose réelle ou simplement possible, ayant en Dieu sa raison ou son *idée*, suppose en Dieu connaissance et puissance : rien n'est intelligible que par Dieu, rien n'est subsistant ou susceptible d'être que par Dieu ; et si Dieu conçoit et peut faire les choses, c'est qu'elles répondent d'une certaine manière à ses perfections infinies. Ces choses sont donc éminemment en lui, parce qu'il les pense, parce qu'il peut les produire, parce qu'elles ont quelque analogie avec ses propres attributs. Elles ne forment point son être par une sorte d'addition ; mais, au contraire, tenant de lui seul et leur intelligibilité et leur être, elles ont dans son indivisible unité leur vrai principe. En lui donc elles existent d'une existence supérieure, immuable, éternelle, distinctes les unes des autres, et cependant unies toutes entre elles, parce que c'est une même et unique pensée qui les conçoit toutes, comme c'est une même et unique puissance qui peut toutes les produire. En ce sens, l'infini est la richesse même aussi bien que la simplicité même : il est un et toutes choses. Et, comme aucune de ces choses qui sont par lui ne donne de lui une idée complète, comme toutes ensemble n'épuisent point son abondance, et que, pris en lui-même, il dépasse infiniment tout ce dont il est la raison et le principe, il ne faut pas dire qu'il est ceci ou cela, car c'est le limiter ; il ne faut pas prétendre déterminer ce qu'il est, en lui appliquant tel ou tel terme convenant aux êtres finis, car c'est le concevoir à l'image de ces êtres, lui donner les mêmes bornes qu'à eux, et, en lui attribuant telle chose, exclure de sa substance telle autre chose. Il ne faut pas dire qu'il est corps, ni même, au sens étroit de ce mot, qu'il est esprit ; car il est éminemment ce qu'il y a de positif et de parfait dans l'idée d'étendue, et, s'il est esprit, ce n'est point avec les défaillances, les limites, les imperfections que nous remarquons dans nos âmes. Aucune des qualités créées ne réussit à exprimer ce qu'il est ; car il est ce qu'il y a de bon dans cette chose créée, et aussi ce qu'il y a de bon dans toutes les autres, et plus encore et mieux que cela. Craignons donc, quand nous parlons de lui, d'en faire une chose comme les autres, particulière, bornée, confinée en un lieu, se développant dans le temps, ayant telles ou telles qualités exclusives et limitées. Craignons de l'humaniser, c'est-à-dire de le faire à notre image, et de nous figurer qu'il pense et veut de la même manière que nous. Appelons-le l'Être indéterminé et universel, dont aucune détermination particulière ne peut égaler l'infinité. Immense, éternel, infini, il *est*, tandis que les autres sont à la fois et ne sont pas. Il est celui qui est. Il est l'Être tout court.

Assurément, il est difficile d'exprimer avec plus de force l'impossibilité où est notre pensée de comprendre Dieu ou de s'en faire une idée adéquate. Il est difficile de mieux montrer que rien n'est que par Dieu et que Dieu n'est rien de ce qui est par lui, ou en d'autres termes, que tous les êtres sont par lui et même en lui, et que, par cela même, il n'est point l'un d'eux.

Le naturalisme et l'anthropomorphisme méconnaissent la radicale et essentielle distinction qui existe entre ce qui est *fait* et ce qui est *par soi*. Malebranche la rappelle énergiquement. Ils soumettent Dieu aux conditions d'existence de la créature. Malebranche établit que celui qui est le principe et la raison des créatures est précisément en dehors de ces conditions, ce qui constitue pour cet être à la fois singulier et universel une existence supérieure à toute autre, vraiment souveraine, très-réelle, et même, si l'on veut, la seule qui soit tout à fait réelle, en ce sens qu'il n'y en a pas d'autre qui soit absolue, originale, indépendante, pleine comme celle-là. Mais combien dans ces choses si délicates et si peu connues les plus séduisantes formules ne sont-elles pas à craindre !. Alors qu'elles écartent un péril, elles en font naître un autre. Appeler Dieu l'Être universel, dire qu'il est un et toutes choses, c'est parler un langage hardi qui a besoin d'explications, d'éclaircissements, de commentaires ; et quand, d'ailleurs, le système ôtant aux créatures toute réalité propre avec toute efficace véritable, expose l'esprit à les confondre avec l'Être infini à force d'exagérer la différence qui les en distingue, alors ces sortes d'expressions deviennent tout à fait dangereuses. Dieu est un et toutes choses : quoi donc ! L'être des choses, est-ce donc l'être de Dieu même, et la substance infinie est-elle l'unique substance ? D'un autre côté, dire que Dieu est l'Être indéterminé, c'est laisser la suprême existence dans le vague, et cela ne vaut rien. La notion de Dieu est mystérieuse, et doit toujours l'être : elle ne doit pas être vague. Si nous croyons pouvoir embrasser Dieu dans notre pensée finie et le faire tenir dans une formule, nous nous trompons grossièrement. Mais est-ce une raison pour n'avoir aucune pensée distincte dans l'esprit quand nous voulons parler de Dieu d'une manière digne de lui? Songeons-y : dire qu'il est l'être tout court, ce n'est rien dire, si par être on n'entend pas l'être parfait ; et dès qu'on parle de perfection, on sort de l'indétermination absolue, on énonce quelque chose de positif.

Malebranche le sait bien, et c'est pour cela qu'il dit sur les attributs divins des choses nettes et précises. Néanmoins, quand il parle en métaphysicien pur, il en revient toujours à l'être indéterminé; et il semble alors qu'à ses yeux Dieu soit indéterminé, par cela même qu'il est parfait, ou parfait, en cela même qu'il est indéterminé. N'est-ce pas ici encore la notion d'activité qui fait défaut à notre philosophe? Si en prononçant ces mots: « l'Être » ou « l'Être infini, » il entendait ce qui agit, et ce qui agit de soi et par soi et sans limite aucune, le fantôme insaisissable de la substance indéterminée, ce reste de matérialisme abstrait qui l'obsède, disparaîtrait pour toujours.

Au lieu d'être partagé entre deux tendances contraires, l'une qui le porte à donner à Dieu toutes les perfections positives, sans lesquelles Dieu n'est plus rien pour la morale et la religion, l'autre qui le pousse à ne laisser en Dieu que l'existence nue, de peur de ravaler la perfection infiniment parfaite en la déterminant, il comprendrait que « l'Actif suprême [1], » comme dit Leibnitz, est esprit, qu'il l'est nécessairement et excellemment ; que, s'il ne l'était pas, il ne serait plus l'être par soi. Le mot esprit, en effet, ne désigne pas comme le mot matière quelque chose de resserré et d'imparfait ; et la notion de l'esprit n'est point négative, elle est très-positive. Pour l'appliquer à Dieu, il n'y a pas à raffiner, il n'y a qu'à suivre le sens le plus naturel. Il faut un détour pour découvrir en Dieu quelque chose de positif qui réponde à l'étendue ; il ne faut qu'aller tout droit pour dire que Dieu est esprit, et en voici la raison :

Une *chose* est essentiellement dépendante : ce qu'elle a d'intelligible ou d'aimable ne vient pas d'elle : elle ne le connaît même pas, son être est pour elle comme s'il n'était pas, et, obéissant à des lois que non-seulement elle n'a pas faites, mais qu'elle ignore, elle se développe sans avoir ni la conscience, ni la direction de ce développement forcé. Celui qui la connaît, et qui la connaissant, peut en disposer, celui-là lui est de beaucoup supérieur ; et elle dépend de lui de toutes les manières.

---

1. *Consid. sur l'esprit universel*, 1702. Erdm. p. 182.

Alors même qu'elle l'écrase, il la domine encore, car il la connaît, et elle ne se connaît pas. Mais surtout elle suppose nécessairement un être qui a mis en elle ce qu'elle a d'intelligible, ce qu'elle a d'aimable, ce qu'elle a d'être. Elle dépend donc, dans son existence même, de la pensée et de la volonté ; et quand on lui donnerait la puissance la plus merveilleuse, quand on l'armerait d'une force irrésistible, on ne pourrait pas détruire en elle cette dépendance essentielle. Voilà ce qu'est la chose, qui non-seulement n'est que *par* autrui, mais qui encore n'est que *pour* autrui. C'est dire qu'elle est par l'esprit et pour l'esprit.

L'esprit se connaît et dispose de lui-même. C'est ce que nous expérimentons en nous. Nous sommes des personnes, et, à ce titre, malgré nos limites et nos imperfections, nous sommes bien moins dépendants que les choses. La vérité et le bien existant sans nous, des lois que nous n'avons pas faites présidant à notre développement, certaines conditions d'existence nous étant imposées, diverses influences agissant sur nous malgré nous ou, du moins, sans notre concours, nous n'avons qu'une personnalité défectueuse et une très-imparfaite indépendance. Mais, à mesure que la conscience devient en nous plus vive et plus nette, notre action personnelle s'étend et s'affermit. En réagissant contre les autres forces qui nous pressent, nous devenons de plus en plus nous-mêmes. En nous soumettant volontairement aux lois qui nous dominent, nous trouvons dans notre dépendance même la liberté. Et puis, ces actes dont nous avons l'initiative, ces qualités acquises par notre travail, ces œuvres de notre génie ou de notre vertu, toutes ces productions de notre intelligence, de notre amour et de notre liberté, tiennent de nous ce qu'elles ont d'intelligible et ce qu'elles ont d'aimable : ce sont choses qui sont par nous, et voilà où éclate la puissance de la personnalité ; voilà donc ce que fait l'esprit, et ce qu'il est.

Et maintenant, s'il n'y avait rien en nous qui ne nous fût parfaitement clair et rien au dehors de nous qui n'eût avec notre être un rapport nécessaire ; si tout ce que nous connaissons avait dans notre pensée sa raison, si tout ce que nous aimons tenait, directement ou indirectement, de nous son amabilité, si tout ce qui est n'était que par notre puissance, si notre activité était ainsi l'origine première de tout, en sorte que nous fussions par nous-mêmes, et que rien ne fût que par nous, quel empire plus souverain pourrait-on concevoir, et par suite, quelle personnalité plus achevée ? Voilà l'esprit parfait : rien d'obscur pour lui dans sa propre essence, rien d'aveugle dans ses actes, rien qui lui échappe comme par instinct, mais l'action toujours lumineuse, toujours maîtresse d'elle-même, sans défaillance, sans excès. Un tel être est vraiment lui-même : et pourquoi ? parce qu'il est par lui-même. Qu'on n'oppose donc pas l'infinité et la personnalité comme deux termes ennemis et inconciliables. L'être *infini* ou l'être *par soi* est nécessairement un esprit, ou si l'on veut, une *personne,* puisque autrement il est nécessairement dépendant ; et la perfection de la personnalité ne peut se trouver que dans l'être infini ou l'être par soi, parce que dans tous les autres êtres il y a quelque chose qui échappe à la conscience et à la libre action. Mais alors qu'est-ce donc que l'être indéterminé, sinon une chimère dangereuse qu'il faut chasser sans retour ? Malebranche a bien raison quand il recommande de ne jamais perdre de vue l'infinité divine ; mais il a raison aussi quand il essaie de connaître les attributs divins en remontant des copies qui sont en nous à l'original qui est en Dieu. Son seul tort est de conserver pour l'idée de l'être indéterminé une secrète complaisance, et de ne pas comprendre qu'une pareille conception réduit Dieu à la condition des choses. Il y voit un remède contre la superstition, et ce n'est qu'une vaine idole. Dieu est le plus *déterminé* des êtres, en ce sens qu'il est vraiment lui-même et pour lui-même, aussi bien que par lui-même. Et c'est ce qu'on veut dire en l'appelant esprit.

Ces réserves faites, il y a beaucoup à louer dans la

manière dont Malebranche explique les attributs divins. Si l'on a quelque peine à concevoir l'immensité de Dieu autrement que comme une sorte de dispersion de la substance infinie dans l'espace, on fera bien de méditer les paroles de notre philosophe. On se convaincra que l'activité parfaite est telle, qu'aucune limite ne la contient et aucun lieu ne la resserre. Lors donc que nous parlons de l'immensité divine, nous voulons dire précisément qu'en Dieu toute idée d'extension locale doit être écartée comme une contradiction et un non-sens; que sa présence dans les choses finies ne consiste pas en une contraction et une application limitée, exclusive, de son être à un point donné, mais en son action toute-puissante, inséparable de sa substance ; que, par suite, son ubiquité n'est ni multiplicité, ni développement, ni déploiement, mais action une et indivise, action substantielle, présente à tout le réel et à tout le possible, non point seulement pour les connaître, mais pour faire être celui-ci idéalement et celui-là réellement ; qu'enfin, comme par delà tout le créé, actuel ou futur, ou simplement concevable, cette activité infinie s'exerce d'une manière mystérieuse dans les profondeurs inaccessibles de l'être divin, toujours inépuisable, incessante et parfaite, nous disons de Dieu qu'il est immense, afin de marquer par là qu'il est en dehors et au-dessus des conditions d'existence de la créature. Toute créature n'a qu'une action finie. Or, les plus limitées parmi les créatures, ce sont celles qui sont étendues. Rien n'est donc plus opposé à l'immensité divine que l'extension locale.

On peut faire, à la suite de Malebranche, des réflexions analogues sur l'éternité. Le propre des créatures, c'est de durer, c'est-à-dire de se développer d'instant en instant, d'être ceci et puis cela, d'acquérir et de perdre, en sorte que la persistance même de la substance, dans l'âme par exemple, ne va pas sans une succession de changements ou de modes. Dieu est en dehors du temps comme en dehors de l'espace, je veux dire qu'il n'y a dans l'immuable existence de l'être parfait aucun changement, aucune succession : en lui est la raison suprême de tous les changements, lui-même ne change pas, ne dure pas : il est éternel, et l'éternité ne consiste point en une série indéfinie et continue de moments qui s'écoulent : dans l'être éternel rien ne passe, rien ne s'écoule, il est toujours tout lui-même et tout entier présent à lui-même, lui et tout ce qu'il peut faire : ni sa pensée ni son activité ne se dispersent, elles sont comme ramassées en un point indivisible : la vie divine est immobile.

Il n'y a pas moins de profit à méditer ce que dit Malebranche de la sagesse et de l'amour de Dieu. Dieu pense véritablement, Dieu aime véritablement; mais sa pensée éternelle ne va pas d'un objet à l'autre, elle ne se divise pas, elle ne se lasse pas, elle embrasse tout d'un regard. Son amour ne s'épuise pas, ne s'altère pas ; toujours conforme à la raison, il n'a ni défaillance ni progrès. Il est, comme sa pensée, éternel et immuable. Ce n'est pas tout. Pour les autres êtres, la vérité et le bien sont des choses extérieures à la pensée et à l'amour. Dieu est le principe de toute vérité, puisque les essences et les types des choses sont des conceptions de son intelligence souveraine et que les lois absolues ont leur fondement dans son essence nécessaire. Dieu est en même temps le principe de tout bien, puisque rien n'est bon que par lui, directement ou indirectement, et qu'en conformant son amour au degré de perfection qu'il voit dans les choses, il accomplit et constitue en même temps l'ordre moral. Malebranche a vu tout cela admirablement.

Pour ce qui est de la liberté divine, l'explication qu'il en donne n'est pas tout entière irréprochable. En Dieu, point d'effort, comme en nous, point de disproportion entre la résolution et l'effet produit, point de volonté inefficace, point d'intention stérile, de dessein abandonné, d'œuvre interrompue, enfin point de lutte et point de défaite : Dieu ne peut pas faire le mal. Point de caprice non plus ni d'arbitraire : la volonté divine ne peut se déterminer sans motifs, et les motifs par lesquels elle se détermine ne peuvent être que sages et bons. Jusque-là tout est excellent, et il faut apprendre de Malebranche à rejeter sans hésitation et sans regret cette chimérique liberté d'indifférence qui serait en Dieu la négation de la sagesse, de la justice, et par suite, de la perfection. Mais il ramène à son insu, ou du moins il tend à ramener dans la volonté divine la fatalité qu'il en veut bannir. Lui qui se plaît à nommer Dieu l'être indéterminé, il aime aussi à dire que Dieu est *déterminé* au bien invinciblement, par la nécessité de sa nature. Et cette dernière expression vient, comme la première, de l'idée inexacte qu'il se fait de l'activité. Celui qui n'a pas compris ce qu'il y a de spontané et de vivant dans l'amour humain, méconnaît, c'est tout simple, la spontanéité souveraine de la volonté divine. Il parle géométriquement et mécaniquement, comme si ces façons de parler, qui conviennent déjà si peu aux choses morales, n'étaient pas tout à fait choquantes quand on les applique au divin, et absolument impuissantes à en rendre compte. Il emploie, sans ménagement, sans précaution, le mot de nécessité, là où on ne devrait jamais s'en servir avant d'avoir préparé les esprits à le bien entendre : car, c'est, en soi, un mot dur et brutal. Ici encore, si l'on veut éviter les écueils, c'est l'âme humaine qu'il faut regarder : la vie morale est ce qui peut le mieux nous donner une idée de la vie divine, parce que le moral est ce qui ressemble le plus au divin.

Quand les raisons d'agir se présentent à nous nettes et décisives, et que nous nous sentons portés à faire ce que nous jugeons convenable et bon, la résolution ne sort point mécaniquement de ce jugement et de ce sentiment. Nous pourrions voir pendant des siècles qu'il est bien de faire une chose, et ne pas la faire, nous sentir pendant des siècles attirés vers un objet, et ne pas aller à lui. L'expérience intime ne nous atteste-t-elle pas que, bien souvent, nous résistons à la lumière de la vérité et à l'attrait du bien ? Ni cette lumière, ni cet attrait ne nous déterminent nécessairement à l'acte. L'acte suppose de notre part *assentiment* et *consentement*. La détermination morale, prise dans la lumière et conforme à l'attrait intérieur, est donc libre. Nous pouvions ne pas la prendre; nous pouvions en prendre une autre.

Remarquons maintenant que, si nous préférons au devoir notre satisfaction propre, en paraissant faire notre volonté, comme on dit vulgairement, nous sentons que ce mauvais usage de notre libre arbitre le débilite et l'amoindrit ; nous nous trouvons diminués à nos propres yeux. Si, au contraire, nous nous maîtrisons nous-mêmes pour nous assujettir à la loi du devoir, notre liberté grandit et s'affermit par cette soumission volontaire à la règle, par ce libre assujettissement au vrai bien. Supposons donc que la règle morale ait dans notre propre raison son principe, en nous soumettant à elle, nous n'obéirons pas à une loi extérieure, nous obéirons à une loi qui nous sera consubstantielle. Supposons encore que cette règle soit toujours connue de nous dans une pleine lumière, et que rien dans notre nature parfaitement droite ne puisse lui faire obstacle, aurons-nous seulement l'idée de nous mettre en contradiction avec elle? Faillirons-nous jamais? Et cependant ne serons-nous pas libres encore? Cet état idéal n'est pas celui de l'homme. Mais il y a dans la vie morale un état qui a avec celui-ci quelques rapports, et qu'il est utile de considérer. L'habitude de faire le bien en rend la pensée si familière, le goût si pénétrant, l'exécution si facile, qu'à de certains moments l'âme semble suivre la pente de sa propre nature, en obéissant à cette loi où elle ne découvre rien que d'aimable; l'idée du mal ne se présente pas à elle, la tentation ne l'effleure même pas, et elle accomplit avec une merveilleuse aisance les actes les plus difficiles. Je n'ignore point que les âmes les plus saintes ont encore leurs heures de luttes et d'angoisses, parce que la concupiscence n'est jamais éteinte dans le cœur en cette vie, et que, d'un autre côté, la délicatesse de la conscience croît avec la vertu. Mais enfin, ce bienheureux état que je viens de décrire, n'est pas une chimère. L'habitude met l'âme vertueuse dans une sorte d'incapacité de faire le mal.

Et ce n'est pas en lui imprimant vers le bien une impulsion mécanique. L'habitude n'est pas la routine. La routine fait de celui qui en est l'esclave un automate ; c'est la destruction même de la liberté. L'habitude fortifie l'empire de la volonté, et, en mettant un lien entre plusieurs actes semblables, lui permet de donner au tempérament, à l'esprit, à la vie tout entière une empreinte propre, un caractère personnel : c'est le triomphe de la liberté. Maintenant, supprimons les efforts qui ont formé l'habitude : aurons-nous pour cela supprimé la liberté ? L'effort est-il essentiel à la liberté ? A la liberté humaine en voie de formation, oui ; mais à la liberté parfaite, non. C'est à tort placer dans l'homme même le type de toute perfection, que de regarder l'effort comme ce qu'il y a de plus grand et de meilleur. La créature, qui n'est point par elle-même, est soumise à la loi de l'effort. Il faut qu'elle se développe, qu'elle passe de la puissance à l'acte, et l'effort est ce passage et ce mouvement. Mais dans la créature même il diminue peu à peu par l'effet de l'habitude ; et si elle atteint le terme où elle aspire, il cesse, ou du moins n'a plus rien de laborieux : tant il est vrai qu'il n'est pas la loi essentielle de l'activité ! Le supprimer, ce n'est donc pas supprimer la liberté. La liberté humaine tend vers un état idéal où elle se déploie sans effort : la liberté parfaite est naturellement dans cet état.

Ainsi, qu'un être ait en soi la raison de la loi morale et soit le principe de tout bien; qu'un être ait la vue parfaitement claire de cette loi, et n'ait rien en soi qu'elle contrarie; qu'enfin, cet être accomplisse sans effort toute justice, conformant toujours à la vérité ses jugements, à l'ordre son amour et ses volontés : un tel être ne cesse point d'être libre; en lui, la liberté est parfaite. Cet être est Dieu. Il se détermine dans la pleine lumière, non par un mouvement automatique, non par une nécessité géométrique, mais librement; et maintenant nous pouvons dire que, de même que dans l'homme vertueux, la liberté humaine, à son plus haut degré, s'allie à une sorte de nécessité toute morale de faire le bien, de même en l'Être Parfait, mais d'une manière bien plus relevée, la liberté la plus entière se concilie avec la nécessité divine d'agir en Dieu. Ne parlons plus ici d'effort ni de mérite : tout cela est beau, mais tout cela ne convient qu'à la créature, tout cela n'est que la faible imitation de la perfection divine. Écartons aussi tout ce qui ressemblerait au mécanisme et à la fatalité : ne disons pas que la sagesse de Dieu détermine sa volonté, cela peut être mal pris : disons que Dieu se détermine d'après des motifs sages, et montrons dans la perfection de sa nature, et non dans une sorte de *fatum*, la source de son infaillible sainteté.

Quand Malebranche considère Dieu « sortant pour ainsi dire de lui-même pour produire les êtres, pour créer, » il voit dans cet acte créateur un acte libre ; et, même ici, la liberté envisagée non plus dans les profondeurs de l'être divin, mais dans ses rapports avec les créatures, apparaît comme moins différente de notre libre arbitre. Dieu ne peut pas ne pas vouloir le bien ; mais Dieu peut ne pas vouloir que le monde soit : la possibilité des créatures est renfermée dans la nature divine, non leur existence. Pour qu'elles soient réellement, il faut un décret entièrement libre qui les fasse être. Dieu, se suffisant pleinement à lui-même, n'a aucun besoin : il crée donc parce qu'il le veut, et il lui est libre de ne point le vouloir.

D'un autre côté, Malebranche admet que Dieu, décidé à créer, choisit entre tous les mondes possibles le meilleur. L'Être parfait peut ne rien faire ; mais s'il fait quelque chose, il faut qu'il agisse en Dieu, et que son ouvrage soit digne de lui, c'est-à-dire ait toute la perfection possible.

Au premier abord, cette explication semble tout concilier : elle laisse au divin ouvrier sa liberté souveraine, et elle exalte son excellence et sa perfection. Mais, en réfléchissant, on trouve cette théorie peu consistante. Elle veut que l'acte créateur soit *arbitraire*, en ce sens que pour Dieu il n'est point meilleur de créer que de ne pas créer : elle prétend que s'il en était autrement, Dieu créerait nécessairement, ce qu'elle repousse comme contraire aux véritables idées des choses et injurieux à la perfection divine. Mais elle prétend aussi que l'ouvrage de Dieu doit être le meilleur possible, parce que si Dieu ne se déterminait pas pour le meilleur, il n'agirait pas en Dieu. Comment donc se fait-il que, le choix du meilleur étant la loi invincible de la volonté divine, il n'ait point lieu dans la résolution même de créer? Si l'arbitraire dans la façon de l'ouvrage, pour ainsi dire, est exclu comme opposé à la perfection d'une volonté invinciblement déterminée au meilleur, comment l'arbitraire peut-il se trouver dans le décret même de faire un ouvrage? C'est donc une chose indifférente qu'il y ait des êtres ou qu'il n'y en ait pas? Alors quel motif expliquera et justifiera l'acte créateur? Et si cet acte est sans motif, c'est-à-dire semblable à un caprice aveugle, ne pourra-t-on pas dire que Dieu, en créant, n'agit pas en Dieu? Malebranche maintient que le décret divin qui est l'origine des existences est arbitraire, et par là il entend exempt de nécessité. Soit : mais la difficulté reste; car si ce décret est exempt, non pas seulement de la nécessité absolue et géométrique, mais même de cette nécessité de convenance qui détermine la volonté divine au meilleur, on est encore en droit de demander comment se peut concevoir en Dieu un acte qui n'a point de raison d'être et qui, selon les principes de notre philosophe, est dès lors indigne de la souveraine perfection. Malebranche le sent si bien, qu'il s'étonne que Dieu ait pris « la condition basse et humiliante de créateur. » Puis, ne pouvant supporter ce scandale apparent, il cherche, à l'abaissement volontaire de l'Être parfait, une raison. Dieu a trouvé le moyen de rendre son ouvrage vraiment digne de lui, en le divinisant par l'incarnation de Jésus-Christ. Le monde, avec Jésus-Christ, vaut l'action divine qui le crée, car il est, d'une certaine manière, divin lui-même ; et voilà pourquoi Dieu crée. Mais, si l'ouvrage du créateur, ainsi considéré, est si excellent, Malebranche ne s'abuse-t-il point, en croyant arbitraire le décret qui décide l'existence de cet ouvrage ? Est-il admissible qu'une œuvre d'un prix infini, qui vaut l'action de Dieu, qui en est digne, qui fait à son auteur un honneur infini, qu'une telle œuvre, dis-je, puisse indifféremment être ou n'être pas ? N'est-il pas meilleur qu'elle soit ? Et, puisqu'on avoue que si elle n'était point telle, Dieu ne descendrait pas au rôle de créateur, il faut donc dire que son excellence est le motif du décret qui appelle à l'existence les possibles, que, par conséquent, ce décret n'est pas arbitraire du tout, et que, par conséquent encore, Dieu, en créant, est invinciblement déterminé au meilleur ? N'avions-nous pas raison de dire que cette théorie était peu consistante !

On pourrait être tenté d'affirmer, avec plus de hardiesse, le principe de Malebranche; et alors, disant avec lui que Dieu ne peut vouloir que le meilleur, surmontant les scrupules qui l'arrêtent, ne craignant point d'être conséquent, on ne ferait point d'inutiles efforts pour soustraire l'acte créateur à ce qu'on regarde comme la règle de la Providence. On soutiendrait que, si Dieu crée, c'est qu'il est meilleur de créer que de ne créer pas; on exclurait ainsi de la volonté divine et le caprice et l'aveugle nécessité, et on n'y laisserait qu'une nécessité de convenance compatible avec la liberté. Seulement, on s'attacherait à expliquer cette nécessité de convenance avec plus de netteté que ne l'a fait Malebranche, et on s'efforcerait de mieux montrer, qu'en effet, elle ne détruit point la liberté. En un mot, c'est le principe de Malebranche qu'on appliquerait, mais poussé jusqu'au bout et en même temps mieux défini avec l'aide de Leibnitz.

Méditons un instant sur ces graves questions. D'abord nous serons si frappés des difficultés qu'elles présentent que la vue des inconséquences commises par un grand et ferme esprit, loin d'être pour nous un amusement et une occasion de sourire, nous remplira de crainte et nous donnera une très-utile leçon de sagesse modeste. Puis, reprenant humblement confiance, nous nous dirons: est-il vrai que l'acte créateur doive être exempt de toute nécessité? oui, car autrement il n'y a plus de création, et Dieu n'est plus Dieu. Suit-il de là que l'acte créateur soit arbitraire? oui, si arbitraire signifie exempt de toute nécessité; non, si ce mot veut dire sans motif. Mais si l'acte créateur a un motif, ne faut-il pas avouer qu'il est meilleur de créer que de ne créer pas? Là est le point précis de la question. Est-il vraiment meilleur de créer que de ne créer pas? Y a-t-il entre le monde et Dieu quelque proportion? Peut-on supposer que les choses à créer, telles que Dieu les voit dans son éternelle pensée, ont une perfection qui oblige le créateur à leur donner l'être? Car enfin, s'il est vraiment meilleur de créer que de ne créer pas, ce serait une sorte de manquement en Dieu que de ne pas faire le meilleur; cela n'est pas permis, οὐ θέμις ἐστί, selon le mot de Platon dans le *Timée*. Dès lors, créer étant meilleur que de ne pas créer, est-il encore admissible que Dieu ne crée pas? si cette supposition est possible, n'est-il pas vrai qu'elle est un outrage à la perfection divine? Il est donc moralement nécessaire que Dieu crée : nécessité de convenance, je le sais, mais enfin nécessité qui suppose en la créature je ne sais quelle beauté vraiment divine d'où elle tire le droit d'exister. Les êtres contingents, au lieu de dépendre d'un choix libre de la volonté de Dieu, ont alors, comme les vérités absolues, comme la loi morale, leur raison d'être dans la nécessité de l'essence divine. Ils sont parce qu'ils ne pourraient pas ne pas être, puisqu'il serait mauvais qu'ils ne fussent pas, et que par conséquent, s'ils n'étaient pas, Dieu cesserait d'agir en Dieu. Je comprends que l'être parfait se regardant éternellement lui-même s'aime d'un amour invincible, et comment donc pourrait-il ne pas s'aimer? Je comprends que nous autres, n'ayant pas de mots pour désigner cet éternel et parfait amour, acte incomparable, qui nous passe entièrement, nous l'appelions tour à tour libre et nécessaire, la souveraine liberté s'y confondant avec cette divine nécessité dont nous avons parlé plus haut. Je comprends en un mot que la volonté parfaite soit parfaitement attachée à la vérité et au bien, et heureusement incapable de faillir et de pécher. Mais Dieu regardant les créatures possibles et se décidant à leur donner l'être, n'est-il point libre en ce sens qu'il peut, sans erreur, sans faute, sans manquement d'aucun genre, vouloir qu'elles soient ou vouloir qu'elles ne soient pas? Non-seulement ici deux partis sont possibles, mais ni l'un ni l'autre n'est condamnable comme ni l'un ni l'autre n'est obligatoire. Et cela tient à la différence qui existe entre le monde et Dieu. Rien de créé n'a en soi de quoi déterminer nécessairement ou obligatoirement l'action divine. Quand l'artiste conçoit un type de beauté idéale qui ravit sa pensée, il se sent pressé de réaliser ce type : impatient de lui communiquer comme un souffle de vie, il travaille avec passion jusqu'à ce qu'il puisse enfin contempler son idée dans son œuvre. Mais Dieu, qui met à chaque chose son prix, connaît l'infinie distance qui est entre tout le créé et lui : parmi les essences et les types renfermés dans son intelligence souveraine, il n'en voit pas qui soit en aucune façon comparable à lui-même, il n'en voit pas qui puisse le décider, comme par une sorte de violence ou de charme irrésistible, à agir pour créer.

Mais c'est une autre erreur de croire que Dieu ne puisse créer sans déchoir, à moins de trouver le moyen de diviniser son œuvre. Si aucun être contingent n'a droit à l'existence, aucun non plus n'est indigne d'exister au sens où Malebranche l'entend. Tout ce qui est intelligible a en soi quelque perfection, et tout ce qui a quelque perfection peut être. Dieu, parmi les possibles, n'en voit pas qui l'oblige à créer, il n'en voit pas non plus qui le rebute. Sa perfection infinie le met infiniment au-dessus de la créature. Mais sa dignité ne l'oblige pas à mépriser ce qui lui est inférieur. Ainsi il ne faut pas s'étonner qu'il y ait entre l'action de Dieu et son œuvre une infinie disproportion, mais il n'en faut pas conclure que cette disproportion rende la création impossible. Si les choses n'ont pas le droit d'être, il n'en résulte pas que Dieu n'ait pas le droit de les faire être. Le monde n'est donc pas profane parce qu'il est fini. Il n'y a que le péché qui le puisse profaner. C'est une dangereuse exagération que de voir dans tout ce qui n'est pas parfait la souillure et le mal. La créature est limitée et imparfaite, elle n'est point mauvaise parce qu'elle est créature. Est-ce donc un crime que de n'être pas Dieu? Parce que mon intelligence n'embrasse pas toute vérité, est-ce un mal qu'elle soit? et vaudrait-il mieux pour l'honneur de Dieu qu'elle fût éteinte? Parce que ce brin d'herbe n'a ni pensée ni amour, est-ce un mal qu'il soit, et son existence imparfaite doit-elle être pour nous un scandale? Ce sont là des vues étroites et mesquines. Partout où il y a quelque chose d'intelligible, à quelque degré que ce soit, il y a aussi du bien, et Dieu même ne dédaigne pas ce bien; comparés à lui, tous les biens créés ensemble ne sont rien; pris en soi, aucun n'est méprisable. Comme le dit nettement saint Augustin[1], « toute nature, en tant que nature, est bonne, et nulle nature ne peut venir que du bien souverain et véritable; car les plus grands biens ne sont pas de souverains biens, mais ils approchent du bien souverain; et de même les moindres biens sont de vrais biens, qui, étant plus éloignés du souverain bien, viennent pourtant de lui... toute nature, à quelque degré de bonté qu'on la borne, est toujours bonne,

---

1. *De Nat. Boni contra Manich.*, cap. I, XVIII, XIX.

tant qu'elle demeure nature, » c'est-à-dire tant qu'elle n'est pas corrompue.

L'union d'une personne divine à la créature n'est donc pas nécessaire pour la rendre digne de la peine que Dieu prend de la créer. Et d'ailleurs, la théologie réclame, nous le savons, contre une opinion qui, en rendant l'incarnation nécessaire, bouleverse le dogme; et la raison philosophique s'étonne qu'on ose indiquer à Dieu la voie qu'il devait suivre, sous peine de n'agir plus en Dieu. De ce que le monde est d'une certaine façon, en conclure qu'il ne pouvait être autrement, c'est mal raisonner. Mais ceci nous amène à examiner de près cette seconde question : Dieu, se décidant à créer, ne peut-il créer que le meilleur monde possible ?

Je commence par remarquer que c'est encore une fois confondre le créé et le divin que de soutenir cette opinion. Si Dieu ne peut produire que le meilleur, Dieu ne peut produire que ce qui est, et voilà que ce qui est devient nécessaire. L'univers existant était le *seul* qui pût exister, puisque tout autre étant inférieur en beauté, en grandeur, en perfection, Dieu ne pouvait le choisir sans commettre une faute. Ainsi on lie la liberté divine, et la puissance de choisir qu'on lui laisse est dérisoire. Répétons-le encore, la liberté divine, considérée dans son rapport avec les créatures, doit consister, comme la nôtre, dans un vrai choix. Et pourquoi? parce que les créatures, ainsi que nous venons de le voir, n'ont qu'une perfection limitée. On doit donc dire que Dieu ne peut pas ne pas s'aimer infiniment lui-même, et qu'il ne peut pas ne pas mettre à chaque chose son prix : le contraire serait en Dieu une erreur monstrueuse. Mais on ne peut jamais dire d'une chose créée que Dieu ne pouvait pas ne pas la choisir ; car une chose créée n'étant pas toute parfaite n'a rien qui puisse arrêter en elle la volonté de l'être tout parfait. Il y a entre les choses des différences, et Dieu les voit comme nous, et beaucoup mieux que nous ; il y a entre les choses une hiérarchie, divers degrés de perfection relative, et Dieu connaît cette subordination et l'observe. Mais que dans la série des possibles il y ait un terme au delà duquel rien de mieux ne puisse être, que l'ensemble des créatures ait une beauté telle que le regard divin lui-même n'en aperçoive pas de plus grande, cela n'est pas admissible. Et qu'on ne dise point qu'en parlant de la sorte, nous imitons ceux qui « alléguant l'expérience pour prouver que Dieu aurait pu mieux faire, s'érigent en censeurs ridicules de ses ouvrages[1]. » Nous nous gardons bien de « critiquer le procédé de Dieu. » Nous ne croyons point que notre courte et étroite expérience nous

---

1. Leibnitz, *Théodicée*, II, § 194.

donne le droit de juger d'un ouvrage que nous connaissons si peu, et d'en être mécontents. Nous ne songeons pas à en relever « les prétendus défauts. » Nous savons que nous ne montrerions par là que la petitesse de notre esprit et une impertinente défiance à l'égard de la divine sagesse. Aussi bien, ne faisons-nous pas ici d'appel à l'expérience, pour la tourner contre Dieu ; mais, examinant en métaphysicien la notion de la perfection et celle de la créature, nous disons que cela seul est vraiment parfait qui est tel qu'on ne peut rien concevoir de mieux ; nous prétendons que l'ensemble des choses créées ne peut jamais être dans cet état de complet achèvement ; nous soutenons que la notion de la créature renferme l'idée d'un développement indéfini tendant vers un terme absolu qui est inaccessible. Si la créature est conçue comme ayant toute la beauté possible, en vain répète-t-on qu'il ne s'agit là que de beauté créée : du moment que le possible s'épuise dans cet être, cet être est conçu comme absolu. L'abîme qui sépare le créé du divin est comblé. Or, quand on dit que parmi tous les mondes possibles Dieu a choisi le meilleur, on entend par là qu'il y a un certain ensemble des choses créées tel que rien de mieux n'est concevable, ni faisable. On énonce donc une contradiction ; on suppose un arrêt absolu là où il ne peut pas y en avoir ; on veut que dans la série des essences relatives aux créatures la pensée trouve où se reposer. Je conçois qu'il y ait des mondes possibles meilleurs les uns que les autres ; je ne conçois ni le pire ni le meilleur de tous. La série est indéfinie : la limiter d'un côté ou de l'autre est impossible. Elle s'étend entre deux termes extrêmes également inaccessibles, le néant ou le rien, pur concept de l'esprit, et Dieu, la suprême et parfaite réalité. Le meilleur véritable, τὸ ἄριστον, n'est donc pas dans la série, mais en dehors et au-dessus. C'est Dieu.

Mais si le meilleur des mondes possibles est une chimère, ne rencontrons-nous pas une nouvelle et formidable difficulté? Ne devons-nous pas craindre que la création n'ait plus de raison suffisante? Car on ne voit plus par quel motif Dieu s'est décidé à créer, et à créer ceci plutôt que cela.

Une âme remplie de l'amour de Dieu ne trouve-t-elle pas dans le divin objet qui la charme toute perfection et toute joie? Cependant, un rayon de soleil, une fleur, la plus petite chose créée s'offrant à cette âme peut encore attirer son attention et la réjouir. Et si cette âme ne s'arrête point dans les créatures, si elle s'en fait un moyen de retrouver Dieu, qui donc osera lui reprocher comme une imperfection les regards qu'elle leur donne? Dieu a fait notre cœur tel que la contemplation et l'amour du souverain bien ne l'absorbent pas nécessairement et ne lui font pas oublier et mépriser tout le reste. L'imparfait et le fini s'ajoutent à l'infini comme par surcroît, comme une sorte de superflu, et ce superflu qui, comparé à Dieu, n'est rien, a pourtant en soi une valeur qu'il tient de Dieu même. Ne trouvons-nous pas dans ce mystère de l'âme humaine un moyen d'éclaircir un peu la conduite divine dans la création? Dieu n'a aucun besoin des êtres finis, mais il les voit dans sa raison souveraine où leurs idées sont renfermées, et il a la puissance de leur donner l'être. Qu'il les réalise ou ne les réalise point, il n'en est pas moins tout ce qu'il est. Mais la perfection souveraine ne dédaigne point ce superflu qui n'ajoute rien à sa propre excellence. Eternellement elle veut faire cette imparfaite image d'elle-même, et elle le veut par pure bonté. Les êtres finis n'ayant avec elle aucune proportion, elle ne leur doit pas l'existence, nous l'avons montré, mais la bonté appelle à l'être ce qui n'y a point de droit. La bonté parmi les hommes relève ce qui est abattu, soutient ce qui est faible, donne à ce qui n'a pas. La bonté divine fait ce qui n'est pas. Ne dites pas que Dieu crée par caprice des êtres dont il n'a que faire; dites qu'il est bon, et que par une libre effusion de sa bonté il crée l'univers. C'est pour cela que nous remercions Dieu, et avec raison, de l'existence qu'il nous donne. Nous sommes saisis de respect et d'amour en contemplant sa beauté ravissante et son incomparable sainteté, nous ne sentons pas la reconnaissance s'élever dans notre cœur; mais si Dieu nous a créés, il pouvait ne nous créer pas : il y a là un libre don, tout gratuit, une sorte de divine condescendance, qui nous confond et nous remplit d'un amour reconnaissant. Voilà donc le motif de la création. L'être fini et imparfait est un bien; Dieu, qui est bon, juge convenable de le créer: douce et aimable convenance de la bonté, qui exclut toute espèce de nécessité, qui ne constitue même aucune obligation, parce que, entre le bien suprême et tout bien fini, il y a une disproportion infinie; mais convenance suffisante néanmoins pour décider la puissance souveraine à réaliser dans le temps les choses dont elle renferme en soi l'éternelle possibilité. Dieu est le Bien même, et le bien aime à se répandre, *bonum est diffusivum sui*, selon la belle expression de saint Thomas. Dieu est bon, et parce qu'il est bon, il veut que les êtres imparfaits mais tous bons en quelque chose, dont il a l'idée, subsistent effectivement et reçoivent de sa bonté l'existence réelle. Et cela lui paraît conforme à sa sagesse, digne de sa perfection, en sorte que l'on peut dire qu'il crée pour sa gloire. Ainsi, Dieu est nécessairement créateur en ce sens que les idées des choses et le pouvoir de les faire sont renfermés dans son essence; mais Dieu est très-librement créateur en ce sens que les choses subsistent réellement par un effet de sa bonté. Et c'est sans doute parce que la bonté est l'origine de toute existence, que ce qu'il y a de plus beau et de plus divin dans la vertu humaine, c'est de faire du bien.

Maintenant il nous reste à montrer que Dieu en créant ceci plutôt que cela a des raisons suffisantes comme il en a pour créer plutôt que pour ne créer pas. Rappelons encore ce principe solide et important, à savoir que l'essence des choses créées est de pouvoir se développer indéfiniment entre ces deux termes inaccessibles, le néant et l'infini. Dès lors la perfection est irréalisable dans le monde. Tout ce qu'on y peut trouver, c'est l'image de la perfection, c'est un développement indéfini imitant par un perpétuel progrès l'immobile perfection. Or, s'il en est ainsi, peu importe le point de départ : si reculé qu'on le suppose, on conçoit toujours qu'il pourrait l'être plus encore ; si peu déterminé, si peu parfait que soit l'être à son degré infime, un état de moindre détermination et de perfection moindre est encore possible. Quant au point d'arrivée, il recule toujours à mesure que l'on avance. Il est dans l'infini. L'atteindre est impossible, y tendre par un mouvement incessant et s'en rapprocher toujours, voilà la loi du fini. «Il se pourrait, dit Leibnitz, que l'univers allât toujours de mieux en mieux, si telle était la nature des choses qu'il ne fût point permis d'atteindre au meilleur d'un seul coup. Mais ce sont des problèmes dont il nous est difficile de juger[1].» Certes, nous avouons avec Leibnitz que ce sont là des questions difficiles, très-difficiles, et nous n'y touchons qu'en tremblant. Mais la nature des choses finies nous paraît telle qu'elle ne permet pas d'atteindre au meilleur d'un seul coup. C'est en allant toujours de mieux en mieux, c'est par un développement indéfini que l'univers imite l'éternelle perfection, laquelle seule est vraiment excellente, de laquelle seule on peut dire dans la rigueur des termes, qu'elle est ce qu'il y a de meilleur. Dès lors on voit que Dieu est entièrement libre de choisir tel ou tel arrangement, telle ou telle combinaison, tel ou tel ordre. Ce qui est nécessaire, c'est que l'univers soit bon, mais il y a plusieurs manières de le faire bon. Ne concevons-nous pas que les choses pourraient être très-différentes de ce qu'elles sont, et avoir encore leur beauté? Les lois que l'induction découvre sont merveilleuses de simplicité et de fécondité ; elles ne sont pas nécessaires comme les vérités mathématiques ou morales. Il est très-vrai que Dieu ne peut agir qu'en Dieu, il est très-vrai que l'œuvre de Dieu doit porter la marque de son auteur et que les perfections divines doivent s'y exprimer. Mais ne donnons pas aux principes les plus sûrs une extension qui les fausse. Dieu ne peut

---

1. *Théodicée*, II, § 202.

agir qu'en Dieu : cela ne signifie pas qu'il doive choisir entre les possibles le meilleur ; car un tel choix est une chimère. L'ouvrage de Dieu ne peut être que beau et très-beau, que bon et très-bon : cela ne veut pas dire que rien de mieux n'est concevable ; car c'est une contradiction. La création doit être marquée d'un caractère divin : de là il ne suit pas que ce qui est, dût nécessairement être tel ; ce serait renverser entre la créature et Dieu toute distinction. Dieu ne veut que le bien, voilà ce qui est assuré. Par là tout s'explique. Son œuvre est une œuvre vivante qui va se développant et qui tend par un progrès indéfini vers la perfection souveraine, qu'elle n'atteindra point. Placés à ce point de vue, nous n'oserons plus la critiquer. Nous n'en connaissons qu'une partie : c'est l'ensemble qui est très-beau et très-bon. Sans doute, l'existence d'un seul être, fût-ce un atome, est marquée d'un caractère divin : car elle suppose une intelligence infinie qui conçoit éternellement cet atome et une puissance souveraine qui le crée. Mais cependant, pour juger de ce qu'est l'ouvrage de Dieu, il faudrait embrasser tous les êtres, tous les lieux et tous les temps ; il faudrait voir l'activité, sous tant de formes diverses, soumise aux lois les plus variées ; il faudrait saisir les rapports de l'ordre physique et de l'ordre moral, de l'ordre de la nature et de l'ordre de la grâce, et découvrir le secret très-simple de tant de combinaisons très-compliquées ; en un mot, il faudrait connaître le dessein éternel de Dieu : et alors, ravis d'admiration, nous avouerions que cet univers est un chef-d'œuvre de puissance, de sagesse et de bonté ; nous reconnaîtrions que par sa mobilité réglée il imite merveilleusement l'immuable perfection, et nous comprendrions comment tant de beauté a pu, sans nécessiter l'action du Créateur, être une raison suffisante de son choix. Nous verrions avec ravissement régner dans la substance de Dieu prise en elle-même cette sainte et divine nécessité dont nous avons essayé plus haut de nous faire quelque idée, et dans cet univers, œuvre de Dieu, nous verrions éclater partout la liberté dans la sagesse et dans la bonté.

CHAPITRE V.

LA PROVIDENCE.

La théorie de la Providence, dans Malebranche, peut se ramener à trois points principaux : 1º les voies de Dieu sont simples et générales, sans quoi elles ne seraient point sages ; 2º dans la *nature* tout se réduit au mouvement et n'est que pur jeu de machine ; 3º les esprits sont ce qu'il y a de plus excellent dans la création ; et, unis à Jésus-Christ, ils rendent à Dieu des hommages dignes de sa souveraine majesté. Examinons successivement ces trois points.

I.

L'idée de sagesse emporte l'idée de constance et d'ordre : c'est incontestable. Une intelligence qui se perd dans les détails sans saisir aucun lien qui les retienne, sans s'élever à aucun principe qui les domine, est évidemment dénuée de sagesse. Elle n'a pas une marche fixe, elle n'a ni plan ni dessein ni conduite. Tout en elle et pour elle est multiplicité : elle n'a ni dans ses vues ni dans ses actes aucune unité ; et c'est là le comble de la faiblesse en même temps que de la déraison. Dieu est sage : la multitude de ses productions est donc pour lui réglée, et c'est par lui qu'elle est réglée ; les détails si variés se ramènent à l'unité, unité intelligible de la loi ou du type ; et tout, ensemble, entre dans un unique dessein, un unique plan, où chaque détail a son rang, sa place déterminée, en sorte qu'il y a entre les choses subordination, hiérarchie, harmonie. En ce sens donc la Providence divine gouverne le monde par des lois générales. Voilà ce que Malebranche a très-bien vu ; et il a compris que ces lois ne sont rien hors de Dieu, qu'elles ne constituent point une puissance avec laquelle la volonté divine aurait à compter, qu'elles ne gouvernent point le monde en la place de Dieu, pour ainsi dire, et comme en son absence, mais qu'elles ne sont pas autre chose que la volonté même de Dieu agissant avec constance, sans caprice, c'est-à-dire, comme nous venons de le voir, avec sagesse. Tout cela est excellent.

Ces volontés générales, pouvons-nous les connaître? pouvons-nous déterminer un certain nombre de lois, trois, quatre, cinq, qui seraient précisément les lois de la divine Providence? Malebranche le croit ; et, selon lui, penser que ces règles divines sont impénétrables, c'est douter de la raison et faire de la sagesse de Dieu un mot vide. Mais il omet ici une distinction très-importante, qu'il faut rétablir. D'une part, nous connaissons certains grands principes auxquels nous ne concevons pas que l'action divine puisse n'être pas conforme : ainsi nous affirmons sans hésiter que tout dans l'univers doit avoir sa raison d'être et sa fin, et que le mal n'y peut entrer que comme condition du bien ; que tout est lié et qu'une harmonie universelle résulte des combinaisons les plus variées ; que l'ordre moral est de beaucoup supérieur à l'ordre physique, et que celui-ci existe en vue de celui-là. Affirmer ces choses ne nous paraît nullement téméraire, car c'est tout simplement affirmer que Dieu agit selon la raison et qu'il est sage. D'autre part, nous pouvons, par l'expérience habilement interprétée, par l'étude de la nature ou par l'histoire de l'humanité, entrer un peu plus avant dans la constitution de l'univers soit physique soit moral, et par conséquent faire quelque progrès dans la connaissance du plan divin : ainsi les classifications des sciences naturelles, en nous donnant une idée du système de la nature, nous font connaître quelque chose du dessein du

Créateur et nous rendent plus sensible sa sagesse ;
et l'on peut dire que c'est là le résultat final de
toute recherche approfondie et exacte, en quelque ordre de choses que ce soit. Nous avons donc,
pour juger de la Providence, soit des principes
métaphysiques auxquels les progrès des sciences
particulières ne sauraient guère apporter de changement, principes de raison que l'expérience fait
remarquer ou confirme, mais ne fournit pas, soit
des conclusions inductives, plus ou moins compréhensives, obtenues au moyen des faits étudiés dans
tel ou tel ordre de sciences. Grâce à ces principes
qui dominent l'expérience, nous pouvons dessiner
certaines grandes lignes générales du plan éternel ;
grâce à ces conclusions scientifiques, nous pouvons
surprendre le sens de certains groupes de faits qui
ne sont guère eux-mêmes que des détails dans l'ensemble. Mais ce qui nous échappe, ce sont les lois
très-générales qui, sans avoir la valeur des principes purement métaphysiques, auraient néanmoins
une bien plus vaste portée que les inductions de la
science : comme ces lois ne sont ni des applications
immédiates ou presque immédiates des vérités de
raisons, ni des résultats scientifiquement établis par
l'interprétation des données empiriques, nous ne les
atteignons pas ou du moins nous les soupçonnons
à peine. C'est par l'expérience qu'il faudrait les découvrir. Or, nous ne pourrions jamais les former

qu'à l'aide d'une expérience nécessairement très-bornée et très-insuffisante : nous risquerions donc de nous faire des idées étroites et fausses, de supposer des lois imaginaires, et de nous représenter une pauvre et mesquine Providence que nous regarderions comme infiniment sage et qui n'aurait guère que nos vues toujours si courtes. Ce sont cependant ces lois que Malebranche a cru surprendre, ce sont elles qu'il expose avec une si entière confiance sous le nom de lois générales de la nature et de la grâce. Et à ces lois il prête presque les caractères des vérités de raison. Il a beau répéter qu'elles ont été librement établies par Dieu et qu'en ce sens elles sont arbitraires : il en parle de telle manière qu'on ne conçoit pas comment elles auraient pu être différentes de ce qu'elles sont. Et telle est leur autorité que Dieu semble lié par elles presque autant que par les principes nécessaires. Dieu invinciblement déterminé au meilleur par l'ordre immuable, suit dans ses ouvrages ces voies simples et générales comme les meilleures, comme les seules vraiment bonnes, puisque ce sont les seules qui soient dignes de lui.

A ce compte, on ne voit pas comment il pourrait y avoir quelque exception ou quelque dérogation à ces lois. Dieu ne se démentira-t-il point si, par une volonté particulière, il vient à s'en écarter? Ne pourra-t-on pas dire que sa sagesse, embarrassée, prise au dépourvu, a été contrainte, pour se tirer d'affaire, de recourir à un expédient violent et irrégulier? Malebranche veut à la fois sauver la liberté divine et maintenir les volontés générales : il admet que Dieu peut suspendre les lois qui sont un effet d'un libre choix, en d'autres termes, que Dieu, agissant librement, peut se départir de cette constance et de cette simplicité qu'il garde ordinairement dans ses démarches. Mais, comme, après tout, le miracle, dans ce système, apparaît comme une atteinte à la simplicité des voies, le philosophe n'en reconnaît la possibilité que par une inconséquence, et il essaie du moins de lui faire la part aussi petite que possible : Dieu fait des miracles, mais il en est très-avare : il ne se décide que très-rarement à déranger la marche majestueuse de l'univers. Étrange théorie que renverse une notion plus exacte des choses ! Les miracles rentrent dans l'harmonie universelle : qui en doute? On ne comprendrait pas une volonté particulière de Dieu qui serait, dans toute la force du terme, une déviation, qui dérogerait à tout ordre, qui n'aurait point de place dans l'harmonie de l'ensemble. Si c'est là ce que Malebranche veut dire quand il parle de volontés générales, il est dans le vrai. Et même il faut remarquer qu'il ne va pas assez loin. Car, si ce qu'il appelle les lois générales de la nature et de la grâce exprime l'harmonie universelle, ce n'est pas assez de dire que

Dieu y déroge rarement, il faut dire que Dieu n'y déroge jamais; si les miracles sont des désordres, il ne suffit pas d'en diminuer le nombre, il est nécessaire de les proscrire absolument. Mais comment prétendre qu'on a le secret de l'harmonie universelle? Comment des lois fondées sur une expérience restreinte, pourraient-elles être données comme l'expression adéquate de l'ordre même? Et dès lors, comment ce que nous appelons miracle serait-il un désordre? C'est une dérogation à une loi qui, si générale qu'elle soit, n'est pourtant pas la loi universelle, mais seulement la loi d'une série donnée de faits; c'est une manière d'agir extraordinaire, qui est en dehors de tel ou tel ordre, mais non en dehors de tout ordre; c'est quelque chose qui passe les forces de la nature, par exemple, mais qui ne passe point la puissance de Dieu, et c'est en même temps quelque chose qui n'a point son explication dans telle ou telle loi, mais qui se justifie cependant par des raisons. Et, en effet, ce que Dieu accomplit par l'action des causes secondes, réglée d'une certaine manière, ne peut-il pas, lui qui est le créateur, l'accomplir directement par son action immédiate et toute-puissante? Ce qui est une règle du monde des corps, par exemple, la parfaite sagesse ne peut-elle pas y déroger en vue de l'ordre moral, qui est bien supérieur à l'ordre physique? Et dans les âmes mêmes, ne peut-elle agir directement et d'une façon extraordinaire, pour des raisons dignes d'elle, en vue du bien, surtout si l'on pense que toutes ces déviations particulières ont elles-mêmes leurs règles, et conspirent à l'ordre universel? Le miracle n'est donc ni la négation des essences des choses, ni le bouleversement des lois : c'est l'opération divine, directe, immédiate, se substituant à l'action de la créature ; c'est la cause première agissant à la place de la cause seconde, en qui et avec qui elle opère sans cesse. Le miracle n'est pas une marque d'inconstance ou d'imprévoyance : car il est, non pas un caprice ou un expédient, mais un des moyens prévus et éternellement arrêtés par lesquels se réalise l'ordre total. Le miracle n'est pas une complication apportée dans la conduite divine : car la simplicité, qui est un des caractères de la sagesse, ne consiste pas précisément à produire de grands effets à peu de frais, mais à ramener la multitude des règles particulières à l'unité d'un dessein où tout ait sa place et sa fin, où tout soit lié et ordonné. Ajouter à une machine un rouage que plus de prévoyance aurait rendu inutile, c'est assurément manquer de simplicité et de sagesse. Mais la variété des combinaisons n'est pas toujours complication, du moins au sens défavorable : c'est quelquefois richesse ; et cette richesse des moyens se concilie avec la vraie simplicité, celle de la pensée unique qui pénètre tout, anime tout, et si je l'ose dire, unifie tout. Ainsi, le miracle est une marque de la souveraine sagesse aussi bien que de la puissance infinie : il concourt à l'ordre universel et prend sa place dans le plan divin. Quand on l'entend de la sorte, on ne le prodigue pas assurément, parce qu'alors il n'y aurait plus rien de fixe dans l'univers; mais on n'éprouve ni trouble ni embarras quand il se rencontre : bien loin d'en être presque honteux pour Dieu, on se plaît à y voir une preuve manifeste de la liberté divine. Seulement, on est fort sévère, fort exigeant, quand il s'agit de le constater : non qu'on ait la mesquine prétention de réduire *a priori* le nombre des miracles pour sauver l'honneur de Dieu, mais parce qu'on craint d'admettre ces admirables et divines irrégularités là où elles ne sont pas.

Nous venons de voir dans quels embarras Malebranche se trouve jeté par la recherche téméraire des lois générales de la Providence. Ce ne sont pas là les seuls inconvénients de ces affirmations hasardées. Comme l'infirmité de notre esprit nous fait oublier le détail quand nous voulons le ramener à la généralité, nous sommes exposés à nous faire une Providence très-peu soucieuse des individus et disposée à les sacrifier par amour de la simplicité. C'est ce qui arrive à Malebranche. On dirait que la qualité de l'ouvrage divin lui importe moins que l'économie de la façon et la simplicité du procédé. Sans doute, nous devons dire avec saint Thomas, que c'est sagesse de laisser quelque défaut dans le détail, pour augmenter la bonté de l'ensemble, *ad prudentem gubernatorem pertinet negligere aliquem defectum bonitatis in parte, ut faciat augmentum bonitatis in toto,* ou encore que le sage qui fait une œuvre d'ensemble, permet qu'il y ait quelque défaut dans quelque cas particulier, pour ne pas empêcher le bien du tout, *provisor universalis permittit aliquem defectum in aliquo particulari accidere, ne impediatur bonum totius*[1]. Mais nous prétendons également, avec Leibnitz, que « le plus sage fait en sorte que les *moyens* soient *fins* aussi en quelque façon, c'est-à-dire désirables, non-seulement par ce qu'ils *font*, mais aussi parce qu'ils *sont*[2]. » Nous ne croyons donc point que la Providence oublie, en quelque sorte, les détails, les méprise, les sacrifie. Sa conduite est réglée et constante : en ce sens, elle est générale. Mais tous les détails sont connus, et non-seulement connus, mais appréciés : et, en ce sens, cette même conduite est particulière. Malebranche ne met pas assez en lumière cette dernière vérité, et il y a même des moments où il la néglige tout à fait. Cette impitoyable immolation du détail à l'ensemble est surtout choquante quand il

---

1. *Contr. Gent.*, II, 71, et *Summa theol.*, I^a, q. XXII, art. 2.
2. *Théodicée*, II, § 208.

s'agit des esprits. Il n'y a point d'être moral qui n'ait une valeur propre : n'est-ce point méconnaître le prix des âmes que de n'y voir que des matériaux entre les mains d'un architecte, si préoccupé de l'effet général, qu'il a un regard à peine pour ces pierres vives dont chacune, prise à part, est pourtant belle et excellente? Leibnitz blâme Marc-Aurèle d'avoir dit qu'il fallait supporter les maux, vu qu'ils étaient nécessaires, non-seulement à la santé et à l'intégrité de l'univers, mais encore à la félicité, perfection et conservation de celui qui gouverne. « Un *diligas oportet*, στέργειν χρή, s'écrie-t-il, ne vaut rien : une chose ne devient point aimable pour être nécessaire.... Ce qui serait un mal pour moi ne cesserait pas de l'être parce qu'il serait le bien de mon maître, si ce bien ne rejaillit sur moi[1]. » Malebranche ne nous exhorte-t-il pas à nous résigner au mal, parce qu'il est nécessaire à la sagesse et à la gloire du souverain artiste? Στέργειν χρή. Oui, adorez, chérissez ce Dieu, qui ne se dérangera pas pour vous sauver quand vous allez périr, qui soutiendra majestueusement le caractère de sa divinité en demeurant immobile, στέργειν χρή. Mais voici le solide principe dont Malebranche tient trop peu de compte : c'est que l'univers n'est pas seulement beau, qu'il n'est pas seulement bon, comme œuvre d'art, mais

---

[1]. Leibnitz, *Théodicée*, II, § 217.

qu'il est bon encore pour les individus, en ce sens que Dieu se soucie d'eux (pour parler humainement), veut leur bien, et y travaille. « Ce qu'il y a de bon dans l'univers est, entre autres, que le bien général devient effectivement le bien particulier de ceux qui aiment l'auteur de tout bien. » Remarquons-le : l'univers « où nous pouvons trouver des choses qui nous déplaisent, » parce qu'après tout, « il n'est pas fait pour nous, » l'univers « nous accommodera, si nous nous en accommodons; nous y serons heureux si nous le voulons être. » Tels sont les vrais principes. Oui, « le bien de notre maître rejaillit sur nous, » car notre maître est bon. La sagesse de Dieu ne va point sans bonté; et la vraie bonté est, non pas exclusive, sans doute, mais très-particulière. Elle ne s'enferme point et ne s'épuise point dans un individu au détriment des autres ; mais elle s'occupe de cet individu avec un soin tendre, ou autrement elle n'est plus la bonté. Je dirai même qu'elle s'y applique comme s'il était seul au monde ; et en même temps elle est incapable d'avoir pour lui ni complaisance injuste, ni partialité. Or, si nous remarquons que la pensée divine n'est point comme la nôtre, lassée, écrasée par les détails, et qu'elle ne peut avoir, comme la nôtre, ces illusions qui, en changeant les proportions des objets, leur prêtent une valeur chimérique, on concevra aisément qu'en Dieu la bonté soit très-réelle, très-particulière, tout autrement attentive que chez nous, sans être jamais exposée à des méprises ou à des excès. Dieu connaît chaque individu, non pas isolément, mais dans ses rapports avec tous les autres êtres; il le voit à sa place dans le tout; et ainsi les intérêts particuliers et la beauté de l'ensemble se trouvent combinés d'une manière qui nous surpasse et nous confond. N'est-ce point ce que nous expérimentons en nous-mêmes en tant de circonstances, où les choses, assurément, ne se rapportent point à notre personne comme à leur unique fin, et où cependant elles semblent disposées pour nous? C'est le secret de Dieu que ces combinaisons merveilleuses où, tout étant lié, à quelque point du tout qu'on se place, le reste paraît y converger.

Ainsi, Dieu n'a point de volontés particulières, si ces mots signifient une volonté capricieuse, sans règle, enfermée exclusivement dans les détails : mais il ne faut pas dire que Dieu n'a que des volontés générales, si par là on entend que les détails ne sont rien pour lui et qu'il n'a en vue que l'ensemble. La Providence est générale, puisqu'elle est réglée et qu'elle a un plan unique; elle est particulière, puisque rien ne lui échappe, que sa bonté ne néglige aucun individu, et que les esprits surtout ont à ses yeux une valeur propre.

II.

Les qualités occultes n'ont pas rencontré d'adversaire plus décidé que Malebranche. C'est plaisir de le voir poursuivre ces vaines entités qui n'expliquent rien et qui empêchent de chercher la vraie explication des phénomènes. Il dissipe aussi la chimère d'une nature universelle et renverse ce qu'il appelle si bien l'idolâtrie philosophique. Or, ce serait une erreur de croire que ses leçons sur ce point sont devenues inutiles.. Elles ont, au contraire, à l'heure qu'il est, une opportunité singulière. A côté et à l'ombre de la science positive, une métaphysique, qui se dit positive aussi, attribue à la nature je ne sais quels instincts merveilleux, un génie inconscient, une sagesse innée, un art qui s'ignore; et il se trouve des philosophes pour célébrer poétiquement l'aveugle intelligence de l'infatigable ouvrière, vague puissance universelle, agissant et se réglant elle-même, se passant de Dieu, que dis-je? tenant la place de Dieu. Qu'il fait bon d'opposer à ces rêveries les saines et fortes considérations de Malebranche ! Avec lui, écartons ce fantôme; avec lui gardons-nous bien de diviniser ou d'humaniser la nature, et méprisons des superstitions d'un nouveau genre, non moins contraires à la vraie science qu'à la vraie notion de Dieu.

Mais Malebranche tombe lui-même dans deux excès.

D'abord, il refuse absolument aux êtres matériels toute activité. Les mouvements par lesquels il explique tout ne supposent, selon lui, aucune force mouvante dans les corps; et ainsi supprimant tous les moteurs intermédiaires, il remonte directement des phénomènes au premier, ou plutôt à l'unique moteur qui est Dieu. Nous avons déjà apprécié cette manière de voir en discutant la théorie de la cause. Ce que nous devons remarquer ici c'est que les êtres étant dépourvus de toute efficace et absolument impuissants, le rôle de la Providence se réduit à disposer et à combiner le jeu des causes occasionnelles, causes purement illusoires. Est-ce donc alors un gouvernement sérieux que le gouvernement divin? N'est-ce pas plutôt un amusement et une série d'artifices propres à cacher la main qui, sur une scène fantastique, agite des ombres d'acteurs? Tout aboutit à faire prendre pour des causes de simples occasions; et c'est là ce qu'on nous donne pour le chef-d'œuvre de l'art divin! Assurément, les causes occultes sont à craindre, et nous ne retirons point l'arrêt de proscription qu'avec Malebranche nous avons prononcé contre elles. Mais, parce qu'on ne doit pas supposer autant de forces particulières qu'on découvre d'effets dans les choses, faut-il nier que les êtres aient une puissance d'agir réelle, quoique inconnue, une force active et agissante, très-positive, quoique cachée et insaisissable? Faut-il, par peur des causes occultes et par passion pour les idées claires, réduire l'univers à un ensemble d'apparences bien liées, et en bannir toute réalité sous prétexte que la réalité dans sa nature intime nous échappe? Non; notre ignorance de ce qui est caché et obscur ne nous donne pas le droit de rejeter ce sans quoi ce qui est manifeste et clair serait comme sans support. Si s'obstiner à regarder les êtres comme des *êtres* véritables, c'est admettre des causes occultes, soit, nous avouons sans peine que nous en admettons, et nous acceptons ici sans hésiter ce mot d'occulte qui, ainsi entendu, n'a plus rien qui nous effraie.

Ainsi les mouvements que Malebranche explique par l'impulsion directe de Dieu supposent, selon nous, des forces mouvantes dans les corps. Tant qu'on ne va pas jusque-là, on porte sur l'action de Dieu un jugement tout humain. Ni notre savoir ne saisit ni notre art ne produit la *force*. C'est appliquer à Dieu la mesure de notre savoir et de notre art que de supposer que ses œuvres sont des machines comme les nôtres; c'est « confondre les choses naturelles avec les artificielles, » et « n'avoir pas d'assez grandes idées de la majesté de la nature, » c'est-à-dire de la magnificence et de la sagesse de Dieu; c'est se représenter l'auteur de l'univers à la façon d'un ouvrier humain, « la différence qu'on met entre ses machines et les nôtres n'étant que du grand au petit[1]. » Mais combien cette différence n'est-elle pas plus profonde! Les machines naturelles sont des *êtres* : ce sont machines *vivantes*. La source du mouvement c'est la force mouvante, qui est d'une certaine manière force vive.

Le second excès où tombe Malebranche, c'est de vouloir que le mouvement soit l'unique modification des êtres dans tout ce qui est au-dessous de l'homme. Il admet bien entre les choses ce qu'il appelle des rapports de perfection; et il croit avec raison que les comparant les unes aux autres, on les trouve d'inégale valeur : il reconnaît donc qu'elles forment une hiérarchie, et il admire cette variété réglée. Mais il veut que des combinaisons mécaniques expliquent seules la diversité des êtres et les différents degrés de perfection qu'on y remarque. Il ne voit pas que ce qui fait leur inégale valeur, c'est l'inégale puissance et l'inégale fécondité de la force vive, et le plus ou moins de ressemblance entre cette force et l'esprit avec lequel, dans les natures les plus humbles, elle a déjà de lointaines analogies. Il ne comprend pas qu'à mesure qu'on

---

[1]. Leibnitz, *Syst. nouv. de la nat.*, § 10. Erdmann, p. 124.

s'éloigne davantage de la force mouvante, nue et brute, pour considérer des êtres d'un ordre supérieur, le caractère saillant de ces êtres, c'est d'opérer d'eux-mêmes. L'indice de la vie organique est là : vivre, comme dit saint Thomas, c'est opérer de soi-même, au lieu d'être mû par autrui, *vivere dicuntur aliqua quæ operantur ex se ipsis, non quasi mota ab aliis.* Il ne s'aperçoit pas que si, dépassant la vie organique, on regarde les animaux où se rencontrent des signes manifestes de sensibilité et d'intelligence, le caractère que nous venons de signaler est bien plus frappant encore, que là l'être est bien plus lui-même, que, incapable de réflexion et de liberté, il nous offre néanmoins dans son admirable spontanéité une belle image de l'esprit, et que c'est par cela même que nous apprécions sa valeur et jugeons de sa perfection. Convaincu qu'il n'y a que des choses étendues et des choses pensantes, notre philosophe ne reconnaît au-dessous de l'homme dans les êtres les plus parfaits que des automates. Il est conséquent avec lui-même. Mais ses vues étroites ne donnent pas une haute idée de la Providence qu'il prétend exalter. Quand la plus naturelle et la plus légitime interprétation de l'expérience ne les démentirait pas, l'honneur de Dieu exigerait qu'on ne les accueillît point sans défiance. Arrêtons-nous un instant à l'automatisme des bêtes.

« Dégrader les bêtes en pures machines » c'est « aller

contre l'ordre des choses[1], » puisque c'est supposer que là où tous les signes de la sensation et de la perception apparaissent, il n'y a ni perception ni sensation ; et c'est faire une sorte d'injure à la sagesse du Créateur que de regarder en elle comme un chef-d'œuvre d'habileté l'invention de ces décevantes apparences. Du même coup, c'est mal juger de sa puissance, car il y a sans doute quelque chose de mieux que de faire des automates, c'est-à-dire des semblants d'êtres ayant un semblant de vie, de sentiment et d'intelligence : c'est de faire des êtres qui aient la réalité de tout cela ; et précisément on ne veut pas qu'en dehors des esprits proprement dits Dieu puisse rien faire de tel. Ensuite, c'est ne laisser à sa bonté aucune place dans la nature que d'y tout ramener à des phénomènes purement physiques, comme s'il n'était pas d'un beau dessein que la bonté, qui doit éclater dans le règne des esprits, s'essayât pour ainsi dire ou plutôt s'annonçât dans les règnes inférieurs par tant de soins délicats et d'attentions presque tendres en vue d'entretenir, de protéger, de développer les êtres vivants et les êtres sensibles. Enfin, c'est, toujours par suite de la même erreur, ne pas voir combien il est grand, convenable, beau, de faire des êtres, qui, ne pensant point, soient tels cependant qu'on y sente comme les approches de la pensée, des êtres qui,

---

[1]. Leibnitz, *Syst. nouv. de la nat.*, § 2.

n'étant point des esprits, présentent néanmoins dans leurs opérations immatérielles, quoique non raisonnables, une image des actes de l'esprit. Malebranche se plaît à voir dans les insectes et même dans tous les animaux des emblèmes des choses morales. Il eût dû porter plus loin cette vue. Entendant les choses dans un sens plus relevé, il eût regardé les animaux, non comme des emblèmes inertes ou des figures mortes, mais comme des représentations vivantes de ce qu'il y a dans les esprits, représentations, non pas seulement de telle ou telle qualité, de telle ou telle vertu, de tel ou tel état des âmes, mais bien de la pensée même, et du sentiment, et de la volonté, en ce sens qu'il y a là en effet dans ces êtres réels quelque chose de réel qui est analogue à la pensée, au sentiment, à la volonté. A ce point de vue, il est clair qu'il faut admettre dans les animaux un principe immatériel. Mais où est donc la hardiesse d'une telle opinion, et qu'y a-t-il d'étrange à rapporter à un principe immatériel des phénomènes qui sont évidemment autre chose que de purs mouvements? L'âme des bêtes soulève des difficultés, je le sais : mais pour échapper à des difficultés, faut-il renoncer aux faits bien établis et aux inductions que ces faits suggèrent comme d'eux-mêmes? Parce qu'il y a sur tel ou tel point des obscurités, faut-il fermer les yeux à la pure lumière qui brille ailleurs? Ainsi, on peut objecter que certains animaux coupés en morceaux se multiplient avec ces morceaux dont chacun est un individu nouveau, et on peut demander ce que devient le principe simple et immatériel qui animait le premier animal : mais qui nous dit que dans ces espèces inférieures où l'individualité est encore obscure, plusieurs substances simples ne sont pas réunies, sommeillant toutes, sauf une seule qui domine et mène tout, puis s'éveillant alors que des circonstances extérieures viennent séparer les organes dont elles dépendent? Et quand d'ailleurs il y aurait là un insondable mystère, en quoi cela nous autoriserait-il à rejeter ce que l'expérience et la raison s'accordent à nous montrer comme vrai? De même encore, on peut s'inquiéter du sort du principe immatériel dans les espèces infimes, et se prendre d'une ironique pitié pour cette pauvre petite âme. Mais c'est chose puérile; quand on regarde la nature sans ces préjugés, on se dit qu'après tout la puissance de sentir, si enveloppée et si faible qu'on la suppose, est déjà un bien, et on se plaît à la voir d'espèces en espèces se dégager des entraves qui la compriment, et sortir de l'imperfection primitive, jusqu'à ce qu'enfin elle se montre forte et puissante dans les animaux supérieurs. Puis ceux-ci, capables de sentir vivement, ont aussi la perception, la mémoire, l'imagination à son moindre degré. La raison leur manque. Mais s'ils ne pensent pas, ils connaissent; s'ils n'inventent pas, ils se souviennent et assemblent des images; s'ils ne raisonnent pas, ils enchaînent leurs souvenirs comme nous enchaînons nos idées, et concluent par une sorte de mécanisme empirique comme nous concluons par logique; s'ils n'induisent pas, ils ont des attentes machinales qui ressemblent à nos inductions. De même, s'ils ne sont pas capables de cet amour où entrent les idées, ils ont cependant des sortes de sentiments qui imitent les nôtres. Enfin, s'ils ne sont pas libres comme nous, ils veulent et se déterminent, toujours sous l'empire des sens, et ils ont une certaine initiative analogue à notre volonté et une certaine puissance de choisir qui n'est pas le libre arbitre, la liberté morale, éclairée par la raison et l'idée du bien, mais une sorte de liberté animale au service des sens et des passions. Ainsi, nous trouvons dans les animaux comme une ombre de ce que nous avons nous-mêmes. Tout en eux a rapport aux choses sensibles; aucune de leurs facultés ne dépasse cette sphère. Ils sont « tout empiriques [1] » et incapables de science et de moralité. Il ne faut pas appeler *esprit* le principe immatériel que leurs actes attestent en eux; mais on peut dire que c'est une *âme* d'une nature inférieure.

---

1. Leibnitz, *Nouveaux Essais*, avant-propos, et liv. IV, ch. xvii; *Monadologie*, § 28; *Principes de la nature et de la grâce*, § 5.

Voilà comment nous concevons l'univers. Nous y trouvons une immense hiérarchie d'êtres, tous réels, tous actifs, tous agissants. Et que de formes de l'activité depuis la molécule jusqu'à la pensée! Ce qu'il y a de mieux, c'est l'esprit, l'esprit qui se connaît et se possède, qui est pour lui-même et non pas seulement pour autrui, l'esprit auquel seul appartient ce grand et admirable caractère, la personnalité. Quel beau dessein n'entrevoyons-nous donc pas dans la création, où par une série d'êtres de plus en plus déterminés et de plus en plus parfaits, l'univers semble s'acheminer vers la personnalité! En voici d'abord l'apparence et l'ombre; puis l'ébauche et l'annonce : dans l'homme elle éclate. La voilà avec tous ses traits constitutifs, mais non point parfaite : chaque homme peut et doit la perfectionner en soi, et il peut y avoir au-dessus de l'homme des esprits où elle soit à un plus haut degré. Enfin, dans les êtres les meilleurs, elle est encore infiniment éloignée du modèle idéal et réel dont elle se rapproche sans cesse, je veux dire de Dieu.

Telle est la continuité qui apparaît dans les êtres créés; et cette loi de la continuité, ainsi entendue, ne supprime pas les intervalles entre les genres; elle ne tend pas à confondre ce qui est réellement distinct; elle ne ramène pas tous les types à un seul type primitif qui irait se compliquant de plus en plus; elle ne fait pas sortir tous les êtres d'un être élémentaire qui par une nécessité mécanique se transformerait et se perfectionnerait de règne en règne, et d'espèce en espèce. Elle place en dehors de la série des êtres le modèle suprême, et elle montre la série des types naturels, très-distincts entre eux, le reproduisant avec une perfection croissante, quoique toujours infiniment distante de lui. Elle laisse subsister d'espèce en espèce de profondes différences, de règne en règne d'infranchissables barrières. Mais elle nous fait voir dans les derniers représentants d'une classe l'annonce des caractères de la classe suivante ; et si ces anticipations que la science constate, rendent parfois difficile à l'œil de l'homme le discernement net du genre auquel appartiennent les choses où elles se rencontrent, la raison n'en est pas troublée, maintient les limites, les croit clairement connues de Dieu, et admire l'art divin qui les dissimule. Enfin l'esprit demeure à part, supérieur à tout ce qui n'est pas lui ; mais ce qui est au-dessous de lui l'exprime, l'annonce, en offre l'image de moins en moins lointaine ; et si cette manière de concevoir la nature la relève, assurément elle ne diminue point l'esprit. Ne donne-t-elle pas, au contraire, de son excellence une idée plus haute et plus exacte ? car elle consiste à faire comprendre que rien ne peut subsister sans avoir au moins quelque analogie avec l'esprit, que la perfection des choses se mesure à leur ressemblance avec l'esprit, et qu'ainsi l'esprit, principe vraiment incomparable, original, éminent, est précisément ce à quoi se compare tout le reste.

Et maintenant, laquelle de ces deux conceptions fait le plus d'honneur à la divine Providence, d'un monde composé, comme le veut Malebranche, de « substances mortes, » où tout n'est que figures et mouvements, ressorts et « jeu de machine, » ou d'un monde peuplé de forces vives, et même d'âmes, formant une belle hiérarchie, et se rapprochant, à mesure qu'elles sont moins imparfaites, de la personnalité dont elles nous offrent l'ombre ou l'ébauche sans jamais l'atteindre?

III.

Ce serait être bien injuste envers Malebranche que de ne pas rappeler ici les pages éloquentes où il parle des esprits. Ce serait en même temps être bien ingrat : car on ne peut lire ces pages sans un plaisir exquis et un profit sérieux. Là on apprend que la Providence « se sert aussi bien pour l'accomplissement de ses desseins des causes libres que des causes nécessaires, » et que c'est même ce qui manifeste avec le plus d'éclat sa puissance et sa sagesse. Là on voit combien est beau cet amour de choix par lequel les esprits s'attachent à leur Créateur, et comment ils trouvent dans cet amour éclairé et libre du vrai bien leur perfection et leur félicité. Là on se convainc que tout en ce monde est disposé pour servir aux esprits ou d'épreuve ou de salutaire châtiment, puis qu'après cette vie, les conséquences de leurs actes subsistant éternellement, Dieu mérité ou perdu devient le souverain bien des bons ou le souverain mal des méchants. La conclusion de tout cela, c'est que le gouvernement des esprits est ce qu'il y a de plus merveilleux dans l'œuvre de la Providence. Le mal lui-même a sa place dans le plan divin et rehausse la sagesse qui le fait servir à l'éternel dessein. Toutes les difficultés s'aplanissent, toutes les ombres disparaissent, quand on contemple les esprits fidèles à Dieu, lui rendant en union avec Jésus-Christ, le Verbe incarné, un hommage digne de sa perfection infinie. C'est là la principale et suprême fin pour laquelle tout le reste existe. Dieu l'atteint, et par des voies simples ; c'est le triomphe de son infaillible et parfaite sagesse.

D'où vient donc qu'après avoir lu et médité ces belles pages où les merveilles de la Providence sont exposées avec un charme quelquefois si pénétrant, nous ne pouvons nous défendre d'un sentiment d'inquiétude ? Pourquoi ces vérités mises dans une si vive lumière ne nous contentent-elles pas ?

D'abord, Malebranche a beau parler admirablement des esprits : le vice radical de son système gâte toujours ce qu'il en dit. Il les conçoit comme entièrement dépourvus d'efficace. On est donc sans cesse tenté de lui reprocher son inconséquence, soit quand il a l'air de leur accorder quelque pouvoir, ce que sa théorie de la cause ne lui permet pas, soit au contraire, quand il atténue ou supprime leur action, ce qui renverse la morale et la Providence. Nous n'avons pas à insister de nouveau ici sur ce que nous avons remarqué dans l'étude de la volonté. Malebranche voit qu'une âme bien réglée est belle de la beauté de l'ordre auquel elle se conforme ; et il dit que cette conformité pour être méritoire doit être libre. Mais il ne voit pas ce qu'il y a d'énergie dans ce libre attachement à l'ordre, il ne voit pas assez l'excellence « d'un cœur vigoureux qui aime et qui veut puissamment[1]. » Et parce que les esprits, tels qu'il se les représente, n'ont tout au plus qu'une demi-activité, et manquent de ce je ne sais quoi de vif, de fort, de vraiment personnel, qui doit en être le trait caractéristique, la Providence qui les gouverne semble, dans ce système, moins digne d'admiration. N'aurait-elle donc mis dans les esprits eux-mêmes qu'un semblant d'amour et de volonté ? N'y conserverait-elle que des apparences de vie ? Songeons que les êtres moraux ne sont, comme tous les autres, que des

---

[1]. S. François de Sales, *Lettres* (à Madame de Chantal, 2 nov. 1607).

causes occasionnelles : la sagesse souveraine se réduirait-elle, ici aussi bien que dans la nature, à disposer avec régularité des mouvements qu'elle produit elle-même directement?

Ceci nous conduit à une seconde critique. Malebranche est très-attentif à justifier la sagesse de Dieu ; il s'occupe peu de la bonté. La théorie de la généralité et de la simplicité des voies est pour beaucoup dans ce fâcheux oubli. Mais je pense que l'erreur fondamentale sur la nature de l'esprit n'y est point étrangère. Ces âmes sans efficace propre et sans réalité véritable sont traitées par la Providence comme des choses ou comme des idées. Leurs sentiments, leurs souffrances, leurs misères, qu'est-ce que tout cela, pour que la sagesse divine en tienne compte dans ses arrangements? Voyez-la s'avancer, pour ainsi dire, et contemplez ses démarches régulières et majestueuses : qu'elle prenne garde, dites-vous, il y a ici une âme qui sera brisée, et là, une autre âme qui sera blessée, une âme vivante, capable d'aimer, capable de souffrir. Qu'importe, vous répondra-t-on, qu'importe, pourvu que l'œuvre totale fasse honneur à la sagesse de son auteur? Or, si les âmes n'avaient point été dépouillées tout d'abord de leur activité et de leur vie réelle, serait-il possible d'en faire si bon marché ? Mais d'un autre côté reconnaissons-nous bien le Dieu véritable dans celui qu'on nous montre? Nous concevons en Dieu une bonté qui dépasse infiniment la nôtre, bonté exquise, tendre et ardente, gracieuse et libérale : ici nous la cherchons en vain. Oh! qu'il vaudrait bien mieux s'incliner devant d'impénétrables mystères et avouer qu'en plus d'un endroit nous ne comprenons rien au gouvernement divin, que d'en tenter des explications qui risquent de le rendre moins respectable ou moins aimable! Il n'est pas étrange que les desseins de Dieu nous passent, et, si nous nous reposons, malgré certaines apparences, sur sa sagesse infaillible et son inépuisable bonté, nous faisons une chose très-raisonnable. Rien ne peut nous autoriser à critiquer la conduite de celui que nous savons infiniment parfait. La lumineuse et ferme connaissance que nous avons de sa perfection souveraine nous rassure contre tout ce qui pourrait nous troubler ; et en nous pénétrant bien de ce qu'est notre créateur et notre maître, nous arrivons à ne plus rien rencontrer qui embarrasse notre foi ou étonne notre confiance. Dieu est parfait : cela nous suffit. L'aveu de notre ignorance est donc très-philosophique et très-sage. Mais, s'il est vrai que les faits en apparence les plus contraires à la bonté créatrice ne peuvent en obscurcir l'idée, il est vrai aussi que cette idée dissipe les systèmes les plus ingénieux s'ils sont en opposition avec elle. Oui, en dépit de tel ou tel détail qui me choque, parce que je n'en comprends pas le sens, je crois Dieu parfaitement bon. Mais en présence d'une doctrine philosophique je me comporte tout autrement qu'en présence de l'œuvre divine. Si l'on me présente quelque explication qui mette en péril la bonté souveraine, je la rejette. Si dans un système bien lié d'ailleurs et non sans beauté, on prête à la Providence des duretés choquantes, je refuse de me rendre. Je ne veux point pour mon Dieu d'une sagesse qui rétrécit son amour et resserre les entrailles de sa miséricorde. Je nie que ce soit là la perfection de la sagesse. Je me défie de toute théorie qui sacrifie un des attributs divins ou le laisse trop dans l'ombre. A Malebranche qui semble ne voir que la sagesse, j'oppose sans cesse la bonté. Jusque dans la permission du mal, il faut que j'entrevoie l'amour : autrement je déclare les explications insuffisantes. J'aime à entendre parler de ces convenances, ou, comme dit saint Thomas, de ces bienséances divines, *decet*, sans lesquelles ni la souffrance, ni l'erreur, ni le péché n'existeraient : mais il faut que je soupçonne qu'il sied à la bonté même de permettre ces choses, et alors seulement je reconnais et j'adore la sagesse. Tant qu'on ne va pas chercher jusque dans la bonté la dernière raison du mal, tout ce qu'on dit peut être judicieux ou brillant, mais demeure forcément incomplet et ne touche point. Or, il n'y a qu'un moyen de montrer dans l'existence même du mal la preuve d'une merveilleuse bonté, c'est d'insister sur la nature de l'esprit ou de la personne morale. Mais cette nature même, la comprend-on bien quand on commence, comme Malebranche, par poser en principe l'absolue impuissance des créatures? Arrêtons-nous donc un peu sur un aussi grave sujet, profitant de ce que Malebranche a vu nettement et dit fortement, mais nous défiant de l'entraînement systématique qui lui a fait négliger de si claires et si importantes vérités.

La nature, avec sa belle hiérarchie et ses lois variées, est l'œuvre et l'expression de l'intelligence. Elle a été pensée, puisqu'elle existe, et elle est faite pour être pensée. Dans un livre, la pensée sortie de l'intelligence vivante de l'auteur sommeille, pour ainsi dire, dans la matière qui l'enveloppe, jusqu'au moment où une autre intelligence vivante vient l'éveiller. Il en est de même de la nature. Dieu l'a faite intelligible: mettez devant cet ouvrage divin une âme raisonnable: elle entrera en acte, et ces règles pleines de sagesse, et ces dispositions savantes, et cet art exquis, tout cela sera connu; la beauté intelligible de l'univers sera comprise, la raison de l'être pensant aura saisi les raisons des choses. Le monde matériel n'existe donc que par la pensée et pour la pensée. Il est destiné à exercer les esprits [1],

---

1. « Il y a dans ces créatures non raisonnables des merveilles qui servent à exercer la raison. » (Leibnitz, *Théodicée*, II, § 124.)

mais lui-même ne pense point. Les esprits, au contraire, pensent : ils s'aperçoivent eux-mêmes, et ils aperçoivent ce qui les entoure ; ils comprennent qu'ils sont et ce qu'ils sont, ils comprennent que les choses existent et en connaissent l'essence. De là leur éminente dignité. Un seul esprit, comme dit Leibnitz, vaut tout un monde[1]. Ainsi le plan divin se découvre à nous, et nous entrevoyons la vaste ordonnance de l'univers. Aux degrés inférieurs, là où la pensée actuelle et vivante n'est point, tout est signe de la pensée divine, et tout est pour l'homme invitation, excitation à penser ; dans l'homme, il y a plus et mieux : l'homme pense lui-même ; il n'est pas seulement intelligible, il est intelligent et raisonnable. Il a de lui-même une conscience claire, connaît la vérité et le bien, et dispose librement de son activité. « Il n'a pas seulement la perception des ouvrages de Dieu, mais il est même capable de produire quelque chose qui leur ressemble, quoiqu'en petit[2]. » Telle est sa dignité. Il est une personne. Voilà donc le terme où aboutit la série des êtres, terme relatif qui se déplace en quelque sorte : car, si bien des degrés nous mènent de l'être brut à la personnalité, la personnalité elle-même (nous l'avons vu tout à l'heure) admet un nombre indéfini de degrés. Dès que les trois caractères qui la constituent

---

1. *Discours de métaphysique*, § 36. (Foucher de Careil, 1857.)
2. Leibnitz, *Princ. de la nat. et de la gr.*, § 14.

se rencontre, elle existe. Seulement, la conscience peut être plus ou moins claire, la raison plus ou moins puissante, la liberté plus ou moins dégagée d'entraves. Mais la personnalité, même très-imparfaite, s'élève au-dessus de tout ce qui la précède, et, une fois qu'elle est atteinte, on peut dire que la raison pour laquelle le reste existe, est trouvée.

La personnalité est donc quelque chose d'excellent. Si l'on est bien persuadé, le plan de la Providence s'éclaircit.

En effet, sans la personnalité, il n'y a ni science ni ordre moral : les vérités éternelles et les lois de l'immuable justice subsistent assurément; mais il n'y a point d'êtres capables d'y conformer leurs jugements, leurs sentiments, leurs actions; il n'y a point d'êtres qui puissent penser, aimer et agir à la façon de Dieu. Or, sans la liberté, la personnalité n'est point. La liberté est donc la condition de ce qui fait la beauté et l'excellence de l'univers. Mais la liberté, dans l'être créé, est sujette à l'effort, et se forme dans la lutte : qu'il y ait des luttes difficiles, terribles même, mais que le monde ne soit pas privé de cette chose excellente, une âme libre grandissant par l'effort et se rapprochant de Dieu par les vigoureux combats de la vertu! La liberté créée est capable de s'égarer : qu'elle s'égare, mais que la malheureuse puissance de pécher fasse le mérite des bons, et amène dans ceux qui pèchent ces énergiques retours au bien et ces réparations qui surpassent merveilleusement le mal accompli ! Sait-on bien tout ce qu'il y a de grandeur dans le libre choix d'une âme qui s'attache à la vérité et à la justice, y conforme ses jugements, ses sentiments, ses actions, et se façonne avec un art infatigable et des peines infinies selon le modèle idéal de toute perfection ? Sait-on le prix de ces efforts et l'éclatante beauté de l'œuvre accomplie ? Dans le mal rejeté, dans la tentation repoussée, dans le vice vaincu, connaît-on ce qu'il y a de mérite ? On ne pense pas assez à ces choses, on ne contemple pas assez le monde moral, et on n'en connaît pas la splendeur. Si on en avait la vision claire, toute l'économie du plan divin se révélerait à l'esprit.

Il ne faut pas demander pourquoi Dieu a rendu l'œuvre de la liberté si difficile. Nous ne sommes point juges des conditions du combat. Il suffit que nous sachions que nul ne périt que par sa faute et que chacun après la lutte est traité selon ses mérites. Or, nous savons d'une manière très-certaine qu'il en est ainsi : nous le savons, parce que c'est un éternel principe de justice, et que Dieu ne peut pas manquer d'agir selon la justice. L'agent moral, comme toute créature, n'a aucun droit à l'existence ; mais dès qu'il existe, l'empire souverain que Dieu a sur lui ne peut pas justifier un traitement injuste à son égard. De même que dans l'univers matériel certains principes mathématiques ou métaphysiques, fondés sur l'essence divine, dominent et règlent la liberté du Créateur ; de même dans le monde des esprits la loi morale ou la loi de justice, qui a son origine dans la nature divine, règle la conduite de Dieu à l'égard des êtres moraux. Autrement la toute-puissance serait folie et despotisme. Nous devons donc affirmer que Dieu observe toujours ces deux lois, à savoir que nul ne se rend coupable et condamnable que par sa faute, et que chacun reçoit selon ses œuvres. Ce n'est pas, comme dans le mythe d'Er l'Arménien, Minos ou Rhadamanthe, mais c'est notre conscience et notre raison qui nous crient: « La faute en est à celui qui choisit, Dieu est innocent. Αἰτία ἑλομένου, Θεὸς δ' ἀναίτιος. »

Mais ce qu'il faut admirer ici, ce n'est pas seulement l'exacte et froide justice, c'est encore, c'est surtout la bonté. Dieu a voulu que cette chose si belle et si bonne, je veux dire une âme capable d'aimer et de vouloir, existât par un effet de sa vertu créatrice, et ainsi ce qui, de soi, n'est rien, par l'action de Dieu, non-seulement est quelque chose, mais agit librement, peut se déterminer au bien, se donner à Dieu, aimer et vouloir Dieu. Que cela est admirable ! et qu'il est bon, celui qui de rien a fait cet être si excellent ! Et puis voyez : quel soin ne prend-il pas de former et de soutenir notre liberté ! Chacun a une histoire intérieure, trop peu remarquée, où la Providence divine se montre plus clairement encore, s'il est possible, que dans la nature, et assurément avec plus de douceur et de tendresse. Au dehors, ce sont mille circonstances bienfaisantes qui influent sur notre vie morale ; au dedans, ce sont de secrètes exhortations, de saints attraits pour le bien, de vives répulsions pour le mal, une perpétuelle action de Dieu sur nous, avec des précautions et des ménagements infinis pour ne pas blesser notre liberté. Celui qui est quelque peu attentif aux spectacles de la conscience, sait de quelle manière inimitable Dieu touche l'âme, dans le secret endroit d'où partent les résolutions, et comment il meut ce ressort délicat sans le briser. D'un autre côté, qui peut dire jusqu'à quel point chacun est responsable de ses actes? qui est capable de faire la part des causes qui augmentent ou diminuent la liberté? Et dès lors, comment apprécier avec justesse et précision ce qui se fait de bien ou de mal moral? Comment oser critiquer le gouvernement divin, prétendre que Dieu devait faire plus pour celui-ci, épargner à celui-là telle épreuve trop rude, en un mot soutenir plus efficacement notre pauvre liberté et justifier par là la sévérité de ses jugements? Présomption insensée! Dieu seul sonde les reins et les cœurs, Dieu seul connaît avec une infaillible exactitude ce que chacun a pu et ce que chacun a fait, Dieu seul évalue à sa juste valeur le mérite et la faute. Ainsi nous ne connaissons point les détails du gouvernement divin, mais les lois absolues qui y président nous rassurent contre les apparences troublantes et nous garantissent que la sagesse, la justice et la bonté n'y sont jamais choquées.

C'est en observant les mêmes maximes qu'il faut considérer l'autre vie et le traitement qui y est réservé aux bons et aux méchants. Il est très-vrai que la vie présente est inexplicable si rien ne la suit, et que la Providence ne peut être justifiée si tout finit pour l'homme à la mort. Mais si dans la manière de concevoir la vie future, on ne tient compte que des exigences d'une prétendue sagesse, en sorte que l'on prête à Dieu une bonté étroite et une justice équivoque, les conséquences éternelles des actions humaines dans cette vie ultérieure, loin de justifier la conduite divine, la rendent tout à fait inexplicable ou plutôt entièrement choquante. N'arrive-t-il point à Malebranche quelque chose de semblable?

Les raisons par lesquelles il prouve l'immortalité de l'âme sont très-solides, et c'est vraiment une chose regrettable que ces *Entretiens sur la mort* où il établit avec tant de force la nécessité morale d'une autre vie, soient si peu connus : il y a là, avec beaucoup de remarques précieuses, une vue très-nette de cette vérité importante, à savoir qu'une âme faite pour connaître et aimer, œuvre d'un Dieu sage, n'a pas à redouter l'anéantissement, qu'elle ne peut non plus recevoir ces transformations diverses que subit la matière, et qu'enfin, ayant pour objet la vérité et le bien, choses éternelles, inépuisables, divines, elle y trouve, si elle le mérite, un repos sans fin, de même que si elle s'en détourne volontairement, elle en demeure sans fin privée par sa faute, et trouve son éternel et terrible châtiment dans la privation de ce qui devait être sa perfection et sa félicité. Tout cela est à recueillir et à méditer. Mais au moment où Dieu apparaît comme un juste juge réalisant avec une infaillible sûreté et une irrésistible puissance le rapport entre la vertu et le bonheur, rapport nullement arbitraire mais fondé sur la loi éternelle de l'ordre immuable ; à ce moment même je ne sais quelle ombre fâcheuse vient nous cacher les divins attributs dont nous admirions l'éclat : les merveilleux artifices de la sagesse infinie semblent n'avoir pour effet que de restreindre le nombre des âmes fidèles et heureuses ; et on dirait que dans l'irréparable perte des autres elle trouve un cruel plaisir [1].

---

1. Ici je n'aborde pas encore la question théologique. Par le bonheur de l'autre vie ou la récompense des bons, je n'entends donc pas ici la *vision béatifique* (ou vue de l'essence divine elle-même), laquelle est au-dessus de la nature, et dépasse infiniment tous les droits de la vertu à la félicité. J'entends un bonheur naturel, causé, avant tout, par une connaissance rationnelle de Dieu plus complète qu'en cette vie, par un amour plus vif, et par le repos de l'âme définitivement fixée dans le bien. Par la perte éternelle des méchants, j'entends un malheur, causé, avant tout, par des remords, plus cuisants qu'ici-bas, par l'horreur de se sentir l'objet de la réprobation du Juge

Assurément, quand une âme est très-pure, et se fait une très-haute idée de ce que la créature doit au Créateur, elle ne peut jeter les yeux sur le monde sans être frappée du peu de place que Dieu tient dans la pensée et dans l'amour des hommes : plus elle contemple l'ineffable beauté de la perfection souveraine, mieux elle comprend la laideur du péché, et plus la négligence même lui paraît coupable. Elle peut donc déclarer que le mal abonde sur la terre et que la plupart des hommes se perdent. Mais pour tempérer la sévérité de ce jugement, cette âme doit regarder la bonté de Dieu. Alors elle ne sent point diminuer son horreur pour le mal, tant s'en faut, puisqu'au contraire la contemplation de la divine bonté méconnue et outragée augmente son indignation et sa tristesse. Mais elle se dit qu'après tout elle ne connaît point le fond des cœurs [1] ; qu'elle ne peut mesurer la violence des tentations et les ressources de chacun, faire la part de l'ignorance invincible et des influences inévitables, voir en un mot les âmes à nu avec leurs intentions et leurs efforts ; qu'elle serait bien hardie d'ôter à Dieu les moyens d'agir invisiblement sur les cœurs ; et que

---

infaillible, par la haine même du bien et de Dieu dont l'âme se détourne librement et irrévocablement : je ne parle pas encore de la privation de la *vision béatifique*.

1. Malebranche l'a reconnu dans un très-beau passage que nous avons cité dans notre première partie, chap. VIII, p. 500. Mais il l'oublie quand il s'agit de l'autre vie.

si le plan de l'univers moral, arrêté par des raisons de sagesse et de bonté qui nous échappent, semble porter que le règne de la vérité et du bien ne doit avancer que peu à peu dans l'humanité, au milieu de mille luttes et de mille traverses, elle n'a cependant aucun droit de condamner sans pitié, ni de croire immanquablement perdus les hommes pris en particulier. Alors elle ressent pour eux une compassion immense et une tendresse généreuse et bienfaisante : elle voudrait éclairer ces aveugles, guérir ces malades, soutenir ces infirmes, réveiller ces endormis, ressusciter ces morts. Elle comprend qu'il faut protester contre l'iniquité, maudire le vice, flétrir le mal sous toutes ses formes : mais elle sent qu'il est mieux encore de secourir les âmes qui souffrent, de se dévouer à leur service, et de surmonter ainsi le mal par le bien. Ce qu'elle souhaite et tente de faire, Dieu sans doute le fait, et sans cesse, et parfaitement. Dieu surmonte le mal par le bien. Penser cela, ce n'est ni faire fléchir l'inflexible règle du devoir, ni faire espérer à ceux qui commettent le mal l'impunité, ni enfin déprécier en aucune manière les nobles efforts de la vertu et les héroïques aspirations des âmes d'élite vers la perfection. Non, le devoir reste ce qu'il est, sans accommodement ni complaisance qui en corrompe l'austère pureté ; le châtiment est assuré aux coupables, sans qu'une indulgence débonnaire puisse jamais les y dérober ; la vertu demeure une lutte difficile, sans qu'on ait sous aucun prétexte le droit de refuser le combat; et la perfection même est saintement obligatoire pour les âmes qui reçoivent le divin appel, sans qu'elles puissent justifier leur paresse ou leur lâcheté en objectant que la divine miséricorde se contente de peu. Dire que Dieu surmonte le mal par le bien, et se garder, à cause de cela, de décider du nombre des âmes irrémédiablement perdues, ce n'est donc ébranler aucun principe, et c'est avoir foi jusqu'au bout dans la bonté infinie.

Nous ne prétendons pas que Dieu doive à la fin ramener à lui toutes les volontés, quelle qu'ait été pour elles l'issue du combat en ce monde : ce retour universel des âmes humaines au bien supposerait une série d'épreuves incompatibles avec le sens de la vie présente ; l'espoir ou plutôt la certitude du retour final rendrait illusoire le châtiment promis aux méchants, et en définitive une sorte d'heureuse fatalité plutôt que le libre arbitre déciderait alors de l'éternelle destinée des âmes. Elles font elles-mêmes en ce monde leur choix, choix libre, choix irrévocable : si, au sortir de l'épreuve, elles ont la haine du bien, si elles donnent par un acte délibéré et pleinement volontaire leur préférence au mal, c'en est fait d'elles. Mais quelle grave et triste chose que cet écart éternel de la liberté créée se détournant du bien, c'est-à-dire de Dieu son principe et sa fin, et se fixant dans le mal ! En vain dirait-on que, la vertu ayant une excellence devant laquelle une multitude d'actions mauvaises peut être comptée pour rien, la quantité des méchants importe peu : je répondrais que, s'il est très-vrai qu'un seul acte de vertu est d'un prix incomparable, il est très-vrai aussi que la quantité des bons ou des méchants ne saurait être indifférente, puisqu'il s'agit des âmes. Comment donc laisser croire que Dieu consent aisément à la perte d'un esprit fait pour l'aimer ? Et puis, répétons-le encore, qui peut déterminer ce que chacun a de lumière et de force pendant l'épreuve décisive qui s'accomplit en cette vie ? Dès lors, qui osera dire, malgré les apparences, s'il y a beaucoup d'âmes définitivement vaincues ? Soyons sévères quand il s'agit de nous juger nous-mêmes ; et songeant à tous les secours que nous recevons de Dieu pour pratiquer la vertu, ne décidons pas trop vite que nos fautes sont sans gravité et que, s'il nous arrive de préférer le mal au bien, ce n'est pas une préférence entièrement délibérée et pleinement volontaire. Mais, d'un autre côté, ne prenons pas sur nous d'affirmer qu'il y a beaucoup d'âmes qui, en toute connaissance de cause et dans la plénitude de leur liberté, préfèrent définitivement le mal au bien, et sortent de l'épreuve avec la haine de Dieu. Et d'ailleurs, pouvons-nous savoir si Dieu n'a pas le moyen d'achever, dans l'autre vie, l'œuvre de purification et de salut à peine ébauchée à la mort, pour tant d'hommes surtout que les convenances du plan universel n'ont pas permis de placer en ce monde dans des conditions favorables? Non, il ne faut pas grossir facilement le nombre des âmes *inguérissables*[1] : il faut s'incliner en tremblant devant l'impénétrable secret de Dieu; il ne faut pas tenter une explication, employer une image, dire une parole qui représente Dieu se complaisant dans le spectacle d'une multitude d'êtres raisonnables et libres éternellement détournés de lui. Je n'ignore pas que la justice divine est belle dans ses rigueurs, et qu'en faisant souffrir le mal à ceux qui font le mal, elle répare l'ordre, et que cette réparation de l'ordre est belle. Je sais que Dieu, devenu en une certaine manière « le souverain mal » de ceux qui ne veulent pas de lui, est encore beau et adorable. Mais pourquoi Dieu voudrait-il que le plus grand nombre de ses créatures échappassent éternellement à son action bienfaisante pour ne subir que l'action de sa justice?

Agrandissons donc nos conceptions. Pensons qu'il y a d'autres êtres raisonnables que nous, plus parfaits, plus heureux. Multiplions le nombre des fidèles adorateurs de Dieu sans craindre de

---

1. Ἀνίατοι, c'est le mot de Platon dans le *Gorgias*.

le faire jamais trop grand. Et parmi les hommes mêmes, pourquoi ne penserions-nous pas que la plus grande part revient à Dieu, j'entends à Dieu qui récompense, et non à Dieu qui punit?

Mais Malebranche ne reste point dans l'ordre purement naturel. Il entre dans l'ordre surnaturel, et sa philosophie est mêlée de théologie. Examinons ses théories à ce nouveau point de vue.

Nous considérons avec joie cet ensemble de vérités de foi qui s'ajoutent si heureusement aux vérités établies par raison : l'homme orné par la grâce de dons précieux qui l'élèvent au-dessus de sa nature, et lui communiquent comme par un excès d'amour la vie divine; ces richesses surnaturelles perdues par le péché, l'homme dépouillé de cette divine parure, et, dans sa nudité naturelle, se sentant déchu; l'équilibre de ses facultés rompu, sa volonté, non pas détruite, mais affaiblie, en même temps que sa raison obscurcie sans être éteinte; puis cette chute divinement réparée, ces misères divinement consolées par l'incarnation du Verbe; « l'état de rédemption cent fois meilleur que l'état d'innocence[1]; » dans ce monde que Jésus-Christ régénère, des grandeurs morales et de divines tendresses que l'on ne voit point dans l'ordre

---

1. Saint François de Sales, déjà cité plus haut, t. I, p. 404.

purement naturel ; de la part de Dieu, l'amour poussé jusqu'à l'apparente folie de la croix, et de la part de l'homme, des vertus portées jusqu'à l'héroïsme de la sainteté ; enfin, après cette vie, la vue même de Dieu, éternelle récompense des bons, et l'immortelle société des esprits rendant par Jésus-Christ et en Jésus-Christ l'hommage de l'adoration et de l'amour à l'auteur puissant, sage et bon de la nature et de la grâce.

Voilà les splendeurs qu'il nous est donné de contempler quand, nous laissant guider par la foi, nous entrons dans l'ordre surnaturel. Certes la Providence nous paraît alors et plus admirable et plus aimable que jamais. Ces mystères, qui nous confondent, ont une beauté qui nous ravit, et malgré leurs obscurités, salutaires d'ailleurs, ils jettent sur le plan des choses des lumières vives que la raison n'eût jamais pu découvrir d'elle-même.

Mais sur plusieurs points nous devons nous séparer de Malebranche.

D'abord, il regarde l'Incarnation comme nécessaire, en ce sens que, si Dieu n'eût pas trouvé le moyen de diviniser son œuvre, Dieu n'eût pas créé. Nous avons déjà discuté cette opinion. Bornons-nous ici à remarquer qu'entendre ainsi ce mystère, c'est lui ôter ce qui en fait le charme divin : car on n'y voit plus la libre effusion d'un amour qui pour se contenter exécute les choses les plus extraordinaires; on n'y reconnaît plus la merveilleuse invention d'une bonté infinie. « Dieu a tant aimé les hommes qu'il leur a donné son Fils unique. » Dieu a tant aimé les hommes : étrange parole, mais lumineuse et douce, qui remue notre cœur tout entier et nous donne la raison de la conduite divine [1]. Dieu aime et la bonté se communique : Dieu se fait homme, l'Homme-Dieu meurt sur une croix. Encore une fois, ne me montrez point là l'artifice d'une sagesse qui n'avait pas d'autre expédient pour faire une œuvre qui valût la peine d'être créée. Montrez-moi Dieu infiniment bon, créant par bonté, et puis, pour parler un langage humain, portant à l'excès cette bonté et en donnant le témoignage le plus magnifique et le plus tendre. *Apparuit gratia Dei Salvatoris nostri omnibus hominibus... Benignitas et humanitas apparuit Salvatoris nostri Dei* [2]. Gratia, benignitas, humanitas, dans le texte grec φιλανθρωπία, grâce, bénignité, tendresse pour les hommes : voilà les expressions par lesquelles l'Écriture parle de ce mystère, et à la vue de ces merveilles nous

---

1. S. Jean, III, 16. Malebranche gâte cette divine parole en n'y voulant voir qu'un excès de bonté par lequel Dieu favorise nos préjugés en nous faisant croire que Jésus-Christ s'est fait homme uniquement pour notre salut. (*Traité de la nat. et de la gr.*, disc. I, II, 56.) Sans doute il est vrai que l'Incarnation a, comme toute chose, pour suprême fin la gloire même de Dieu ; mais résulte-t-il de là qu'il faille admirer et glorifier dans l'Incarnation je ne sais quelle bonté singulière, qui favorise nos préjugés et notre amour-propre, et non une bonté réelle, effective, éclatant dans le don que Dieu nous fait de lui-même ?

2. Saint Paul, *Ep. à Tite*, II, 11 ; III, 4.

nous écrions : *Et nos cognovimus et credidimus caritati quam habet Deus in nobis. Deus caritas est*[1].

Malebranche entend de la façon la plus rigoureuse le péché originel. D'accord avec les plus grands théologiens, nous nous en faisons une autre idée. Dieu pouvait, sans manquer ni de justice ni de bonté, créer l'homme dans l'état de pure nature, et même enveloppé d'ignorance, assujetti aux choses sensibles, mais capable par sa raison et sa liberté de travailler à dissiper ces ombres et à se dégager de ces entraves. Dieu a voulu que la nature dans le premier homme fût dans un état d'intégrité parfaite et de plus enrichie de dons surnaturels. Le péché l'a dépouillé, et en même temps a porté atteinte à son intégrité : il s'est trouvé nu et faible, lui qui avait été revêtu de tant de grâces et si fort. C'est dans cet état de nudité morale et de faiblesse que tous ses descendants naissent. C'est bien une corruption, puisqu'un état meilleur leur était destiné; c'est bien une chute, puisqu'ils étaient faits pour quelque chose de plus relevé ; c'est un état de désordre, ou, pour parler la langue de la théologie, un état de *péché;* puisque, pouvant être originellement tournés vers Dieu, ils se trouvent, au contraire, détournés de Dieu, et incapables de ressaisir par leurs propres forces la parfaite direction de leurs mou-

---

1. Saint Jean, *Ep*. I, iv, 16.

vements. Mais certes ce n'est pas une raison pour croire que tout en eux soit foncièrement mauvais, que tous leurs efforts soient stériles, et leurs vertus humaines abominables devant Dieu. Même laissés à eux-mêmes (mais peut-on dire que la grâce réparatrice manque entièrement à aucun homme?), ils ont encore dans leur nature quelque chose de bon; leur raison n'est point sans lumière, et leur libre arbitre, diminué, *attenuatum*, n'est point anéanti, *exstinctum*. L'honnêteté naturelle leur est connue; « l'agrément immortel de la vertu » se fait sentir à leur cœur; ils font des efforts, non point méritoires pour le ciel, mais non sans prix aux yeux de Dieu. Ils sont « purement hommes, » et hommes blessés par le péché. Mais quoi! si leur ignorance de la réparation par Jésus-Christ est invincible, seront-ils punis comme s'ils l'avaient méprisée et rejetée? La dégradation de la nature en eux par le péché d'origine leur sera-t-elle imputée de la même manière qu'une faute personnelle? Non, assurément. Que la conséquence de ce péché d'origine soit la privation des joies surnaturelles auxquelles la nature ne donne point de droit : soit, c'est légitime, et en ce sens-là le péché originel entraîne la *damnation*. Mais cette privation même est-elle, à proprement parler, un supplice pour l'âme qui n'a pu que soupçonner à peine l'état supérieur dont elle est déchue? Cette privation n'est-elle point parfaitement compatible avec un bonheur naturel procuré par la connaissance rationnelle de Dieu, et par l'amour né de cette connaissance? Ceux qui n'ont point connu Jésus-Christ ne sont point jugés selon la loi de Jésus-Christ. Ils n'ont d'autre loi que la loi naturelle, « *ipsi sibi sunt lex*[1], » et cette loi seule les juge. Pourquoi Dieu, auteur de cette loi, ne récompenserait-il point ceux qui, n'en connaissant point d'autre, s'efforcent de la suivre? Quelle étrange justice que celle qui obligerait le Juge souverain à rester insensible à ces vertus naturelles et humaines, comme si ces vertus n'étaient au fond que des péchés? Pourquoi n'aurait-il point dans sa miséricorde et dans sa sagesse le moyen de traiter selon leur mérite les âmes qui pratiquent ces vertus? Et qui sait même, si les traitant au delà de leur mérite, il ne leur donne pas en cette vie, par quelque opération secrète et admirable, je ne sais quelle connaissance ou je ne sais quel désir du Réparateur, par où elles se trouvent rattachées en quelque manière à Jésus-Christ, et rendues capables de participer au salut? Sur tous ces points il entrait sans doute dans les desseins de la Providence qu'une obscurité mystérieuse et salutaire déconcertât notre curiosité; et l'Église dans sa sagesse n'a décidé que l'essentiel. Il faut donc bien se gar-

---

[1]. Saint Paul, *Ep. aux Rom.*, II, 14.

der de donner pour des dogmes de foi des opinions ou même des imaginations particulières, propres à inspirer aux âmes soit d'excessives terreurs, soit une trompeuse sécurité. Mais ce qu'il est bon de savoir, c'est que sur tous ces points les théologiens les plus illustres et les plus autorisés émettent ou permettent, soutiennent ou défendent d'admirables conjectures pleines d'élévation, très-propres à sauvegarder la justice de Dieu, et même très-miséricordieuses. Qu'on n'en parle pas à tout propos dans des exhortations toutes morales, destinées à exciter le zèle des chrétiens : cela se conçoit. Mais n'en rien dire dans une exposition philosophique où le péché originel et l'Incarnation servent d'explication au dessein universel de la Providence, c'est ce qu'on ne comprendrait pas, si l'on ne savait l'influence exercée au xviie siècle par le jansénisme, même sur les esprits qui n'en acceptaient pas les propositions expressément condamnées.

C'est cette étroitesse et cette dureté de l'esprit janséniste que je retrouve partout dans les conceptions théologiques de Malebranche. La *grâce*, cette chose si excellente qui a un si beau nom, si doux, si attrayant, prend ici, par moments, je ne sais quoi de dur, et pendant qu'on me fait admirer avec quelle sagesse Dieu la dispense, je ne puis m'empêcher de remarquer dans cette sage distribution une parcimonie mesquine qui me semble indigne de la suprême Bonté. L'*Église*, dans laquelle j'aime à distinguer avec les théologiens l'âme et le corps, en sorte que je lui puis donner de vastes proportions dans l'espace et dans le temps, l'Église m'est ici présentée comme une assemblée très-restreinte où n'entre qu'une portion infiniment petite de l'humanité. Le *Ciel*, où je me plais à considérer la surabondance de la divine bonté, est ici extrêmement resserré par une sagesse que je ne m'explique guère, et quoique assurément une récompense si disproportionnée avec nos mérites soit une pure grâce[1], je m'étonne que Dieu semble mettre sa gloire à être avare de ce grand don. Le *Purgatoire*, admirable invention de la justice et de la miséricorde saintement conciliées, semble ici ne tenir aucune place dans le système des choses : on nous dit bien que la crainte salutaire de ces peines terribles doit nous inspirer des sentiments de pénitence, on ne nous montre pas quelle carrière immense ce lieu d'expiation ouvre à la bonté du Créateur, qui là, par mille moyens à nous inconnus, peut purifier tant d'âmes si tard et si imparfaitement changées ici-bas, et poursuivre avec une infaillible sûreté l'œuvre du salut commencée dans les angoisses de la mort. Non : de tout cela on

---

1. Une récompense est *due* à la vertu : cela, c'est justice ; mais le ciel que Jésus-Christ nous *promet*, dépasse nos mérites, comme nous l'avons déjà remarqué, p. 444, n. 1.

ne dit rien ; on aime mieux nous montrer sans cesse l'*enfer* [1] regorgeant des victimes du péché ; et tandis que certains théologiens veulent que la miséricorde, conservant jusqu'au bout ses droits divins, s'exerce dans l'enfer même pour y adoucir quelque peu les peines éternelles, on semble se complaire dans le spectacle de ces tourments effroyables, et l'on y précipite avec un calme étrange, au nom de la sagesse souveraine, la plus grande partie de l'humanité.

Mais de la terre elle-même on fait un lieu de supplice : on prétend que le genre humain, qui l'arrose de sueurs et de larmes, la traverse sous le coup d'une absolue malédiction. On regarde la concupiscence et l'orgueil comme les uniques ressorts de la société, et l'on ne voit dans l'histoire du monde qu'un perpétuel conflit de passions mesquines ou terribles. Les hommes alors sont comme une troupe de condamnés à mort, s'agitant dans un sombre cachot, et attendant leur tour. Quelques-uns, acceptant avec humilité par la grâce de Jésus-Christ ce sort si triste, se préparent pour l'autre vie la délivrance et l'éternelle félicité. Tout le reste se perd.

---

1. Je sais que dans la langue théologique le mot *enfer* désignant la privation de la vision béatifique ou de la vue face à face de Dieu, on peut dire que l'enfant mort sans baptême, par exemple, est en enfer, bien qu'on admette qu'il jouit d'un certain bonheur naturel. Mais précisément je reproche à Malebranche de ne faire jamais ces distinctions, et l'enfer qu'il prodigue est toujours ou semble toujours être pour lui un lieu d'épouvantables supplices.

Vanité, folie, misère, crime, voilà ce monde. Est-ce bien là l'œuvre de Dieu? Est-ce là le sens des choses? Ah! que nous aimons bien mieux considérer l'histoire tout entière comme l'éducation de l'humanité sortant peu à peu de l'enfance et marchant vers la virilité. Et il nous semble qu'elle est encore dans sa jeunesse. Nous la regardons comme un seul homme qui va, sous l'œil de Dieu, avec le secours de Dieu, grandissant toujours à travers bien des épreuves: souvent vaincu, il s'arrête et recule, mais il se relève, recommence le combat, et il avance. Ou bien, ce qui est plus exact, nous regardons l'humanité comme une grande famille dont les membres dispersés tendent à se rapprocher: les dissensions sont nombreuses et terribles ; mais du moins dans ces querelles, les caractères se trempent; et puis les plus avancés travaillent à l'éducation de ceux qui sont arriérés, et peu à peu la lumière gagne, apportant avec elle la justice et la paix. En définitive, c'est la vérité qui est la reine du monde ; et c'est à établir son empire par les libres efforts des hommes que tout concourt. Les individus qui travaillent à ce grand ouvrage disparaissent et reçoivent ailleurs leur salaire. Mais enfin la conquête du monde avance, et le règne de la vérité s'étend et s'affermit. Or, le règne de la vérité, c'est le règne de Dieu; et dans ce monde où Jésus-Christ a paru, Dieu ne règne que par Jésus-Christ. Tout ce qui est lumière est bon, et vient de Dieu, et va à Dieu : la science est bonne, la philosophie est bonne. Tout ce qui est force morale ou esprit est bon aussi, et vient de Dieu, et va à Dieu : l'industrie qui dompte la matière est bonne, l'art qui la transfigure est bon, les institutions sociales quand elles sont pénétrées de justice sont bonnes, l'autorité légitime et la liberté réglée sont bonnes. Oui, dans toutes ces choses humaines il y a un rayon divin ; aucune d'elles ne mérite notre mépris ou notre indifférence ; par elles toutes le règne de Dieu, vérité et bien, se propage et se consolide. Mais rien ici-bas n'a son achèvement, rien ici-bas n'a toute sa force et sa vigueur, rien n'a vraiment son intégrité naturelle et son entière efficace, si Jésus-Christ ne s'en mêle. C'est que notre état n'est pas celui de la pure nature, et notre monde est un monde réparé par l'Homme-Dieu. Ne croyons donc pas que les choses aient rien à perdre à être rattachées par de solides liens, visibles ou cachés, à Jésus-Christ lui-même. Cela au contraire les relève, et leur rend toute leur vertu. C'est à Jésus-Christ de régner. Qu'il s'avance donc à travers l'humanité, resplendissant de beauté et de grâce, qu'on admire sa démarche ravissante, et qu'il règne. *Specie tua et pulchritudine tua intende, prospere procede, et regna*[1]. Mais encore une fois qu'on

---

1. *Psalm.* XLIV, 5.

ne nous rapetisse point le plan divin. La portion de l'humanité visiblement attachée à Jésus-Christ est encore petite: pourquoi? c'est le secret de Dieu. Tout ce qu'on peut dire, c'est que le progrès est la loi de la créature, et Dieu dans l'établissement de son Eglise a voulu que cette loi fût observée. Mais l'avenir est à Jésus-Christ; et dans le présent même et dans le passé, il a pour lui bien plus que quelques âmes sauvées à grand'peine d'un naufrage universel; je l'ose dire, il a pour lui le grand nombre, relié à lui par des liens que nous ne voyons pas, sauvé par des moyens qui nous échappent; et sa grâce, *gratia Dei Salvatoris nostri*, sa grâce qui a apparu pour tous les hommes, *apparuit omnibus hominibus*, semblable à la lumière pénétrante du soleil, s'insinue partout, opère partout, exerce partout une merveilleuse influence dont les effets, cachés maintenant à nos yeux, mais révélés sans doute dans l'autre vie, nous raviront d'admiration et nous rempliront de reconnaissance et d'amour.

Quand nous regardons les choses avec ces pensées, les misères de ce monde ne nous révoltent plus: elles nous inspirent une immense pitié, un généreux désir de les soulager selon notre pouvoir, elles ne nous paraissent point en opposition avec la divine bonté. Les triomphes apparents du mal et les défaites de la vérité ne nous scandalisent plus: ce spectacle nous cause une juste et salutaire indignation contre les coupables, il ne nous rend point mécontents de l'ordre de l'univers. Les luttes auxquelles l'humanité est condamnée, et ce mélange de bien et de mal jusque dans les choses les plus saintes, ne nous étonnent plus : cette vue anime notre courage, et nous remplit d'une humble défiance pour nous-mêmes ; et puis, nous nous redisons sans cesse que Dieu seul connaît les intentions de chacun et les juge, que, malgré tout, son règne avance dans l'ensemble, et que d'ailleurs la mesure parfaite, la vérité sans ombre, la justice sans mélange, la vertu sans raideur, l'amour sans défaillance, tous ces biens exquis dont nous avons l'idée et le désir, nous seront donnés dans la réalité, si nous le méritons, non pas en ce monde où la condition des choses ne les comporte pas, mais dans l'autre vie, alors que l'épreuve sera finie pour nous et que nous trouverons dans la connaissance, dans l'amour, dans la possession de Dieu même une sainte et très-heureuse fixité. Ainsi les occupations de la vie présente ne nous paraissent point en contradiction avec notre destinée future : elles la préparent ; et nos espérances éternelles ne nous détournent ni ne nous dégoûtent du présent : elles nous encouragent, et nous soutiennent dans la lutte virilement acceptée et virilement poursuivie. Alors tout se tient à nos yeux ; et nous comprenons comment l'ordre physique et l'ordre moral, l'ordre de la *nature* et l'ordre de la *grâce* sont liés ensemble. Le plan de la Providence divine, entrevu dans sa grandeur et dans sa riche unité, nous confond, nous charme, nous console, nous fortifie. Nous rapportons tout à Jésus-Christ, non point pour tout déprécier, pour tout diminuer, pour tout détruire, mais pour tout relever, tout agrandir, tout vivifier. Nous ne voyons pas en lui le chef d'un petit troupeau, pris au milieu de la grande masse des hommes corrompue tout exprès pour mieux faire éclater l'art infini qui en sauve quelques-uns : nous le regardons comme le vrai roi de l'humanité entière, nous reconnaissons partout sa puissante et bienfaisante action, et nous gardant bien de supposer indiscrètement à son empire les bornes de notre ignorance, nous proclamons avec joie son universelle et efficace souveraineté.

Cette critique de Malebranche paraîtra bien sévère. Peut-être même la trouvera-t-on injuste. On pourra nous demander si nous avons oublié ces paroles qui sont de Malebranche : « La grâce ne détruit pas la nature, mais la suppose et la perfectionne. » On pourra dire aussi que Malebranche a très-bien vu le lien qui unit l'ordre physique et l'ordre moral, et puis ces deux ordres ensemble et l'ordre surnaturel. Nous le savons, et nous l'avons montré dans notre exposition. Il y a plus, en écrivant les pages qui précèdent, nous nous sommes servi plusieurs fois des expressions de Malebranche lui-même, et bien que nous nous en soyons aperçu, nous n'avons rien retranché de notre discussion, nous n'avons affaibli aucune de nos critiques. Et pourquoi donc? la raison en est simple. Que de fois déjà n'avons-nous point remarqué que la philosophie de Malebranche, puisée aux sources les plus hautes, animée de l'esprit platonicien et chrétien, toute pénétrée de pensées morales et religieuses, abonde en vues excellentes, en traits exquis, et qu'on ne peut s'en approcher sans s'y plaire, s'y plaire sans profiter, et que la meilleure manière de profiter de ces richesses c'est de se les assimiler! Mais que de fois aussi n'avons-nous pas signalé les inconvénients et les périls du système qui sans cesse compromet cette belle philosophie, et même la gâte par l'exagération de certaines vérités ou l'oubli où restent certaines autres non moins importantes! Ces défauts nous les avons relevés dans toutes les théories de Malebranche : ils se retrouvaient ici dans la théorie de la Providence, aussi apparents, et plus choquants, s'il est possible, qu'ailleurs; nous les avons notés avec une extrême vivacité, et condamnés sans ménagement. L'inefficace des créatures, la généralité des voies, mal entendue, un rigorisme janséniste, autant de taches dans cette doctrine si souvent belle : il fallait les effacer, et nous l'avons fait. Malebranche ne laisse entre les mains de la Providence que des causes occasionnelles, ombres de causes, ombres d'êtres : nous avons voulu que Dieu maniât des êtres réels, de vraies causes, œuvres de sa puissance créatrice, agissantes elles-mêmes, et dans les esprits, libres d'une vraie liberté. Malebranche entendant la grandeur et la sagesse à sa manière, néglige trop la bonté : nous avons montré qu'il n'y a ni vraie grandeur ni vraie sagesse sans bonté, et nous avons de toutes nos forces défendu la toute bonne, toute douce et tout aimable Providence contre des théories qui la défiguraient.

Mais vraiment c'est une chose dangereuse que de prétendre « faire agir Dieu selon ce qu'il est. » Qui donc peut se flatter de ne pas lui prêter des vues humaines ? Malebranche a vu le danger, l'a signalé, et puis s'y est jeté avec une imperturbable témérité. Jamais philosophe n'a eu plus que lui l'ambition de rendre compte des desseins du Créateur, et nul ne s'est senti plus assuré d'y avoir réussi. Grande et importante leçon pour tout homme qui pense ! Il se défiait des images qui troublent et obscurcissent l'esprit, et ne voulait, en parlant de Dieu, consulter que la pure idée de l'être parfait : ces images sensibles l'ont obsédé malgré lui, et elles l'ont trompé. Il répétait qu'il ne faut pas humaniser Dieu, et voilà que, dans ses spéculations audacieuses, il est la victime des illusions qu'il condamnait. Qu'est-ce donc, en effet, que cette impuissance où est le Créateur de faire autre chose que des machines, et des substances mortes, comme s'il ne dépassait qu'à peine les limites de l'industrie de l'homme? et qu'est-ce aussi que cette préoccupation d'artiste, prêtée à Dieu, ce souci du bien faire, ce soin presque inquiet de travailler selon les règles? qu'est-ce enfin que cette attention scrupuleuse à sauvegarder en tout la dignité, la noblesse, la majesté? N'avons-nous pas vu Dieu « soutenant majestueusement le caractère de la Divinité et laissant périr son ouvrage plutôt que de faire pour le secourir une démarche qui marquerait peu de sagesse et trop de complaisance pour la créature. » On dirait que semblable à la fois aux écrivains du grand siècle et au grand roi qui y préside, ce Dieu se gêne, si l'on peut parler ainsi, pour être fidèle à la règle et à l'étiquette. Soucieux du fini de son œuvre, il oublie parfois d'être bon pour mieux faire éclater sa sagesse ; et dans la crainte de se compromettre par trop de condescendance, il devient cruel pour ses créatures. Etranges aberrations! Mais nous, à notre tour, parlant de cette divine bonté trop négligée par Malebranche, n'avons-nous pas employé des images inexactes, des métaphores trompeuses, des expressions peu dignes de Dieu? En ces matières, pouvons-nous faire autre chose que « bégayer? » Ce sont là de ces grandes vérités dont il faut « parler sobrement, » selon le mot de Malebranche lui-même. Quand il s'agit de l'infini, ni notre langage ne peut rendre dignement ni notre pensée saisir complétement l'inépuisable réalité. Nous disons à la fois trop et trop peu, nous avons l'air de mettre aux prises les uns avec les autres les attributs divins, nous semblons diviser la divine nature. Appliquant à l'Être parfait les mots qui désignent nos qualités, nous risquons de ne lui en laisser que l'ombre en voulant les épurer, ou de lui attribuer quelque excès en prétendant les porter à la perfection. Résignons-nous donc à ignorer beaucoup quand nous parlons de Dieu : c'est sagesse. Et néanmoins il y a des choses dont nous sommes certains. Dieu est puissant, Dieu est sage, Dieu est bon, et nous ne pouvons nous faire une idée trop haute de sa puissance, de sa sagesse, de sa bonté. Nous avons dans nos âmes l'image lointaine, mais vive encore, de ces divines perfections ; nous en découvrons dans la nature et dans l'histoire la trace manifeste; et si nous connaissons trop peu le plan de la Providence pour n'y rien trouver de mystérieux, d'inexpliqué, d'incompréhensible, nous en savons assez pour admirer la beauté du dessein, et adorer avec une amoureuse confiance la souveraine Bonté.

CHAPITRE VI.

LE DEVOIR ET LA VERTU.

Nous ne pensons pas qu'on puisse chercher à la morale un plus solide fondement que celui que lui a donné Malebranche. L'ordre immuable, éternellement pensé, éternellement accompli par Dieu, souverainement parfait, qui connaissant son infinie perfection, l'aime d'un amour infini, et jugeant des choses d'après leur perfection relative, les estime et les aime selon leur prix, voilà bien l'origine véritable de toutes les notions morales; et celui-là est vertueux qui se conforme à l'ordre, et celui-là se conforme à l'ordre qui juge des choses comme Dieu en juge, et les aime comme Dieu les aime, qui par conséquent aime Dieu par-dessus tout, et tout le reste selon sa valeur.

Il ne faut pas dire que donner à la morale ce fondement divin, c'est méconnaître son indépendance et admettre à tort que pour avoir l'idée du devoir il faut avoir préalablement l'idée nette de Dieu. Une telle critique est injuste. De ce que « la réalité des vérités éternelles est dans l'entendement divin, » il ne suit pas que nul ne conçoive ces vérités sans connaître explicitement Dieu même. Avant que nous soyons remontés à l'origine première des principes, ils sont inexpliqués, et leur existence tout idéale suppose quelque autre chose; mais même à l'état de pure idée, ils s'imposent à l'esprit avec évidence, et leur autorité est entière. Il en est de même des vérités de morale. La loi du devoir, non encore rattachée à Dieu, est inexpliquée dans son origine métaphysique; mais elle n'en apparaît pas moins comme la règle de notre volonté, et elle commande à la conscience avec une autorité sans appel. Tant il est vrai que Dieu, même non reconnu, nous éclaire et nous instruit! Seulement il y a entre la morale et la géométrie, par exemple, cette différence que la géométrie sans Dieu est non-seulement certaine mais complète, tandis que la morale sans Dieu est nécessairement incomplète quoiqu'elle ait la certitude et l'autorité sur tous les points qu'elle peut établir. Et elle est incomplète, non-seulement parce que certaines parties y manquent, mais encore parce que, dans ses prescriptions les plus graves et les plus belles, le souffle divin est absent.

Elle est inanimée, étant abstraite : l'amour de l'ordre n'étant point explicitement l'amour de Dieu même, n'a ni la même élévation ni la même profondeur ni la même vivacité ; la vertu n'est pas pénétrée de l'esprit qui vivifie ; et parce que Dieu est, je ne dis pas rejeté, ce serait un crime, mais ignoré seulement, elle n'a ni tout son éclat ni toute sa chaleur ni même toute sa pureté. Voilà ce qui est vrai théoriquement, sans parler de la pratique où l'on trouverait des choses si fortes à dire sur la nécessité de ne pas séparer la morale de la notion de Dieu. Malebranche a compris tout cela admirablement, et, sans rien ôter à la loi du devoir de son autorité, sans faire découler les notions morales de quelque précepte religieux ni même de la foi expresse en Dieu, il a rejeté pour la morale une chimérique indépendance et maintenu les liens qui la rattachent à la métaphysique et à la religion.

Mais on peut lui adresser une autre critique. A la façon dont il conçoit la morale, il est clair que Dieu est le véritable modèle de l'homme : rien de mieux. Seulement il faudrait montrer nettement que l'homme a une nature à lui, une nature propre, une nature vraiment humaine[1]. Pour se rapprocher autant que possible de la perfection souveraine, l'homme doit travailler à se rendre parfait, parfait

---

1. Voyez la *Philosophie du Devoir*, de M. Ferraz, liv. IV, ch. IV.

comme Dieu, en ce sens que son suprême idéal est Dieu même, mais parfait en tant qu'homme, parfait d'une façon humaine, en ce sens que sa nature d'homme doit être développée et réglée le mieux possible. Admettez l'ordre surnaturel et la grâce : il n'en sera pas moins vrai que s'il y a pour l'homme des vertus proprement surnaturelles qui l'élèvent au-dessus de sa nature, les vertus morales, même relevées par la foi, consistent dans la perfection de la nature humaine elle-même, et que d'ailleurs l'homme, transfiguré, transformé, rendu participant de Dieu, étant encore et étant toujours l'homme, il doit être perfectionné d'une certaine manière qui lui est propre, qui ne convient qu'à lui. Au-dessous de la perfection absolue, fin dernière de nos aspirations, il y a donc la perfection relative à notre nature ; il y a un type idéal d'excellence conçu par Dieu pour cette créature d'une espèce particulière qui est l'homme ; et c'est ce type que nous sommes tenus de réaliser par nos efforts, chacun à sa façon, selon les conditions qui lui sont faites, selon les circonstances où il est placé, selon les facilités ou les obstacles qu'il rencontre. Il y a donc des devoirs *humains :* devoirs qui découlent de notre qualité d'êtres raisonnables et libres, et qui en ce sens nous sont communs avec tout ce qu'il y a d'esprits ; mais devoirs déterminés particulièrement par notre condition particulière, et spéciaux dans leur forme ou leur mode à notre humaine nature. Or, c'est là ce que Malebranche méconnaît ou néglige trop. Il traite l'homme à peu près comme s'il avait la nature divine elle-même. Non que nos faiblesses et nos misères soient oubliées dans sa morale, ni même que l'usage à faire des sens et des passions pour le bien échappe à sa perspicacité. Mais malgré cela ou plutôt en cela même, si on y regarde de près, on voit bien que l'idéal proposé à l'homme dans son système, c'est proprement Dieu même et la vie de Dieu. Il veut que l'âme soit directement et uniquement appliquée à Dieu ; et il ne tient presque pas compte de la forme particulière que doit prendre, dans l'âme humaine, le service de Dieu. Il oublie la terre, le plus qu'il peut, et trouvant que ce qui rapproche le plus de Dieu et ressemble le plus à Dieu, c'est la vie du méditatif, sans cesse occupé à consulter la Raison et n'aimant qu'elle seule, il fait de la vie méditative le type même de la vertu. En vain cherchez-vous dans sa morale des règles précises touchant les détails pratiques, humains : vous y voyez un soin merveilleux et des attentions pleines de délicatesse pour sauvegarder les droits de la souveraine Raison ; mais vous ne trouvez pas la solution que vous voulez avoir. Si vous prétendez être homme, on ne vous apprendra pas ici ce qu'il faut faire. On vous enseignera comment il faut s'y prendre pour être ange, j'allais dire Dieu, malgré les faiblesses de l'humanité ; on vous dira ce qu'il faut faire pour être homme le moins possible avec un pauvre cœur de chair, faible et grossier. En un mot, c'est le mysticisme que vous trouvez partout respirant dans cette morale. Du mysticisme, il en faut sans doute ; car il faut à l'âme humaine la lumière et le souffle de Dieu ; et malheur à elle si, ténébreuse et sans Dieu, comme dit Platon, elle s'enfonce dans la matière ou languit en elle-même ! Malheur à elle si la pensée de Dieu ne domine pas et n'inspire pas tous ses actes ! Mais le mysticisme ne suffit pas à tout, par la très-simple raison que Dieu nous a faits hommes, placés sur la terre au milieu d'autres hommes. Et si certaines âmes entièrement détachées des choses de ce monde, ou plutôt ne les voyant et ne les aimant que transfigurées d'une manière divine, nous donnent le spectacle admirable d'une vie supérieure, de la vie des purs esprits, ce sont là des échantillons du ciel propres à confondre nos grossièretés, et à dissiper nos illusions toutes matérielles, en nous mettant sous les yeux ces angéliques réalités ; mais là n'est point la règle. Hommes, nous avons à vivre d'une vie humaine, encore bien qu'elle soit vertueuse ou même sainte, et la morale mystique, si excellente qu'elle soit, n'est pas toute la morale.

Le sage de Malebranche est dans une union étroite avec Dieu et tâche de l'honorer comme il faut ; soumis à l'autorité légitime en qui il reconnaît et adore la puissance de Dieu même, il tient son cœur haut en toute occurrence : rien ne l'éblouit, rien ne l'effraie, rien ne l'attache. C'est très-bien. Mais j'ai peur que ce sage ne se dégoûte trop de la vie active qui lui paraît vaine; j'ai peur que, tout ce qui n'a pas avec Dieu un rapport direct étant méprisable à ses yeux, il ne devienne incapable d'apprécier la grandeur des choses humaines et ne cesse de s'en occuper; j'ai peur enfin que ces créatures impuissantes et profanes qui l'entourent ne le trouvent indifférent et insensible, prêt à les supprimer dans sa pensée où il ne veut laisser que Dieu seul. Mais s'il va jusque-là, ce n'est point seulement la condition humaine qu'il oublie, c'est un devoir commun à tout ce qui est capable d'aimer, qu'il méconnaît. Il n'y a point de créature, si sainte qu'elle soit, qui ait le droit de ne pas aimer de cœur les autres créatures raisonnables avec qui elle est en société. Et chez ceux qui ici-bas ont été vraiment saints nous trouvons une vigueur et une tendresse de cœur que n'affaiblissent ni les austérités ni le renoncement absolu à tout ce que les hommes estiment et recherchent. Dans les emportements de leur amour pour Dieu, ils semblent sacrifier la créature et la compter pour rien; mais voyez-les à l'œuvre, et pénétrez si vous pouvez dans le fond de leur âme, vous verrez quelle ardeur de charité et quelle généreuse passion de faire du bien, l'amour de Dieu allume et entretient en eux. Dans Malebranche, c'est un principe de métaphysique, que la créature ne fait rien et à vrai dire n'est rien ; c'est un principe de morale, qu'il ne doit y avoir d'amour véritable que pour Dieu. Le même système qui bannit de l'univers la réalité créée chasse de l'âme tout amour réel pour les créatures. En vain Malebranche nous parle-t-il sans cesse de charité. Le dirai-je ? je trouve jusque dans cette charité je ne sais quelle sécheresse. Cet amour se surveille trop, de peur de dépasser la mesure ; il n'y a point d'effusion parce qu'on est toujours retenu par quelque scrupule : ne s'attachera-t-on pas à la créature ? ne l'aimera-t-on pas plus qu'elle ne le mérite ? n'offensera-t-on pas Dieu qui seul mérite tout notre amour ? Avec ce soin de ne pas sortir des règles, avec cette sévère attention sur soi-même, est-on encore capable d'aimer ? Prenez à la lettre tous ces préceptes, observez en toute rigueur ces prescriptions, vous vous rétrécirez le cœur, et vous y tarirez la source de l'amour. A Dieu ne plaise que j'attribue à Malebranche ces excès ! ce serait commettre une erreur, et me rendre coupable d'ingratitude envers ce philosophe dont les écrits m'ont tant de fois charmé et ravi par une secrète et exquise douceur ; mais, de même que son Dieu semble oublier la bonté pour ne montrer que la sagesse, de même lui, dans sa morale, règle si bien l'amour selon l'ordre, qu'on se demande si l'amour ne s'évanouit pas; et, quand il a tant à cœur de nous rendre sages, on est tenté de lui dire : si votre Providence est excellente pour Dieu, mais pas trop bonne pour nous, votre morale est excellente pour Dieu et, si l'on veut, pour nous, mais pas trop bonne pour les autres. Elle est excellente pour mettre dans notre âme une belle harmonie, excellente pour nous rendre conformes à l'ordre, excellente pour faire de nos âmes un spectacle digne du regard de Dieu. Elle est encore excellente pour nous, en ce sens qu'elle nous procure de solides jouissances et nous assure la félicité. Mais elle n'est pas trop bonne pour les autres : car elle ne nous permet pas d'avoir pour eux un sentiment d'amour véritable; elle nous met en défiance contre tout ce qui unit les hommes ici-bas. Elle ne veut pas que nous prenions intérêt à ce qui se passe dans ce monde deux fois profane et par l'imperfection de sa nature et par la corruption du péché; elle déclare inutiles, dangereuses et même coupables, la plupart des occupations des hommes purement hommes, elle nous dégoûte des plaisirs des arts, des soins du commerce ou de l'industrie, des affaires politiques, des relations sociales, en nous montrant partout ou une chose vaine, ou un péril, ou une faute; elle ne se contente pas de transfigurer, si je puis dire, nos affections par l'amour divin : elle tend à les détruire ; elle ne se borne pas à mettre au-dessus de tout la vie divine de l'âme intimement unie à son principe : elle tend à supprimer tous les intermédiaires. Mais en cela même elle va contre l'ordre et contre la volonté de Dieu. Nous ne pouvons pas accepter tous ces arrêts de proscription impitoyables et injustes. Au nom de Dieu même, nous défendons contre Malebranche ce qu'il méprise et rejette.

Il ne considère la nature, œuvre de Dieu, qu'en savant et en moraliste. Nous croyons avoir le droit de la regarder en poëtes. Dieu n'y a point répandu une si vive poésie pour que nous refusions de la sentir et de la goûter. Que dirait-on d'un homme qui ne voudrait admirer dans un poëme que le mécanisme de la versification et les règles secrètes fidèlement observées ? Nous osons ouvrir les yeux tout grands sur le monde, pour voir ce qu'il a de beau, et, pourvu que l'on ne s'oublie point dans la molle contemplation de la nature et que l'on ne s'enivre point de ses charmes jusqu'à perdre la force de faire le bien, nous ne croyons pas qu'admirer ce que Dieu a daigné faire ce soit se rendre coupable d'idolâtrie. De plus, Malebranche ne veut pas que nous voyions dans les êtres qui nous entourent des causes capables de nous faire du bien ou du mal, et il nous défend de les aimer ou de les haïr. Nous qui savons que l'œuvre divine ne ressemble pas aux ouvrages morts de l'homme et qu'il y a là dans la nature un ensemble de substances véritables, de forces réelles, d'êtres agissants, nous pensons que nous pouvons bien éprouver pour eux, en particulier pour les êtres animés, de la sympathie ou de l'antipathie, de l'amour ou de la crainte : car ils nous sont véritablement bons ou mauvais, ils agissent sur nous, nous ressentons leur action, et ils peuvent subir la nôtre. Et vraiment, nous l'avons montré, c'est faire injure à Dieu, en se méprenant sur le vrai caractère de la création, que de ne voir dans tout cela que les rouages d'une machine immense. Mettons donc la nature en son rang, c'est-à-dire au dernier, mais ne craignons pas de lui donner un peu de notre attention et de notre amour.

Malebranche juge inutiles toutes les connaissances curieuses. Nous nous souvenons du jugement qu'il porte sur l'astronomie. Mais nous dirons, avec Leibnitz, que « les recherches érudites servent pour la conservation et le redressement de l'histoire dont les exemples sont des leçons vives et des instructions agréables, mais surtout pour établir cette importante critique nécessaire à discerner le supposé du véritable et la fable de l'histoire, et dont le secours est admirable pour les preuves de la religion[1]. » Nous soutenons, encore avec Leibnitz,

1. *Discours touchant la méthode*, etc., Erdmann, p. 172.

« l'utilité et l'étendue de la critique, peu considérée par quelques philosophes, très-habiles d'ailleurs, qui s'émancipent de parler avec mépris du rabbinage, et généralement de la philologie [1]. »

Malebranche lance l'anathème à l'imagination et croit l'art inutile ou même dangereux. Avec lui nous méprisons le petit esprit littéraire qui fait plus de cas des mots que des idées et des choses, qui rétrécit l'âme, et la rend incapable de pensées sérieuses, parfois même de généreux sentiments. Mais nous ne pensons pas qu'il faille envelopper dans la même proscription la littérature tout entière. Quoi donc! faudrait-il qu'il n'y eût au monde d'autres livres que des traités de métaphysique et des ouvrages de piété, avec quelques poésies édifiantes, en surplus, tolérées sans doute en vue des faibles? Pourquoi se défier de toutes les œuvres du génie humain, les juger toutes inutiles ou corruptrices, mépriser tous les arts, et considérer l'imagination, qui est leur mère commune, comme une folle ou une fourbe dont les excès et les ruses doivent nous inspirer une salutaire horreur? Une telle doctrine ne méconnaît pas seulement la faiblesse humaine, elle reproche à Dieu ses plus beaux dons. Sans doute l'imagination s'égare souvent, et cause beaucoup de maux: je ne songe pas

---

1. *Nouveaux Essais*, liv. III, chap. ix. Leibnitz, en écrivant ces mots, ne pensait-il pas à Malebranche?

à le nier, et j'estime que la lecture de la *Recherche de la vérité* de Malebranche est excellente pour nous prémunir contre les illusions où peut nous jeter l'enchanteresse. Mais s'il y a dans l'imagination une partie liée au corps, qui existe par le corps et pour le corps, il y en a une autre qui ne se sert du corps que pour s'élever bien au-dessus. De la première on peut médire, et c'est un devoir de la contenir et de la dompter; celle-ci il la faut respecter et honorer. Un objet quelconque étant donné par l'expérience soit sensible soit intime, se le représenter avec toute la beauté que comporte sa nature, et puis, quand ce type idéal est conçu, travailler à le réaliser, est-ce donc si peu de chose? Oter à l'homme cette faculté, serait-ce ajouter à la perfection de son être? On admet trop facilement que l'imagination est une marque de faiblesse. Il est vrai, Dieu n'imagine point, de même que Dieu ne raisonne point. Mais, si l'intelligence infinie n'a pas besoin de recourir aux lents détours de l'induction ou de la déduction, ce n'est pas assurément qu'elle ignore ces rapports nécessaires ou constants qui unissent les choses, c'est qu'elle les saisit d'un coup d'œil. De même, si Dieu n'a pas à se faire des images embellies des êtres réels, et si on ne peut supposer en lui, sans porter atteinte à sa perfection, le sublime travail du génie humain enfantant les chefs-d'œuvre de l'art, ce n'est pas que Dieu soit incapable de concevoir la beauté idéale et de faire des œuvres qui la reflètent : c'est que, les types des choses étant éternellement présents à sa pensée, il voit sans effort toute la perfection relative et toute la beauté propre à chaque être, et l'histoire du monde n'est que le progrès de la création en marche vers cet idéal que le poëte éternel a conçu et qu'il réalise par une incessante opération. Et qu'est-ce donc alors que l'imagination en nous ? N'est-ce pas une imitation de l'activité créatrice ? Malgré ses défaillances et ses misères, n'est-elle pas une grande et bonne chose ? Elle fait bien des essais, elle recommence bien des fois son œuvre, elle ne rencontre pas toujours la beauté ; et, quand elle veut imprimer dans la matière l'idéal qu'elle a conçu, que de luttes ! Que d'ébauches brisées ! Quelle souffrance et quel découragement à ces heures où l'impuissance se fait vivement sentir ! Quels efforts désespérés pour vaincre cette lassitude et dompter à la fois la matière rebelle à notre action et notre esprit fatigué du combat ! Mais quoi, parce que l'imagination est soumise, comme toutes nos facultés, à la loi de l'effort et de la peine, faut-il méconnaître sa grandeur ? « L'esprit, dit très-bien Leibnitz[1], n'a pas seulement une perception des ouvrages de Dieu ; mais il est même capable de produire quelque chose qui

---

1. *Principes de la nature et de la grâce*, § 14.

leur ressemble, quoiqu'en petit. Car, pour ne rien dire des merveilles des songes, où nous inventons sans peine, et sans en avoir même la volonté, des choses auxquelles il faudrait penser longtemps pour les trouver quand on veille, notre âme est architectonique encore dans les actions volontaires, et découvrant les sciences suivant lesquelles Dieu a réglé les choses *(pondere, mensura, numero)*, elle imite dans son département et dans son petit monde, où il lui est permis de s'exercer, ce que Dieu fait dans le grand. » Ajoutons que l'âme est architectonique aussi quand elle conçoit l'idéal et essaie de le réaliser. De même que par l'induction, en s'aidant des données de l'expérience et du principe d'ordre, elle découvre les lois des phénomènes et les essences des êtres, et refait ainsi le plan de l'univers; puis, quand elle a trouvé les vraies règles des choses, peut diriger les forces naturelles et leur faire produire par l'industrie des résultats prévus et voulus: de même par l'imagination, l'âme, à la façon de Dieu, crée des types de beauté, en se représentant les choses dans toute la perfection que comporte leur nature, puis, au moyen de l'art, fait des œuvres où ces types s'expriment. L'imagination a ce privilége de produire, et presque de créer la beauté. Par elle l'homme fait dans le monde des œuvres qui ont une sorte d'individualité distincte, qui prennent place parmi les êtres, et qui, nées de la pensée, excitent et éveillent la pensée en ceux qui les voient. Ce morceau de marbre, sans forme déterminée et sans nom, reçoit de l'artiste qui le façonne un souffle de vie, une âme : c'est l'Apollon du Belvédère, c'est la Vénus de Milo, personnages presque réels, que le génie de l'homme a faits, qui sont connus, admirés, aimés. L'imagination est bien nommée la faculté poétique (ποιέω) ou créatrice, et ce n'est pas sans raison que les anciens appelaient les poëtes des hommes divins. Le bon sens de l'humanité ne s'y trompe pas, l'œuvre du vrai *poëte* est quelque chose d'excellent où la ressemblance de l'homme avec Dieu se montre manifestement. S'il en est ainsi, l'art, pour être absous à nos yeux, doit-il ne nous donner que des leçons religieuses et morales? Non. Est-ce que Dieu a fait de l'univers un traité de morale en action? Il en a fait une belle œuvre, sûr qu'elle élèverait les âmes de ceux qui sauraient la contempler, et qu'en élevant les âmes, elle les mènerait à lui. Il a donc répandu partout la vie et la beauté. Quelques-uns trouvent dans son ouvrage un sujet de scandale : tant pis; c'est leur faute. Dieu, si je puis parler ainsi (mais qu'on entende bien cette parole), Dieu ne prend pas la peine d'épargner des troubles aux esprits mesquins et aux cœurs étroits. J'oserai dire que l'artiste animé du souffle inspirateur a sa part de cette divine liberté. A Dieu ne plaise que je prétende par là que l'artiste ait le droit misérable de franchir toutes les barrières morales, et que la beauté, en resplendissant dans son ouvrage, purifie toutes les souillures! Non, la vérité, c'est que rien d'immoral n'est vraiment beau. Donc, que l'artiste ne blesse point la loi éternelle du bien : le bien et le beau sont amis. Mais rejeter comme mauvais, ou du moins comme frivole ou dangereux, tout ce qui ne parle pas de vertu, enfermer l'imagination dans des limites étroites, multiplier les entraves, c'est condamner l'artiste à ne rien faire que de petit, c'est avilir l'art ou le tuer.

Injuste pour l'art, Malebranche l'est encore plus pour l'industrie. Il voit bien qu'elle sert à la commodité de la vie, mais il se plaint de l'infirmité de notre nature qui la rend nécessaire, et il ne songe pas à regarder de plus haut son rôle dans le monde. Comme tout ce qui est humain, l'industrie atteste à la fois notre faiblesse et notre grandeur. Un être plus parfait n'aurait pas à entreprendre contre le monde matériel de pareilles luttes; mais aussi les êtres qui nous sont inférieurs ne sont point capables de tenter l'entreprise, et ils n'y songent pas. L'empire de l'esprit sur la matière s'établit peu à peu et s'étend par ces combats; et les virils efforts qui y sont déployés affermissent en l'homme la personnalité. Voilà le plan divin. On dirait que tant d'application aux choses du corps, tant de soucis pour perfectionner la vie terrestre, tant d'intelligence et tant d'énergie dépensées dans des inventions et des expériences qui se terminent à notre bien-être physique soient une sorte d'abaissement et de profanation; on dirait que l'esprit se matérialise. Mais prenez-y garde : c'est l'esprit qui diminue les obstacles à son action, c'est l'esprit qui relâche ses liens, et la matière asservie se spiritualise.

C'est au même point de vue qu'il faut se placer pour juger la société humaine. Sans doute nous y trouvons beaucoup de choses laides et mauvaises. Que d'âmes en proie à de brutales passions, ou flétries par des vices honteux, ou égarées par une folle ambition, ou avilies par d'incroyables lâchetés, ou, du moins, tout entières et toujours attachées à ce qui ne les vaut pas, je veux dire aux choses matérielles ! C'est un triste spectacle. Mais est-ce une raison pour que l'idéal de la vertu consiste à trembler de se mêler aux hommes? Si la peur de la contagion morale est salutaire, il ne faut pas croire que, pour échapper à cette contagion, il n'y ait qu'un moyen, à savoir, les mesures préventives. On y échappe encore en vivant dans le péril même, pourvu qu'on ait le désir généreux et l'intention ferme de faire le bien. Assurément je ne reproche pas à Malebranche d'admirer les âmes qui fuient le danger, se retirent en elles-mêmes et en Dieu, et ne se permettent plus que ces sages entretiens et ces amitiés mystiques dont il parle lui-même avec tant de douceur. Ce que je lui reproche, c'est de prétendre que tout l'homme, décidé à être vertueux, en doive faire autant. Non, la vocation générale des hommes n'est pas de vivre de la vie qu'il nous propose en modèle, et la volonté de Dieu n'est pas que la terre ne soit remplie que de philosophes méditatifs. Il y a des âmes médiocres qui ne peuvent atteindre à l'élévation et à la délicatesse de cette morale : Malebranche les découragera, il les rendra craintives et scrupuleuses, sans réussir à les rendre meilleures. Il y a d'autres âmes qui ont en elles un ardent besoin d'agir et de se répandre ; elles sont capables de dévouement ; toucher aux plaies des hommes pour les guérir, c'est pour elles le meilleur préservatif contre le mal même. Que trouveront ces âmes dans la morale de Malebranche ? Un nouvel encouragement à se dévouer ? Non, certes, mais plutôt des conseils propres à refroidir leur zèle : elles se demanderont avec terreur si elles ne sont pas imprudentes en s'engageant en de grandes occupations, s'il est bien vrai que Dieu veut cela d'elles, si elles ne vont pas se trouver troublées et « attachées à trop de choses »; et qui sait si ces réflexions n'arrêtèront pas leur élan ? La peur du mal les empêchera de faire le bien.

Il ne faut pas inspirer aux hommes un mépris mal entendu de la vie humaine, surtout si, en même temps, on leur inspire la crainte de faire tort à Dieu en aimant leurs semblables d'un amour réel et effectif. Il faut envisager les choses d'une façon à la fois plus simple et plus haute. Que Dieu domine et anime tout ; mais que tout ce qui est humain garde son prix : cela même est dans le dessein de Dieu. Alors, la vie, tout à l'heure décolorée, reprend pour nous de l'intérêt ; nous tâchons de n'être ni séduits par ses enchantements ni abattus par ses rigueurs, nous ne la déprécions pas. Attentifs à faire l'œuvre de Dieu, nous nous sentons pleins d'un amour bienveillant et efficace pour tous les hommes, nos coopérateurs dans le travail, nos compagnons dans la lutte, appelés à la même destinée en ce monde et en l'autre. Ces grandes vues excitent le courage ; tous les ressorts de l'activité humaine sont tendus : nous voulons améliorer toutes choses, persuadés qu'aucun progrès n'est perdu, et que tous concourent à la même fin. La chose publique, dont Malebranche parle si peu, nous paraît digne de l'attention du sage, et elle réclame ses services. Malebranche vivait en un temps où l'on était sujet plutôt que citoyen, et où l'on ne mettait guère la main aux affaires sans être quelque peu courtisan. Il enseigne le moyen de demeurer fier et pur dans l'obéissance. C'est bien. Mais nous pensons qu'il faut aussi apprendre aux hommes leurs droits' et leurs devoirs de citoyens ;

et, pour ce qui est d'une participation plus spéciale aux affaires publiques, nous croyons que le sage, dégagé d'une vulgaire ambition, peut accepter et même rechercher ce qui est, non pas une charge de cour, mais un office national. D'ailleurs, nous nous gardons bien de proposer un genre de vie, quel qu'il soit, comme le modèle unique de toute vertu. Nous comprenons les vocations diverses, ici l'activité sur un grand théâtre, là les vertus modestes dans la solitude : tout est à sa place, et tout concourt au bien général, pourvu que la conscience ne soit pas blessée et que l'ordre moral soit respecté. Il n'y a que le mal qu'il faut partout éviter et combattre. Dieu, lui, en tire le bien : c'est son secret.

Ainsi notre conception de la vie humaine diffère de celle de Malebranche. D'accord avec lui pour déclarer que la grande affaire est de pratiquer la vertu et de mériter la félicité éternelle, nous nous séparons de lui quand il méprise tout ce qui est terrestre et humain. Il a peur que les choses de ce monde ne fassent concurrence à Dieu, et il ne veut pas que l'homme se partage entre elles et le souverain bien. Mais il n'y a point nécessairement de partage dans un cœur parce que ce cœur aime autre chose que Dieu. L'amour divin se nourrit de nos autres amours, pourvu qu'ils soient dans l'ordre. Rien de ce qui est bon n'est opposé à Dieu, et tout bien vient de lui d'une certaine façon. Aimer autre chose que lui, c'est l'aimer encore. Malebranche sait cela, mais il commet en morale la même erreur qu'en métaphysique. Tous les êtres étant par Dieu et en Dieu, il leur ôte toute réalité propre. Ce n'est pas assez à ses yeux qu'une intime et continuelle dépendance à l'égard du Créateur : l'individualité de la créature l'effraie, et il l'atténue, et la supprime presque. De même, parce que tous nos actes doivent avoir Dieu pour dernière fin, il tend à exclure de notre cœur l'amour de la créature ; ou du moins il craint que nous ne rapportions pas directement à Dieu les sentiments qu'elle nous inspire, et dans cette crainte, il les contient, et les affaiblit le plus qu'il peut.

Cette morale est donc très-pure, très-fière, très-élevée ; mais elle ne nous satisfait point. Il est bon, sans doute, de nous exhorter à porter notre pensée au delà et au-dessus des misères de cette vie ; mais nous voulons qu'on nous apprenne à exceller dans notre condition d'hommes, et nous ne reconnaissons pas une morale vraiment humaine dans celle qui ne semble faite que pour des méditatifs. Il est utile de nous rappeler que nous avons autour de nous mille occasions de chute ou de trouble ; mais nous ne voulons pas qu'à force de nous montrer partout des périls pour nos âmes et de nous inspirer la peur du mal, on nous dégoûte de toutes choses, et on nous ôte tout élan. Il est indispensable de nous faire souvenir que la créature ne doit pas être aimée pour elle-même, à la façon de Dieu. Mais nous ne voulons pas que la crainte de trop donner aux êtres créés, et de nous y attacher, tarisse en nous les sources d'une active et tendre affection. Cette morale va contre la vraie nature de nos âmes et contre l'ordre même de Dieu. Elle serait parfaite peut-être, si nous n'avions qu'à nous retenir et à nous contenir, et si les êtres qui nous entourent n'avaient de la vie que l'apparence : mais nous devons agir et nous trouvons autour de nous des êtres véritables. Il nous faut une morale qui comprenne mieux notre vrai rôle et nous apprenne plus efficacement à le remplir.

RÉSUMÉ.

Nous avons, pour ainsi dire, parcouru trois fois la philosophie de Malebranche : une première fois pour la connaître en elle-même ; une seconde fois pour la considérer aux prises avec ses adversaires ou entre les mains de ses adeptes ; une dernière fois, pour en faire nous-même l'examen critique. Nous pouvons dire maintenant ce qui dans cette philosophie nous semble condamné à périr, et ce qui subsiste et peut être mis à profit.

Malebranche estime que philosopher est une chose très-sérieuse : il a raison, et il donne lui-même sur ce point un salutaire exemple en même temps que des préceptes excellents.

Sa méthode, bonne en bien des choses, est défectueuse en plusieurs autres.

Ainsi, il veut que l'âme rentre en elle-même pour se connaître : rien de mieux. Mais il refuse à la connaissance de soi-même toute valeur véritablement scientifique : erreur féconde en résultats fâcheux. D'un autre côté, il recommande cette même étude, il la pratique ; et, si elle n'est chez lui ni assez régulière ni assez savante, elle a du moins l'avantage de n'être pas purement abstraite. Enfin, si le psychologue, malgré sa pénétration, est incomplet, le moraliste est admirable par la clairvoyance, la finesse, la profondeur même : je ne lui trouve qu'un défaut, mais grave, c'est de voir la nature humaine trop en mal et de s'imaginer que tout ce qui s'éloigne de sa vie à lui, vie de méditatif, est mauvais ou du moins dangereux.

Il a beaucoup de goût pour la géométrie, ce qui est fort bien. Mais il a le double tort de se contenter trop souvent d'une rigueur apparente, et de croire qu'en dehors des déductions géométriques il n'y a pas de science véritable. Il faut apprendre de lui à aimer la rigueur, et puis avoir de plus sévères exigences et se garder de voir dans la démonstration géométrique le modèle accompli de toute science.

Il y a chez lui beaucoup de mysticisme. Ce mysticisme lui fait oublier l'activité de l'esprit dans la connaissance, ce qui est un tort grave ; mais jamais il ne l'entraîne à rejeter les lumières de la raison, et c'est un grand mérite. Il faut puiser à son école l'art de se recueillir pour consulter celui qu'il appelle le Maître intérieur, c'est-à-dire Dieu même, et puis il faut établir nettement et fortement que l'âme agit quand elle connaît.

Parlant des rapports de la raison et de la foi, il semble, par moments, appuyer la philosophie sur les dogmes révélés. Mais, en général, il se fait une idée juste de ce que l'on peut appeler la *Philosophie chrétienne*. Les chrétiens qui veulent philosopher sans sacrifier leur foi trouvent donc en lui un modèle, pourvu qu'ils aient le soin de mieux distinguer la philosophie et la théologie, ne cherchant pas dans le dogme le fondement des vérités purement naturelles, et ne donnant pas du dogme des explications suspectes ou chimériques.

Voilà pour la méthode.

Si nous considérons la doctrine, nous rencontrons tout d'abord une théorie capitale, la théorie de la connaissance. Dire que l'esprit ne voit que les idées, seul objet immédiat de la pensée, et que les idées étant Dieu même, il ne voit que Dieu ; prétendre que l'archétype du monde matériel, c'est l'étendue intelligible infinie, source et exemplaire de tous les corps, et qu'en elle seule nous voyons les objets particuliers qui en sont les participations actuelles ; rompre entre les corps et nous toute communication réelle, et soutenir que Dieu seul nous éclairant par l'idée de l'étendue, et nous touchant par le sentiment, nous voyons tout en Dieu qui fait tout en nous; affirmer que nous n'avons point d'idée de l'esprit, et que si l'âme, n'étant jamais séparée d'elle-même, se sent en elle-même, elle est cependant obscure, inintelligible à elle-même, incapable de se connaître au sens vrai du mot; appeler Dieu l'Être indéterminé, et donner à entendre que la façon la plus digne de penser à Dieu, c'est de penser à l'Être sans restriction, ou à l'Être tout court: c'est avancer des propositions dont les unes sont manifestement fausses, et les autres singulièrement téméraires et pleines de périls.

Mais, d'autre part, quelle magnifique théorie de la raison! Il y a des vérités éternelles qui ne dépendent pas de notre esprit, qui ne sont pas établies par un libre décret de la volonté divine, mais qui sont éternellement subsistantes en Dieu qui les pense éternellement. Ces vérités sont les fondements de toutes les sciences et de la morale. C'est parce que nous les connaissons que nous sommes raisonnables; et par la raison, nous entrons, nous et tout ce qu'il y a d'esprits, dans une espèce de société avec Dieu même.

Voilà ce qu'il faut recueillir, voilà ce qu'il faut méditer, voilà ce qu'il faut tâcher de mettre à profit, en ayant soin de rétablir l'activité de l'esprit, méconnue ou même niée par Malebranche.

Dans la théorie de l'amour et de la liberté, nous avons remarqué que s'il y a toujours une très-grande élévation morale, les explications métaphysiques risquent de réduire l'âme à l'état de machine intelligente et d'en faire une sorte d'automate spirituel. Mais, ce péril écarté par une notion plus juste de ce que c'est qu'aimer et vouloir, on trouve dans cette théorie un bel enchaînement de vérités.

Dieu, étant l'être parfait, est souverainement aimable en même temps que souverainement intelligible : il est le Bien en même temps que la Raison souveraine. Nous ne sommes capables de connaître et nous ne connaissons que parce que nous sommes unis à la Raison divine. De même, le principe de l'amour en nous, c'est l'inclination vers le bien : inclination qui précède toute émotion de plaisir et de peine, mais qui ne peut entrer en acte et rencontrer son objet sans que nous éprouvions du plaisir, ou le manquer sans que nous ressentions de la peine. L'âme ne peut jamais rester indifférente à son propre état : elle ne peut aimer le bien sans en jouir. Au fond, l'inclination vers le bien n'est autre chose que l'inclination vers Dieu même; c'est de Dieu que partent, si l'on peut dire, et c'est à Dieu que vont les aspirations de notre cœur.

Si l'on en croit Malebranche, les créatures sont

entièrement impuissantes. Dans les corps il n'y a que des mouvements, et Dieu en est la cause. Dans les esprits, la connaissance, l'amour, la détermination libre même ne supposent de la part de la créature aucune action positive. Il faut supprimer tout ce que l'on appelle force ou facultés dans les êtres créés. Leur accorder quelque efficace, c'est en faire des divinités. Dieu seul fait et règle tout. Il est la seule cause véritable. Les créatures ne sont que des causes occasionnelles qui ne font rien, mais qui déterminent l'action divine en vertu de lois générales établies par Dieu même. Cela est entièrement faux, et doit être rejeté, au nom de l'expérience et au nom de la raison. Mais ce qui est très-solide et très-vrai, c'est qu'entre la créature et le Créateur il y a dépendance essentielle et continuelle. Oui, Dieu est le principe des êtres parce qu'ils ne subsistent que par lui. Il est leur fin parce qu'ils ne subsistent que pour lui. Il est plus particulièrement la fin des créatures raisonnables, qui ne peuvent trouver qu'en lui leur perfection et leur félicité. Il est en même temps leur modèle, car elles doivent, par un libre effort, juger, aimer, agir conformément à l'ordre immuable, à cette loi que Dieu suit inviolablement et qui est Dieu même. C'est ainsi que, de quelque manière que nous considérions les choses, nous trouvons Dieu, et c'est ce que Malebranche établit admirablement.

Dire que l'Infini est à la fois un et toutes choses, c'est parler un langage obscur, équivoque, dangereux ; prétendre qu'il est étendu aussi bien que les corps quoique d'une autre manière que les corps, c'est se jeter dans une métaphysique aventureuse où l'on ne se garantit de l'erreur qu'à force d'explications et de distinctions. Mais dans toute cette étude sur les attributs divins, quel sentiment vif de l'insuffisance de la pensée humaine, uni à la plus étonnante intrépidité! et que d'aperçus heureux et vrais !

Malebranche prétend que Dieu ne pouvant agir que selon ce qu'il est, doit, supposé qu'il crée, faire un ouvrage qui soit, et par son excellence propre et par la simplicité des voies d'exécution, le meilleur possible. L'univers existant, avec l'Incarnation de Jésus-Christ, qui le tire de son état profane, est le plus parfait qui puisse être : aucun autre ensemble de choses ne ferait à Dieu le même honneur, aucun autre ne serait comme celui-ci digne de son auteur. Considéré en Jésus-Christ, cet univers a un prix infini et vaut l'action créatrice qui est infinie. Toute cette théorie repose sur une perpétuelle confusion entre le créé et le divin, ce qui en est la condamnation philosophique. De plus, cette manière d'entendre l'Incarnation du Verbe substitue à un acte merveilleux de la bonté divine une sorte de nécessité, la sagesse n'ayant pas, si je puis dire, d'autre expédient pour trouver un motif de créer l'univers. Ce qui, au point de vue théologique, condamne cette opinion. Mais, si l'on écarte ces vues systématiques, quelques vérités solidement établies apparaissent dans tout leur éclat.

Le monde, qui est l'œuvre de l'Être parfait, ne peut être que bon. Dieu étant sage, l'univers pris dans son ensemble, avec ses lois constantes et ses combinaisons si variées, est un chef-d'œuvre de sagesse. Dieu étant juste, les créatures raisonnables sont traitées selon leurs mérites, heureuses ou malheureuses suivant l'usage qu'elles ont fait de leur liberté durant l'épreuve de la vie. S'il y a du mal dans l'univers, ce n'est pas que Dieu le veuille positivement, mais c'est que ce mal est la condition de biens qui lui sont de beaucoup supérieurs.

La théorie de la grâce, qu'on ne peut séparer de la théorie de la Providence, est inconsistante, téméraire, en opposition avec les principes de la foi, et nullement satisfaisante pour la raison. La liberté est tantôt exaltée au point que Malebranche a pu être accusé de pélagianisme, et tantôt elle est tellement amoindrie que la volonté semble, comme dans le jansénisme, invinciblement déterminée au mal par la concupiscence, ou invinciblement déterminée au bien par la grâce. Ajoutez à cela le principe de la simplicité des voies poussé à l'extrême, et toutes sortes de duretés choquantes attribuées à la

Providence au nom de la sagesse. Mais Malebranche a compris d'une part qu'une philosophie complète doit tenir compte et de la faiblesse de la volonté humaine et du secours divin de la grâce; d'autre part, que dans l'ordre surnaturel comme dans l'ordre naturel, la sagesse présidant à toutes les combinaisons, il n'y a point de place pour le caprice et l'arbitraire.

En morale, Malebranche, unissant au mysticisme un rigorisme janséniste, soutient ou tend à soutenir que tout ce qui n'a point un rapport direct avec Dieu en Jésus-Christ, ne mérite ni notre attention ni notre amour. Impuissantes et profanes, les créatures ne doivent être, dans la rigueur des termes, ni aimées, ni haïes. En cela Malebranche se trompe. Mais il établit la morale sur son véritable fondement. Et puis il a pour la souveraine Raison un admirable respect, et il montre avec force que Dieu est seul notre fin dernière comme il est notre principe.

On le voit une fois de plus par ce résumé: ce qui gâte la philosophie de Malebranche, ce sont certaines exagérations systématiques. Qu'on rétablisse dans le monde l'activité qu'il est si soigneux d'en bannir, et la plupart de ses erreurs, en métaphysique et en morale, se trouvent corrigées : son système est renversé; ce qu'il y a de bon et de beau dans sa philosophie demeure. Il prétend que Dieu fait tout. Non, Dieu opère en toute créature, mais la créature opère. *Deus operatur in omni operante.* Voilà la vérité : la créature fait quelque chose. Elle n'est rien, et elle ne peut rien, et elle ne fait rien que par l'opération divine. Mais cette opération divine ne réduit pas à l'impuissance absolue l'être créé. Ce serait le réduire au néant. Bien loin que cette puissance dérivée, attribuée à la créature, marque quelque défaillance dans l'énergie créatrice, c'est précisément ce qui l'atteste le plus vivement. Ce ne sont pas des ombres que Dieu fait, ce ne sont pas des ouvrages morts, ce sont des êtres véritables; c'est quelque chose qui persiste et se soutient en vertu de l'efficace divine, c'est quelque chose d'effectif et de réel : en un mot Dieu, en créant, fait véritablement être ce qu'il crée. Et parce qu'il est tout-puissant et souverainement bon, il veut communiquer et il communique à des créatures, c'est-à-dire à ce qui n'est rien par soi, l'honneur d'être des causes.

Ainsi, pour Malebranche, l'essentiel, en métaphysique, c'est d'établir que Dieu est infiniment puissant et infiniment sage : puissant, il fait tout; sage, il règle tout. De là une morale, qui se réduit à ces deux points essentiels : reconnaître qu'on ne peut rien et qu'on n'est rien, pour faire honneur à la puissance divine ; et puis régler ses pensées et ses sentiments selon la raison, pour faire honneur à la divine sagesse. Mais nous, contrairement à Malebranche, nous croyons que les créatures ont une efficace propre, et nous pensons, par cela même, relever la toute-puissance du Créateur ou plutôt en établir le caractère vraiment divin, en même temps que nous voyons le triomphe de la sagesse dans cette opération providentielle qui fait concourir des êtres actifs et même libres à l'universelle harmonie. Et puis, nous proclamons hautement la bonté de Dieu, et, bien plus que Malebranche, nous tâchons de mettre en lumière cette bonté souveraine, qui ne contrarie ni la puissance ni la sagesse, mais qui les suppose l'une et l'autre, et sans laquelle ni l'une ni l'autre ne seraient vraiment divines. Dès lors, en morale, ce n'est pas assez pour l'être libre de reconnaître sa dépendance essentielle à l'égard de son auteur : il faut qu'il reconnaisse aussi ce qu'il peut, et, pour faire honneur à Dieu, il faut qu'il agisse, avec vigueur, avec élan. De même, ce n'est pas assez qu'il règle scrupuleusement sa conduite : il faut qu'il soit bon, et qu'étant bon, il donne, et se donne, à l'imitation de Dieu qui donne tout et se donne lui-même à ses créatures.

TABLE DES MATIÈRES

CONTENUES

DANS LE SECOND VOLUME.

DEUXIÈME PARTIE.

HISTOIRE DE LA PHILOSOPHIE DE MALEBRANCHE.

Chapitre premier.

Les Critiques de Malebranche		5
I.	Arnauld, et la critique de la théorie des idées.	7
II.	Locke, et l'examen de la vision en Dieu.	33
III.	Arnauld encore, et la critique de la théorie de la Providence.	42
IV.	Fénelon, et la réfutation de l'optimisme.	66
V.	Critique du système entier par les écrivains de la Compagnie de Jésus.	84
VI.	Bayle ou la critique sceptique.	102
VII.	Les objections de Dortous de Mairan.	125
VIII.	Le jugement de Leibnitz.	152

Chapitre II.

Les Disciples de Malebranche.................. 168

Section I. Les Contemporains.................. 170

    I. Influence de Malebranche sur les grands esprits du xviie siècle, p. 170. — II. Les fidèles disciples, p. 175. —

III. Dom Lamy, Bénédictin, p. 179. — IV. Boursier, p. 187. — V. Le P. André, p. 193.

SECTION II. — LE DIX-HUITIÈME SIÈCLE.................... 205

1. Rôle de la philosophie de Malebranche au XVIIIe siècle, p. 205. — II. L'abbé de Lignac, p. 209. — III. Le cardinal Gerdil, p. 217.

TROISIÈME PARTIE.

CONCLUSION.

AVERTISSEMENT.. 235

Chapitre premier.

LA PHILOSOPHIE ET LA MÉTHODE PHILOSOPHIQUE............... 239

Réflexions suggérées par l'étude de Malebranche : I. Sur l'objet de la philosophie, p. 339. — II. Sur ses devoirs dans le temps présent, p. 264. — III. Sur la méthode philosophique, p. 271.

Chapitre II.

LA RAISON.. 291

I. Différence entre *sentir*, *percevoir* et *penser*. Des notions rationnelles, p. 291. — II. Comment les essences et les vérités éternelles supposent Dieu, p. 304. — III. Qu'il n'y a point de vision en Dieu, mais que les conceptions rationnelles supposent la présence et l'action de Dieu dans la raison, en même temps que l'activité de la pensée, p. 319. — IV. De l'idée de l'Etre nécessaire et parfait, p. 329. — V. Résumé du chapitre, et remarques importantes, p. 335.

Chapitre III.

L'AMOUR. LA LIBERTÉ. LA CAUSE PREMIÈRE ET LES CAUSES SECONDES.. 345

Ce que la théorie des inclinations dans Malebranche a d'excellent, p. 345. — Il n'entend pas la vraie nature de l'amour, p. 348. — Il ne maintient la liberté que par une inconséquence, p. 354. — Les créatures sont des substances actives. Dieu, Cause première, p. 363.

Chapitre IV.

Les attributs de Dieu et la création.................... 372

Malebranche dit avec raison qu'il ne faut pas *humaniser* Dieu; mais il a tort d'appeler Dieu l'être indéterminé. Ce qu'on veut dire en disant que Dieu est *esprit*, p. 372. — Les attributs divins, p. 380. — Examen critique de l'idée que Malebranche se fait de la liberté divine en elle-même et dans l'acte créateur, p. 389.

Chapitre V.

La Providence...................................... 407

Examen critique : I. De la théorie de la Providence générale, p. 407. — II. De l'idée que Malebranche se fait de la nature, p. 420. — III. De la manière dont Malebranche entend la Providence dans l'ordre moral, p. 431.

Chapitre VI.

Le devoir et la vertu............................... 468

Examen critique des principes de la morale, tels que Malebranche les conçoit, p. 468 ; — et des applications pratiques qu'il en tire, p. 470.

Résumé et dernières conclusions..................... 491

Ce qui a péri, et ce qui subsiste dans la philosophie de Malebranche.

www.ingramcontent.com/pod-product-compliance
Lightning Source LLC
Chambersburg PA
CBHW050556230426
43670CB00009B/1150